KB061389

늑대의 시간

늑대의 시간

제2차 세계대전 패망 후 10년,
망각의 독일인과 부도덕의 나날들

하랄트 얘너 지음
박종대 옮김

Wolfszeit:
Deutschland und die
Deutschen
1945~1955

위즈덤하우스

차례

일러두기

· 본문에 나오는 독일어 인명 및 지명 표기는 《독일 두덴 발음 사전》을 참조했다.

· 본문의 각주는 모두 옮긴이의 주고, 미주는 모두 저자의 주다.

들어가는 말 — 불행 사이로 비치는 행복

1952년 3월 18일 자 《노이에 차이퉁Neuen Zeitung》에 작가이자 언론인인 쿠르트 쿠젠베르크Kurt Kusenberg의 글이 실렸다. 제목은 이랬다. 〈당연한 건 없다. 곤궁한 시대의 찬양〉. 전쟁이 끝난 지 겨우 7년밖에 지나지 않은 시점에 작가는 종전 이후의 그 난감하고 혼돈스러웠던 몇 주간을 그리워하고 있었다. 사회적 기능이 모두 멈춘 시절이었다. 우편도 열차도 교통도 끊겼고, 사람들은 집을 잃고 길바닥에 나앉아 굶주림에 시달렸으며, 잔해 더미 아래에는 여전히 시신들이 누워 있었다. 그럼에도 작가의 눈에는 그 몇 주가 좋은 시절로 비친 모양이다. 그는 사람들이 전쟁 뒤 "어린아이들처럼 인간관계의 찢어진 그물망을 새로 짜기" 시작했다고 말한다. 어린아이들처럼?

쿠젠베르크는 독자들에게 "궁핍하고 헐벗고 추위에 떨고 비참하고 위험했던 시절"을 돌아보라고 간곡히 권한다. 국가 질서가 무너지고, 뿔뿔이 흩어진 사람들에 의해 도덕과 사회적 결속력이 새롭게 정의되던 시절이었다.

> 품위보다 약삭빠름과 술책이 앞섰다. 예의가 목구멍을 책임져 주지는 못했다. 하지만 이런 도둑 같은 삶에도 오늘날의 무쇠

같은 양심보다 어쩌면 더 도덕적인 도둑의 명예가 있었다.

희한한 일이다. 전쟁 직후에 그렇게 많은 모험이 있었다고? '도둑의 명예'가 있었다고? 그런 천진난만함이 있었다고? 종전 전까지 독일인을 하나로 결집시켰던 것들은 다행스럽게도 완전히 무너졌다. 옛 질서는 사라졌지만 새 질서는 아직 모호했다. 당장 급한 것은 연합국이 공급해주었다. 1945년 여름, 여전히 독일이라고 부를 수 있는 땅에 살던 7500만여 명의 무리를 하나의 인간 사회라고 부르기는 어려워 보였다. 대신 '공백기' 혹은 '늑대의 시간'이라는 말이 나돌았다. '인간은 다른 모든 인간에게 늑대'라는 말이다. 다들 자기 자신이나 자기 무리에만 신경을 쓰는 분위기는 1950년대 깊숙이 들어서도 이 나라의 자화상을 이루었다. 1950년대 후반에는 상황이 나아졌지만, 사람들은 여전히 자기만의 보호 공간인 가족 속으로 숨어들었다. 1950년대 후반부에 공동체 정신을 일깨우기 위해 설립된 '게마인진Gemeinsinn' 시민운동가들이 다수의 비정치적인 독일인을 비난하는 말로 사용했던 그 유명한 '오네미헬 씨'•의 모습에도 그 늑대는 계속 살아 있었다. 예전에 대동단결했던 민족 동지들이 이제 자기만 아는 늑대로 타락해버린 것이다.

전쟁 이후 독일인의 절반 이상이 자신이 속했거나 속하고 싶은 곳으로 가지 못했다. 그중에서 폭격으로 보금자리를 잃고 다른 곳

• Ohnemichel. 'Ohne'(without)와 'mich'(me)를 합성한 말로서 '나 없이 하라는 뜻'인데, 'mich'에다 'el'을 붙인 미헬은 일반적인 독일인을 가리킨다. 그러니까 세상이야 어떻게 돌아가든 나는 나와 내 가족만 신경 쓰고 살겠다는 독일인을 의미한다.

으로 대피한 사람은 900만 명, 난민과 실향민은 1400만 명, 강제 노역과 수용소에서 풀려난 사람은 1000만 명, 전쟁 포로로 잡혔다가 서서히 고향으로 돌아오는 사람은 수백만 명이었다. 이 책은 그처럼 뿔뿔이 흩어졌거나, 강제로 끌려갔거나, 도망쳤거나, 남아 있던 사람들이 어떻게 다시 뒤섞여 새로운 사회를 구성하고, 이전의 민족 동지들이 어떻게 다시 서서히 시민이 되어갔는지를 다룰 것이다.

이는 거대한 역사적 사건들의 무게에 짓눌려 사라졌을지도 모를 인간들의 살아 있는 이야기다. 사실 가장 중요한 변화는 일상에서 일어났다. 가령 먹을 것을 조달하는 일에서, 약탈에서, 교환에서, 구매에서 일어났다. 사랑도 마찬가지다. 전쟁이 끝나자 성적 모험의 물결이 봇물처럼 터져 나왔고, 다른 한편으론 그렇게 갈망하던 남자들의 귀향 뒤에 극심한 실망도 뒤따랐다. 사람들은 이제 많은 것을 다른 시선으로 보았고, 모든 것을 새로 시작하고 싶어 했으며, 이혼 수치는 비약적으로 치솟았다.

전후 시대의 집단 기억은 우리 머릿속에 깊이 각인된 몇 안 되는 대표적인 이미지들로 구축되어 있다. 한 여성이 탄 자전거를 빼앗는 러시아 군인, 암시장에서 달걀 몇 개를 차지하려고 악다구니를 치는 인간, 피난민과 폭격으로 집을 잃은 사람들이 거주하는 임시 막사, 귀향하는 전쟁 포로들에게 행방불명된 남편의 사진을 내미는 여성, 이 몇 장의 사진은 시각적으로 너무 강렬해서 항상 똑같은 무성영화처럼 전후 초기에 대한 대중의 기억을 사로잡는다. 그런 가운데 정작 중요한 실제 삶은 무시된다.

기억은 보통 시간적으로 멀어질수록 과거를 좀 더 온화한 빛으로 감싸지만, 전후 시대는 그 반대다. 이 시대는 돌아볼수록 점점 더 어둡게 보인다. 스스로를 희생자로 보는 독일인들의 만연된 욕구가 그 이유 중 하나다. 많은 사람이 1946년과 1947년의 그 끔찍한 굶주림의 겨울을 어둡게 묘사할수록 결국 자신들의 잘못과 책임이 더 가벼워진다고 생각했다.

잘 들어보면 웃음소리도 들린다. 1946년 무섭게 인구가 감소한 쾰른 시내에서 시민들의 자발적인 참여로 로젠몬탁(월요일의 장미) 축제 퍼레이드가 다시 펼쳐졌다. 저널리스트 마르그레트 보베리 Margret Boveri는 당시를 "죽음과의 지속적인 밀착으로 인해 삶의 기쁨이 무한히 상승하던 순간"으로 기억한다. 그는 살 것이 없던 그 시절이 너무 행복해서 나중에는 형편이 나아져도 많은 물건을 사지 않기로 결심했다고 한다.

불행은 그 사이로 간간이 비치는 행복 없이는 이해할 수 없다. 죽음에서 벗어났다는 사실은 누군가에게는 현실에 등을 돌리는 계기가 되었지만, 누군가에게는 전례 없이 뜨거운 삶의 기쁨을 맛보게 했다. 삶의 질서는 파괴되고, 가족은 뿔뿔이 흩어지고, 예전의 유대 관계는 끊어졌지만, 사람들은 다시 새롭게 섞이기 시작했다. 젊고 용감한 이들은 이 혼돈을 매일 자신의 행복을 찾는 놀이터처럼 여겼다. 그런데 많은 여성이 느꼈던 그 자유의 행복감은 경제적 성장기에 어떻게 그리 빨리 사라질 수 있었을까? 아니면 1950년대의 익숙한 캐리커처들이 보여주는 만큼은 사라지지 않은 것일까?

전후 시대 대다수 독일인의 의식에서 홀로코스트는 충격적일 만큼 역할이 미미했다. 물론 일부 사람은 동부전선에서 자행된 그 범죄를 알고 있었고, 자신들이 전쟁을 일으킨 것에 대한 근본적인 잘

못을 인정했지만, 수많은 사람의 생각과 감정 속에는 유럽의 유대인 수백만 명을 학살한 사실에 대한 반성은 없었다. 아주 소수만, 예를 들어 철학자 카를 야스퍼스Karl Jaspers 같은 사람만 그 일을 공개적으로 언급했을 뿐이다. 심지어 개신교회와 가톨릭교회가 오랜 논의 끝에 자신들의 책임을 고백하는 자리에서도 유대인은 명시적으로 언급되지 않았다.

홀로코스트 같은 일은 결코 가능하지 않았으리라는 생각은 가해 민족의 의식 속으로 아주 음험하게 파고들었다. 다시 말해 그 범죄 행위는 그것이 진행되는 동안에도 독일인들의 집단의식에서 깡그리 배제되어 있었다. 선의를 가진 사람조차 자신들의 추방된 이웃에게 무슨 일이 일어났을지 깊이 생각하기를 거부했다는 사실은 오늘날까지도 인간종에 대한 신뢰를 바닥부터 뒤흔들어 놓는다. 물론 다수의 동시대인은 그런 생각조차 하지 않았다.

연합군이 〈죽음의 방앗간Die Todesmühlen〉 같은 영화로 패배한 독일인들을 강제로 나치 범죄와 대면시키려 했지만, 절멸 수용소에 대한 의식적 억압과 집단적 묵살은 종전 이후에도 계속되었다.

헬무트 콜Helmut Kohl 전 총리는 전후 세대가 이전 세대보다 더 우월하다고 느낄 권리가 없음에 대한 냉소적 표현으로 "뒤늦게 태어난 것의 축복"에 대해 이야기했다. 그런데 다른 측면에서는 공포를 견딘 자들의 축복도 있었다. 쉴 새 없이 쏟아지는 폭격의 밤, 전쟁 뒤 혹독한 굶주림의 겨울, 무정부 상태나 다름없는 일상의 생존 투쟁, 이것들은 많은 독일인을 과거에서 멀어지게 했다. 그들은 스스로를 희생자로 느꼈고, 그로써 실제 과거에 대한 생각을 회피했다. 모두 자신들의 수상쩍은 행복을 위해서였다. 왜냐하면 만일 웬만큼

멀쩡하게 살아남은 사람이 자신의 이름으로, 그리고 자신의 용인과 외면하에 자행된 조직적인 대량학살의 실체를 알게 된다면 전후 시대를 버텨내는 데 필요한 삶의 용기와 에너지를 스스로에게서 끌어낼 수 없었기 때문이다.

생존 욕구는 죄책감을 차단한다. 이는 전후 시대에 관찰되고, 인간뿐 아니라 인간 자아의 토대에 대한 믿음까지 의심하게 만드는 집단 현상이다. 그럼에도 이런 의식적 억압과 왜곡 속에서 어떻게 각자의 방식으로 독일에서 반파시스트적이고 신뢰를 일깨우는 두 국가가 탄생할 수 있었는지는 수수께끼다. 이 책은 전후의 극도로 어려운 환경과 독특한 생활 방식에 푹 잠김으로써 이 수수께끼에 접근하고자 한다.

안네 프랑크의 일기나 오이겐 코곤Eugen Kogon의 《나치 친위대 국가SS-Staat》 같은 책들이 사람들의 의식적 억압을 방해했음에도 수많은 독일인은 1963년부터 진행된 아우슈비츠 재판에서야 비로소 당시 저질러진 범죄와 대면하기 시작했다. 이런 지체로 인해 전후 세대는 지극히 경멸하는 눈으로 기성세대를 바라보았다. 부모들의 그런 의식적 억압 능력 덕분에 자기들은 물질적으로 상당한 혜택을 받았음에도 말이다. 역사적으로 1968년의 청년들과 부모 사이의 갈등만큼 격렬하고 분노에 차고 독선적인 세대 갈등은 거의 없었다.

전후 시대에 대한 우리의 인상은 젊은이들이 본 시대상에서 많은 영향을 받았다. 도저히 사랑할 수 없을 것 같은 부모 세대에 대한 자식들의 반권위주의적인 분노는 무척 컸고, 그들의 비판 역시 좀 더 정교한 연구 결과가 있음에도 1950년대의 이미지를 질식할 것처럼 악취 나는 신화로 도배할 만큼 혹독했다. 1950년경에 태어난 세대는 독일연방공화국을 사람이 살 만한 곳으로 변신시키고 민주주의를 꽃피운 자신들의 역할을 자랑스러워했고, 그런 이미지를 반복해서 새롭게 되살렸다. 실제로 당시 연방공화국의 공직을 상당수 차지하고 있던 옛 나치 엘리트들의 생존이나 나치 범죄의 사면을 관철시킨 그들의 끈질김은 젊은 세대에게 혐오감을 불러일으키기에 충분했다. 그럼에도 전후 시대가 1968년 전환기부터 지금까지 여겨지던 것보다 더 논쟁적이었고, 삶의 감각은 더 개방적이었고, 지식인은 더 비판적이었고, 의견의 스펙트럼은 더 넓었으며, 예술은 더 혁신적이었고, 그러면서도 일상은 더 모순적이었다는 사실은 이 책의 집필을 위해 자료를 조사하는 과정에서 꾸준히 발견할 수 있었다.

전후 첫 4년이 다른 시기에 비해 역사적 기억 면에서 상대적으로 맹점을 드러내는 데는 또 다른 이유가 있었다. 이 시기는 역사의 거대 단락과 학술적 연구 사이에 존재하는 일종의 공백기였다. 느슨하게 말해서 이 시기를 제대로 파고든 연구자가 없었다는 소리다. 역사 교과서도 독일 국방군의 항복으로 막을 내린 나치 정권을 기술한 뒤 폴짝 뛰어 1949년에 시작된 서독과 동독의 역사로 넘어가고, 기껏해야 화폐 개혁 및 동서독 건립의 전사前史로서 베를린 봉쇄에 집중한다. 역사 기술에서 종전과 화폐 개혁, 연방공화국의 이른바 '경제 기적' 사이의 시기는 어떤 의미에서 잃어버린 시간이었다. 국가를 이끄는 제도적 주체가 없던 시기였기 때문이다. 독일의 역사 기술은 기본적으로 여전히 정치적 주체로서의 국가를 중심으로 한 민족사다. 그런데 1945년부터 독일의 운명은 워싱턴·모스크바·런던·파리라는 네 개의 정치 중심지에 맡겨져 있었고, 이는 민족사를 기술하기엔 적합한 조건이 아니었다.

유대인과 강제 노역자들에게 저지른 범죄에 대한 시선도 대개 연합군을 통한 생존자의 해방으로 끝난다. 이후 그들에게 무슨 일이 있었을까? 살던 고향에서 끌려와 굶주림 속에서 갇혀 지낸 1000만여 명의 무고한 사람은 이제 감시도 받지 않는 상태에서 자신들을 학대하고 가족을 죽인 자들의 땅에서 어떻게 살아갔을까? 연합국 군인들, 패배한 독일인들, 해방된 강제 노역자들이 서로를 어떻게 대하고 어떻게 행동했을지는 전후 시대의 가장 음산하면서도 매혹적인 관점에 속한다.

이 책의 중점은 잔해 청소와 사랑, 도둑질, 쇼핑 같은 일상의 문명적 측면에서 차츰 정신생활과 미적 디자인 같은 문화적 측면으로 넘어간다. 양심과 책임, 의식적 억압의 문제들이 더 날카롭게 제기되고, 그와 함께 미학적 측면의 탈나치화 사례들이 대두한다. 1950년대의 디자인이 그렇게 지속적으로 유명해진 것은 그 놀라운 기능에 한 가지 이유가 있다. 그러니까 독일인들은 자신의 환경을 바꾸면서 스스로도 바꾼 것이다. 그런데 그들 세계의 모습을 그렇게 급진적으로 바꾼 것이 정말 독일인들이었을까? 디자인의 혁신과 함께 추상미술을 둘러싼 싸움이 벌어졌고, 독일의 점령국들도 그 싸움에 참여했다. 이는 두 독일 공화국의 미적 장식에 관한 문제였고, 그에 못지않게 냉전 시대의 미적 감각과 관련된 문제였다. 따라서 미국 CIA도 여기에 개입했다.

전쟁 이후 사람들은 오늘날보다 훨씬 더 예술을 사랑하고, 섬세한 감각을 즐기고, 끊임없이 진지한 토론에 빠졌다. 마치 좋았던 옛 시절로 미화되던 19세기와 함께 끝나버린 사교 형식을 다시 이어가기라도 하는 듯했다. 오늘날 우리는 홀로코스트에 대해 많은 것을 안다. 반면에 당대인들이 홀로코스트의 그늘 속에서 어떻게 계속 살아갔는지는 잘 모른다. 그전에 자신들의 이름을 걸고 수백만 명을 살해한 나라가 어떻게 도덕과 문화를 이야기할 수 있었을까? 양심이 있다면 어떻게 그런 것을 다시 입에 올릴 수 있었을까? 무엇이 좋고 나쁜지는 그들의 자식들이 스스로 찾도록 내버려두어야 하지 않았을까? 다른 재건 사업과 마찬가지로 언론의 해석권도 호황을 누렸다. 모두가 '의미에 대한 갈증'을 이야기했다. '실존의 폐허 더미' 위에서 철학을 하는 것은 정신의 약탈 행위일 수밖에 없었다. 사람들은 감자를 훔치듯 의미를 훔쳤다.

1. 제로 시간?

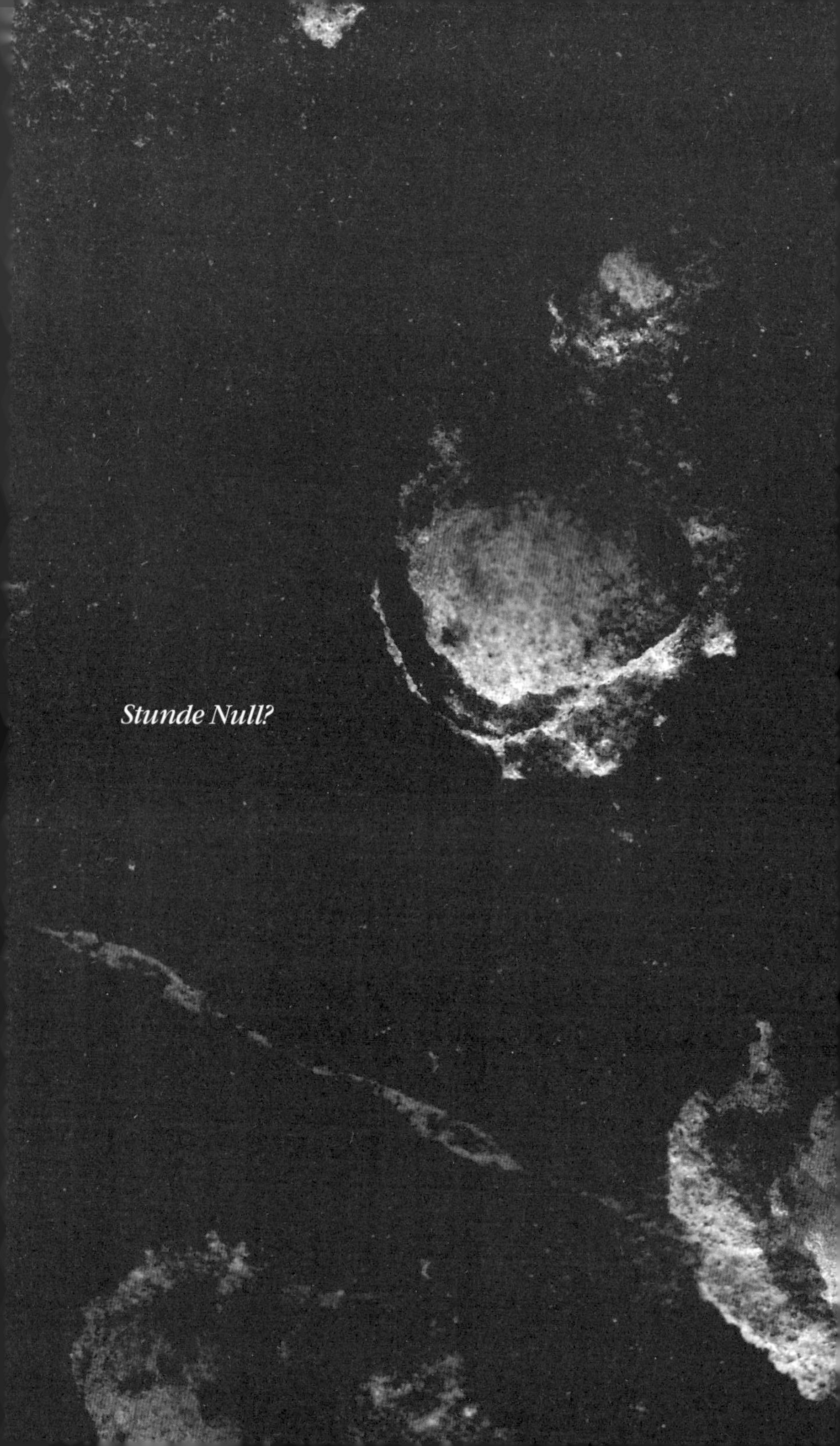
Stunde Null?

수많은 시작과 끝

연극 평론가 프리드리히 루프트Friedrich Luft는 지하실에서 종전을 맞았다. 베를린 놀렌도르프 광장 인근의 한 빌라 지하였다. 그는 '연기와 피, 땀, 화약 냄새'가 진동하는 가운데 다른 몇 사람과 함께 전쟁의 마지막 며칠을 견뎠다. 러시아 붉은 군대와 독일 국방군 사이의 치열한 교전에 무방비 상태로 노출된 집보다는 지하실이 안전했다.

> 바깥은 지옥이었다. 밖을 살짝 내다보니 화염에 휩싸인 집들 사이로 독일 탱크 한 대가 당황한 듯 멈췄다 섰다를 반복하며 사격하고 방향을 틀고 있었다. 이따금 민간인들이 이곳저곳으로 몸을 숨겨가며 파열된 도로 위를 지나갔다. 포탄에 맞아 불타는 어느 집에서는 한 어머니가 유아차를 끌고 나와 부리나케 가까운 방공호 쪽으로 달려가는 모습이 보였다.[1]

지하실 창문 근처에 내내 웅크리고 있던 한 노인은 수류탄 한 발에 살점이 터져나갔다. 한번은 국방군 최고사령부 소속의 병사 몇이 떠밀리다시피 지하실로 황급히 들어왔다. '몹시 흥분하고 낙담하고 병든 녀석들'이었다. 다들 사복이 든 상자를 하나씩 들고 있었는데, '위급 시' 옷을 갈아입고 도망치기 위해서라고 했다. 그러면 지금은 위급 상황이 아니란 말일까? "당장 꺼져!" 지하실에 있던 사람들이 위협했다. '마지막 순간에' 이들과 함께 있고 싶은 사람은 아무도 없었다. 한번은 평소 두려움의 대상이던 나치 반장의 시체가 수레에 실려 지하실 앞을 지나갔다. 건물 창문 밖으로 몸을 던진 것이다.

문득 누군가의 머릿속에, 길 건너편 집에 아직도 나치의 하켄크로이츠 깃발과 히틀러의 사진이 무더기로 보관되어 있다는 사실이 떠올랐다. 그것을 모두 불태워버리기 위해 몇몇 용감한 사람이 지하실을 나가 길을 건넜다. 러시아군이 오기 전에 끝내야 했다. 그때 총소리가 들렸다. 루프트는 지하실 통풍창으로 조심스럽게 밖을 내다보았다. 나치 친위대 소속의 순찰병들이었다. 그들은 담벼락 잔해 너머로 고개를 내밀고 주위를 살피고 있었다. 죽음으로 함께 데려갈 징집 기피자들을 '샅샅이 수색하는' 중이었다.

> 그러다 조용해졌다. 마치 영원처럼 길게 느껴지는 숨죽인 기다림의 시간 끝에 우리는 마침내 비좁은 계단을 살금살금 올라갔다. 밖에선 소리 없이 비가 내리고 있었다. 놀렌도르프 광장 건너편 집들에 나부끼는 흰 깃발이 보였다. 우리는 팔에 흰색 천을 둘렀다. 방금 나치 친위대 대원들이 위협적으로 넘어온 바로 그 낮은 담장을 러시아 병사 둘이 벌써 넘어오고 있었다. 우리는 두 팔을 높이 들고 흰 천을 가리켰다. 물러가라고 손짓하는 그들의 얼굴에 웃음이 번졌다. 드디어 전쟁이 끝났다.

나중에 '제로 시간'•으로 불리게 될 이 시점은 루프트의 입장에선 4월 30일이었다. 같은 시각 서쪽으로 640킬로미터에 떨어진 아헨에서는 이미 6개월 전에 전쟁이 끝나 있었다. 1944년 10월 아헨은 독일 도시들 가운데 최초로 미군에 점령당했다. 라인강 서안에서는 3월 28일에 전쟁이 끝났고, 동안에서는 16일 뒤 끝났다. 독일의 공식 항복 날짜는 총 세 개였다. 알프레트 요들Alfred Jodl 총사령관은 5월 7일 프랑스 렝의 미국 아이젠하워 장군 사령부에서 무조건 항복 문서에 서명했다. 이 문서는 승자로 서방 연합군과 붉은 군대를 명시했지만, 스탈린은 이 의식을 반복해달라고 거듭 요구했다. 그 때문에 독일은 5월 9일에 다시 한번 항복해야 했다. 이번에는 빌헬름 카이텔Wilhelm Keitel 원수가 베를린-카를스호르스트 내의 소련군 사령부에서 항복 문서에 서명했다. 승전국들은 역사책에 기록할 날짜를 5월 8일로 정했다. 전쟁은 이미 그 전에 끝난 상태였지만.[2]

반면에 발터 아일링Walter Eiling에게는 4년 뒤에도 제로 시간은 찾아오지 않았다. 그는 나치 치하에서 '인민 해충 퇴치 조례' 위반으로 여전히 지겐하인 형무소에 수감되어 있었다. 헤센 출신의 이 전직 웨이터는 크리스마스 시즌에 거위 한 마리와 닭 세 마리, 소금에 절인 고기 10파운드를 구입했다는 이유로 1942년에 체포되었다. 나치의 즉결 재판소는 '전시 경제 규정 위반'을 들어 그에게 징역 8년과 보호감호를 선고했다. 종전 뒤 아일링과 그의 가족은 조기 석방

• 독일의 무조건 항복을 통해 전쟁의 궁극적 종식과 나치 정권의 완전한 붕괴, 새로운 시작을 알리는 시간이다. 공식적으로는 1945년 5월 8일이다.

을 기대했다. 그러나 사법 당국은 사건을 다시 심사할 생각을 하지 않았다. 미군정하의 그로스-헤센주 법무장관이 마침내 터무니없이 높은 이 형을 철회했을 때도 법무부는 구금만 해제될 뿐 보호감호는 취소되지 않는다는 입장을 고수했다. 이렇게 해서 아일링은 계속 수감되었다. 이후의 석방 신청서도 번번이 반려되었다. 수감자가 여전히 불안정하고, 불손한 경향을 보이고, 아직은 일할 수 있는 상태가 아니라는 것이다.

아일링의 감방에서는 연방공화국 수립 뒤에도 나치 정권의 통치가 계속되고 있었다.[3] 이런 사람들의 운명으로 인해 훗날 '제로 시간'의 개념을 두고 격렬한 논란이 일었다. 연방공화국의 콘서트홀과 대학 강의실, 공직 집무실에서는 여전히 이전의 나치 엘리트들이 아무 일 없었다는 듯 계속 즐겁게 일하고 있었다. 이런 연속성은 제로 시간이라는 말에 의해 은폐되었다. 물론 다른 한편으로 보면, 제로 시간은 새로운 시작에 대한 열망을 북돋우고, 이전 국가와 새 국가 사이의 명확한 규범적 분기점을 강조하는 역할을 했다. 비록 삶이 자연스럽게 계속 흘러가고 그 과정에서 제3제국의 온갖 유산을 함께 짊어지고 갔다고 하더라도 말이다. 게다가 많은 사람에게 제로 시간의 개념은 그들이 겪은 근본적 전환점에 대한 직접적인 증거였다. 따라서 그것은 오늘날까지 통용되고 있을 뿐 아니라 역사학계에서는 심지어 부흥의 조짐까지 보이고 있다.[4]

아일링의 감방에서 온갖 잔인한 방식으로 불의가 판치는 동안 다른 모든 곳에서는 공공질서가 완전히 무너졌다. 경찰들은 난감한 표정으로 서로를 바라보았고, 자신들이 여전히 경찰인지도 알지 못했다. 과거에 제복을 입었던 사람들은 이제 그것을 재빨리 벗거나 불태워버리고, 아니면 다른 색으로 염색했다. 고위직은 음독자살을 했고, 하위직은 창밖으로 몸을 던지거나 동맥을 끊었다. '공백기'가 시작되었다. 법은 효력이 정지되었고, 어떤 일에도 담당자는 없었다. 그 어떤 것도 누군가의 소유가 아니었다. 먼저 엉덩이를 깔고 차지하는 사람이 임자였다. 아무도 책임지지 않았고 아무도 보호해주지 않았다. 옛 권력은 도망쳤고 새 권력은 아직 오지 않았다. 대포 소리만이 새 권력이 언젠가 올 것임을 예고했다. 이제는 품위 있고 점잖은 사람들까지도 약탈에 나섰다. 사람들은 무리 지어 식량 창고를 털었고, 버려진 집을 돌아다니며 먹을 것과 잠자리를 구했다.

4월 30일 베를린의 지휘자 레오 보르하르트Leo Borchard는 저널리스트 루트 안드레아스-프리드리히Ruth Andreas-Friedrich, 의사 발터 자이츠, 배우 프레트 뎅거Fred Denger와 함께 격전을 치른 수도 한복판에서 흰 소 한 마리를 발견했다. 저공 공습을 피해 숨을 곳을 찾을 때였다. 그들 앞에 이 동물이 다친 데도 없이 눈을 끔벅거리며 서 있었다. 연기가 피어오르는 공포스러운 장면 속에서의 초현실적인 모습이었다. 그들은 소를 에워싼 뒤 뿔을 잡고 부드럽게 끌어 어느 집 뒤뜰로 조심스럽게 데려갔다. 그들이 피신처로 삼은 곳이었다. 하지만 이제 어떻게 해야 할까? 교양 있는 네 명의 도시인이 어떻게 소를 도살했을까? 러시아어를 할 줄 아는 지휘자가 용기를 내 집 앞의 한 소련 병사에게 말을 걸었고, 그 병사가 도와주었다. 권총으로 두 발을 쏘아 소를 죽인 것이다. 이제 일행은 머뭇거리며 부엌칼로 죽은 동물을 해체하기 시작했다. 그런데 먹잇감은 그들이 독차지하지 못했다.

마치 지하 세계가 토해낸 것처럼 갑자기 죽은 소 주위로 사람들이 떠들썩하게 몰려들었다.

안드레아스-프리드리히가 나중에 자신의 일기에 기록한 내용이다.

모두 여기저기 지하 구멍에서 기어 나온 사람들이었다. 여자도 있고 남자도 있고 아이도 있었다. 피 냄새를 맡은 것일까?

살점을 두고 싸움이 시작되었다. 피 묻은 다섯 개의 손이 소의 목구멍에서 혀를 잡아당겼다.

해방의 순간은 이런 모습이었다. 12년을 기다려왔던 순간이.[5]

말초Malchow에서 베를린 경계를 처음 넘은 붉은 군대가 마지막 도심 구역까지 진격하기까지는 총 열하루가 걸렸다. 그렇다면 여기 수도에서도 종전은 모든 곳에 똑같이 찾아오지 않았다. 베를린의 저널리스트 마르타 힐러스Marta Hillers는 5월 7일 처음으로 다시 용기를 내어 자전거를 타고 폐허가 된 거리를 돌아다녔다. 전쟁 후의 모습이 궁금했던 것이다. 베를린 템펠호프에서 남쪽으로 몇 킬로미터 내려갔다가 돌아와 그날 저녁 일기장에 이렇게 썼다.

그곳에서는 전쟁이 우리보다 하루 먼저 끝나 있었다. 거리에는 벌써 민간인들이 청소를 하고 있었고, 두 여성이 폐허 더미에서 가져온 것으로 보이는 수술용 침대를 밀고 있었다. 그 위에는 노파가 담요를 덮고 누워 있었다. 얼굴에 핏기가 없었지만 아직 살아 있었다. 자전거를 타고 내려갈수록 전쟁도 더 멀어졌다. 여기서는 벌써 독일인들이 옹기종기 모여 수다를 떨고 있었다. 우리 동네에서는 아직 엄두를 내지 못할 일이었다.[6]

흰 소가 해체되고 찢긴 이후 지휘자 보르하르트와 그의 친구들은 폭격을 받은 집으로 올라가 찬장을 샅샅이 뒤졌다. 음식은 없었지만 대신 상당량의 탄산음료 분말이 있었다. 그들은 신나게 웃으면서 그것들을 입에 쑤셔 넣었다. 게다가 서로 농담을 주고받으며 얼굴도 모르는 이 집 주인의 옷을 입어보던 중에 갑자기 자신들의 뻔뻔스러움에 경악했다. 들뜬 기분은 사라졌고, 밤에 넋은 답답한 마음으로 낯선 부부의 침대에 누웠다. 초인종에 붙은 이름에 따르면 '마훌케'라는 사람이었다. 침대에는 알록달록한 실크 자수로 이렇게 적혀 있었다. '자기 집만큼 좋은 것은 없다.'

다음 날 안드레아스-프리드리히는 도시를 돌아다니며 처음으로 동료와 친구, 친척 들을 찾아다녔다. 누구 할 것 없이 다들 새로운 소식과 현재 상황, 미래 예측에 관한 이야기에 굶주려 있었다. 며칠 후 베를린 상황은 안드레아스-프리드리히가 심하게 파손된 자기 집으로 다시 돌아갈 수 있을 만큼 안정되었다. 안드레아스-프리드리히는 주변 벽돌을 모아 발코니에 임시 아궁이를 만들었다. 뭐라도 데워 먹으려면 불이 필요했다. 난데없이 대도시 한복판에서 진행된 로빈슨 크루소의 모험이었다. 가스와 전기는 생각할 수도 없었다.

뒤돌아보지 말고 앞만 보라. 한 일가족이 미소 지으며 미래를 본다. 이들 뒤로 보이는 것은 뮌헨의 폐허 더미다.

안드레아스-프리드리히는 일기에 급격한 분위기 전환을 적었다. 히틀러는 죽었고, 여름이 되었다. 안드레아스-프리드리히는 마침내 삶을 재개하고 싶었다. 자신의 노동력과 관찰력, 글쓰기 재능을 누군가 찾을 때까지 마냥 기다릴 수만은 없었다. 전쟁이 끝나고 겨우 두 달이 지났을 때 안드레아스-프리드리히는 어느 순간 희열에 벅차올라 이렇게 썼다.

> 온 도시가 기대의 도취 속에 살고 있었다. 일하고 싶은 열망이 뜨겁게 불타올랐다. 다들 손과 뇌가 한 개뿐임을 아쉬워했다. 미국인들이 도착했다. 영국인과 러시아인들도 왔다. 프랑스인

들은 오는 중이라고 했다. (…) 다만 중요한 것은 우리가 이 모든 활동의 중심에 서야 한다는 것이다. 세계열강들이 폐허 더미에서 서로 만날 것이다. 우리는 그들에게 우리의 열의가 얼마나 진지하고, 복구와 비상을 위한 노력이 얼마나 진심인지를 증명해야 한다. 베를린은 힘차게 돌아가고 있다. 이제 세계인들이 우리를 이해하고 용서한다면 우리가 원래 어떤 민족인지 알게 될 것이다. 우리 민족의 본모습을! 우리는 국가사회주의를 떨쳐버릴 것이고, 더 나은 것을 찾을 것이고, 열심히 일할 것이고, 또 우리가 근본적으로 선한 인간들임을 보여줄 것이다. 우리가 이토록 속죄할 준비가 된 적은 없었다.[7]

전쟁에 져서 잿더미로 변한 도시를 보는 베를린 시민들의 심정이 어땠을지는 충분히 짐작이 간다. 그런데 이 일기를 쓴 44세의 저자는 '기대의 도취'를 이야기한다. 그건 결코 혼자만의 느낌이 아니었다. 그는 온 도시가 전력을 다해 일하려 한다고 느꼈다. 안드레아스-프리드리히는 소규모 체제 저항 그룹 '에밀 아저씨'의 일원이었고, 예루살렘의 야드 바셈 홀로코스트 기념관에서 '열방의 의인'•에 선정되는 영예를 안았다. 그러니까 도시 재건에 매진하려는 독일인 중에는 매정하고 슬퍼할 줄 모르는 사람들만 있었던 것이 아니었다. 나치에 반대한 이 여성의 말에 따르면, 히틀러가 자살한 지 불과 2개월 만에 베를린은 벌써 다시 '행동의 중심'에 서고자 했고, 용서와 비상을 원했다.

• 홀로코스트 때 유대 민족이 아니면서 나치에게서 유대인을 구해내기 위해 생명의 위험을 무릅쓴 사람들.

지옥을 경험한 사람들

새 출발에 대한 이런 힘찬 외침 뒤에는 어디서나 일부라도 함께 경험한 지옥이 숨어 있었다. 그사이 3세대 역사가들은 이 지옥을 기술하는 일에 착수해 참상의 규모를 대략적으로나마 밝혀놓았다. 그것만으로도 도저히 상상이 되지 않는 규모였다. 전사자만 6000만 명이라니, 이게 어떻게 가능한 일인가? 어쨌든 이 통계의 의미를 좀 더 실감 나게 해주는 자료들이 있다. 1943년 여름, 함부르크에서 집중 포격의 화염 폭풍으로 4만 명이 사망했다. 특히 비참한 상황으로 인해 사람들의 기억에 깊이 새겨진 지옥이었다. 이 지옥불로 함부르크 주민의 약 3퍼센트가 사망했다. 그런데 이 사건이 아무리 끔찍하더라도 유럽의 전체 희생자 비율은 두 배가 넘었다. 전쟁으로 유럽인의 6퍼센트가 목숨을 잃은 것이다. 함부르크가 겪은 재앙의 규모는 전체적으로 볼 때 전 유럽의 2분의 1이었다. 심지어 폴란드에서는 인구의 6분의 1에 해당하는 600만 명이 살해되었다. 유대인들의 상황은 더 심각했다. 그들의 가족 내에서는 죽은 사람을 세는 것보다 살아남은 사람을 세는 것이 더 빨랐다.

역사가 키스 로Keith Lowe는 이렇게 썼다.

> 전쟁을 겪고 학살을 직접 목격하고, 시체로 뒤덮인 들판이나 인간 몸뚱이로 가득 찬 구덩이를 본 사람조차 유럽에서 일어난 대학살의 진정한 규모를 파악하지 못한다.[8]

특히 종전 직후가 그랬다. 사람들이 두 팔을 들고 방공호에서 나왔을 때 맞닥뜨린 혼돈만으로도 이미 충분히 버거운 상황이었다. 이 재난에서 어떻게 다시 일어설 수 있을까? 그것도 이 모든 일에 책임이 있는 독일에서? 이런 나라에서 마치 아무 일도 없었다는 듯이 계속 살아가는 것을 있을 수 없는 일로 여기고, 그들의 심장이 아무렇지도 않게 계속 뛰는 것만으로도 불편해하는 사람이 적지 않았다.

그런데 후대에 침울한 통곡의 대가로 기억될 26세의 극작가 볼프강 보르헤르트Wolfgang Borchert는 계속 살아가는 것의 짐을 자기 세대의 절박한 선언으로 바꾸고자 했다. 그는 1941년 국방군에 징집되어 동부전선으로 향했다. 거기서 '방위력을 떨어뜨리는 발언'을 했다는 이유로 여러 차례 처벌을 받았다. 그는 1945년 최전선에서의 경험과 수감 생활을 가슴에 품고, 치료받지 못한 간 질환에 시달리며 600킬로미터를 걸어서 함부르크로 돌아왔다. 그러고는 한 장 반짜리 텍스트 〈이별 없는 세대Generation ohne Abschied〉를 썼다. 이 글에서 보르헤르트는 말 그대로 과거가 사살되어버린 세대의 새 출발을 격정적인 단호함으로 노래했다. 과거는 상상할 수 없는 잔인함 때문이건 트라우마 때문이건, 아니면 심리적 억압 때문이건 더는 인간 정신에 속하지 못한다는 것이 이 작품의 제목이 의미하는 바다. '이별 없는 세대'는 제로 시간의 선언이었다.

> 우리는 유대도 깊이도 없는 세대다. 우리의 깊이는 끝을 알 수 없는 심연이다. 우리는 행복도 고향도 이별도 없는 세대다. 우리의 태양은 가늘고, 우리의 사랑은 잔혹하고, 우리의 청춘은 젊음 없는 청춘이다.[9]

단조롭게 툭툭 던지는 랩소디풍의 이 텍스트는 활력을 장착한 방향 상실이 그 특징이다. 보르헤르트는 자부심이 없지 않은 상태에서, 대담한 냉정함의 태도를 양식화한다. 이 청년 세대는 죽은 자들과 너무 자주 이별을 고해 더는 그에 감정적으로 반응하지 못한다. 실제로 이별은 헤아릴 수 없이 많았다. 텍스트의 마지막 행들은 죽을병에 걸린 이 청년조차 미래를 위해 불러오고 싶어 하는 힘에 대해 이야기한다.

> 우리는 귀향 없는 세대다. 귀향할 수 있는 곳이 없기 때문이다. 그러나 우리는 도착 세대다. 어쩌면 새로운 별에, 새로운 삶에 완벽하게 도착한 세대일지 모른다. 새로운 태양 아래, 새로운 심장에 완벽하게 도착한. 어쩌면 우리는 새로운 삶에, 새로운 웃음에, 새로운 신에 완벽하게 도착한 세대일지 모른다. 우리는 이별 없는 세대지만, 모든 도착이 우리 것임을 알고 있다.

'이별 없는 세대'는 돌아볼 용기가 없는, 남겨진 자들의 시적 선언이다. 이 모든 일이 어떻게 그런 식으로 일어날 수 있었는지 스스로에게 묻지 않는 다수 독일인의 충격적인 태도가 여기서 원칙으로 대두한다. 경험한 것이 적힌 칠판은 지워지고, 새로운 글과 '새로운 신'을 위한 자리가 마련된다. 바로 '새로운 별'에의 도착이다.

여기서 억압이라는 말은 부족해 보인다. 그것은 의식적인 과정이다. 그의 글은 열정적으로 시작해서 씁쓸하게 끝난다. 물론 보르헤르트도 타불라라사Tabula rasa, 즉 완전한 백지상태가 환상이자 단순한 희망임을 알고 있었다. 고통스러운 기억이 무엇인지도 정확히 꿰뚫고 있었다. 그런 순간의 유토피아는 망각이었다.

당시 제로 시간의 선언문 같은 지위에 오른 시가 하나 있다. 귄터 아이히Günter Eich가 1945년 말에 쓴 유명한 〈재고 조사Inventur〉다. 시에서 한 남자는 새로운 시작을 위한 장비로서 자신의 소지품을 나열한다.

> 이건 내 모자,
> 이건 내 외투,
> 여기 천 주머니 속의
> 내 면도기.
> (…)
> 빵 주머니엔
> 털양말 한 켤레와
> 내가 아무에게도 말하지 않은
> 물건이 몇 개 있다.
> (…)
> 이건 내 노트,
> 이건 내 천막 천,
> 이건 내 수건,
> 이건 내 실타래.

〈재고 조사〉는 도발적이고 간결한 표현으로 전후 문학의 아이콘이 되었다. 스스로를 '벌채 문학가'•라고 칭한 작가들은 기존의 감격적이고 장엄한 문학에 반기를 들었다. 자신들도 한때 입에 올리곤 했던 그런 문학에 기만당했다고 느꼈기 때문이다. 이제 감격할 수 있는 능력은 폐허 밑으로 사라졌다. 사람들은 아주 단순한 것에 집착했고, 자신의 것, 그러니까 테이블 위에 펼쳐놓을 수 있는 것에만 충실하려 했다. 이는 사회학자 헬무트 셸스키Helmut Schelsky가 1957년 심리적 양가성의 개념으로 처음 사용해 큰 공감을 얻은 '회의적인 세대'의 서정적 선언이었다.[10] 아이히의 서정적 재고 조사도 기억을 회피한다. 불신과 외투, 연필, 실타래, 그리고 이 시의 실제 클라이맥스에 해당하는 "내가 아무에게도 말하지 않은" 몇 가지 물건만 갖고 새로운 삶 속으로 들어간다.

마르타 힐러스도 자신의 일기에서 재고 조사를 했다. 붉은 군대의 진입과 함께 시작된 강간의 물결에 대한 솔직하고도 담담한 묘사가 돋보이는 글이었다. 힐러스에게 제로 시간의 첫 며칠은 곳곳에서 자행된 성폭력의 순간이었다. 마침내 그 시간이 지나가자 힐러스는 5월 13일 다음과 같이 심경을 정리했다.

> 한편으로는 그 일이 내게 좋은 측면도 있다. 나는 여전히 건강하고 생생하다. 그 일로 육체적인 타격을 입지는 않았다. 오히려 삶을 위한 최고의 장비를 갖춘 느낌이다. 수렁을 헤쳐 나갈 물갈퀴를 얻은 느낌이라고 할까! 나는 세상에 맞추고, 더는 민감하지 않다. (…) 다른 한편으론 온통 부정적인 신호뿐이다. 세

• 제2차 세계대전 후 벌채된 숲처럼 모든 것이 무너진 상황에서 전쟁의 상흔과 고통을 상기하며 새로운 삶의 의미를 모색하고자 했던 작가들을 가리킨다. 폐허 문학이라고도 한다.

상에서 뭘 더 해야 할지 모르겠다. 나는 누구에게도 더는 필요한 사람이 아니고, 그저 빈둥빈둥 서서 기다린다. 눈앞의 목표나 과제는 보이지 않는다.

힐러스는 몇 가지 가능성을 검토해본다. 모스크바로 갈까? 공산주의자가 되거나 예술가가 될까? 그리고 모든 것을 내팽개친다.

> 사랑? 그건 바닥에 짓밟힌 채 누워 있다. (…) 예술? 그건 천직인 사람에게나 어울린다. 나와는 상관없다. 나는 그저 하찮은 잡부일 뿐이고 그에 만족해야 한다. 내가 할 수 있는 일이라고는 작은 모임에 들어가 좋은 친구가 되는 것이다. 나머지는 끝을 기다리는 일뿐이다. 그럼에도 삶의 어둡고 기이한 모험은 매혹적이다. 나는 호기심에서라도 이 삶에 머무른다. 숨을 쉬고 내 건강한 몸의 느낌을 즐기기 위해서라도.[11]

그렇다면 연극 평론가 루프트는 당시 어떻게 지냈을까? 4월 말 흰색 천을 팔에 두르고 지하실에서 나와 러시아 군인들에게 다가간 루프트도 지칠 줄 모르는 호기심으로 삶에 머물렀다. 그는 1945년 9월에 창간된 베를린 일간지 《타게스슈피겔Tagesspiegel》에 '우르바누스Urbanus'라는 가명으로 정기적 칼럼을 썼다. 대도시의 육감적인 분위기, 봄철의 아름다운 옷, 아침에 우편배달부가 올 때의 설렘에 관한 내용이었다.

루프트는 서베를린의 미군 산하 라디오 방송국에서 〈비판의 목소리Stimme der kritik〉라는 프로그램 진행을 맡았다. 1946년 2월부터 세상을 떠나기 직전인 1990년 10월까지 매주 청취자의 영혼에 꿀을 뚝뚝 떨어뜨리는 마지막 대사로 프로그램을 마쳤다. 듣는 사람에게 한결같은 믿음을 주는 말이었다.

> 우리 언제나처럼 일주일 후에 다시 만나요. 같은 시간, 같은 주파수, 같은 방송에서.

루프트는 1945년 지하실에서 나와 올라간 그 집에서 도안가인 아내와 함께 수십 년을 살았다. 1970년대 초 아내 하이데는 집에서 멀지 않은 빈터펠트플라츠 광장의 한 술집을 자주 들락거렸다. 술집 이름은 '폐허'였다. 그냥 이름만 그런 것이 아니라 실제로도 폐허였다. 건물 앞부분은 폭격으로 무너졌지만, 일부 남은 기초 벽이 들쭉날쭉한 다른 벽들과 섞여 작고 기괴한 '비어 가든'을 이루었다. 홀은 안쪽에 있었고, 항상 북적거렸다. 건물 앞쪽의 파묻힌 지하실에서는 나무 한 그루가 자라났는데, 백열등 몇 개를 걸어두기에 안성맞춤이었다. 이 술집은 1970년대 초 작가 지망생들의 아지트였다. 대부분 대학생이었다. 겉으로만 보면 막 전쟁이 끝난 것 같은 술집이었다. 남편이 집에서 라디오 방송을 위해 원고를 다듬는 동안 하이데는 우아한 모피 코트를 입고 장발 청년들 사이에서 참견을 하거나 수다를 떨었고, 가끔 술값을 계산했다. 이렇듯 하이데 역시 각자의 방식으로 제로 시간으로 돌아가고 싶었던 수많은 사람 가운데 하나였다.

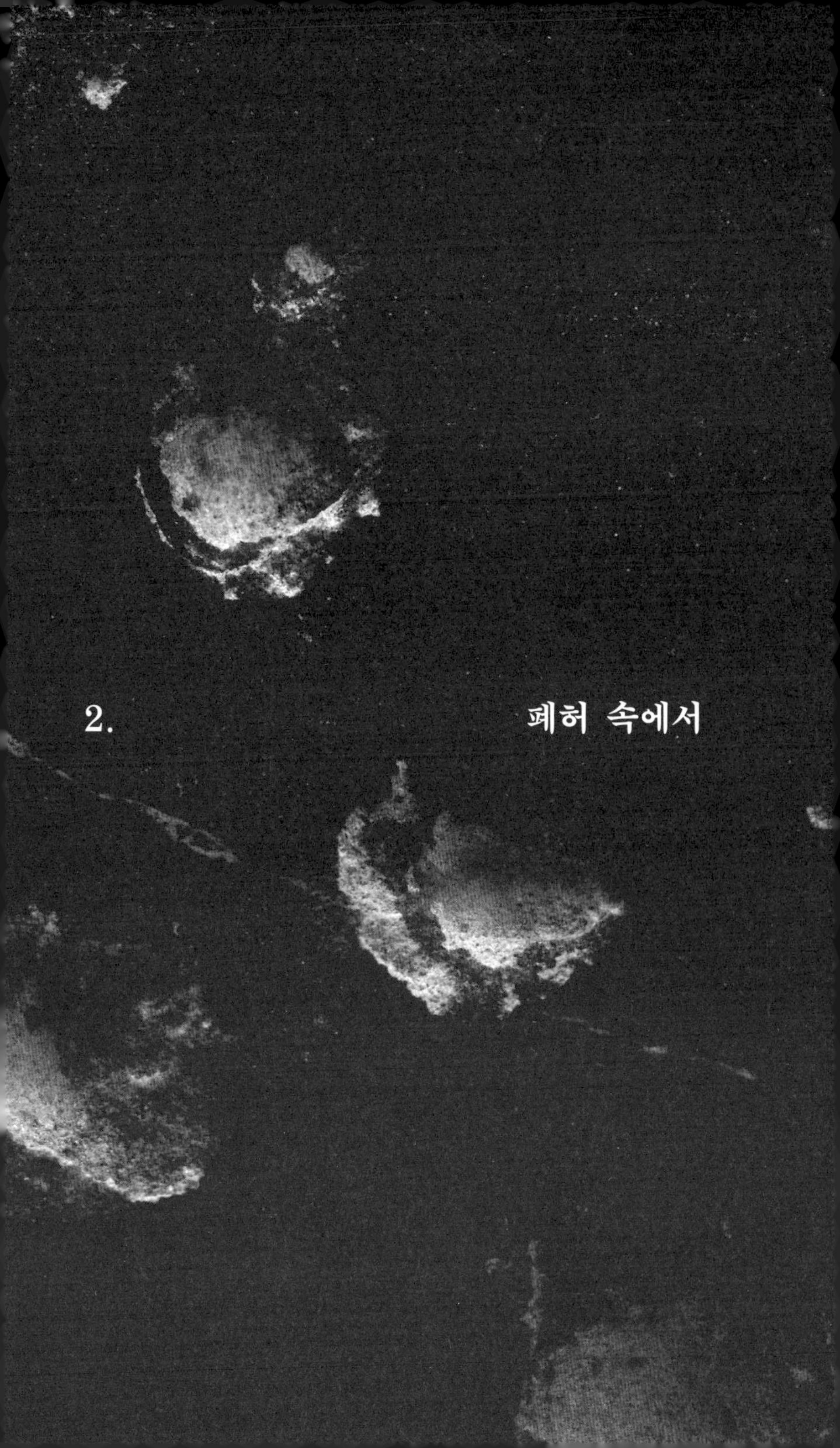

2. 폐허 속에서

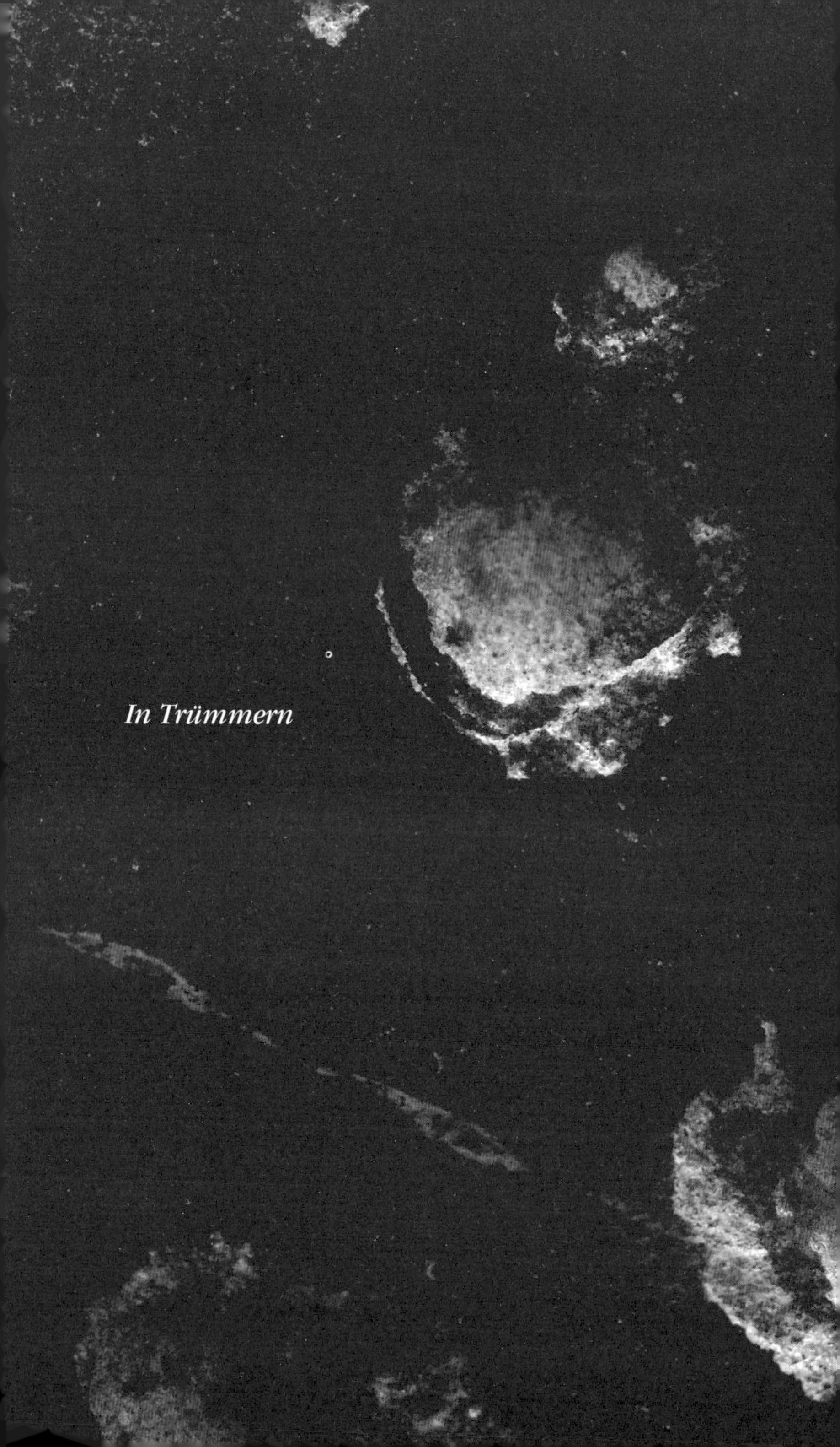

In Trümmern

거대한 잔해는 누가 치울 것인가

전쟁은 독일에 약 5억 세제곱미터의 폐허 더미를 남겼다. 도저히 가늠되지 않는 이 규모를 사람들의 머릿속에 쉽게 떠올리게 하려고 온갖 아이디어가 동원되었다. 일간지 《뉘른베르거 나흐리히텐Nürnberger Nachrichten》은 나치 전당 대회장 부지의 체펠린 비행장을 기준으로 삼았는데, 폭과 길이가 각 300미터에 이르는 비행장에 잔해를 차곡차곡 쌓을 경우, 꼭대기에 만년설이 있는 4000미터 산이 될 거라고 했다. 다른 아이디어에 따르면, 5500만 세제곱미터에 이르는 베를린의 잔해로 폭 30미터, 높이 5미터의 장벽을 설치하면 서쪽으로 쾰른까지 닿을 거라고도 했다. 이런 식으로 독일인들은 자신들이 치워야 할 어마어마한 양의 잔해를 사람들에게 이해시키고자 했다. 당시 드레스덴, 베를린, 함부르크, 킬, 뒤스부르크, 프랑크푸르트처럼 심각하게 파괴된 도시에 살던 사람들은 이 잔해를 어떻게 치워야 할지 도무지 엄두가 나지 않았다. 하물며 재건은 언감생심이었다. 드레스덴의 경우, 살아남은 주민 한 명당 치워야 할 잔해가 무려 40세제곱미터에 달했다.

게다가 잔해는 세제곱미터 단위로 치우기 쉽게 주어져 있지 않았다. 그것은 언제든 무너져 내릴 수 있는 폐허의 형태로 도시 곳곳에 널려 있었고, 그 사이를 돌아다니는 건 목숨을 건 위험이었다. 종종 벽 네 개 중 세 개만 있고 지붕도 없는 곳에 사는 사람은 집으로 가려면 먼저 높은 폐허 더미로 기어오른 뒤 뚫려 있는 벽들 사이를 지나가야 했다. 어떤 외벽은 지지하는 측벽이 없어 한순간에 내려앉을 위험이 있었다. 머리 위에는 벽의 일부가 휘어진 철근에 매달려 있었고, 어떤 콘크리트 바닥은 한쪽 벽에만 아슬아슬하게 걸려 있었다. 그 밑에서는 아이들이 놀고 있었다.

모든 상황이 절망적이었다. 어디에도 희망은 보이지 않았다. 그러나 대부분의 독일인은 잠시도 낙담할 겨를이 없었다. 아직 공식적으로 전쟁이 끝나지 않은 1945년 4월 23일, 만하임 관보에는 벌써 다음과 같은 호소문이 실렸다.

> 우리 다시 건설합시다!
> 일단 눈에 보이는 것부터 소박하게 시작해야 합니다. 뭔가를 지을 땅을 찾으려면 산더미 같은 잔해부터 치워야 하기 때문입니다. 최선의 방법은 옛 금언처럼 자신의 대문 앞부터 치우는 겁니다. 합심하면 분명 해낼 수 있습니다. 예전의 집에서 살 수 있을 거라는 행복한 기대와 함께 돌아온 귀향자들이 부서진 잔해만 본다면 얼마나 힘들겠습니까? 망가진 집을 다시 사람이 살 수 있는 곳으로 만들기 위해 우리 모두 예전의 숙련된 솜씨로 망치를 두드리고 나무를 깎읍시다. (…) 지붕에 얹을 판지나 벽돌만 있어도 당분간은 비바람을 막을 수 있습니다. 최대한 많은 사람이 신속하게 도움받을 수 있도록 지붕 공사용 자재가

있는 사람은 즉시 해당 건설국에 신고해주시기 바랍니다. (…) 일단 이렇게 단계적으로 소박하게 시작해서 창문과 지붕부터 만들고, 다음 일은 다음에 생각하도록 합시다.[1]

만하임은 영국군의 무차별 폭격으로 가옥의 절반이 파괴되었지만, 완벽에 가까운 방공호 시스템 덕분에 총주민의 0.5퍼센트밖에 목숨을 잃지 않았다. 어쩌면 이런 상황 덕분에 망치와 톱을 들고 새롭게 일하자는 거의 목가적인 분위기의 쾌활함이 가능했을지 모른다. 물론 다른 곳에서도 독일인들은 교전이 끝나자마자 외부인들의 눈엔 오싹하게 느껴질 정도로 활기차게 잔해를 치우기 시작했다.

"일단은 바닥부터 깨끗이 치우자!" 이 모토는 말 그대로 무언가를 세워 올릴 '땅을 찾자'는 뜻이었다. 무질서한 잔해 더미에서 첫 질서를 만들어나가는 일은 놀랄 정도로 신속했다. 우선 사람들이 편안하게 지나다닐 수 있도록 돌 더미 사이에 비좁은 통로가 만들어졌다. 이렇게 해서 무너진 도시에서는 사람들의 발길로 인해 새로운 길이 저절로 생겨났고, 폐허의 황무지에 말끔한 오아시스가 선을 보였다. 사람들은 도로 포석이 예전처럼 반짝거릴 정도로 철저히 거리를 청소했고, 수많은 파편을 크기별로 꼼꼼히 분류해서 보도에 쌓아두었다. 특히 예전에도 청소에 정말 열심이었던 바덴주의 프라이부르크 주민들은 파편을 얼마나 정성스럽고 정연하게 쌓아두었던지, 종말론적인 분위기의 풍경에서 사람 사는 냄새가 물씬 날 정도였다.

1945년 베르너 비쇼프Werner Bischof가 찍은 사진에는 청소된 지옥을 혼자 걷는 한 남자가 나온다. 나들이옷을 입은 남자의 뒷모습이다. 푹 눌러쓴 검은 모자, 무릎까지 오는 부츠 속에 집어넣은 기병 바지, 거기다 우아한 재킷까지 걸치고 있는 것이 기병 대위 같은 인상을 풍긴다. 장을 보러 가는 사람처럼 손에 바구니를 들고 느릿느릿 걷는 모습은 〈먹을 것을 찾는 남자〉라는 사진 제목과 어울린다. 그러나 씩씩한 걸음걸이, 낙천주의와 결연함을 드러내는 자세, 호기심을 갖고 주변을 살피는 얼굴의 각도는 누군가 잘못된 영화 속 한 장면에 빠져든 것 같은 슬픈 인상을 불러일으킨다.

실제로 그러기도 했고 아니기도 했다. 독일인들은 이 황무지에 적응할 시간이 많았고, 잔해 제거의 연습 과정도 거쳤다. 잔해 처리 작업은 전쟁이 끝나서야 시작된 것이 아니었다. 1940년 독일 땅에 첫 폭격이 시작되고 점점 더 파괴적인 공격이 이어졌을 때 그들은 도시를 청소하고 임시방편으로 보호책도 마련해야 했다. 다만 그들에게는 비인간적인 조건 아래 혹독한 노동에 투입할 수 있는 수많은 전쟁 포로와 강제 노동자 들이 있었다. 전쟁 마지막 몇 개월 동안 그 과정에서 얼마나 많은 사람이 죽었는지는 아무도 모른다. 아무튼 전쟁이 끝나자 독일인들은 이제 그 일을 처음으로 스스로 해결해야 했다.

그렇다면 독일인 중에서 누가 이 일을 하는 것이 맞을까? 그렇다, 가장 먼저 떠오르는 것은 이 재앙을 야기한 인간들이었다. 이렇게 해서 전후 처음 몇 주 동안 거의 모든 곳에서 연합군과 독일 대리인들은 나치당원 투입 계획을 수립했다. 잔해 제거 작업에 나치당원들을 동원하는 계획이었다. 뒤스부르크에서는 이미 5월 초에 공고문을 통해 나치당원들에게 '도로 장애물 제거' 의무를 부과했다.

> 나치 도당의 당원과 지지자, 후원자 들은 즉시 잔해를 제거해야 하고, 이 목적에 동원된 사람들은 적절한 장비를 스스로 마련해야 한다.[2]

나치당원들은 이런 지시를 일일이 기명으로 받았다. 동원 요구서에는 다음과 같은 위협도 함께 기재되었다.

> 정해진 시간에 나타나지 않으면 석방된 정치범들이 당신을 찾아가 강제 출석시킬 것입니다.

그러나 이 소집령은 영국 군정이나 뒤스부르크 시장이 내린 것이 아니었다. 소집령의 서명자는 '재건행동위원회'였고, 그 뒤에는 탈나치화와 전후 재건을 민간에서 주도하는 나치 반대자들의 연합인 반파시즘위원회가 있었다. 반파시즘위원회가 시 당국과 긴밀히 협력한 다른 많은 도시와 달리 뒤스부르크 시장은 이 위원회의 징벌 조치를 직권남용으로 보았다. 그래서 시 공고문을 통해 그 계획을 취소하려고 했다. 그러나 여러 사건이 얽히고설키면서 시장의 뜻은 관철되지 못했다. 이로써 자칭 '재건행동위원회'는 불평불만을 늘어놓는 상당수 나치 구성원들을 매주 일요일 강제 노동에 반복적으로 투입하는 데 성공했다.

그런 민간 위원회에 의해 이루어진 나치당원들에 대한 징벌은 비록 일반적인 사례가 아니었음에도 뒤스부르크의 사례가 보여주는 것은 분명했다. 독일인들은 나중의 모습과는 달리 강력한 동질체가 아니었다는 것이다. 아울러 이는 무엇보다 전후 첫 몇 개월 동안 있었던 행정 당국의 혼돈을 드러내는 전형이기도 했다. 연합군은 어떤 지역을 점령하는 즉시 현 시장을 자동으로 해임하고, 최소한의 질서 유지를 위해 신속하게 새 시장을 임명했다. 그때 가장 이상적인 경우는 1933년 이전에 그 직을 수행한 사람들을 임명하거나 전 사회민주당원 중에서 물색하는 것이었다. 때로는 시민이 직접 자원하기도 했다. 동기는 갖가지였는데, 그중에는 가끔 이상주의적인 동기도 포함되어 있었다. 그런 사람들은 관직에 며칠만 앉아 있다가 물러날 때가 많았다. 나중에 설치된, 탈나치화의 임무를 맡은 부서들이 이의를 제기했기 때문이다.

저널리스트 빌헬름 홀바흐Wilhelm Hollbach는 프랑크푸르트에서 비교적 오래, 그러니까 99일 동안 시장직을 유지했다. 그가 시 행정부의 수장에 오른 건 순전히 우연이었다. 독일 항복 직후 그는 신문 창간 허가를 받으려고 미 사령부에 상담을 요청했고, 너무 늦게 가는 것보다 아예 일찍 가는 편이 낫다고 판단하고 약속 시간보다 한참 먼저 도착했다. 홀바흐는 최종적으로 인쇄 허가를 받지는 못했지만, 대신 미 사령부에서 시의 최고위직을 제안받았다. 그가 사무실에 들어서던 순간 군정 지휘관들은 마침 시장에 누구를 앉힐지를 두고 골머리를 앓고 있었던 것이다. 프랑크푸르트로서는 축복이었다. 홀바흐는 취임하자마자 잔해 재활용 회사의 설립을 세심하게 준비했고, 그 덕분에 프랑크푸르트는 상대적으로 늦었지만, 대신 훨씬 효과적인 잔해 제거 작업에 착수할 수 있었다.

메클렌부르크주의 펠트베르크에서 졸지에 시장이 된 작가 한스 팔라다Hans Fallada는 별로 운이 없었다. 누군가 그의 정원에 나치 친위대 제복을 벗어놓는 바람에 러시아군이 처음엔 그를 감금하거나 사살하려고 했던 것이다. 그런데 심문 과정에서 그가 앞으로 마을 업무를 수행할 적임자로 보였다. 술꾼이자 모르핀 중독자였던 팔라다는 그때부터 즉시 농부와 시민, 점령자 들 사이의 일을 조정하는 담당자가 되었다. 대개 식량 압수와 노동력 배치가 주 임무였다. 그런데 4개월 후 그는 보람 없는 이 업무의 무게에 짓눌려 노이슈트렐리츠의 병원으로 옮겨졌고, 이후 펠트베르크로 돌아가지 못했다. 그사이 부하 직원들이 그의 집을 약탈했기 때문이다.[3]

시장을 비롯해 다른 고위직은 일괄 해고된 반면, 대부분의 중하위직 공무원과 직원은 일단 자리를 유지했다. 연합군 군정 입장에서는 그렇게 해야 원활한 행정 업무를 기대할 수 있었다. 이로써 혼란과 평시 사이의 균형이 유지되었다. 독일이 어느 방향으로 나아갈지는 불확실했지만, 그 과정을 잘 이끌어나갈 사람은 숙련된 관료들뿐이었다.

관료들이 느낀 충격의 깊이는 그들의 기민한 행정 능력과 야릇한 대조를 이루었다. '대규모 정리 사무소', '잔해국', '청소국' 혹은 '재건국'[4]처럼 잔해 정리 업무를 맡은 부서는 전쟁이 끝나기 전과 이름이 동일했다. 이곳에서 근무하는 사람들의 생각은 이랬다. 어제 강제 노동자들이 있었다면 오늘도 그런 사람이 있을 것이다. 상부에 그런 인원을 보내달라고 신청만 하면 된다. 누군가는 쓰레기를 치워야 한다. 다만 이번에는 러시아인이나 유대인이 아니라 독일인이었다. 그건 결과에 아무 차이가 없었다. 따라서 관리들은 그때그때 필요한 노동력을 지금까지처럼 나치 친위대가 아니라 미국이나 영국 군정에 요청했고, 그러면 그들은 독일 전쟁 포로들을 기꺼이 내주었다.[5] 그럴 때 관리들은 어떤 감정이 들었을까? 이러나 저러나 상관이 없었을까? 아니면 양심의 가책을 느꼈을까? 그럴 이유는 없었다. 연합군 포로 수용소에서의 생활이 아무리 힘들어도 전쟁 포로들은 친위대 산하의 수용소만큼 학대와 착취를 당하지는 않았기 때문이다. 게다가 여기서는 죽을 일도 없었고, 노동의 목적도 나치의 강제수용소와는 완전히 달랐다.

베를린의 거대한 폐허 더미에서도 청소는 징벌 형식의 노동이었다. 연합군은 입성 후 첫 며칠 동안 공고를 내 자원자를 모집했다. 자원자는 적지 않았다. 일이 끝나면 수프 한 접시가 제공되었기 때문이다. 다음부터는 나치당원이 투입되었다. 그들을 찾는 건 어렵지 않았다. 베를린의 행정 업무는 마지막 전투가 치러지던 며칠 동안만 중단되었기 때문이다. 관리들은 나중에 동독 지도부가 될 발터 울브리히트Walter Ulbricht 그룹과 망명에서 돌아온 다른 공산주의자들의 지휘를 받았다. 도시를 재조직하고 러시아 행정부에 대한 신뢰를 강화하기 위해 붉은 군대와 함께 들어온 이들이었다. 나치당원들의 색출 작업은 점령 초기에 바로 가동된, 지구별 통반장 운영 시스템 덕분에 손쉽게 이루어졌다.

최초의 징집자 중에는 18세의 여비서 브리기테 아이케도 포함되어 있었다. 나치의 독일소녀동맹BDM 단원이었던 그는 체제 붕괴 직전에 당에 가입했는데, 지금은 그 대가로 '나치 특수 노동대'에 동원되어 길거리 청소에 나서야 했다. 1945년 6월 10일 자 아이케의 일기에는 이렇게 적혀 있다.

> 우리는 오전 7시 30분에 에스마르히가街에 도착해야 했다. 그런데 항상 의아했던 건, 나와 마찬가지로 나치당원이었던 우리

의 여성 지도자나 헬가 드보 같은 단원들은 여기서 한 번도 보지 못했다는 사실이다. 그들은 빠져나가는 법을 아는 듯했다. 이런 식의 불의는 정말 끔찍하다. 우리는 일을 하려고 바이센제 기차역으로 향했지만, 거기엔 이미 사람들로 넘쳐났다. 결국 우리는 다시 산책로로 돌아갔다. 거기엔 잔해와 쓰레기가 사람 키 높이만큼 쌓여 있었다. 심지어 사람의 뼈도 발견되었다. 우리는 여기서 12시까지 일했고, 2시까지 식사 시간이 끝나고 나면 다시 일했다. 오늘은 날씨가 너무 좋아 많은 사람이 산책을 하며 우리 곁을 지나갔다. (…) 우리는 저녁 10시까지 일해야 했다. 끔찍하게 긴 시간이었다. 그것도 남에게 이런 부끄러운 모습을 계속 보여주면서 말이다. 우리는 비웃는 얼굴들을 보지 않으려고 항상 거리 쪽을 등지고 일했다. 이런 상황에서도 유머를 잃지 않는 사람들이 없었다면 정말 비참했을 것이다.[6]

물론 베를린 건설 당국과 군정은 징벌적 투입만으로 5500만 세제곱미터의 잔해를 제거할 수 없음을 분명히 알고 있었다. 따라서 체계화된 잔해 제거를 위해 전문 건설업체를 끌어들였다. 건설업체들은 정치 상황에 따라 의무적으로 동원되거나 아니면 보상을 받고 투입되었다. 이렇게 해서 승전국 네 곳의 점령지에서는 건설 노동자들이 고용되었고, 이들은 쥐꼬리만 한 임금을 위해, 그리고 무엇보다 모두가 부러워할 중노동자 식량 배급표를 받기 위해 폐허 더미에서 뼈 빠지게 일했다.

이러한 잔해 제거 작업에서 여성은 일종의 요정 같은 역할을 했다. 다만 베를린을 제외하고는 오늘날 우리가 상상하는 것만큼 작업 현장에서 여성을 발견하기는 힘들었다. 베를린에서 중노동은 여성의 일이었다.[7] 제거 작업이 한창일 때 여성은 2만 6000명, 남성은 겨우 9000명이 청소 현장에서 일했다. 수십만 명의 군인이 전사하거나 포로가 된 이후 베를린에서 남성 부족은 다른 지역보다 훨씬 심각했다. 왜냐하면 베를린은 전쟁 전부터도 미혼 여성들의 수도였기 때문이다. 그들은 휘발유 냄새를 맡고 자유를 느끼기 위해, 그리고 새로운 여성 직업을 갖고 독립적인 인생을 살기 위해 답답한 시골에서 대도시로 올라왔다. 이제는 건설 노동자로 일하는 것이 하루 7그램의 지방으로 간신히 아사만 면할 뿐인 가장 낮은 식량 배급표보다 더 나은 음식을 구할 유일한 방법이었다.

반면에 베를린 외의 지역에선 여성들이 잔해 제거 현장에 투입되는 일이 무척 드물었다. 여기서 이 작업은 주로 탈나치화와 '퇴폐적 소녀나 성적으로 문란한 여성'에 대한 징벌적 조치로 진행되었고, 그에 해당하는 여성들은 잔해 더미로 가야 했다. 그럼에도 여성 잔해 청소부들이 재건의 신화적 영웅으로 떠오를 수 있었던 것은 폐허에서 일하는 그들의 모습이 잊을 수 없는 장면을 연출했기 때문이다. 사실 폐허 자체도 인상적이지만, 폐허 더미에서 일하는 여성의 모습은 더더욱 인상적이었다. 인쇄된 사진 속에는 자주 잔해 언덕 위에 길게 늘어선 여성들이 나온다. 일부는 앞치마를 둘렀고, 일부는 통나무 모양의 작업용 장화가 언뜻언뜻 보이는 치마를 입었다. 게다가 트랙터 운전수처럼 두건을 앞쪽으로 묶을 때도 많았다. 이렇게 줄지어 서서 이 손에서 저 손으로 잔해가 든 양동이를 아래쪽으로 날랐고, 그러면 아이들이 밑에서 잔해를 분류하고 청소했다.

이런 사진들은 사람들의 가슴에 깊이 새겨졌다. 길게 늘어선 양동이 줄은 붕괴된 사회에 절실한 공동체 의식의 시각적 은유가 되었기 때문이다. 생각해보라. 무너진 폐허 더미와 늘어선 양동이 줄의 단결은 얼마나 대조적인가! 바로 이 속에서 여성들의 재건 행위는 영웅적이면서 동시에 에로틱한 면모를 얻었고, 사람들은 감사한 마음으로 그것과 자신을 동일시하면서 패배에도 불구하고 긍지를 느꼈다. 따라서 잔해 속의 여성은 사람들의 기억 창고 속에서 비슷하게 강력한 영향을 끼치며 자주 어른거리는 '양공주' 사진과 이미지 면에서 어깨를 겨눈다.

여성 잔해 청소부 중에는 사진작가에게 반항적으로 혀를 쏙 내밀거나 콧방귀를 뀌는 사람이 더러 있었다. 게다가 일부 여성은 이런 더러운 일에는 전혀 어울리지 않게 하얀 칼라에 꽃무늬가 들어간 하늘하늘한 원피스를 입기도 했다. 이유는 대개 그게 그들이 가진 마지막 옷이었기 때문이다. 방공호로 대피하거나 피난을 떠날 때 사람들은 항상 자신이 가장 아끼는 것을 가져갔다. 여성들은 자신이 가장 좋아하는 옷을 마지막까지 아껴두었고, 그러다 이제 그것을 꺼내 입고 나타난 것이다.

다른 한편, 이런 현장에 전혀 어울리지 않는 우아한 옷차림은 사진 연출과 관련이 있었다. 종전 전에 나치가 선전용으로 활용한 〈보헨샤우〉•에서는 여성들이 마치 체육 수업을 하는 것처럼 우아한 자세로 잔해를 목표 지점에 정확히 던지는 장면이 나온다. 멋져 보이지만, 사실 그것은 신빙성도 효과도 없었다. 괴벨스의 지시로 파괴

• 본 영화가 상영되기 전 나치 당국이 영화관에서 틀었던 홍보용 뉴스 프로그램. 1950년대 이후 우리나라의 〈대한늬우스〉와 비슷하다.

된 함부르크에서 촬영된 이 장면들은 완전히 가짜였다. 여기서는 이른바 잔해 청소부라고 하는 여성들이 벽돌을 던지면서 카메라를 향해 활짝 웃는데, 그건 나치를 맹목적으로 추종하는 사람들만 믿을 만큼 가식적이었다. 그들은 모두 배우였다.[8]

미국 사진기자 마거릿 버크화이트Margaret Bourke-White는 자신과 동성인 여성들이 먼지 구덩이 속에서 등골 휘게 일하는 모습을 감상적이지 않고 차갑게 바라보았다. 버크화이트가 1945년 베를린에서 기록한 글을 보자.

> 이 여성들은 도시 청소 작업을 위해 조직된 수많은 인간 컨베이어벨트 가운데 하나였다. 부서진 벽돌이 담긴 양동이를 관성에 따라 아주 느리게 전달하는 모습을 보고 있노라면, 마치 그들이 시급 72페니히에 어울리고, 그러면서도 일을 하지 않는다고 욕을 먹지 않을 만큼의 최저 속도를 마음속으로 계산하면서 일하는 것 같은 인상을 풍긴다.[9]

통합적으로 운영되지 않은 초기의 잔해 제거 작업은 사실 큰 효과를 거두지 못했다. 예를 들어 청소부들은 일부 잔해를 그냥 가까운 지하철 승강장 쪽으로 던져 버렸는데, 이것들은 나중에 아주 힘들게 다시 밖으로 실어 날라야 했다. 1945년 8월 베를린 시의회는 각 구청에 '통제되지 않은 양동이 작업'의 중단을 지시하면서, 이제부터는 '원시적인 청소 작업'을 종료하고 건설 당국의 감독하에 체계적으로 작업을 실시할 것임을 예고했다.

'체계적인 대규모 잔해 제거 작업'에는 쓰레기를 도심 밖 잔해 처리장으로 옮기는 효과적인 운송 시스템의 구축도 포함되어 있었다. 여기에 우선적으로 투입된 것은 농사용 경철도, 즉 임시로 가설한 철로 위에 작은 수레를 매단 증기기관차였다. 드레스덴에는 협궤 철도가 총 일곱 개 설치되었다. 일례로 T1 노선은 '도심 정비 구역'에서 오스트라게헤게 잔해 처리장까지 이어졌다. 이렇게 해서 모두 여성의 이름을 딴 기관차가 총 마흔 대 운영되었다. 철도를 서둘러 설치하는 바람에 간간이 탈선 사고가 일어났지만, 간선과 지선, 운행 교대역, 잔해 철거지, 집하장을 원활하게 이어주는 철도 운영 시스템은 전반적으로 완벽했다. 으스스한 루머란트•를 지나듯 불에 탄 드레스덴의 잔해 더미를 지나가는 이 이상한 열차의 운영을 위해 5000명 가까운 사람이 일했다. 철도는 1958년까지 운행되었고, 그로써 드레스덴의 잔해 제거 작업은 공식적으로 종료되었다. 물론 그 뒤로 한참이 지나서도 도시의 모든 공간이 말끔히 청소되지는 않았다. 1946년에 이미, 작가 에리히 캐스트너Erich Kästner가 45분 동안 단 한 채의 망가진 건물도 보지 않고 지나갈 수 있을 정도로 도심의 상당 부분이 깨끗이 치워졌음에도,[10] 드레스덴의 마지막 잔해 작업반은 전쟁이 끝나고 32년이 지난 1977년에야 종료를 선언할 수 있었다.[11]

이렇게 치운 엄청난 양의 쓰레기는 도시 지형을 바꾸어놓았다. 종전 후 베를린에는 돌 더미 산들이 여럿 생겨났고, 이것들은 원래 있던 언덕과 짝을 이루면서 도시 북쪽에서 남쪽으로 자연스럽게 이

• 미하엘 엔데의 동화《짐 크노프와 기관사 루카스》에 나오는 세상에서 가장 작은 나라.

어졌다. 군사기술대학 옛 부지에는 22년 동안 매일 화물차 800대 분량의 잔해가 쏟아졌고, 이로써 훗날 그 의미에 맞게 '악마의 산'이라 불리게 된 쓰레기 산들이 생겨나 서베를린에서 가장 높은 언덕으로 자리 잡았다.

잔해를 처리하는 방식은 도시 경제 발전에도 영향을 끼쳤다. 예를 들어 프랑크푸르트는 1949년에 소망하던 대로 서독의 수도가 되지는 못했지만 대신 '경제 기적의 수도'로 부상했는데, 그렇게 되기까지는 잔해 처리 방식이 한몫했다. 이 도시의 주민들은 전쟁 잔해로 돈을 벌 수 있음을 보여주었다. 처음에는 그냥 손을 놓고 있는 것 같았다. 다른 도시들에서는 당국이 주민들에게 삽을 들고 당장 청소에 나서라고 다그친 반면, 프랑크푸르트 당국은 다른 식으로 접근했다. 과학적 방식이었다. 그들은 분석하고 숙고하고 실험했다. 시민들은 자신들의 도시가 이런 혼돈을 한가하게 방치하고 있다고 불평을 늘어놓기 시작했다. 다른 도시들에서는 하루가 멀다고 많은 양의 잔해가 치워지고 있는데, 프랑크푸르트 행정 당국은 '도시 외관을 꾸미는 일'에 전혀 열의를 보이지 않는다는 것이다. 노동조합의 한 탄원서에 나오는 내용이다. 그러나 기다림의 끝에 곧 성과가 찾아왔다. 프랑크푸르트 화학자들은 잔해를 녹이는 과정에서 이산화황과 산화칼슘으로 분해되는 석고를 얻을 수 있음을 알아냈고, 이로써 분해 과정이 마무리되면 아주 좋은 값으로 판매할 수 있는 시멘트용 골재를 얻을 수 있었다.

프랑크푸르트는 필립 홀츠만 주식회사와 함께 잔해 재활용 회사 'TVG'를 설립했다. 이 회사는 지체된 시간만큼이나 도시 정비 사업에 더 효율적으로 착수했다. 대규모 잔해 처리 공장이 설립된 뒤로는 심지어 다른 도시들에 산더미처럼 쌓인 작은 잔해까지도 재건에 사용할 수 있게 되었다. 프랑크푸르트는 오늘날의 민관 협업이라고 할 만한 이런 경제적 구조 속에서 여타 도시보다 재건 비용을 낮추고 상당한 경제적 이득까지 취했다. TVG는 1952년부터 흑자를 기록했는데,[12] 오늘날까지도 도시의 스카이라인에서 뚜렷이 확인할 수 있는 프랑크푸르트의 번영은 전쟁 잔해에서 시작되었다.

재건은 무엇보다 많은 사람이 동시에 열정적으로 일하는 모습을 보일 때 마음을 사로잡는 법이다. 독일인들이 그랬다. 그들은 흔히 개미떼에 비유되었다. 1945년 성령강림절에 마그데부르크 시장은 잔해 제거 작업에 주민들의 무료 봉사를 촉구했다. 프랑크푸르트의 처리 방식과는 반대 모델이었다. 그는 당면 과제를 언급하기 전에 일단 과거 '30년전쟁' 때 완전히 파괴된 도시를 상기시켰다.

> 마그데부르크 주민이라면 실제 행동을 통해 시민으로서의 공동체 의식을 보여주어야 합니다. (…) 마그데부르크와 같은 운명을 겪은 독일의 어떤 도시도 전쟁이 남긴 잔해를 돈을 주고 치울 여유가 없습니다. 우리의 협동심으로 어떤 이득이 있을지는, 그러니까 잔해 더미에서 온전한 벽돌을 찾아 재사용하면 어떤 이득이 있을지는 간단한 계산만으로도 알 수 있습니다. 일반적으로 집 한 채 짓는 데 들어가는 벽돌은 8000개입니다. 수천 개의 손이 부지런히 움직여 일요일 하루에 백만 개의 벽돌을 찾아낸다면 120채의 집을 지을 수 있습니다. (…) 시 당국은 모든 시민, 모든 젊은이, 모든 남자에게 외칩니다. 이 일에 동참해주십시오! 이 큰 재난의 시기에 여러분의 능력을 입

증할 시간이 찾아왔습니다. 여러분의 도시를 실망시키지 마십시오![13]

사람들은 아침 7시에 모여 '일정한 그룹으로 나뉘지 않고 그냥 4열 종대'로 줄을 섰다. 참석은 의무였다. 1인당 재사용할 수 있는 벽돌 100개를 성한 벽에서 떼어냈다. 첫날에는 4500명의 남자가 나타났고 다음 일요일에는 그 두 배가 참석했다. 이런 노동이 아무 즐거움 없는 강제 착취였는지, 아니면 일말의 즐거움이 함께한 자발적 행위였는지는 도시마다 달랐다. 동참 호소에 대한 반향도 모든 곳이 똑같지는 않았다. 가령 뉘른베르크에서는 5만 명의 남자 가운데 겨우 610명만 작업 현장에 모습을 드러냈다.

사람들은 깨끗이 청소한 벽돌을 잔해 더미 가장자리에 각각 200개씩 사각기둥 형태로 가지런히 쌓아놓았다. 숫자를 정확히 헤아렸음을 확인하는 표시로 맨 위의 벽돌은 세로로 세웠다. 이렇게 해서 함부르크 한 곳에서만 수집하고 청소하고 헤아리고 쌓아놓은 벽돌이 1억 8200만 개에 이르렀다.

1947년에 나온 영화 〈…그리고 우리 머리 위의 하늘…und uber uns der Himmel〉에서 주인공 한스 알버스는 트렌치코트를 입고 베를린의 폐허를 거닌다. 그러다 오프 스크린 상태에서 이렇게 노래한다.

북쪽에서 바람이 불어와 우리를 이리저리 몰아가네. 우리는 무엇이 되었을까? 바닷가 작은 모래 더미.

순간 카메라는 모래가 된 황량한 잔해 더미로 시선을 돌린다. 한 무리의 사람들이 잔해 속에서 바쁘게 일하고 있다. 점점 더 많은 사람이 몰려온다. 곳곳에서 망치질을 하고, 분류하고, 돌을 두드리고, 수레에 잔해를 싣는다.

> 폭풍이 우리의 인생과 비슷한 모래알을 멀리 쓸어가네. 우리를 사다리에서 쓸어내리고, 우리는 먼지처럼 가벼워라.

우레와 같은 오케스트라 연주와 함께 합창이 시작된다.

> 그래도 계속 가야 해, 우리는 처음부터 시작할 거야.

순간 주인공이 노래를 부른다기보다 고함을 지르듯이 외친다.

> 아, 바람아, 바람아 불어다오!

카메라의 눈이 다시 잔해 들판으로 향한다. 빠르게 이어지는 장면들 속으로 완전히 파탄 난 세상을 저 밑바닥까지 청소하면서 웃는 사람들이 보인다. 영화는 주기도문으로 끝난다.

> 우리가 우리에게 죄지은 자를 사하여준 것같이 우리 죄를 사하여주시고, 우리를 시험에 들지 말게 하시고, 다만 악에서 구하옵소서.[14]

"우리가 이토록 속죄할 준비가 된 적은 없었다." 안드레아스-프리드리히도 자신의 일기에서 그렇게 환호했다. 〈…그리고 우리 머리 위의 하늘〉은 이른바 폐허 영화에 속한다. 영화에서는 베를린의 사실적 묘사가 주를 이루고, 혹독한 가난과 암시장에서 폭리를 취한 사람들의 새로운 부를 보여준다. 그럼에도 영화의 결론은 재건의 찬양이다. 보는 사람을 감동시키고, 눈물을 쏟게 하고, 공동체 의식을 고취시킨다. 또한 노동에 대한 뜨거운 열망과 신화적 영웅 공동체, 초인적 임무를 북돋운다. 1930년대 나치 정권의 선전을 위해 동원된 독일 우파Ufa 영화사의 모든 영웅적 수사법이 이제 베를린의 잔해 처리 작업에서 무해한 목적으로 사용되었다.

많지는 않지만 일부 사람은 이 영화의 영웅적 수사법에 몸서리를 쳤다. 비록 영화가 관객들에게 좋은 반응을 얻고 대부분의 비평가들에게 찬사를 받았음에도 《필름포스트Filmpost》의 한 비평가는 두 번 다시 보고 싶지 않은 나치의 선전 영화가 떠올랐다고 고백한다.

> 장면 위로 무겁게 흐르는 비현실적인 재건의 합창은 하를란• 영화의 수상쩍은 회상 장면을 연상시키는데, 이는 그 비현실성 면에서 제3제국 시대 때 한 무리의 젊은이들이 제국 근로 봉사를 하는 영화 〈베를린의 어딘가에서Irgendwo in Berlin〉의 비현실적인 결말 부분과 어깨를 겨눈다. 이런 건 정말 다시는, 다시는 보고 싶지 않다![15]

• Veit Harlan, 괴벨스 휘하에서 반유대주의를 선동한 대표적인 영화감독.

폐허의 아름다움과 잔해 관광

폐허 영화가 인기를 끈 이유는 단순했다. 파괴된 도시의 파노라마가 이색적으로 펼쳐졌기 때문이다. 전적으로 끔찍한 모습이라고만 이야기할 수는 없었다. 누군가는 아무리 봐도 폐허에 질리지 않았다. 자기 내면의 거울로 느낀 것이다. 심지어 누군가는 전쟁 이전 세상의 본질을 이루고 있던 것이 이제야 마침내 눈앞에 똑똑히 드러나는 것 같은 느낌까지 받았다. 그들은 폐허 속으로 걸어 들어갔고, 알브레히트 뒤러Albrecht Dürer의 그림 〈멜랑콜리아〉를 닮은 도시의 파편 속에서 주변에 널브러진 것들을 골똘히 생각했으며, 이러한 완전한 몰락 속에 숨겨진 내적 연관성에 대해 깊이 고민했다.

예를 들어 건축가 오토 바르트닝Otto Bartning은 폐허의 풍경을 "전쟁으로 갑자기 노출된 만성 질병"으로 보았고, 그 질병은 이제야 분명히 드러났다.

> 폐허는 사방에서 말없이 우리를 응시한다. 이것들은 마치 포탄의 굉음과 함께 무너진 것이 아니라 내적 원인에 의해 주저앉은 것처럼 보인다. 우리는 기계화된 삶의 폭력성을 그대로 폭로한 이 전체 시스템을 그 모든 스트레스와 조급함, 무분별함, 악마성과 함께 재건할 수 있을까? 아니면 재건하고 싶을까? 내면의 목소리는 단호하게 말한다. 아니라고.[16]

폐허가 세상의 진짜 얼굴을 드러내고 있다는 느낌이 많은 사람을 엄습했다. 그들은 카메라를 들고 폐허 속으로 들어가 '경고 사진'

을 찍었다. 황량한 잿더미를 보여주는 사진마다 한결같이 붙은 제목이었다. 물론 그들은 폐허의 모습에서 자신들을 사로잡은 공포를 묘사하고 싶었다. 하지만 산산조각 나고 검게 그을린 드레스덴처럼 끔찍한 광경조차 이 재앙에서 눈앞의 것보다 더 많은 것을 끄집어내려는 사진작가들의 야심을 가로막지는 못했다. 무너진 드레스덴 미술대학 건물 안에서 그전에 스케치와 연구 모델로 사용했을 해골이 우연히 발견되었는데, 폐허의 이미지와 너무 잘 어울렸다. 해골은 움직임을 조정할 수 있어서 더더욱 으스스한 느낌을 자아냈다. 예를 들어 마치 악마에게라도 쫓기듯 지팡이를 짚고 달리거나 한쪽 다리를 힘차게 뻗도록 조절할 수 있었다.

사진작가 에트문트 케스팅Edmund Kesting은 해골을 바로크식으로 과장되게 표현한 폐허들 사이에서 춤을 추는 것처럼 보이게 조절했다. 그의 동료 리하르트 페터Richard Peter는 마치 죽음이 시체를 수거하려고 드레스덴으로 서둘러 가는 것처럼 해골의 팔다리를 한껏 벌렸다. 두 사진작가는 드레스덴의 참상을 굳이 이런 장치들로 더 보강할 필요가 없음을 당연히 잘 알고 있었음에도 막상 현장을 보고 있노라면 좀 더 과장되게 표현하고픈 욕구를 억누를 수 없었다.

독일 폐허 사진의 전형은 리하르트 페터의 〈시청 탑에서 바라본 드레스덴Blick auf Dresden vom Rathausturm〉이었다. '어느 조각상의 고발'이라고도 불리는 이 사진은 파괴된 도시를 위에서 보여준다. 오른편에는 절망적인 몸짓으로 황폐한 도시를 가리키는 천사 석상이 서 있다. 아찔한 높이의 시청 탑 아케이드에 서 있는 3미터 크기의 천사를 뒤에서 찍었는데, 작가는 이 조각상이 뼈대만 남은 도시를 한눈에 내려다보는 모습을 담으려고 여러 가지 시도를 했다. 그러다 마침내 4미터 높이의 사다리를 동원해 탑의 한 창문에서 천사상을 내려다볼 수 있었다. 노력한 보람이 있었다.

> 이틀 후 나는 롤라이플렉스 카메라를 챙겨 끝없이 긴 탑 계단을 올라갔다. 벌써 세 번째였다. 이렇게 일주일 동안 부지런히 쫓아다니고 수고한 끝에 마치 이 세상을 고발하는 듯한 천사의 몸짓을 사진에 담을 수 있었다. 이 사진은 시대의 아이콘이 되었고, 내게 많은 보상과 영예를 안겨주었으며, 수없이 도난당하고 여러 번 모방되었다.[17]

덧붙이자면, 사진 설명에서 자주 언급되는 천사는 사실 천사가 아니라 공교롭게도 보니타스Bonitas, 즉 선善의 은유적 표현이다.

리하르트 페터의 서쪽 지역 경쟁자인 쾰른의 사진작가 헤르만 클라센Hermann Claasen은 폐허 효과를 더욱 높이기 위해 예술적 개입까지 주저하지 않았다. 1945년 5월 말 그는 전후 최초로 개최된 성체축일 행렬을 찍었다. 믿을 수 없는 사진이었다. 만신창이가 된 비스듬한 건물들이 삐쭉삐쭉 하늘로 솟아 있고 마치 돌가루로 만들어진 석회질의 달 풍경 같은 도시의 실루엣 앞으로 까마귀처럼 새까만 옷을 머리까지 뒤집어쓴 사람들이 줄지어 지나가고 있다. 유령 같은 참회자들의 행렬 같기도 하고, 사람이 살 수 없게 된 도시를 배회하는 내쫓긴 자들의 물결 같기도 하다. 작가는 효과를 높이려고 간단한 트릭까지 사용했다. 1947년에 처음 출간된 그의 사진집 《불가마 속의 노래Gesang im Feuerofen》를 위해 사람들이 북적거리는 중앙 부분을 두 번 나란히 붙임으로써 파노라마를 확장시킨 것이다.

이로써 쾰른의 재앙은 두 배로 연장된다. 자세히 들여다보면 이 '눈속임'을 찾아낼 수 있다.

그러나 잿더미가 된 도시는 이미 그 자체로 사람들에게 시각적 감흥을 일으키기에 충분했다. 어떤 사진에서는 쓰러진 그리스도상이 팔을 벌린 채 잔해 속에 누워 있고, 어떤 사진에서는 무너진 기둥 사이에서 양들이 풀을 뜯어 먹고 있으며, 또 다른 사진에서는 브란덴부르크 성문 앞에 감자 줄기가 자라고 있다.

얼마 지나지 않아 사진 강좌까지 열렸다. 아마추어 사진사들은 전문가의 지도 아래 폐허 더미에 올라 기괴한 모티브를 인상적으로 연출하는 법을 배웠다. 이는 황야를 돌아다니며 사진을 촬영하는 여행보다 훨씬 더 흥미진진했다. 망가진 창문으로 보는 시선은 입체 효과를 만들어냈고, 간당간당하게 걸린 지붕은 극적 긴장감을 주었으며, 휘어진 철망은 리듬과 영상미를 제공했다. 이런 사진들은 사람들의 머릿속에 오래 남았다. 예를 들어 60년이 지난 뒤에도 카셀의 사진작가 발터 티메Walter Thieme에게는 다음의 제목이 붙은 부고 기사가 헌정되었다. 〈폐허 사진가가 사망하다〉.[18]

폐허에서 뛰노는 아이들과 연인, 그리고 패션도 당연히 효과가 좋았다. 누군가는 잔해에서 아직 구차한 삶을 이어가고 있는 데 반해 누군가는 같은 장소에서 야회복 패션쇼를 열었다. 예를 들어 패션 사진작가 레기나 렐랑Regina Relang은 뮌헨에 있는 완전히 파괴된 카페 '아나스트'에서 화려한 흰색 태피터 직물 드레스 화보 촬영을 했다. 사진 앞쪽의 인피靭皮 소파는 망가져 있고, 모델은 당장이라도 무너질 것 같은 천장을 걱정스레 바라본다. 이 불안한 표정은 폐허 속의 시크함을 완벽하게 마무리하는 화룡정점이다.

가루가 된 도시들은 삶의 덧없음을 표현하는 훌륭한 모티브가 되었고, 우리가 특히 가톨릭 도시들에서 인생무상의 바로크적 수사학을 통해 알고 있는 미학을 되살렸다. 작가 프란츠 호이어Franz A. Hoyer는 헤르만 클라젠의 사진집 《불가마 속의 노래》 서문에서 폐허가 된 쾰른에 대해 이렇게 썼다.

> 일부 건축 형태가 보여주는 것처럼, 이전에는 보지 못했던 아름다움이 이 폐허 속에서 드러나는 것은 모순에 가깝다. 머리와 팔다리가 없는 토르소torso가 온전한 토르소보다 훨씬 더 많은 형태적 다양성과 형상미를 보여주는 이유도 여기에 있는 듯하다. 가령 지금의 새로운 상태에서 많은 미적인 것을 '얻은' 성 콜룸바의 성모마리아상이 그렇다. 혹시 수백 년 전 이 상을 조각한 예술가는 오늘날 우리가 보기에, 그 자체로 뭔가 약간 미심쩍은 것이 담긴 작품을 완성한 것이 아니었을까?[19]

자, 이런 상상을 해보자. 쾰른에 도착한 미국과 영국 군인들의 보고에 따르면, 정말 무감각한 군인들에게조차 충격적으로 느껴졌던 파괴의 현장에서 누군가 그 고딕 조각품의 미학적 완벽함 속에 '그 자체로 뭔가 약간 미심쩍은 것'이 담겨 있었던 게 아닌지 철학하고 있다! 그 이미지를 수정하고 삭제한 것은 역사의 판단이다. 이제는 중세 야심가의 그 완벽한 조각상이 폐허 더미에 묻히는 것이 당연해 보인다.

여기서야 비로소 진정으로 싹트는 건축술과 조형 예술이 보여주듯, 지금까지 우리의 건축과 조각에서는 바벨탑의 방자함 같은 오만함이 얼마나 많았던가! 우리가 모르고 있던 진정한 접근 방식을 통해 이제야 그것이 다시 드러나고 있다.[20]

호이어는 송두리째 무너진 쾰른을 산보하면서 그 장식품이 불타버린 뒤 '진정한 것'이 다시 출현한 것을 기뻐했다. 그런데 재앙에 대한 이런 해석은 당시 만연하던 '의미에 대한 갈망' 때문이었을까? 독일의 죄를 상대화하고 '바벨탑의 방자함'에 책임을 돌릴 좋은 기회였을까? 아니면 무수한 사자死者에게는 무심한 채 폐허를 통해서 성모마리아상에 새로 부여된 의미를 기뻐하는 예술사가의 섬세한 감각만 작용하고 있는 것일까?

《예술을 위한 잡지Zeitschrift für Kunst》에서 호이어와 마찬가지로 "폐허의 아름다움"[21]을 숙고하는 예술사가 에버하르트 헴펠Eberhard Hempel은 후자를 대변한다. 그 역시 완전히 사라져버린 것들에 대한 우울감이 많은 사람의 심정임을 당연히 인정한다. 하지만 "예술적인 인상에 눈이 깨어 있는 사람"이라면, "다채롭게 칠해진 스투코•와 다른 많은 비본질적인 요소들" 때문에 전에는 드러나지 않았던 거대한 통일성이 "건축물 핵심의 노출"과 함께 그 건축물에 아름다움을 부여한다는 사실을 곧 깨닫게 된다. 게다가 그 효과는 벽의 잔해가 자연의 지배로 넘어가는 순간 더욱 강해진다.

이 감정에는 다른 무언가도 담겨 있다. 건축물의 붕괴로 한껏 부

• 건축물의 천장과 벽면, 기둥 등에 발라 내구성을 높이고 외관을 치장하는 데 쓰이는 미장 재료.

풀어 오른, 장식에 대한 현대적 증오가 그것이다. 장식은 잘못된 약속과 공허한 미사여구로 사람들에게 지금의 재앙을 초래한 부도덕한 과거의 상징으로 여겨졌다. 신즉물주의에 깊숙이 파고들어 파시즘 정권에서 대중화된, 온갖 장식과 스투코에 대한 반감은 종전 이후에도 계속 이어졌고, 도시 재건 과정에서 '탈脫스투코'라고 불리는 이상한 현상까지 일으켰다. 그로써 마지막 남은 화려한 건물들까지 옷을 홀랑 벗겨 '어쩐지 좀 더 진실해' 보이도록 건축물에 남은 장식을 모두 벗겨냈다. 일각에서는 안전 문제를 들어 스투코를 제거해야 한다고 주장하기도 했다. 위태롭게 버티고 선 건물에는 여전히 여기저기 스투코가 간당간당하게 붙어 있어서 언제 떨어질지 몰랐기 때문이다. 물론 이것도 그런 열풍의 한 가지 이유기는 했지만 그보다 더 근본적인 것은 불필요한 모든 것에 대한 혐오였다. 이렇게 해서 오늘날 다시 뜨거운 인기를 얻고 있는 19세기 후반기의 건물 장식들은 열정적으로 제거되었고, 대신 '스투코가 제거된' 정육면체 건물이 시대에 맞는 미학적 표준으로 제시되었다. 심지어 많은 도시에서는 '탈스투코 장려금'까지 주어졌다.

훌륭한 교육을 받고 정치적으로 깨어 있던 엘리자베트 랑개서 Elisabeth Langgässer 같은 작가도 무너진 도시들에서 아름다움과 서정적인 면을 끌어냈다. 가톨릭으로 개종한 유대인의 독실한 딸이었던 그는 1947년 고향 마인츠로 돌아왔다. 여기서 사육제를 마음껏 즐긴 다음 1947년 3월 16일 베를린 일간지 《타게스슈피겔》에 〈사육제 밤으로의 차가운 여행〉이라는 제목의 글을 썼다. "아직은 살짝 떫은맛이 돌고 앞으로 5년에서 6년은 더 지나야 완전히 숙성될 1945년산 돔탈 와인"을 맛본 뒤 랑개서는 폐허로 변한 마인츠의 마력에 흠뻑 젖어들었다. 그의 말을 직접 들어보자.

> 파괴된 품위: 어떤 의사당도 이보다 고풍스럽지 않고, 어떤 사원도 이보다 더 기품 있지 않으며, 어떤 건축물도 이보다 더 위압적이지 않다. 현대적 대도시를 비롯해 다른 도시들은 (…) 그저 완전히 파괴된 것에 지나지 않는다. 그들의 동강 난 치아, 옛 양서류의 벌린 주둥이, 부러진 척추가 그 잔해들이다. 하지만 로마-바로크 양식의 이 도시는 이런 몰락 뒤에야 품위와 의미, 인간적 척도와 정신적 자유를 온전히 되찾는다. 도시는 자신이 성장한 토대를 다시 놓고, 핵심을 다시 세운다. 아주 단순하게. 그러니까 유기적인 것과 간명한 것, 낟알과 돌을 다시 놓는다. 휘어지고 텅 빈 박공지붕은 하늘을 향해 얼마나 선명하게 서 있고, 창문도 배경도 없는 벽들은 얼마나 가벼운가! 이따금 섬세한 나뭇잎 장식이 여기에, 아리따운 프리즈•가 저기에 남아 있다. 강물이 이 돌들 위에 차오르면 마치 작은 샘이, 깊은 무덤에서 그리스의 동전이, 페나테스••의 미소가 드러나는 듯하다. 이 폐허에는 꿈과 기억 외에는 아무것도 없는 듯하다. 남은 것은 아주 깊고, 파괴되지 않고, 화석이 된 기억뿐이다. 고대 수도교水道橋 양식으로 길을 따라 우아한 곡선으로 쌓인 납작 벽돌들, 이 얼마나 힘찬가! 그런 것이 거인의 힘처럼 노출됨과 동시에 무너졌고, 옛 거인족처럼 정복당했다. 달이 신비로운 빛을

• 건축물의 외면이나 내면에 붙인 띠 모양의 장식물.

•• 고대 로마에서 집의 수호신.

쏟아내면, 헤카테•••가 빛을 비추면 이곳은 어떻게 보일까? 봄날 무덤 들판에 풀과 잡초, 푸른 노루귀, 뚜껑별꽃, 질경이의 납작한 장미 무늬가 돋아나면, 달팽이가 자신을 잊은 듯 기둥에 달라붙어 소용돌이무늬의 활기를 고스란히 드러내면 이곳은 어떻게 보일까? 부조浮彫를 포착하려고 스케치북에 펜을 올리는 로댕의 그림보다 한결 달콤하고 강력해 보일 것 같다.

전쟁 폐허가 저자의 상상력을 자극한 정신적 식물계의 모든 측면을 제대로 음미하려면 이 글은 여러 번 읽어야 한다. 글은 무척 아름답고 정밀하게 구성되어 있지만, 공포를 여러 신화에 끼워 넣고 무너진 벽을 향해 45년산 돔탈 와인이 든 잔으로 건배하는 저자의 문화사적 전문 지식을 소화하기란 무척 어려워 보인다.

작가인 랑개서조차 고향의 폐허를 이런 태연자약한 태도로 관찰할 수 있었다면 건축가들 역시 파괴된 도시에서 기뻐할 이유를 찾아낸 것은 전혀 놀랍지 않다. 그들은 충격과 경악 속에 오래 머물러 있지 않고, 오히려 폭격이 만들어낸 건설의 자유를 노골적으로 토로했다. 바젤의 건축가 한스 슈미트Hans Schmidt는 "도시라는 유기체 안에 생긴 강력한 빈자리들"에 열광했고, 그 속에서 미래 비전을 보았다. 베를린을 방문하면서 쓴 그의 기록을 보자.

돌 더미들 덕분에 (…) 새로운 공간이 생겼다. 무너진 건물들은 저마다 뜻밖의 입체감으로 손짓하고 있다. 도시가 재건된다면

••• 그리스 신화에서 달과 대지, 지하의 여신이 한 몸으로 된 여신.

저 위에 뻥 뚫린 하늘만큼 깊고 넓은 공간을 마음껏 활용할 수 있지 않을까?[22]

1945년 베를린 재건위원회 건설위원에 임명된 한스 샤룬Hans Scharoun은 파괴 속에서 무엇보다 철거 비용의 절감을 보았다.

폭격전과 마지막 전투를 통한 대대적인 파괴 행위는 이제 우리에게 유기적이고 기능적인 대규모 복구 기회를 제공한다.[23]

폐허는 베를린의 화가 베르너 헬트Werner Heldt의 창작 과정에도 생산적인 효과를 발휘한 것으로 보인다. 1920년대 후반 그는 주로 우울한 도시 풍경을 그렸다. 주변 거리에서 출발해 광고와 장식, 심지어 사람 하나 없는 상상 속의 거리와 도시 공간으로 나아갔다. 그런데 전쟁과 포로 생활에서 돌아왔을 때 전쟁 전의 그 환상에 이상한 방식으로 좀 더 가까워진 듯한 베를린을 만났다. 전쟁 전에도 헬트는 '후줌• 분위기'가 엄습할 때면 베를린을 바닷가의 한 잿빛 도시로 느끼곤 했는데, 1932년에 쓴 그의 시 〈나의 고향Meine Heimat〉을 보자.

창백한 집 수십만 채가 가만히 서서 생각에 잠겨 있다.
이 집들은 죽은 눈으로 아득한 바다를 꿈꾸고,
머나먼 박공지붕 위에는 굳어진 슬픔이 얹혀 있다.

• 독일 북부의 해안 도시.

그 위로 파리한 하늘이 무겁게 몸을 숙인다.[24]

1946년 헬트는 폭격으로 상처투성이가 된 도시를 걸으며 쾌재를 불렀다.

이제 베를린은 정말 바닷가 도시가 되었어!

이미 깨끗이 치워진 휑한 공간이 집들 사이 곳곳에 바다처럼 넓게 펼쳐져 있었다. 이 바닷가에 아직 서 있는 길가의 집들은 어느 항구 도시의 전면처럼 솟아 있었다. 목사의 아들 헬트는 평생을 극심한 우울증에 시달렸지만, 파괴된 도시가 그에게 우울증을 가중시키지는 않았다.[25]

페허를 통해 많은 것을 얻은 우리의 베를린으로 와보게.

슈투트가르트에 있는 친구 베르너 길레스에게 쓴 편지에 나오는 대목이다.[26]

전후 몇 년은 헬트의 작품 활동에서 가장 왕성한 시기가 되었다. 그는 여러 작품에 〈바닷가의 베를린Berlin am Meer〉이라는 제목을 붙였는데, 이들 작품에서는 늘어선 건물 사이로 모래 파도가 일렁인다. 심지어 어떤 작품에서는 고기잡이배가 한 영웅의 동상 옆을 지나가기도 한다. 1954년 생을 마감하기까지 헬트의 회화는 점점 더 추상적인 도시 풍경으로 변모한다. 이 그림들에서 건물은 정육면체의 기본 형태로 환원되고 정지된 삶처럼 서로 밀착한다. 어떤 때는 집들이 물결 위에서 흔들리는 것 같고, 어떤 때는 부채 모양으로 펼친 카드처럼 이어져 있다. 벌거벗은 벽은 가볍게 터치하거나 흙손으로 바른 표면을 통해 생기가 도는데, 표면은 마치 나무나 무늬가 있는 대리석 같은 느낌을 준다. 이상한 방식으로 이리저리 흔들리고 이상한 방식으로 빼딱하게 기운 베를린은 그 자신의 꿈이 된다. 실제 폐허는 눈에 띄지 않고, 군데군데 빈터들만 보인다.

자기만의 환상적인 도취에 취한 이런 도시 정물화들은 결코 명랑하다고 할 수는 없지만 황폐한 도시의 이미지를, 보는 이의 마음을 움직이는 씁쓸한 아름다움으로 바꾸어놓는다. 헬트는 곧 베를린에서 가장 인기 있는 화가 가운데 한 명이 되었고, 1945년 8월 9일에 이미 번화가에 문을 연 로젠 화랑에서 상당한 매상을 올리는 작가로 꼽혔다. 그는 이 화랑에서[27] 〈바닷가의 베를린〉이라는 주제로 강연을 했는데, 그의 설명을 직접 들어보자.

> 베를린의 아스팔트 밑에는 곳곳에 모래가 있습니다. 예전에는 해저였던 곳이죠. 그런데 인간이 만든 것도 자연에 속합니다. 해안가에 집이 생겨나고, 시들고, 썩어갑니다. (…) 아이들은 물과 모래를 갖고 노는 걸 좋아합니다. 어쩌면 도시가 예전에 무엇이었는지 어렴풋이 알고 있는지도 모르죠.[28]

"아스팔트 밑에 해변이 있다." 1968년 5월 파리 혁명의 이 꿈같은 구호는 1946년에도 분명히 존재했다. 헬트는 폭탄 분화구에서 짓이겨진 폐허의 미세 잔해를 보았고, 거기서 과거 해저에 깔려 있던 모래를 알아보았다. 이것들을 보면서 그가 떠올린 것은 먼지였다. 도시는 먼지에서 생겨났고, 언젠가 다시 먼지가 될 것이다. 그때까지는 모래 위에서 춤을 추고 물결치면서 당분간 버텨낼 것이다. 지금 이 순간까지도.

3. 대이동

Das große Wandern

영원히 고향을 잃은 사람들

1945년 여름, 승전국 점령지 네 곳에는 약 7500만 명이 살고 있었다. 그중 자신이 살던 곳이나 살고자 하는 땅으로 가지 못한 사람은 절반이 훨씬 넘었다. 전쟁은 사람을 동원하고 추방하고 끌고 간 하나의 거대한 기계였다. 이 기계는 살아남은 사람들을 과거의 고향에서 멀리 떨어진 곳에 뱉어냈다.

이처럼 강제로 고향 땅에서 멀어진 사람은 총 4000만 명이었다. 그중에서 가장 높은 비율은 전쟁 포로로 잡힌 1000만 명이 넘는 독일 병사였다.[1] 이들 대부분은 1945년 5월 중순부터 1946년 말까지 순차적으로 석방되었다. 소련에 억류된 350만 명의 포로와 프랑스로 보내진 약 75만 명은 제외하고 말이다. 독일 포로들은 유럽 전역과 미국 수용소에 갇혔지만, 그중 수백만 명은 영국과 미국이 독일 영토로 진격할 때에야 붙잡혔다. 물론 대부분은 자발적으로 항복했다.

여기다 공습에 대한 두려움 때문에, 혹은 이미 폭격을 당했기 때문에 시골로 피난을 떠난 도시민 900만 명이 추가된다. 이들 대다수는 시골 원주민들에게 환영받지 못했기에 원거주지로 돌아가고 싶어 했다. 그러나 교통망이 완전히 무너진 상태에서 귀향은 무척 어려웠을 뿐 아니라 여러 사정으로 불가능에 가까웠다. 이런 상황에서 트렁크는 가장 인기 있는 물건이었다. 트렁크를 구입하는 건 하늘의 별 따기였고, 집과 방공호 사이를 끊임없이 오가야 했던 수개월 동안에는 이미 품귀 물품으로 자리 잡았다.

고향에서 강제로 끌려갔다가 강제수용소와 강제노동수용소에서 풀려난 800만에서 1000만 명에 이르는 수감자들도 실향민이 되었다. 가진 것이라고는 대부분 몸에 걸친 것이 전부인 사람들이었다. 그런데 이들은 석방된 뒤에도 오랫동안 집으로 돌아가지 못했다. 고향에 집이라는 것이 아직 남아 있다고 해도 말이다. 해방 직후 연합군의 배려로 운 좋게 고향으로 돌아간 사람들 외에 다른 이들은 모두 혼자 힘으로 패배한 나라를 떠돌아야 했다. 얼마 전까지 자신을 노예처럼 학대하고 심지어 체계적인 학살 계획으로 가족까지 죽인 나라를 말이다. 하지만 대부분은 새 수용소나 심지어 옛 수용소에서 허약하고 무감각한 상태로, 운명이 이제 그들을 어디로 다시 데려갈지 기다리기만 했다. 동부 지역에서 쫓겨난 또 다른 1250만 명은 크고 작은 무리를 지어 독일 땅으로 이동했다. 대개 원주민들이 차가운 눈초리로 바라보는 낯선 지역이었다. 그럼에도 그들 역시 살아야 했기에 끊임없이 머물 곳을 찾아 헤맸다.

이 모든 이를 어떻게든 보살피고 처리해야 할 책임이 독일 항복의 날부터 형식적으로건 실질적으로건 네 연합국에 부과되었다. 점령지 네 곳에서 이런저런 방식으로 터전을 잃은 사람은 총 4000만 명이었다. 피난민, 노숙자, 탈영병, 실향민을 고려하면 그 이동의 규모는 상상이 되지 않았다. 물론 그렇다고 모든 사람이 실제로 이동

가시철조망 안의 독일 민족 공동체. 연합군의 진격과 함께 독일군 수백만 명이 전쟁 포로가 되었다. 사진은 1945년 4월 레마겐 근처의 '라인강 초지 수용소'다.

했다는 뜻은 아니다. 대부분은 감옥에 갇혀 있거나, 수용소에서 버티거나, 고통스러울 만큼 천천히 또는 한참 중단했다가 다시 앞으로 나아갔다. 누군가는 최대한 신속히 집으로 보내졌고, 누군가는 일단 구금되어 있어야 했다. 어쨌든 이들 모두 먹고살아야 했다. 꼭 필요한 것만 제공하더라도 병참 업무의 부담은 엄청났다. 항복 후 일시적으로 가둬야 할 독일 포로들이 너무 많아서, 연합군은 그중 약 100만 명을 이른바 '라인강 초지 수용소'라는 곳에 가시철조망을 쳐놓고 지붕도 없이 몇 주 동안 짐승처럼 풀어놓았다. 6월이 지나면서 스물세 개 수용소 대부분에 화장실과 지붕이 있는 부엌, 의무실 막사가 갖추어졌다. 1945년 9월, 억류자 대부분이 심문을 받고 석방되거나 다른 수용소로 분산 배치된 후 이 집단 캠프는 모두 해체되었다.

비바람에 노출된 채 수십만 명이 한 덩어리로 바닥에 빽빽하게 쪼그리고 앉아 있는 군인들의 모습은 나치 정권과 전쟁이 인간 사회를 비천한 짐승 무리로 만들어버린 충격적인 상징이었다. 물론 그 울타리 밖에 사는 사람들도 그보다 형편이 낫지는 않았다. 지붕이 성한 집이 있음에도 이 시기에 여행을 감행한 사람이라면 거리와 철도역 어디서건 정처 없이 떠도는 이를 수없이 만날 수 있었다. 저널리스트 우어줄라 폰 카르도르프Ursula von Kardorff는 1945년 9월 할레 기차역에서 그 비참한 현장을 목격했다.

> 소름 끼치는 광경이었다. 더는 이 세상 사람들처럼 보이지 않았다. 폐허 사이를 유령처럼 떠도는 존재들이었다. 솜이 삐져나온 너덜너덜한 군복 차림, 온몸에 곪은 상처, 직접 만든 목발에 의지한 채 어슬렁거리는 귀향자들, 모두 살아 있는 시체였다.[2]

전체 가옥의 45퍼센트가 파괴되었다. 도시에서는 수백만 명이 집을 잃고 임시 거처에서 다음 임시 거처로 옮겨 다녔다. 그들은 시에서 대여한 주말농장이나 친척 집의 빼곡한 거실, 방공호, 혹은 아직 땔감으로 사용되지 않은 공원 벤치에서 잠을 잤다. 또 다른 사람들은 그냥 거리에 몸을 누이거나, 지하실 입구나 다리 밑에서 잠을 청하거나, 아니면 건물 잔해의 붕괴 위험에도 아랑곳하지 않고 폐허에서 기거했다. 이들을 위협하는 수상쩍은 인물이 많았다. 경찰 추산에 따르면 강도 행위는 그전보다 800퍼센트 증가했다. 그러나 경찰에 신고하는 것을 꺼렸던 분위기를 감안하면 실제 수치는 그보다 훨씬 더 높았을 것으로 추정된다.

대도시에서는 많은 사람이 암시장, 그러니까 그야말로 지하 시장에 적응했다. 영국군은 쾰른의 한 지하에서 범죄 활동을 하는, 60명으로 이루어진 조직을 우연히 발견했다. 이들은 한 백화점 지하실에서 몇 달치 식량을 빼돌려 지하에 비축했고, 자신들이 쓰고 남은 물건으로 활발하게 지하 거래를 했다. 뮌헨에서는 약삭빠른 사람들이 파괴된 레기나 호텔 지하실을 자기들만의 안락한 비상 숙소로 개조했다. 예전의 수영장 주변에는 탈의실과 흰색 천을 씌운 비치 의자들이 있었다. 수도관에서는 아직 물이 나왔고, 샤워 시설도 이용할 수 있었다. 이들은 아침이면 예전에 다림질실로 쓰던 공간에서 만나, 그 전날 도시를 돌아다니면서 구한 음식들을 나눠 먹었다.[3]

다른 이들은 그다지 안락하지 않은 숙소에서 지냈다. 악명 높은 집합소는 기차역 대합실이었다. 부유한 여행자들도 머잖아 거기서 기거하는 사람들과 함께 바닥에서 잠을 자야 했다. 몇 대 남지 않은 열차가 며칠씩 오지 않을 때가 많았기 때문이다.

사람들은 새 소식을 얻기 위해서라도 끊임없이 발품을 팔아야 했다. 우편과 전화가 기능을 멈춘 상태라 상호 간의 소통은 직접 발로 뛰어서 해결해야 했다. 전후 몇 달간의 불안한 혼돈 속에서 새로운 소식은 생존에 중요한 자산이었다. 아직 누가 살아 있고 누가 실종되었는지, 어디서 무엇을 얻을 수 있는지, 혹은 단순한 사실 확인만을 위해서라도 길을 나서야 알 수 있었다. 상황은 불분명했고, 보급로는 끊겼다. 그 때문에 자신의 소재에 대한 정보를 남기고, 자신의 생존 소식을 알리는 것이 무척 중요했다. 집을 떠나온 사람은 버려진 폐허에 새 주소를 적었다. 예를 들면 이런 식이다.

> 하인츠 지베르트는 베딩의 졸디너가街 98번지 빈처Winzer 가족 집에 살고 있음.

사람들은 조언과 새 소식에 굶주렸고, 이야기하고 듣기 위해 끊임없이 여기저기 돌아다녔다. 암시장에서 최소한의 필수품이라도 구입하려면 정말 말도 안 되는 먼 거리를 걸어야 했다.

1945년 여름 베를린을 담은 여러 다큐멘터리 영화에서는 온갖 사람이 뒤섞여 걸어가는 모습이 나온다. 러시아 군인, 미군, 독일 경찰, 배회하는 청소년, 손수레에 가재도구를 싣고 가는 가족, 남루한 귀향자, 목발을 짚은 불구자, 세련된 양복을 입은 남자, 와이셔츠에 넥타이를 매고 자전거를 타는 남자, 빈 배낭을 멘 여자, 불룩한 배낭을 멘 여자. 전체적으로 보면 남자보다 여자가 훨씬 많았다. 누군가는 목적지를 향해 서둘러 걸어가고, 누군가는 비밀스러운 접선을 기다리는지 주변을 어슬렁거리고, 누군가는 당장 먹을 음식이나 지붕이 있는 잠자리를 찾는다. 어떤 사람은 기존의 일상이 거의 바뀌지 않은 것처럼 보이고, 어떤 사람은 침울한 표정으로 거리를 헤매며 어디든 머물 수 있는 곳을 찾아 계속 걸음을 옮긴다.

사회적 차이는 엄청나 보인다. 한쪽에서는 길거리에 쪼그리고 앉아 임시로 불을 피워 보잘것없는 음식으로 끼니를 때우는 반면에, 쿠르퓌르스텐담의 카페 테라스에서는 전쟁이 끝난 지 불과 5주밖에 지나지 않았는데 근사한 옷을 차려입은 사람들이 한가하게 차를 마시며 여느 때처럼 가로수길을 산책하는 행인들을 구경한다. 전차는 다시 달리기 시작했고, 검은 리무진과 군용 지프, 마차는 사람들 사이를 비집고 지나간다. 어떤 거리 모퉁이는 너무 붐벼 지나다니기조차 힘들다. 많은 사람이 닿을 만큼 붙어 서서 은밀히 말을 나누거나 어정쩡하게 서 있고, 아니면 서로 밀치면서 불편하게 나아간다. 암거래는 은밀하면서도 긴밀한 접촉이 필요할 수밖에 없고, 많은 사람을 불편하게 한다. 누군가는 접촉을 찾고, 누군가는 육체적으로 너무 바짝 붙는 것에 불쾌감을 느낀다.

밤중에 부스터하우젠에 가면 이를 잡아라.

불리 불란Bully Buhlan의 히트곡 〈쾨첸브로다 특급열차Kotzschenbroda-Express〉에 나오는 한 대목이다. 미국 글렌 밀러Glenn Miller의 연주곡 〈채터누가 추추Chattanooga Choo Choo〉에 독일어 가사를 붙인 노래다.[4]

종전 뒤 독일이 고요하고 휑한 나라가 되었을 거라는 생각은 틀렸다. 물론 사람이 없는 지역도 있었다. 일례로 매년 초여름이면 햇빛과 녹색의 찬란한 장관이 펼쳐지는 목가적인 지역들이다. 터전을 잃은 사람들은 겉으로 전쟁의 영향을 전혀 받지 않은 곳처럼 보이는 이런 지역으로도 이동했다. 전직 미군 공보장교였던 한스 하베Hans Habe는 1955년에 출간되어 큰 성공을 거뒀지만 오늘날에는 거의 잊힌 소설 《출입 금지Off Limits》에서, 1945년 국도에서 만난 패잔병과 석방된 사람들을 이렇게 묘사했다.

우리는 강제로 끌려온 사람들을 고향으로 데려다주는 트럭 행렬을 보았다. 주로 침구류와 전리품을 든 여자와 아이들이었다. 트럭은 앨라배마, 조지아, 미시시피에서 온 흑인들이 운전했는데, 바르샤바로 가는 중이었다. 그러니까 동쪽으로 향하는 트럭 행렬이었다. 반대 방향, 즉 서쪽으로는 석방된 프랑스 전쟁 포로들이 2등급 미군 트럭을 타고 삼색기를 흔들며 지나갔다. 바퀴 위의 세상이었다. 군용 차량과 집시들의 카라반, 전차와 서커스 차, 승리와 불행, 모든 것이 동력화되었다. 그 사이로 좁은 개울처럼 다른 세계가, 걸어서 움직이는 세계가, 독일의 세계가 굽이굽이 흘러갔다.

남자와 여자들은 파헤쳐진 국도를 따라 걸었다. 누군가는 빵 한 조각을 구걸했고, 누군가는 아이들을 찾았다. 어떤 사람은 승자를 저주했고, 어떤 사람은 그들과 거래했다. 호송 행렬이 멈춰 서면 걸어가는 사람들도 멈춰 섰다. 이따금 차량과 전차에서 빵 한 덩어리가 던져졌다. (…) 여자들은 마치 안에서 불이 난 것처럼 뜨거운 공기를 토해내는 전차와 포로들을 실은 차량들 사이에 끼어 꼼짝달싹 못 했다. 그들은 승자에게 웃음을 지어야 할까, 아니면 패자에게 지어야 할까?[5]

해방된 강제 징용자와 유랑 포로

피난민 행렬에는 무척 대조적인 두 그룹이 있었다. 강제 징용자와 동쪽의 실향민이었다. 서방 연합국의 규정에 따르면 강제 징용자는 나치 정권에 의해 끌려온 외국인 노동자들로, 수용소에서 해방된 뒤에도 독일 땅에 계속 남는 바람에 점령군이 그 운명을 책임져야 했던 사람들이다. 영어로는 'Displaced Persons'라고 하는데, 살던 곳에서 강제로 끌려간 사람들이라는 뜻이다. 이 용어는 적절해 보인다. 이 모든 참담한 상황에 대한 책임을 끌려온 자들이 아닌, 끌고 온 자들에게 묻기 때문이다. 그런데 당시 독일인들 사이에서 더 일반적이었던 표현은 '고향을 잃은 외국인'이었고, 이 용어 뒤에는 흔히 폄하의 뜻으로 '떼거리'라는 말이 자동으로 붙었다.[6]

독일은 전쟁을 치르는 동안 부족한 국내 노동력을 해결하려고 약 700만 명에 이르는 외국인을 제국 영토로 끌고 왔다. 이 노동 노예들은 전쟁 마지막 몇 주 동안 지옥 같은 상황을 경험했다. 학대와 착취는 과거 어느 때보다 가혹했고, 독일인과는 달리 연합군의 폭격에도 무방비 상태로 노출되었다. 일부 징용자들은 폭격의 혼란을 틈타 도망치는 데 성공했지만, 이후부터는 아무런 보호도 받지 못한 채 홀로 독일 땅을 헤매야 했다. 그들은 먹을 것을 찾아 숲속으로 들어가거나 작은 무리를 지어 도시로 숨어들었다. 여기저기서 출몰하는 그들의 존재는 많은 독일인에게 피해망상증을 불러일으켰다. 그에 따라 여전히 공장에서 가혹한 노동에 시달리던 징용자들에 대한 나치의 감시는 더욱 삼엄해졌다. 전황이 불리해질수록 노동 노예들의 봉기에 대한 독일 당국의 두려움은 점점 커졌다. 물론 징용자들에 대한 이런 우려는 예전에도 늘 국내 독일인들의 저항에 대한 우려보다 더 컸지만, 이제는 공황 상태로까지 고조되었다. 전쟁이 끝나갈 무렵 징용자들이 거추장스럽고 쓸모없는 존재로 여겨지자 독일 치안군은 그들을 집단으로 학살하기 시작했다.[7] 이 대량 살상은 한편으론 징용자들의 복수에 대한 두려움에서 이루어졌지만, 다른 한편으론 "종말에 이른 자들이 자주 보이는 동반 자살의 습성"[8]에 따른 것이기도 했다. 무방비 상태건 비무장 상태건 상관없이 적이라면 한 명이라도 더 죽음의 불구덩이로 함께 데려가고자 했던 것이다.

강제 징용자들이 봉기를 일으킬 수 있다는 두려움은 사실 독일 당국이 그들에게 한 짓을 생각하면 전혀 터무니없는 걱정은 아니었다. 특히 폴란드와 프랑스 출신의 징용자들은 종전 몇 주 전부터 조직적으로 저항하기 시작했고, 그전에도 간간이 사용했던 단순 무기들을 은밀하게 제작했다. 그들의 폭력은 자신들을 직접 노예로 부린 사람들에게로만 향하지 않았다. 잔인한 수용소 생활은 수감자들을 거칠게 만들었고, 동료들에 대한 집단 학살은 증오와 복수심에 불을 지폈다. 해방 이후 일부 징용자들이 떼를 지어 마을과 외딴집을 약탈하고 살인을 저지른 일은 드물지 않았다.[9] 연합군에 붙잡힌 그들은 자신들의 행동에 해명이 필요하다는 사실을 이해하지 못했다. 대부분 러시아인·폴란드인·헝가리인이었던 가해자들은 심문 과정에서 자신들의 행동이 정당하다고 확신했다. 나치 치하에서 당했던 걸 독일인들에게 똑같이 갚아준 것뿐인데 그게 무슨 잘못이냐는 것이다.[10] 그중 많은 사람이 동유럽 도시들에서 이루어진 이른바 '포획 작전'으로 거리에서 체포되어 독일로 끌려갔다. 독일 점령군은 이런 식의 체포에 이유를 대는 것조차 불필요하게 여길 때가 많았다. 그러니 징용자 가족들에게 그들의 행방을 알리지 않은 것은 두말할 필요가 없었다.

연합군은 징용자들이 흔적만 남은 공공질서에서 이 정도까지 문제가 되리라고는 예상하지 못했다. 이건 사실 처음엔 너무 버거운 문제였다. 독일 땅으로 계속 총공세를 펼치는 것만으로도 힘든 상황이었다. 심지어 한 미군 참모장교는 이 징용자 '무리'를 연합군의 진격을 막기 위해 나치가 준비한 새로운 기적의 무기라고 표현하기도 했다.[11] 프랑크푸르트를 점령했을 때 미군은 그곳에 수감된 4만 5000명의 전쟁 포로를 관리하는 데 겨우 21명의 군인을 배치했다. 이들은 독일 감시자들의 도주로 어쩔 줄 모르고 우왕좌왕하는 거대한 포로 집단을 여기저기서 접했다. 어느 항공기 부품 공장 근처에서는 영어를 한마디도 못하는 프랑스인 징용자 3000명이 갑자기 그들 앞에 나타났다. 미군 중에도 프랑스어를 할 줄 아는 사람은 없었다. 이제 누가 어디로 가고, 어디서 누구에게 배급을 받을 수 있는지 아무도 답하지 못했다. 이런 식의 만연한 혼란은 해결될 기미가 보이지 않았다. 그러자 일부 징용자는 군수 공장에 딸린 그 증오하던 막사에 자발적으로 머물렀고, 다른 사람들은 정해진 곳도 없이 여러 방향으로 뿔뿔이 흩어졌다.[12]

거친 폭력과 굶주림에서 혼자 자신을 지켜야 할, 갈 곳 없는 사람들이 점점 더 거리로 쏟아져 나왔다. 한 영국인 관찰자는 "하루아침에 예속에서 방랑으로 바뀐 상황"에 대해 이렇게 보고했다.

> 혼자 거리를 따라 걷거나 가끔 십여 명이 무리를 지어 손수레에 가재도구를 싣고 가는 사람들을 볼 수 있다. 어떤 사람은 누더기 차림이었고, 어떤 사람은 아주 다양한 나라의 남루한 군복을 입고 있었다.[13]

특히 잔인한 습격은 1945년 11월 20일 브레멘 근처에서 발생했다. 비교적 처우가 좋은 티르피츠 난민캠프의 폴란드 징용자들이 한 외딴 농장을 기습했다. 그날 밤 농장에는 13명이 있었는데, 그중에는 어린이와 청소년도 포함되어 있었다. 주민들은 식료품과 얼마 안 되는 귀중품을 모두 내주었음에도 지하실에서 사살되었다. 죽은 척하고 있던 43세의 빌헬름 하멜만Wilhelm Hamelmann만 살아남았다. 나중에 그는 아내와 자식을 잃었음에도 범인들을 공개적으로 용서하고 사면에 동의함으로써 세간의 주목을 받았다.

연합군이 항복 전후의 혼란 속에서 강제 징용자들을 웬만큼 견딜 만한 숙소에 수용하기까지는 시간이 걸렸다. 그런데 여기서도 마찰과 공격적인 분쟁은 끊이지 않았다. 해방된 징용자들에 대한 군정의 태도는 시간이 가면서 여러 차례 바뀌었다. 해방 직후에는 온정주의적 시선이 지배했다. 그래서 강제 징용자들은 잔학한 나치의 희생자로서 여건이 허락하는 한 폭넓은 지원을 받았다. 예를 들어 연합군은 징용자들에게 우선적으로 풍족하게 배급할 것을 각 상점에 지시했다. 이는 독일인들에게 동요와 증오를 일으켰다. 그렇지 않아도 물건은 달리고 배급량도 엄격히 제한되어 있었기 때문이다. 인간다운 숙소를 지원하라는 징용자들의 요구도 불만을 초래했다. 이 엄청난 수의 징용자에게 적절한 숙소를 마련해주는 건 엄정한 행정 조치로만 가능했기에 연합국 군정은 공장과 병원뿐 아니라 노동자 기숙사로 쓰던 말쑥한 연립주택 단지까지 예고 없이 통째로 징발했다. 독일 주민들은 '외국인들'에게 잠자리를 내주려고 하루아침에 살던 집을 떠나야 했다. 몇 개월 뒤 징용자들은 군정 지시에 따라 새로 지은 캠프로 들어가기 위해 그 집들을 다시 비워야 했는데, 그 과정에서 행패를 부리고 시설을 파괴하는 일이 드물지 않았다. 심지어 집에 불을 지른 경우도 있었다.

수년 동안의 수용소 노예 생활은 많은 징용자에게 심각한 행동 장애를 일으켰다. 그들은 자신의 불만을 난동으로 풀었고, 마음에 차지 않으면 자신들에게 호의적인 사람에게까지 공격적이고 폭도적인 태도를 보였다. 예를 들면 여러 사정으로 그들이 원하는 만큼 보살펴줄 수 없었던 연합군 군인들에게 말이다. 그들의 이런 파괴적인 행동 때문에 급기야 연합군 병사들도 존중과 이해심을 잃을 때가 많았다. 이런 식의 심리적 피폐화를 적나라하게 보여주는 충격적인 사건이 해방된 프랑스에서 일어났다. 1945년 초 샬롱쉬르마른 수용소에는 3500명의 소련 징용자가 수용되어 있었다. 미군의 도움으로 수용소가 다른 곳으로 이전될 때 거기 투입된 한 열차에서 반복적으로 싸움이 일어났다. 또한 출발하기 전부터 러시아 징용자들은 수용소를 잿더미로 만들었고, 심지어 열차를 타고 가는 중에도 미친 듯이 날뛰었다. 게다가 비상 브레이크로 열차 운행을 중단한 뒤 주변 지역으로 약탈을 나가 프랑스 현지 주민들과 심각한 마찰을 일으켰다. 결국 이 사실은 파리의 연합군 최고사령부 내 소련군 연락 참모장 드라군 장군에게 통보되었다. 그는 즉시 현지로 떠나 열 명의 징용자를 무작위로 추출해 사살해버렸다.[14] 징용자들이 수년간 익숙하게 봐온 방식대로 그들을 처리해버린 것이다. 나치 정권이 수용소에서 보여준 탈인간화의 논리는 피해자들의 그런 야만적 행동뿐 아니라 그것을 더는 두고 볼 수 없었던 승자들의 행동에서도 똑같이 나타났다.[15]

전쟁이 끝나자 800만 명에서 1000만 명에 이르는 강제 징용자들이 고향으로 돌려 보내졌다. 이는 징용자 개개인이 인간으로서의 존엄성을 잃고 몰락할 위험이 있는, 상상할 수 없는 규모의 대량 수송이었다. 해방된 사람들이 환호성을 올리고 노래를 부르며 집으로 돌아가는 화물 열차도 있었지만, 자신이 알던 고향이 더는 존재하지 않는다는 사실에 낙담하고 실의에 빠진 사람도 많았다. 강제 징용자의 수는 하루 단위로 송환자를 계산해야 할 정도로 엄청났다. 징용자들에게 '가장 행복했던 시기'인 1945년 5월 당시, 연합군은 매일 10만 7000명을 고향으로 수송했다.

이러한 송환 수치는 당시 폭파된 다리와 부서진 선로, 폭격당한 차량이 즐비한 유럽에서 이루어졌다는 점에서 더욱 놀라운 성과였다. 서쪽으로의 수송은 비행기와 화물차로도 이루어졌지만, 동쪽으로의 수송은 대부분 아우슈비츠 수용소로 갈 때와 마찬가지로 열차가 투입되었다. 철도망은 전쟁으로 심하게 삐걱거렸다. 기관차가 갑자기 고장 나거나 선로가 망가지는 바람에 열차가 예기치 않게 멈추는 일이 잦았다. 그러면 아무 준비도 없이 노지에서 1000명이 넘는 승객을 먹여 살려야 했다. 이런 식의 징용자 특별 수송은 난방과 위생 시설이 없는 열차 안에서 엿새가 걸릴 때도 많았다.

1945년 9월 송환 수치는 10분의 1로 급감했는데, 그사이 많은 징용자가 고향으로 돌아가기를 거부한 것도 한 가지 이유였다. 군정과 국제 원조 기구인 연합국구제부흥기구UNRRA는 송환이 정체되는 것에 큰 우려를 표했다. 독일의 수용소에는 여전히 100만 명이 넘는 징용자가 남아 있었는데, 겨울이 다가오면 상황이 급격하게 복잡해질 수 있었기 때문이다.

그사이 연합국 군인들은 수용소 내의 징용자들에게 점점 인내심을 잃으면서 엄격하게 대하기 시작했다. 이제는 스스로를 예전처럼 보호자가 아닌 감시자로 생각했다. 울타리는 점점 높아졌고, 가시 철조망으로 안전장치를 보강하는 일도 드물지 않았으며, 문은 단단히 잠겼고, 보초들까지 삼엄하게 배치했다. 밖으로 나가려는 사람은 '납득할 만한 사유'를 제시해야 했다. 규율이 잘 잡혀 있고 비굴할 정도로 통제에 쉽게 따르는 독일인들은 예상외로 점령군들을 편하게 했지만, 그들에 의해 강제로 끌려온 피해자들은 오히려 더 무질서하고 고집스럽게 행동했다. 그로써 연합군과 독일 치안 유지자들 사이에 섬뜩한 동맹이 맺어졌다. 연합국 군인들은 수용소 내에서 무기와 장물, 암거래 물품에 대한 일제 단속을 독일 경찰과 함께 실시했는데, 이건 징용자들에게 참을 수 없는 도발로 비쳤다. 돌멩이가 날아갔고, 곤봉이 휘둘러졌으며, 그와 함께 양측 모두에서 분노와 앙심이 급격하게 고조되었다.

징용자들에 대한 처우는 이른바 해리슨 보고서 이후에야 개선되었다. 전 이민국장 얼 해리슨Earl G. Harrison은 트루먼 미국 대통령의 위임을 받고 1945년 7월 유대인 생존자들의 상황을 확인하기 위해 독일로 왔다. 그들 역시 해방일과 함께 석방되지는 않았기 때문이다. 대부분은 대체 공간이 부족하다는 이유로 일단 수용소에 남아 있었다. 그중에는 정신적으로 망가지고, 육체적으로 이송을 감당하지 못할 만큼 쇠약한 사람도 많았다. 운이 좋은 이들만 이전 독일 감시자들의 집으로 옮겨 갈 수 있었다. 8월 24일 해리슨은 국제 인권 기구의 다른 조사관들과 공동으로 보고서를 제출했고, 그것은 뉴욕과 플로리다, 아이다호의 사람들에게 큰 충격을 안겼다. 그들이 상상한 승리의 모습이 아니었던 것이다. 보고서 내용을 보자.

많은 유대인 징용자가 악명 높은 나치 강제수용소를 비롯해 다양한 수용소에서 가시철조망에 갇힌 채 감시를 받으며 살고 있다. 그들은 빼곡한 공간에 비위생적이고 비인간적인 조건하에서 활기를 잃고 느릿느릿 살아간다. 은밀한 방식을 통하지 않고는 외부 세계와 소통할 기회도 없이 그저 격려와 도움의 말을 기다리며 (…) 7월 말 현재, 많은 유대인 징용자는 혐오스러운 줄무늬 죄수복 말고는 입을 옷이 없다. 그러다 보니 정말 역겨운 일이지만 독일 친위대 제복을 입는 사람도 있다. (…) 많은 수용소에서 징용자들에게 배급되는 2000칼로리의 음식은 주로 눅눅하고 맛없는 검은 빵으로 이루어져 있다. 나는 독일 국민의 상당수가 어쨌든 이들 징용자보다는 더 다채롭고 맛있는 음식을 즐기고 있다는 인상을 분명히 받고 있다.[16]

해리슨 보고서는 그의 동포들이 사실 독일인들보다 더 낫지 않다고 말하는 부분에서 클라이맥스에 이른다.

우리는 나치가 유대인에게 한 것과 똑같은 방식으로 그들을 다루고 있는 것 같다. 다만 차이가 있다면 그들을 죽이지 않는다는 것뿐이다. 유대인들은 계속 수용소에 갇혀 있고, 지금은 나치 친위대 대신 우리 군대가 감시하고 있다. 독일인들이 이런 모습을 본다면 우리가 나치 정책을 이어가고 있거나, 아니면 원칙적으로는 그에 동의한다고 생각하지 않을지, 진지하게 고민해보아야 한다.[17]

이 보고서로 몇 가지 개선이 이루어졌다. 그중 가장 중요한 개선책은 유대인 생존자들에게 그들만의 수용소를 지어주고, 그로써 비유대계 폴란드인이나 우크라이나인과 분리시키는 것이었다. 해리슨은 유대인 생존자들의 이 요구를 들어주어야 할지 오랫동안 망설였다. 나치 치하 때처럼 유대인들만 따로 분리시키는 것이 영 마뜩잖았지만, 여러 인종이 섞인 수용소에서는 동유럽 출신의 다른 민족들에 의해 반유대주의적 공격이 빈번히 이루어졌기 때문에 결국 유대인 수용소를 설치하기로 결정했다. "그들 유대인은 같은 국적의 다른 비유대계 주민들보다 나치에 의해 훨씬 더 큰 고통을 받았기에" 이제는 반대로 그들에게 특혜를 줘도 된다는 것이다.

수용소의 긴장 상황은 연합군 군정이 최대한 많은 징용자를 집으로 돌려보내려고 전력을 다하던 1946년 여름부터 반대 방향에서 밀려든 새로운 사람들로 더욱 꼬였다. 동유럽, 특히 폴란드에서 10만 명이 넘는 유대인 난민이 독일로 한꺼번에 몰려왔다. 아무도 예상치 못한 대이동이었다. 그런데 하필 나치 활동의 중심지였던 뮌헨이 해방된 동유럽에서 탈출하려는 유대인들의 중간 기착지가 되었다. 물론 그들은 독일에 영구적으로 살 생각이 추호도 없었다. 그들의 본래 목적지는 미국 아니면 팔레스타인이었다. 그런데 그들의 눈에 미군이 점령한 바이에른은 유럽 내 미국 영토처럼 보였고, 여기라면 약속된 땅으로의 여행이 좀 더 순조롭게 이루어질 것 같았다. 게다가 그게 그렇게 빨리 성사되지 않더라도 미국 통제하의 독일이 폴란드보다 훨씬 안전하게 느껴졌다. 종전 후 두 달이 지난 1945년 여름 폴란드 땅에서는 유대인들에 대한 집단 학살 사건이 여러 차례 벌어졌는데, 그건 유대인들에게 큰 충격과 공포가 될 수밖에 없었다.

나치 치하에서 살아남은 얼마 안 되는 폴란드 국적의 유대인들은 이미 그전에 상상할 수 없는 일을 충분히 겪지 않기라도 한 것처럼 재차 끔찍한 학대의 희생자가 되었다. 이번 가해자는 폴란드인들이었다. 나치에 체포되지 않고 용케 빠져나간 소수의 유대인은 폴란드의 숲속으로 피신하거나 러시아와 우크라이나의 지하실에서 숨어 지냈다. 다른 유대인들은 강제수용소에 갇혀 있다가 붉은 군대에 의해 해방되었다. 그들은 이제 고향인 폴란드 남부 갈리시아나 리투아니아 지역으로 돌아갔지만, 더는 그곳을 고향이라 부를 수 없다는 사실을 곧 알게 되었다. 그들의 가족과 친구들은 독일인들에게 살해당했고, 그들의 도시는 파괴되었다. 게다가 고향으로 돌아온 유대인들을 기다리고 있었던 것은 바닥까지 실추된 폴란드의 민족적 자긍심으로 인해 한층 더 부추겨진 공격적인 분위기였다.

전쟁이 끝나고 1년 뒤 바르샤바에서 남쪽으로 180킬로미터 떨어진 키엘체에서 유대인에 대한 극도로 잔인한 폭력 행위가 발생했다. 원래 2만 5000명이던 유대인 주민 가운데 살아서 키엘체로 돌아온 사람은 겨우 200명밖에 되지 않았는데, 그마저도 누군가의 눈에는 너무 많다고 느껴진 모양이다. 1946년 7월 반유대주의자들은 열 살 소년에게 거짓 증언을 강요했다. 유대인들에게 납치되어 학대를 당했다고 말하라는 것이다. 소년의 말에 속은 군중은 격분해 유대인 40명을 때려죽이고 80명에게 중상을 입혔다. 키엘체의 집단 학살은 폴란드에 사는 유대인 생존자들에겐 더 이상 이곳에 미래가 없다는 것을 보여주는 마지막 신호였다. 그들 가운데 3분의 1은 연합군이 점령한 독일로 도망쳤는데, 일부는 자력으로 일부는 유대인 구호 단체의 도움으로 여러 난관을 헤쳐 바이에른에 도착했다.

이로써 수백만 명의 폴란드 징용자가 고향으로 돌아가는 동안 반대 방향에서는 폴란드 국적의 유대인들이 독일 땅으로 들어오면서 방금 비워진 수용소 공간을 채웠다. 이들 유대인의 탈출은 런던의 폴란드 망명 정부와 유대인 이주 단체 '브리하Brichach(탈출)'의 적극적인 지원 속에서 이루어졌다. 이 단체의 목표는 팔레스타인 이주를 원하는 유대인 징용자들의 유입을 최대한 장려함으로써 미국이 영국에 압력을 가해 팔레스타인 정착 금지 조치를 해제하도록 만드는 것이었다.[18]

독일로 향한 유대계 폴란드 주민들의 탈출은 망명과 추방이 특징이던 이 시기의 가장 충격적인 이주에 속했다. 다른 곳도 아니고 하필 나치의 나라에서 피난처를 찾아야 하는 상황은 많은 유대인에게 극도의 심적 혼란을 불러일으킬 수밖에 없었다. 다만 점령된 바이에른을 더는 독일이 아니라 미국으로 보는 것만이 그런 심적 혼란을 극복하는 길이었다. 그럼에도 동유럽에서 온 유대인들은 무력화된 박해자들의 땅에서 놀랍도록 빠르게 적응했다. 그들의 핵심 숙영지는 뮌헨의 보겐하우젠에 설치되었는데, 그곳의 묄 거리에는 암시장과 함께 판자 노점들이 늘어선 소매 중심지가 형성되었다. 누군가의 눈에는 바르샤바 날레브키 거리 주변의 몰락한 시장을 떠올리게 하는 풍경이었다.[19] 100개가 넘는 노점에서는 초콜릿, 커피, 스타킹, 모르핀, 통조림 등 온갖 물건을 팔았는데, 대부분 연합군 보급 창고에서 나온 것들이었다. 뮌헨 사람들은 낯설어하면서도 기뻐했다. 열심히 흥정했고, 시장의 이점을 최대한 누렸다. 하지만 그러면서도 다른 암시장에서와 마찬가지로 항상 바가지를 쓰고 있다는 느낌을 지우지 못했다.

묄 거리에서는 독일 암상인들 외에 그리스인·헝가리인·체코인들도 함께 장사를 했지만, 독일인들의 머릿속에 이 시장의 이미지를 결정한 것은 폴란드에서 온 유대인들이었다. 그런 까닭에 시장의 온갖 나쁜 경험들은 모두 유대인 탓으로 돌려졌다. 사실 뮌헨에서는 이전에 나치의 캐리커처에서만 볼 수 있었던 유대인 특유의 카프탄 코트 차림에 귀 옆머리를 길게 기른 남자는 환영받지 못하는 분위기였다. 그 시대를 살았던 한 사람은 당시를 이렇게 회상한다.

> 어떻게 말해야 좋을지 모르겠지만, 이전의 유대인들은 정말 지적이고, 예의 바르고, 기품 있고, 친절한 사람들이었어요. 하지만 전쟁 뒤에 온 사람들은 그렇지 않았어요. 온갖 유형의 인간이 다 섞여 있었죠.[20]

한마디로 예전의 그들은 다시 보고 싶은 선한 유대인이지만, 새로 온 그들은 견디고 싶지 않은 나쁜 유대인이라는 것이다. 한 뮌헨 시민은 신문에 이렇게 썼다. 그들은 박해받았던 사람들이 아니고, "강제로 끌려간 적도 없고, 정규적인 일이 하기 싫어 동유럽 나라들에서 불법적이고 지저분한 방식으로 이곳에 들어와 떡하니 자리를 차지하고 앉은 인간쓰레기이자 곰팡이 같은 종자들"[21]이다.

이번에는 유대계 난민과 징용자 들도 예전처럼 가만히 있지 않았다. 1949년 8월 《쥐트도이체 차이퉁Süddeutsche Zeitung》에 또 다른 인종차별적 독자 편지가 실리자 유대인 수백 명이 신문사 건물을 향해 가두 행진을 벌였다. 독자 편지가 신문사의 기본 입장과는 일치하지 않았지만, 그런 자세한 사정은 더 이상 중요하지 않았다. 경찰이 시위대를 해산하려 들자 격렬한 시가전이 벌어졌고, 그 과정에서 경찰관 20명이 몽둥이와 돌에 맞아 부상당하고 징용자 세 명이 총상을 입고 병원에 실려 갔다.

그런데 살아남은 많은 독일계 유대인의 눈에는 동유럽에서 온 동포들의 이런 행동이 편치 않았다. 작가 볼프강 힐데스하이머Wolfgang Hildesheimer는 이 소요가 일어났을 때 부모에게 이런 편지를 썼다.

> 이곳에 여전히 반유대주의적 물결이 거센 것은 분명하지만, 안타깝게도 징용자들의 거친 행동이 그런 분위기를 더욱 부추기는 느낌입니다. 도저히 뭘 어떻게 해볼 수 없는 상황이에요.[22]

뮌헨의 독일계 유대인들은 점점 더 불신 가득한 눈으로 동유럽 유대인들을 바라보았고, 그 반대도 마찬가지였다.

1933년 이전에 뮌헨의 유대인 공동체에 속한 사람은 대략 1만 1000명이었는데, 그중 살아남은 사람은 400명도 채 되지 않았다. 대부분 기독교 세례를 받았거나, 다른 종교를 가진 사람과 결혼해서 운 좋게 추방되지 않은 이들이었다. 여기다 테레지엔슈타트 강제수용소에서 돌아온 160명의 뮌헨 유대인이 더해졌다. 이 작은 공동체의 구성원 대부분은 "1933년 이전부터 유대교와 어느 정도 거리를 두고 살았고"[23], 스스로를 세속화된 세계의 현대인이라 여기는 사람들이었다. 그들에게는 정통 유대교 생활 방식을 고수하는 동유럽 유대인들이 낯설었다. 게다가 자신들의 영역이 동유럽 유대인들에 의해 장악되는 것도 두려워했다. 이들은 수적으로 월등히 많았을 뿐 아니라 종교적 열성까지 훨씬 강했기 때문이다. 동유럽 유대인들은 독실한 신자였고 약속의 땅으로 이주하려는 의지도 강했기에, 국제 유대인 공동체의 눈에는 이들이 더 나은 유대인으로 비쳤다.

동유럽에서 온 정통파 유대인들은 뮌헨 유대인들의 세속적 성향과 바이에른 사람들과 구별되지 않을 정도로 '독일인에 가까운 특성' 때문에 그들을 경멸했다. 정통파 유대인들이 보기에 그들은 '진정한 유대인'이 아니었다. 또한 학살자들의 땅에 계속 남아 있으려고 했기에 유대 문화의 배신자들이라고 생각했다. 그런데 뮌헨 유대인들에게 이 싸움이 특히 위협적이었던 이유는 배상 문제와 관련이 있었다. 이 문제에서 국제 유대인 단체들을 비롯해 동유럽 유대인들의 입장은 분명했다. 나치가 강탈해간 이른바 상속자 없는 재산, 그러니까 광범하게 말살된 유대 공동체의 재산은 독일에 있는 생존자들이 아닌 전 세계 유대 민족에게 돌아가야 한다는 것이다.[24]

나치가 유럽 내 유대인 공동체에서 빼앗아 독일 도서관과 박물관으로 옮긴 수백만 권의 서적은 유대인에게 역사적 의미가 무척 큰 자산이었다. 그랬기에 파괴된 유대 문화의 유산을 확인하고, 독일에서 되찾아 스스로 관리하기 위해 다양한 유대인 단체가 미국의 지원을 받아 설립되었다. 그런데 유대인 철학자 한나 아렌트가 '유대문화재건위원회' 위원장 자격으로 그런 임무를 맡아 독일을 방문했다가 민족 대학살에서 막 살아남은 두 유대인 공동체 사이의 심각한 불화에 휘말렸다. 이 분쟁은 양측 모두에 무척 중요한 유대인의 정체성, 그리고 통합과 관련이 있었다. 그 때문에 뮌헨 유대인들은 비록 여러 가지 면에서 동유럽 정통파들 덕분에 이득을 보았음에도 이들이 하루빨리 팔레스타인으로 떠나기만 바랐다.

미 당국도 내심 자신들의 보호하에 있던 폴란드 유대인들에게서 어서 벗어났으면 하는 심정이었을 것이다. 이들에게 숙소와 생필품을 제공하는 데 막대한 비용이 들었기 때문이다. 그런데 영국은 자신의 위임통치령인 팔레스타인 땅으로의 유대인 이주를 허락하지 않았다. 제1차 세계대전의 종료와 오스만제국 붕괴 이후 중동 지역에서 번지던 민족 간의 긴장을 고조시키지 않기 위해서였다. 그렇다고 유대인들을 예전에 살던 폴란드로 조속히 송환하는 정책도 추진할 수 없었다. 냉정한 현실 정치적 관점에서 보면 동유럽 유대인들에게는 더 이상 고향이 남아 있지 않았기 때문이다. 만일 그들을 원래 있던 곳, 그러니까 폴란드 동부로 돌려보낸다면 그건 현 상황에서는 말 그대로 추방이 될 것이었다.

왜냐하면 1943년의 테헤란회담과 이어진 1945년의 알타회담 및 포츠담회담에서 서방 연합국과 소련은 폴란드 국가를 재건하되 영토를 좀 더 서쪽으로 옮기기로 결정했기 때문이다. 이로써 폴란드 동부는 소련 땅이 되었다. 대신 폴란드는 서쪽으로 오데르-나이세강 국경선 동쪽의 독일 지역을 자국 영토로 양도받았다. 따라서 그곳에 살던 독일 주민들은 이제 폴란드 땅을 떠나야 했고, 반면에 주민 다수가 러시아어를 사용하는 동부에서는 폴란드인들이 떠나야 했다. 이는 독일인이나 폴란드인 모두에게 거대한 강제 이주였다. 이 분할로 예전에 폴란드계 유대인이 살던 대부분의 지역이 소련 영토가 되었다. 이로써 그들은 영원히 고향을 빼앗겼다. 그리고 서방 연합국과 소련 사이에 냉전의 골이 깊어질수록 미국이 유대인들을 동쪽으로 보낼 가능성은 점점 낮아졌다. 따라서 그들은 일단 독일에 눌러앉았다. 그것도 경우에 따라 수년씩이나. 그들은 유엔이 독일 땅에 마련한 수용소에서 더는 아무도 자신의 생명을 노리지 않을 약속의 땅으로 떠날 날을 기대하며 참고 견뎠다.

종전 이후 독일 내에 동유럽 유대인들의 독립된 생활공간이 속속 생겨났다. 대개 높은 울타리나 담장이 쳐진 상당히 외딴곳이었다. 가장 유명한 곳은 뮌헨 인근의 볼프라츠하우젠에 있는 푀렌발트 수용소였는데, 원래는 IG 파르벤 염료 회사 소유의 연립주택 단지였다. 전쟁 중에는 이곳에 3200명의 군수공장 노동자들이 살았는데, 절반은 독일인이었고 절반은 외국인이었다. 전쟁이 끝난 뒤 다양한 국가 출신의 피난민들이 거주했던 이 수용소는 1945년 9월 타민족 출신은 다른 곳으로 옮겨가고 오직 유대인만 머무는 수용소로 자리 잡았다. 푀렌발트에는 켄터키 거리, 뉴욕 거리, 미주리 거리를 포함해 총 열다섯 개의 거리가 있었다. 단조로운 양식의 장식 없는 건물은 나치 정권 때 시범단지 형태로 질서정연하게 세워졌지만, 중앙난방 시스템과 충분한 위생 시설을 갖추고 있었다. 2미터 높이의 울타리 안에는 "자체 행정기관, 정당, 경찰, 법원, 시너고그 같은 종교 시설, 미크바(유대교 목욕 시설), 코셔 요리 전문 주방, 병원, 직업훈련소, 학교, 유치원, 극단, 오케스트라, 스포츠클럽 등 많은 시설이 생겨났다".[25]

푀렌발트와 다른 몇몇 수용소에서는 이디시어• 신문까지 발간되

• 고지 독일어·히브리어·로만어·슬라브어 등이 섞인, 유럽 전역의 유대인들이 사용하는 언어.

었다. 푀렌발트 수용소에서 발행된 신문의 이름은《바미드바르. 해방된 유대인을 위한 주간 신문Bamidbar. Wochncajtung fun di bafrajte Jidn》이었다. 이 신문은 편집장 메나헴 시타예르Menachem Sztajer의 주도 아래 매주 수요일에 발행되었다. '바미드바르'는 '사막에서'라는 뜻으로 이집트 탈출 후 황야를 떠돈 유대인들의 신화와 관련이 있었다. 물론 약속의 땅 이스라엘로 입성하기 전까지 이 황량한 독일 사막에서 참고 견디자는 의미도 담겨 있었다. 각 호에는 다음의 구호가 적혀 있었다.

> 사막에서. 광야에서. 우리는 통과 중이다. 우리는 참고 견딘다. 사막에서. 광야에서. 우리는 통과 중이다. 우리는 돌아가지 않는다. 목표는 오직 하나다. 약속의 땅 이스라엘.[26]

전후 이디시어 언론 중에서 가장 유명한 것은《란츠베르크 수용소 신문Landsberger Lager-Cajtung》이었다. 이 신문은 란츠베르크 지역 밖에서도 널리 읽혔고, 어떤 때는 발행 부수가 1만 5000부에 달하기도 했다. 해방 첫해에는 독일에서 히브리어 타자기를 구할 수가 없어 거의 모든 유대인 수용소 신문들이 일단 로마자로 발행했는데, 유대 언론에서는 드문 일이었다. 또 다른 신문《이버강Ibergang》은 상단에 '유대 신문'이라는 명칭을 달았고, 그 아래쪽에 '미군정하 폴란드계 유대인 연합 신문'이라고 설명을 붙였다.

푀렌발트 수용소에서는 야콥 비버Jacob Biber의 주도하에 전후 최초로 유대인 극장도 생겼다. 짧은 희극을 주로 공연했지만, 강제수용소에서의 어두운 기억을 극복하게 도와주는 작품도 공연되었고, 팔

Published with approval of UNRRA

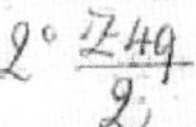

Landsberger

LAGER-CAJTUNG

Arojsgegebn fun Komitet fun gewezene jidisze politisze gefangene

Numer 1 | Montik, 8 Oktober 1945 | 1-er jorgang

Cum arajnfir

(Fun der redakcje)

Landsberger jidn tretn on cu der arbet.

Di arajnfirung fun a najem sejder - der erszter szrit cu produktiwizacje.

REGULATIONS about system of working in D. P. Centre Landsberg.

Chairman of the Committee of former jewish political prisoners
Dr. S. GRINGAUZ.

Farordnung wegn arbets-ajnzac.

Forzicer fun komitet fun gewezene jidisze polit. gefangene
Dr. S. GRINGAUZ.

Halwaj!

《란츠베르크 수용소 신문》은 이디시어로 발간되었지만, 독일에는 히브리어 인쇄 활자가 없어 로마자로 인쇄되었다.

레스타인에서의 밝은 미래를 상상하는 연극도 상연되었다. 20명의 단원으로 이루어진 극단은 숄렘 알레이헴Scholem Alechjems의 〈우유 배달부 테비예Tewje der Milchmann〉도 무대에 올렸다. 이것은 우크라이나 마을 마제포브카, 보이베리크, 아나테프카에 대한 희비극적인 기억을 떠올리게 하는 작품으로, 1916년까지 순차적으로 출간된 소설을 통해 세계 문학 목록에 올랐다.

수용소의 삶에서 특히 눈에 띄는 것은 사랑이었다. 푀렌발트는 전 세계 모든 유대인 공동체에서 가장 높은 출산율을 기록해 놀라움을 자아냈다. 사실 이곳은 이전 유격대원들이 독일로 데려왔거나 동정심 많은 피난민이 품 안에 거둔 유대인 고아들의 집결지여서 항상 아이들의 뛰노는 소리가 수용소 안에 가득했다. 푀렌발트에서는 1945년 11월에 벌써 미시건 거리 3번지에서 아이들을 가르치는 교사의 수가 27명에 이르렀다. 인문계 고등학교 진학을 위한 초등학교에 이어 철물공, 재단사, 목수, 전기공, 미용사, 시계공을 양성하는 직업학교도 곧 생겨났다.[27]

푀렌발트 수용소의 변동률은 상당히 높았다. 많은 거주자가 줄지어 미국이나 팔레스타인, 혹은 1948년에 건국된 이스라엘로 이주하는 동안 새로운 사람들이 계속 들어왔다. 다른 수용소들이 폐쇄되면서 푀렌발트가 유대인 실향민을 위한 마지막 거주지가 되었기 때문이다. 1951년 독일 정부가 이 시설의 관리를 맡게 되었을 때도 오하이오 거리와 뉴저지 거리 사이에는 여전히 유대인 2751명이 살았다. 그때부터 이 수용소는 '고향을 잃은 외국인을 위한 정부 수용소'라 불렸는데, 그들이 고향을 잃은 것에 대한 원인과 책임이 명시되지 않아 독일 정부가 적극 홍보한 이름이었다.

마지막 거주자들이 이 수용소를 떠난 것은 1957년이었다. 그들 가운데에는 장기 거주자만 있었던 것이 아니라 이스라엘이나 다른 나라로 떠났다가 정착하지 못하고 돌아온 사람들도 있었다. 모든 이민사가 성공으로 끝난 것은 아니었다. 실패한 사람 가운데 일부는 다시 독일의 수용소로 돌아왔다. 이 불행한 사람들은 갖은 멸시를 받았다. 텔아비브에서 발행된 《독일 특보Sonderbericht aus Deutschland》에는 다음의 기사가 실렸다.

> 독일을 방문한 유대인에게 가장 곤혹스러운 경험 가운데 하나는 이스라엘에서 돌아온 유대인들이다. (…) 그들은 제3제국의 붕괴 직후처럼 지금도 독일 수용소에서 유대인 구호 단체의 도움으로 살아가고 있다. 푀렌발트에 가면 끊임없이 법을 어기는 온갖 수상쩍은 인물들을 만나게 되리라는 것은 상상하기 어렵지 않다.[28]

이 '수상쩍은 인물들' 가운데 한 명이 요셀이었다. 그는 1946년에 팔레스타인으로 이주했다가 1952년에 푀렌발트로 돌아왔다. 그는 한 미군 랍비에게 이렇게 설명했다.

> 당신은 내가 미쳤다고 생각할 겁니다. 어쩌면 실제로 미쳤을 수도 있고요. 하지만 난 스물한 살 때부터 14년을 수용소에서 보냈습니다. 이 강제수용소에서 저 강제수용소로 옮겨 다니는 삶이었죠. 그러다 해방 후에는 실향민 수용소에서 지냈습니다. 마침내 이스라엘에 도착했을 때는 영국 수용소에 수감되었습

> 니다. 거기서 1년을 보낸 뒤 이스라엘군에 입대했습니다. 예, 좋았던 시절이죠. 나는 네게브사막과 갈릴리산에서 싸웠습니다. 그러다 1951년에 군복을 벗고, 그전부터 늘 원해왔던 삶을 살려고 했습니다. 남들처럼 평범한 삶 말이죠. 그런데 어느새 서른셋이 되어 있었습니다. 뭔가를 배우기엔 너무 늙었고, 은퇴하기에는 너무 젊었습니다. 일자리를 얻었지만 그 일을 계속할 수가 없었습니다. 나만의 방도 얻었지만, 그 안에 혼자 있으면 버림받았다는 느낌이 들었습니다.[29]

요셀이 집처럼 편안하게 느낄 수 있었던 유일한 곳은 병영과 푀렌발트 수용소뿐이었다. 강제수용소에서 벗어났음에도 그의 삶을 결정지은 것은 그곳에서의 생활이었다. 그는 스스로 자유로운 삶에 적합하지 않은 수용소 생활자로 여겼고, 그래서 남들이 알아서 그의 삶을 정리하고 보호해주는 푀렌발트의 수동적 삶을 동경하게 되었다.

군정 은어로 귀향을 원치 않는 15만 명의 난민은 '하드코어 징용자'라고 불렸는데, 이들은 수많은 이주 및 수용 계획에도 불구하고 1950년 이후에도 여전히 수용소에서 생활했다. 이들 가운데 유대인 비율은 아주 미미했다. 대부분의 유대인은 한시라도 빨리 독일 땅을 떠나고 싶어 했다. 그들은 강한 문화적 정체성 갖고 있었으며 이스라엘에서의 밝은 미래를 꿈꾸었고, 세계 곳곳에 퍼져 있는 유대인 공동체의 연대를 기대할 수 있었기에 스스로 출국을 적극 추진했다.

반면 폴란드인들 중에는 고향으로 돌아가려는 의지가 약한 사람도 많았다. 대다수 폴란드 실향민은 1946년 말까지 본국으로 송환되었다. 그러나 남은 30만여 명은 수용소를 떠나는 것을 끈질기게 거부했다.[30] 주로 사회주의 체제에 대한 두려움 때문이었다. 게다가 돌아가면 소련으로 추방된다는 소문까지 나돌았다. 급기야 폴란드 정부는 애국심을 일깨우려고 선전관을 비롯해 고향의 밝은 현실을 간증해줄 귀향자들을 수용소로 보냈다. 국제 원조 기구 UNRRA도 폴란드에서의 첫 60일 동안 생필품을 지원해주겠다고 약속했다. 수용소에는 귀향을 촉구하는 현수막이 걸렸고, 귀향자 수송 행렬이 출발할 때마다 음악과 깃발, 연설이 동원된 축하 행사가 열렸다.

그러나 어떤 압박과 유혹도 무용지물이었다. 남은 사람 중의 강경파는 계속 수용소 생활을 고집했다. 누군가는 공산주의에 대한 두려움 때문에, 누군가는 삶의 무기력 때문에 그랬다. 사실 이 무기력증은 영국과 미국의 배려 정책이 오히려 독으로 작용한 경우였다. 군정은 외국인 실향민들이 인종주의에 노출되지 않도록 독일인들과 원천적으로 분리하는 정책을 추진했다. 둘을 붙여놓았다가는 부족한 주거 공간과 노동 시장, 제한된 식량 공급 때문에 언제든 인종차별주의가 터져 나올 수 있으리라고 판단한 것이다. 그러나 수년에 걸친 이런 식의 과보호 조치는 수감자들을 고립과 금치산 상태로 만들었다. 이제 수용소는 그들의 또 다른 고향이 되어 강제적으로 쫓아내지 않는 한 그들을 거기서 움직이게 할 방법은 없어 보였다.[31]

그런데 러시아 전쟁 포로와 강제 노역자들은 고향으로 돌아가는 걸 두려워할 만한 이유가 있었다. 소련 당국은 적에게 체포된 모든 자국민에게 일단은 부역 혐의를 두었을 뿐 아니라 실제로 많은 이가 적 앞에서 비겁하게 행동했거나 탈영했다는 비난을 받았기 때문이다. 그런 만큼 자국으로 송환된 소련인들은 거칠게 다루어졌고, 심문을 통해 노동 수용소로 유배되는 경우가 많았다. 물론 실제로 독일 편으로 넘어가 싸운 러시아인도 있었고, 1944년부터는 러시아 전쟁 포로 중에서 일부를 모집한 카자크부대와 블라소프부대도 있었다. 그러나 이런 예를 근거로 수백만 명의 러시아 실향민 모두를 그런 혐의로 모는 것은 부당했다.

얄타협정에서 서방 연합국은 러시아 포로와 강제 노역자를 예외 없이 돌려보내기로 약속했다. 거부하는 사람에게는 필요 시 강제력이 행사되었다. 소련은 승리의 대가로 엄청난 인명 희생을 치렀기에 (서방 연합군의 전사자 한 명당 붉은 군대의 전사자는 16~20명에 달했다) 800여만 명에 이르는 자국민을 모두 돌려받고 싶어 했다. 그러나 그중 상당수가 영국군과 미군이 몽둥이와 개머리판을 휘두르며 차량 안으로 몰아넣어야 할 만큼 격렬하게 송환에 저항했다. 심지어 일부 연합국 군인들은 명령 수행을 거부하기도 했다.

물론 많은 러시아 전쟁 포로는 환호성을 지르며 귀로에 올랐고, 마침내 집에 갈 수 있다는 사실에 기뻐했다. 그러나 그런 뜻이 없는 사람도 상당수였는데, 그중에는 부역자만 있었던 것이 아니었다. 1946년 1월 다하우 수용소에서 미군은 최루가스까지 뿌려가며 러시아인들의 막사 두 곳을 비우려 했다. 그런데 막사 안으로 돌진한 그들은 충격적인 광경을 목격했다. 집단 자살의 현장이었다.

미군 헌병들은 들보에 목을 맨 사람들의 밧줄을 신속하게 끊었다. 아직 의식이 있는 사람은 러시아어로 소리를 질렀고, 처음에는 미군들의 총을, 다음에는 자신들을 가리키며 제발 죽여 달라고 애원했다.[32]

충격적인 자기 자신과의 만남

1945년 6월 루트 안드레아스-프리드리히는 친구와 함께 자전거를 타고 베를린에서 출발해 동쪽 오덜란트로 향한다. 몇 시간 뒤 고속도로 표지판이 나타난다.

> 도로 옆 제방으로 올라간 우리는 그 자리에 돌처럼 굳어버리고 말았다. 오, 하늘이시여! 우리는 이제 민족 대이동의 시기에 들어선 것일까? 눈앞에 참담한 몰골의 행렬이 동쪽에서 서쪽으로 끝없이 이어지고 있다. 마치 운명이 한데 몰아넣은 것처럼 남녀노소가 무작위로 뒤섞여 있다. 어떤 사람은 포젠에서, 어떤 사람은 동프로이센에서 오고, 누군가는 슐레지엔에서, 누군가는 포메른 지방에서 온다. 다들 짐을 짊어지고 느릿느릿 걷는다. 어딘가로, 발길 닿는 대로. 한 아이가 비틀거리며 지나간다. 불쌍한 녀석. "너무 아파." 아이가 울먹이며 말한다. 맨발로 간신히 균형을 잡으며 걷는 아이의 발바닥에서 피가 난다. 아이 뒤에서는 한 여자가 계속 뭐라고 중얼거린다. "빵 반죽에서 떼서, 오븐에서 바로 나왔어." 여자는 낯선 사람들 사이를 지나며 수없이 같은 말을 반복한다. 똑같은 어조로, 똑같은 절망으

로. "빵 반죽에서 떼서, 오븐에서 바로 나왔어."

> 여자의 등에서 냄비 두 개가 흔들린다. 걷는 리듬에 따라 달그락거린다. (…) 저기 누군가 죽어가는 것 같아. 나는 이렇게 생각하며 한 남자가 끄는 불안한 손수레를 당혹스럽게 바라본다. 아이들이 갖고 노는 좁고 낮은 수레다. 그 안에 쿠션 두 개와 짚다발, 솜이불이 하나 있고, 이불 위엔 노파가 누워 있다. 촌스러운 나들이옷을 입은 백발노인이다. 노파는 가슴에 손을 포갠 채 엄숙하게 하늘을 올려다본다. 코 주변에 푸르죽죽한 그림자가 어른거린다. 수레가 덜거덕거린다. 노파의 고개가 힘없이 춤을 춘다. 열 번만 더, 아니 열두 번 더 숨을 쉬면 남자는 시신을 끌고 가게 될 것이다.[33]

이 장면의 관찰자는 경악해서 혼잣말처럼 묻는다.

> 대체 어디로 가는 것일까? 1000만 명이나 되는 이 많은 사람이? 갈 데나 있을까?

동행인은 어깨를 으쓱한다.

> 어디로 가냐고? 발길 닿는 대로 가겠지! 그러다 하늘나라에 갈 가능성이 크지만. 독일 땅 전체를 한 층 더 올릴 수 있는 건축가가 나오지 않는다면 말이야.[34]

실제로 전쟁 후 5년 동안 서독 인구는 이전보다 10퍼센트 가까이 증가했다. 반면에 주택은 총 4분의 1이 파괴되었고, 1200만 명의 실향민이 동쪽에서 서쪽으로 이동했다. 이렇게 매정하게 고향을 등진 사람은 대부분 여자와 아이, 노인 들이었다. 이는 히틀러의 명령에 따라 독일군이 동쪽의 민간인들을 상대로 자행한 끔찍한 학살 전쟁의 잔인한 대가였다.

독일이 전쟁으로 잃은 동쪽 지역에서 서쪽으로 이동한 주민의 수는 당시 서독 인구의 16.5퍼센트였고, 동독은 심지어 4분의 1에 달했다. 이 이주민의 구성은 다른 모든 독일인 집단만큼 다양했다. 그중에는 나치와 반나치도 있었고, 존경할 만한 사람과 탐욕스러운 사람, 어제의 부자와 평생 가난한 사람도 있었다. 수백만 명의 이주민 집단을 상징하는 단 하나의 운명이 있다면 아마 우어줄라 트라우트만일 것이다. 결혼 전 이름은 우어줄라 불렌코르트로, 동프로이센 마르크트하우젠 출신의 16세 소녀였다.[35]

우어줄라의 아버지는 전선에 나갔고, 어머니는 혼자 가축을 키우며 생계를 꾸려갔다. 그러던 1945년 1월, 시청에서 얼른 피난을 떠나라는 지시가 내려왔다. 모녀는 소와 돼지를 농장에 고스란히 남겨둔 채 꼭 필요한 것만 마차에 챙겨 혼란스러운 피난민 대열에 합류했다. 그때 이미 멀리서 대포 소리가 대지를 뒤흔들고 있었다. 어머니와 딸은 약탈하는 군인들의 끔찍한 살육을 경험한 뒤 필라우에서 비행기 폭격 중에 헤어졌다. 우어줄라는 고향을 떠난 지 4개월 만에 단치히 근처 헬라반도에 도착했고, 5월 7일 다른 피난민들과 함께 배를 타고 덴마크 보른홀름섬에 내렸다. 거기서부터는 무장해제된 독일 군인들이 고기잡이배로 그들을 에케른푀르데로 데려다주었다. 여기서 우어줄라는 영국군 사령부의 인도로 귀비 마을에 묵게 되었다.

이제는 일단 안전했지만, 고난은 멈추지 않았다. 우어줄라에게 배정된 집의 과부 하름스는 집의 절반이 비어 있음에도 피난민 소녀를 헛간의 더러운 건초 더미에서 재웠다. 다른 마을 주민들은 배정된 피난민들에게 방을 제공하기는 했지만, 그 전에 가구를 다락방으로 옮기고 '폴란드 잡것들'이 전기를 사용하지 못하도록 램프에서 전구를 빼버렸다. 영국 점령군은 피난민에게 인간다운 거처를 제공하라는 자신들의 요구가 먹혀들지 않자 마을 사람들을 교회 광장에 줄지어 세워놓고 집을 몰수해버리겠다고 위협했다. 이후 우어줄라는 마을 대장장이 집의 방 하나를 얻어 다른 피난민 여덟 명과 함께 묵었다. 그럼에도 마을 사람들은 기회가 있을 때마다 피난민들에 대한 반감을 노골적으로 드러냈다. 어떤 때는 열여섯 살 소녀 등 뒤에서 피난민을 태운 배들이 너무 적게 침몰했다며 씩씩대기도 했다. 다만 전쟁 중에 흩어진 우어줄라의 가족은 다행히 다시 만날 수 있었다. 먼 거리였음에도 실향민들끼리 유지하고 있던 긴밀한 정보 네트워크가 효과를 거둔 것이다. 우어줄라의 아버지는 1945년 7월 목발을 짚고 도착했고, 덴마크의 한 수용소에 수감되어 있던 어머니는 1946년 가을에 찾았다.

불렌코르트 가족은 숙련된 농부였기에 1955년에 임대한 쇠락한 농장을 다시 정상화하는 데 성공했다. 그런데 이후 임대료가 감당할 수 없을 만큼 치솟자 다시 다른 파산 농장을 빌렸고, 여기서도 임대료가 상승할 때까지 성공적으로 일으켜 세웠다. 이렇듯 그들은 숙련된 기술과 성실함으로 쇠락한 농장을 차례로 되살리면서 "하르디센에서 로트로, 다음에는 란스바흐-바움바흐로, 그다음에는 라인섬의 쾨니히스클링거 아우에, 자를란트 국경의 비르켄펠트, 장크트 벤델 인근의 노이키르헨, 마지막에는 팔츠의 라이덴하우젠"[36]으로 이동했다. 서독 전역에 걸친 이들의 행로는 한마디로 그들 자신만 빼고 다른 많은 사람을 부자로 만든 희생의 오디세이였다. 우어줄라는 1967년 자신과 마찬가지로 동프로이센 출신인 미군 군무원과 결혼해서 떠돌이 삶을 함께했다. 1992년 동서독의 전환기와 남편의 은퇴 이후 다음 인생 역이 찾아왔다. 우어줄라가 남편과 함께 옛 고향으로 돌아간 것이다. 불렌코르트 가족의 옛 농장은 더 이상 남아 있지 않았지만, 그들은 근처의 한 농장을 임대해서 성공적으로 계속 확장해나갔다.

우어줄라 트라우트만의 전후 이야기는 그 성공뿐 아니라 끝없는 노고 면에서도 많은 실향민의 운명을 전형적으로 보여준다. 번번이 실패했지만 새로운 땅에서 계속 다시 뿌리를 내리려는 그의 시도는 다른 실향민들의 이야기와 비슷하지만, 그토록 한결같이 옛 고향으로 돌아가려고 애쓴 사람은 드물었다.

최근 연구에 따르면, 1960년대에 독일연방공화국이 그렇게 자랑스럽게 외쳤던 '통합의 기적'은 사실 내용 면에서 그렇게 당당하게 내세울 만한 것이 아니었다. 많은 독일인이 고향을 잃고 떠나온 동쪽의 동포들을 외국인 징용자만큼이나 야멸차게 대했다. 누군가는 그걸 보고, 독일인들의 그런 이기적인 행동이 적어도 인종주의적 동기에서 비롯된 것은 아니라는 결론을 끄집어내며 스스로를 위안할지 모른다. 아무튼, 동쪽의 실향민들은 금발이건 파란 눈이건 상관없이 하찮은 '집시 떼거지'로 멸시받을 때가 많았다. 게다가 그들은 헝가리나 루마니아 이웃들에게서 특별한 취향을 물려받았는데, 일례로 파프리카와 마늘에 대한 선호가 그렇다. 이는 서독 주민들에게 상당한 혐오감을 자아냈다. 그럼에도 선의를 가진 사람들은 늘 공통의 민족적 뿌리를 입에 올리며 통합을 이야기했다. 가령 지역 관광협회 사무총장으로 피난민을 돌보는 일을 맡았던 뮌스터의 테오 브라이더Theo Breider는 직접 시를 발표해 지역 주민들에게 민족적 연대를 고취시키려 했다.

받아들여라! 집과 모든 것을 잃은
그들은 우리와 피를 나눈 형제다.
그들 역시 독일인이고, 우리의 자식이다.
그들의 남편은 우리 군인이었다.
너의 집을 열고, 문을 열어라![37]

그러나 소용없었다. 당시 당국이 '전입자'라고 부른 새로운 이주민들은 거부의 벽에 부딪혔다.[38] 그들은 이미 사람들로 넘쳐나는 도시들의 유입 금지 조치로 기껏해야 이틀밖에 체류하지 못했다. 많은 자치단체가 이미 포화 상태였다. 주거 공간의 50퍼센트가 파괴되고 단 하룻밤의 폭격으로 5만 명이 노숙자가 된 브레멘에서는 이런 현수막이 걸렸다.

더 이상 받아들일 수 없다! 유입 금지!

연합군은 실향민 1200만 명을 주로 시골로 이주시킬 목적으로 '전입위원회'를 설립했다. 이 과정에서 지역민들과의 통합이 쉽게 이루어지도록, 타향에서 가능한 한 붙어서 살고자 하던 실향민들을 의도적으로 떼어놓았다. 실향민들의 관계는 무척 끈끈했기에 같은 고향끼리 붙여놓으면 현지 주민들과의 관계에서 마찰과 충돌이 일어날 가능성이 컸기 때문이다. 그럼에도 바이에른이나 슐레스비히-홀슈타인 지방에서는 현지 주민들의 반발이 너무 거세 실향민들은 기관총을 든 군인들의 호위를 받아야만 배정된 거주지로 이동할 수 있었다. 그러나 현지 농부들은 자신들이 키우는 황소를 훨씬 뛰어넘는 고집으로 그런 정책에 완강히 맞섰다.

1946년 작가 발터 콜벤호프Walter Kolbenhoff는 오버바이에른의 한 마을에서 이렇게 썼다.

> 여기 농부들은 우박처럼 쏟아지는 폭탄을 피해 어두운 방공호에 숨어 지낸 적도, 가족들이 죽어가는 것을 옆에서 지켜본 적도 없는 사람들이었다. 또한 주린 배를 끌어안고 추위에 덜덜 떨며 낯선 시골길을 걸은 적도 없었다. 남들은 하루하루 살아 있음을 하늘의 은총처럼 감사하게 느낄 때 그들은 편안하게 농장에 앉아 돈을 벌었다. 이런 운명은 사람을 겸허하게 만들지 못한다. 그들은 세상에 아무 일도 없는 것처럼, 혹은 이 모든 것이 자신과는 아무 상관없는 일처럼 생각하며 산다.[39]

어떤 집주인은 자기 집에 이방인이 있는 게 너무 싫어서 아이 셋이 딸린 난민 가족을 살해하고는, 다른 데로 떠났다고 우기기도 했다.

결국 '통합의 기적'은 경찰의 개입으로 이루어질 수밖에 없었다. 군청 직원들은 독일과 연합군 헌병의 호위 아래 마을과 소도시를 돌아다니며, 특별한 일이 있을 때만 사용하는 '좋은 방'이나 비어 있는 하녀 방을 하나하나 찾아냈다. 그런데 도착하는 피난민 집단에서 누구를 받아들일지 현지 농민이 스스로 결정할 수 있을 때면 아주 고약한 장면이 연출되었다. 한마디로 노예시장이나 다름없었다. 남자 중에는 가장 힘센 남자가 선택되었고, 여자 중에는 가장 예쁜 여자가 부름을 받았다. 약하고 못난 사람은 빈정거리는 말과 함께 문밖으로 쫓겨났다. 심지어 일부 농부는 실향민을 마음대로 부릴 강제 노역자 정도로 여겼다. 그러다 보니 이 '폴란드 잡것들'에게 앞으로 합당한 임금을 지불하라는 당국의 지시에 불같이 화를 내기도 했다.

독일에 도착한 피난민들의 참담한 몰골도 그들에게는 불리하게 작용했다. 1946년 폴란드인과 체코인의 횡포 속에 성의 없이 조직된 가축 수용용 열차가 도착하고, 거기서 정말 비참한 꼴의 실향민들이 밖으로 기어 나오자 곧 '40킬로그램짜리 집시'라는 말이 사람들의 입에 오르내렸다. 실향민에 대한 거부 논리는 무척 다양했다. 특히 악의적인 논거는 실향민들이 서독인들보다 국가사회주의에 더 열렬히 동조했고, 따라서 새로 건설될 민주주의에 심각한 위험 요소가 되리라는 것이다. 게다가 저들 프로이센인은 하나같이 골수 군국주의자이자 예스맨이고, '히틀러주의'에 상당한 책임이 있는 족속이라는 말까지 공공연히 나돌았다. 1947년 북부 독일의 한 농장주 한스 오헴은 조롱하는 조로 이렇게 썼다.

> 나치 정권의 몰락 및 프로이센의 해체와 함께 프로이센 정신까지 죽었다고 믿어서는 절대 안 된다. 그 정신은 동쪽에서 온 인간들 속에 계속 살아 있고, 우리는 지방 선거가 끝나면 저 이방

인들의 통치를 받아야 할지 모른다.[40]

이 농장주의 걱정대로 당시 지방 선거에서 사회민주당SPD이 피난민들 표 덕분에 승리를 거두었기 때문이다.

독일 남부 슐레스비히에서는 소수 민족인 덴마크인들이 이런 유입에 특히 격렬히 반대했다. 이유는 단순했다. 실향민들이 들어오면 전체 인구에서 덴마크인의 비율이 확 줄어들기 때문이다. 덴마크계 언론인 타게 모르텐센Tage Mortensen은 이 동쪽의 실향민들을 '히틀러의 손님'이라 불렀고, 자신들의 아름다운 북쪽 땅으로 흘러들어 온 난민들이 어떤 인간인지 보여주려고 동프로이센 출신의 '시드리히카이트 부인'이라는 허구의 인물을 만들어냈다.

> 시드리히카이트 부인은 머리칼이 까만색과 진갈색 사이를 오가고, 눈동자는 연초록빛을 띠고, 광대뼈는 넓고, 손가락은 그 옛날 덴마크 남부 섬에서 순무 수확을 하던 폴란드 아가씨들만큼 힘차고 굵다. (…) 남부 슐레스비히 사람들은 동프로이센 난민 무리를 잡종이라는 뜻에서 혼혈 인종이라 부른다. 외모로 볼 때 마르가레타 시드리히카이트는 많은 인종과 민족의 피가 섞인 전형적인 '혼혈인'이다.[41]

인종주의는 죽지 않았다. 다만 이제는 그 창끝이 내부로 향했다. 당시에는 하나의 독일 민족이 아닌 '독일 부족들'이라는 말이 자주 회자되었다. 그러니까 오버바이에른 사람이건 프랑켄 사람이건, 아니면 팔츠나 튀링겐, 메클렌부르크, 슐레스비히 사람이건 여러 부족의 피가 섞이는 것은 지역적으로 뿌리내린 민족 집단의 고유성을 해치는 위험한 일이라는 것이다. 독일제국의 붕괴 이후 민족 공동체의 이념은 빛을 잃었지만, 독일인들의 오만함은 조금도 줄지 않았다. 나치의 선전 구호였던 하나의 단일 민족은 부인되었고, 사람들은 이제 정체성의 결정적 특징으로 갑자기 지역을 부각시켰다. 많은 사람이 독일의 내부 이주를 자기 자신에 대한 일종의 다문화적 공격으로 보았다. 그와 함께 부족주의가 성행했고, 사람들은 부족의 일원으로서 풍습, 관습, 종교 제의, 방언을 통해 다른 지역민들과 자신을 구분했다. 특히 보헤미아계 독일인이나 바나트 슈바벤인, 슐레지엔인, 포메른인, 베사라비아 독일인 같은 온갖 '폴란드 잡것들'과는 더더욱 거리를 두었다.[42]

토착민들은 이주자들의 종교 관습이나 축일 활동에서 나타나는 아주 작은 차이조차 수상쩍게 바라보았다. 5월 성모의 밤 행사가 공동묘지에서 치러지는지 혹은 야외나 교회에서 치러지는지, 5월제의 기둥은 어떤 모양으로 세워지는지, 부활절 모닥불은 어떻게 피우는지, 미사 중에 누가 어디에 앉는지, 이 모든 면에서 현지인들은 피난민과 마찰을 일으켰고, 이는 드물지 않게 집단 난투극으로 이어졌다. 똑같은 가톨릭 신자인 바이에른인과 주데텐• 독일인이 서로 다른 종교적 관습으로 싸웠다면 개신교도와 가톨릭교도 사이의 갈등은 더 격렬했다. 뷔르크라인 교구의 프랑켄 출신 목사는 1946년 이렇게 한탄했다.

• 정확하게는 주데텐란트. 독일인이 다수 거주하던 체코 서부 지역을 일컫는 말로, 넓게는 보헤미아, 모라바, 실레시아 지역을 포괄한다.

> 오늘날 우리 개신교 프랑켄인에게는 손님에 불과한 인간들이 우리 교회와 교회 일에 습격하듯이 밀고 들어오는 것을 용납할 수 없다.[43]

서로 바짝 밀착한 독일의 지역 문화들은 이제 정말로 비좁아진 공간 속에서 격하게 충돌했다. 전쟁 이후의 지역 정서는 오늘날과 완전히 달랐다. 경건주의 성향이 강한 뷔르템베르크에 갑자기 삶의 쾌락을 중시하는 주데텐 가톨릭교도들이 나타났을 때 그곳의 독실하고 우직한 현지인들은 그야말로 문화 충격에 사로잡혔다. 가톨릭의 성체축일 행렬은 도발로 간주되어 폭력적으로 제지되었고, 이방인들이 마을을 통과하면 아이들을 집으로 불러들였다. 헤센 지역에서도 마찬가지였다.

> 피난민들의 개방성은 경박함으로, 솔직한 감정 표현은 자제력 부족으로, 공손함은 비굴함으로 해석되었다. 한 토착민 농부의 아내는 손등 키스로 고마움을 표시하곤 하는 노파가 찾아오면 숨어버렸다.[44]

이주민들은 어떤 땐 너무 너저분하다고 욕먹고, 어떤 땐 너무 건방지다고 비난받았다. 오늘날엔 지극히 사소하게 여겨지는 차이도 당시엔 부족 간의 근본적 차이를 보여주는 괴리로 받아들여졌다. 그에 따라 오랫동안 몸에 밴 인종차별적 용어가 다시 등장했다. 바이에른농부연합의 지역 책임자 야콥 피시바허Jakob Fischbacher는 한 유명한 연설에서, 바이에른의 농부 아들이 북부 독일에서 온 금발 여자와 결혼하는 것을 피의 수치라고 하면서 농부들에게 침범한 프로이센인들을 다시 동쪽으로, 그것도 "될 수 있는 한 시베리아"[45]로 몰아내라고 요구했다.

이런 선동가들에게 날개를 달아준, 이주자들에 대한 증오에는 현실적인 이유가 있었다. 이방인들로 인한 지역 문화 및 전통의 명백한 침식이 그것이었다. 수백 년 동안 이어져온 지역적 특성은 이주민들의 침입으로 한순간에 흔들렸다. 바이에른과 슈바벤, 홀슈타인에서 지역적 특성을 지키려고 노력하는 사람들은 지역 전통이 외부 영향에 얼마나 취약한지를 실향민들이 들어오기 이전에 이미 경험한 바 있었다. 대도시 주민들이 전쟁 중에 폭격을 피해 시골로 왕창 몰려든 것이다. 이들은 동쪽 실향민들과 마찬가지로 관에 의해서 시골 사람들의 집에 강제로 배정될 때가 많았다. 도시민들의 자유로운 생활 방식은 마을 사람들에게 충격을 주었을 뿐 아니라 현지 문화를 물들이기도 했다. 독일의 시골로 흩어진 도시민은 총 500만여 명이었는데, 그중에서 삶을 즐기려는 젊은 여성들은 시골에서도 파티를 열었고, 그런 분위기는 현지의 전통적인 가치 관념을 혼란스럽게 했다. 목사들이 설교단에서 아무리 해이한 풍조를 욕하고, 여자들의 매니큐어와 부끄러운 줄 모르는 옷차림을 비난해도 소용이 없었다. 이들로 인해 오히려 시골 사람들이 도시물이 들면서 얼마 뒤에는 치정극과 사생아, 이혼 물결이 온 마을을 뒤덮곤 했다.

사랑은 실향민과 토착민의 통합에도 도움이 되었다. 이는 특히 효과적인 현대화의 동력이었다. 젊은 남녀는 출신 차이와 민족적 적의를 뛰어넘어 서로를 찾았다. 실향민들은 더 이상 동향 사람하고만 결혼하지 않았다. 그러나 독일계 보헤미안이 프랑켄 신부의 부모에게 받아들여지기까지는 시간이 걸렸다. 공식적으로 '혼혈혼'이라 불렸던 개신교도와 가톨릭교도의 결혼 역시 성직자들의 거센 반대에도 점점 빈번해졌다. 그러나 가톨릭에서는 개신교 배우자가 개종하지 않으면 가톨릭교도는 파문되는 게 상례였다. 파문 공지는 주로 미사 중에 공개적인 비난과 함께 이루어졌다. 일부 신자는 사랑과 종교 사이에서 갈등하다가 평생 교구에서 배제되는 고통을 겪었다.

이런 끈질긴 갈등은 실향민들이 독일을 실제로 변화시켰다는 사실과도 관련이 있었다. 전쟁 전 서독에는 1제곱킬로미터당 인구가 160명이었지만, 이제는 200명이 되었다. 상대적으로 대도시에서는 그것이 피부에 확 와닿지는 않았다. 예를 들어 베를린과 함부르크에서 실향민의 비율은 6퍼센트와 7퍼센트였다. 그러나 지방은 달랐다. 메클렌부르크-포어포메른은 45퍼센트, 슐레스비히-홀슈타인은 33퍼센트, 그보다 훨씬 더 큰 바이에른은 21퍼센트였다. 이런 지역에서 외부인의 이주는 현지 생활 방식이 유일하고 진정한 삶의 방식이라는 주민들의 확신을 집요하게 갉아먹었다. 사회학자 엘리자베트 파일Elisabeth Pfeil은 1948년 《피난민. 한 전환기의 모습Der Flüchtling. Gestalt einer Zeitenwende》에서 그 현상을 아주 정확히 포착했다. 난민의 출현은 "한 평온한 세상을 뒤흔든다. 그들이 당한 일은 도망치고 쫓겨난 그들 자신에게만 국한되지 않고, 그들이 집으로 들어가 자신의 불안을 전달한 다른 이들에게도 똑같이 전이된다. 독일 민족은 이 대이동이 자신들에게 어떤 결과를 불러올지 지금도 도무지 가늠할 수 없다".[46]

1948년 5월 저널리스트 우어줄라 폰 카르도르프는 《쥐트도이체 차이퉁》 보도를 위해 취재차 한 마을을 방문했다. 한때 주민이 1600명이었고, 지금은 피난민 200명 외에 주데텐 출신의 독일계 실향민 800명을 받아들인 마을이었다. 카르도르프는 이렇게 썼다.

> 사회학적으로 볼 때 오늘날의 시골 마을은 과거엔 대도시만 그랬던 것처럼 다층적이다. 프라하와 베를린, 부다페스트, 빈, 부쿠레슈티, 리가에 살았던 사람들은 이제 어떤 땐 자발적으로, 어떤 땐 자연스럽게 시골 생활의 좋은 측면과 나쁜 측면을 배운다. 좁은 공간에 많은 사람이 모여 사는 곳이라면 어디든 그렇지 않을까마는, 이곳을 피난처로 정한 사람들도 정말 유형이 다양하다. 고향을 떠난 농장주, 화가, 석방된 수감자, 헝가리 장교, 전직 외교관, 발트해 연안의 남작, 철조망으로 귀향길이 막힌 사람들, 한마디로 모두 마인강 건너편에서 건너온 '프로이센인들'이다. 그중에서 현지인들의 눈에 가장 이상하게 보인 족속은 지식인이다. 이들은 철새처럼 오가고, 밤중에도 블랙커피를 마시려고 물 펌프를 돌리고, 아침에는 늦게까지 자고, 저녁이면 요상한 파티를 즐긴다. 요컨대 그들의 눈에는 별로 진지하게 살 마음이 없는 정신 나간 인간들이다.[47]

이들 모두가 전쟁 중에도 긴 잠에 빠져 있던 시골 지역을 근본적으로 뒤집어놓았다.

실향민은 그들을 대표하는 협회의 보복주의적 목소리 때문에 오랫동안 연방공화국에서 가장 반동적인 세력으로 지목되었다. 실제로 그들은 1970년대까지 극우적 흐름에 상당한 책임이 있었다. 원래 전통적으로 민족 감정이 매우 강한 사람들이었다. 독일인이라는 이유로 많은 특권을 누리고 그로 인해 다른 많은 민족과 갈등을 빚었던 지역에서 살다가 왔기 때문이다. 그런데 전후의 독일은 이제 더는 민족을 중시하지 않고 지역적 특성에 기반해 서로를 배제하는 분위기만 팽배했다. 이에 격분해서 그들은 민족주의 깃발을 더욱 높이 치켜들었다. 특히 그들 중에서 나이 많은 사람들은 시간이 갈수록 점점 더 많은 독일인이 폴란드와 체코와의 새 국경을 현실로 받아들이자 자신들이 두 번 버려졌다고 느꼈다. 그들은 화해 정책의 옹호자들, 특히 민족 배신자 제1호로 낙인찍은 빌리 브란트에 대해 온갖 비방과 중상모략을 멈추지 않았다. 다만 1950년에 제정된 실향민협회 헌장에는 이렇게 명시되어 있었다. 우리는 "특히 지난 10년 동안 우리에게 닥친 무한한 고통을 기억하면서도 복수와 보복"을 포기하기로 맹세하고, 더 나아가 "모든 민족이 두려움과 강압 없이 살 수 있는 통일 유럽의 건설에 협력할 것"을 서약한다.

그럼에도 여러 실향민 단체에는 동부 영토와 이전 고향의 상실을 받아들이지 못하는 대독일주의적 광신자들이 많았다. 예를 들면, 주데텐 독일인 출신으로 1957년 당시 프랑크푸르트에 살던 에른스트 프랑크는 카를스바트 슈네포겔가街 3번지에 거주하는 체코 경찰관 카렐 세드라체크에게 편지를 썼는데, 의례적인 인사말도 없이 다짜고짜 체코인에게 이렇게 통보했다.

> 그 집의 주인은 여전히 나고, 당신은 거기 얹혀사는 내 집의 관리자일 뿐이오. 나는 다시 집으로 돌아갈 거요. 내 집과 정원을 잘 돌보시오. 나나 혹은 내 가족이 가서 당신이 잘하고 있는지

지켜볼 것이오![48]

역설적인 것은 많은 실향민이 그처럼 과거 지향적인 성향을 가졌음에도 전후 사회 현대화의 촉매제 역할을 했다는 것이다. 신생 공화국이 나중에 그토록 자랑스럽게 생각하던 문화적·사회적 혼합은 그들로 인해 촉진되었다. 실향민들은 대체로 환영받지 못한 새 고향에서 탈지방화의 효소 기능을 했고, 전통적으로 변화를 싫어하는 농촌 사회를 개조했다. 그들은 농촌 지역을 뒤흔들었고, 지역적 차이를 평준화했으며, 최초의 문화적 이완기에 독일인들이 수십 년 후 헌법적 애국주의에 기반한 추상적이고 합리적인 국가 정체성을 중심으로 단결하는 데 일조했다. 가령 그들은 나중에 나온 텔레비전과 함께 많은 지역에서 방언 감소의 원인이 되었다. 실향민 아이들은 출신지 사투리를 쓰는 것이 부끄러워 가능하면 학교에서 완벽한 표준 독일어를 구사했는데, 그것은 곧 토착민 아이들에게도 영향을 끼쳤다.

지역 문화에서 실향민들은 시골 건축물에 새로 사용된 악명 높은 석면시멘트와 비슷한 역할을 했다. 전통적인 지역 건축물의 고유성이 세척 가능한 외벽과 규격화된 문, 플라스틱 창문의 회색 획일성으로 사라진 것과 마찬가지로 실향민이 가장 역동적인 일원이었던 출세 지향적 중산층 사회에서는 지역 문화의 정신적 특성도 평준화되었다. 그들은 자기 의지와는 상관없이 예전의 인연을 모두 버리고 새로운 땅에서 새 출발을 해야 했기에 출세 지향적 중산층이 될 수밖에 없었다. 목소리를 높이지 못하고 반동주의자라는 보호색으로 위장했지만, 그래도 개척자는 개척자였다.

그 때문에 실향민들은 날이 갈수록 독일 경제에 부담이 아닌 동력으로 작용했다. 더구나 늘 토착민들보다 더 빠르게 새로운 변화에 적응할 준비가 되어 있었다. 그들은 재산과 고향을 잃었고, 그와 함께 환상도 많이 사라졌다. 대신 남들보다 더 기민하고 야심만만하게 행동했다. 이전에 자영업을 했던 실향민의 3분의 2가 이주 후 직업을 바꾸었다. 전직 농부의 90퍼센트 가까이도 다른 직업을 찾을 수밖에 없었는데, 어떤 상황에서도 뼈 빠지게 일할 준비가 된 노동력 군대였다. 1948년의 경제 개혁 이후 비약적인 성장은 실향민들의 이런 열의가 없었다면 불가능했을 것이다. 옛 고향의 모든 유흥과 사회적 관계에서 해방된 이들은 대부분 노동을 통한 새로운 삶의 구축에만 집중했다. 게다가 실향민 중에는 교육 수준이 높고 전문 자격증을 가진 사람이 많았다. 이들은 바이에른과 바덴뷔르템베르크의 낙후된 농촌 지역에서 중소 산업 발전의 토대가 되었다.[49]

실향민들에 대한 사회적 통합 정책의 성공에도 불구하고 대규모 실향민 수용소는 1966년에야 마지막으로 해체되었다. 처음엔 수백만 명이 반원형 골함석 간이 막사에서 살았다. 그것도 스무 명이 한 막사에서 생활해야 할 정도로 좁았다. 그러다 개축된 다하우 강제수용소와 그 위성 수용소인 알라흐 강제수용소, 그리고 그전에 공포의 공간이었던 다른 수용소들이 그들에게 문을 열었다. 이전 수용소와는 비교도 안 될 만큼 안락한 시설이었지만, 이런 환경에서도 1948년 가을 다하우 수용소에서 일어난 실향민 폭동을 막지는 못했다.

많은 실향민이 오랫동안 수용소 생활자라는 낙인을 벗지 못했다.

이유는 분명했다. 그들이 살던, 도시 외곽 어딘가에 세워진 단순하면서도 깔끔한 소형 주택 단지조차 사람들은 자신들과 명확히 구분하기 위해 '수용소'라 불렀기 때문이다. 이 정착촌은 파편성과 획일성의 기묘한 조합이 특징이었다. 외톨이 집단이 웅크린 채 줄지어 다닥다닥 붙어 살게 하는 건축 방식이었다. 다행히 여기서는 더 이상 추방의 흔적을 찾아볼 수 없었지만 여전히 뭔가 수용소 냄새가 났다. 오늘날까지도 획일적인 집들이 밀집한 이 수상쩍은 가정적 분위기는 '추방의 세기'가 그들에게 가한 폭력의 트라우마를 느끼게 한다.

실향민 정착촌은 이웃 주민들에 의해 '미니 코리아', '새 폴란드', '마우마우' 혹은 '작은 모스크바' 같은 별명으로 불릴 때가 많았다. 이들을 어디로 다시 내쫓았으면 좋겠는지 현지인들의 속마음을 그대로 드러낸 이름들이다. '마우마우'[50]는 자국 내 외국인 영토를 가리키는데, 그런 정착지에는 동쪽에서 쫓겨난 실향민들보다 폭격을 피해 피난 온 함부르크나 만하임 사람이 더 많았음에도 그렇게 불렸다. 그렇다면 이 이름은 독일인들 스스로 낯설게 생각한 자기 속의 다른 측면을 드러내고 있다. 그런데 특이하게도 홀로코스트에 대해서는 그런 인정조차 하지 않았다.

오늘날에는 상상이 안 가지만, 당시 독일인들 사이에서는 갈등의 골이 무척 깊었다. 연합군 군정, 특히 영국 군정은 내전 위험을 여러 차례 심각하게 경고하기도 했다. 슐레지엔 출신의 예수회 신부로 논쟁적인 설교 때문에 '신의 기관총'이라 불린 요하네스 레피히 Johannes Leppich는 "빨리 도움이 제공되지 않으면 곧 벙커와 막사에서 혁명이 일어날 것"이라고 예상했다. 역사가 프리드리히 프린츠

Friedrich Prinz는 이렇게 총평을 내렸다.

> 실향민들의 성공적인 사회 통합에 대한 만족스러운 회고는 우리가 당시 자칫했으면 사회적 재앙의 구렁텅이에 빠질 수도 있었던 상황을 종종 왜곡한다. 실향민들이 독일의 '팔레스타인 문제'가 되는 일은 얼마든지 가능했다.[51]

연합국들은 일단 실향민들의 조직화와 정치 활동을 신중하게 막으면서도 실향민들을 강제 징용자들과 거의 똑같이 보살핌으로써 재앙을 막았다. 그런데 1949년부터 동서 양쪽에 두 개의 국가가 건설되면서 독일인들은 토착민과 실향민 사이의 균형과 공정을 어떻게 일구어낼지 스스로 고민해야 했다.

동유럽에 살던 독일인들의 추방은 독일에 의해 공격받고 약탈당한 민족들이 겪은 전쟁 범죄에 대한 배상 차원에서 이루어진 거대한 몰수 프로그램이었다. 이는 물론 국제법에 위배되고 실행 면에서 일부 불쾌하게 진행되었지만, 그럼에도 독일 영토의 축소는 전쟁 도발에 대한 정당한 처벌임을 인정하지 않을 수 없다. 하지만 동쪽에서 추방된 사람들은 당연히 전쟁 책임이 자신들에게만 있는 것이 아닌데 왜 우리만 이런 식으로 배상 부담을 져야 하느냐고 물었다. 책임 있는 정치인이라면 이 부담에 대한 좀 더 공정한 분배를 생각했겠지만, 이것을 가능한 범위 내에서 구체적으로 어떻게 실현할 수 있을지를 두고는 의견이 크게 엇갈렸다.

소련 점령 지구에서는 공정한 분배가 한결 수월하게 이루어졌다. 사회주의적 계획경제로 접근했기 때문이다. 1945년 가을부터 대대적으로 몰수된 부동산의 3분의 1 이상이 실향민에게 분배되었다. 심지어 토지 개혁으로 새로 생겨난 농촌 일자리는 40퍼센트 넘게 피난민에게 돌아갔다. 대신 그들은 이제 더 이상 스스로를 실향민, 즉 '고향에서 쫓겨난 자'라고 불러서는 안 되었다. 동독 정권은 그들을 '신新시민' 또는 '이주민'이라고 불렀고, 1949년부터는 아예 이 용어조차 사용하지 않으려고 했다. 이 용어에 담긴, 소련과 동쪽 형제 국가들에 대한 비판을 의식해서였다. 동독 사회주의 정권은 실향민의 존재가 자신과 새로운 동맹국들 사이를 갈라놓을 수 있다는 두려움에서 전력을 다해 실향민과 토착민을 동등하게 대우했다. 이 작업은 비교적 성공을 거두었다. 물론 그 대가로 실향민들은 스스로의 역사를 부정해야 했고, 동독의 공식 문서에는 전혀 등장할 수 없었다. 그들이 정치적 또는 문화적으로 조직화하려는 시도는 즉시 억압되었다. 그러나 자기 정체성의 이러한 부정을 받아들이지 않으려는 사람들을 비롯해서 총 40만 명의 실향민이 1949년 연말까지 서독으로 계속 넘어갔다. 이것도 나머지 동독 사람들의 통합에 도움이 되었다.

그사이 서쪽 연방공화국에서는 이른바 부담의 형평성에 관한 고통스러운 논의가 시작되었다. 해당 법률은 1952년 9월에 시행되었다. 전쟁으로 인한 피해를 누가 얼마만큼 부담해야 할지를 규정한 법이었다. 부담 조정법은 건조하고 밋밋하게 들리지만, 사실 정치적 협상의 기적적인 결과물이었다. 깊이 분열된 독일인들은 이 법을 통해 서로를 다시 이해하게 되었다. 물론 자신들은 그걸 깨닫지 못했다. 왜냐하면 아무도 그 결과에 만족하지 못했기에 협상 과정의 위대성이 오랫동안 드러나지 않았기 때문이다. 당시 야당인 사민당 대표 에리히 올렌하우어Erich Ollenhauer는 부담 조정법의 의미를 이렇게 적시했다.

> 이 법은 행위와 책임을 정밀하게 저울질해서 계량화하는 사회법이 아닙니다. 이건 수백만 동포에 대한 우리 내부의 전쟁 부채를 청산하는 법입니다.

이렇게 해서 전쟁으로 별 피해를 입지 않은 사람들은 가진 것의 대부분을 잃은 사람들에게 '우리 내부의 전쟁 부채'를 지불해야 했다. 간단히 말해, 아무것도 없는 사람들이 잘 헤쳐 나갈 수 있도록 다른 사람들이 가진 것의 절반을 내놓으라는 것이다. 이 거대한 재분배 계획의 세부 사항은 다음과 같았다. 부동산과 주택, 기타 자산을 소유한 사람은 이 법의 시행일인 1948년 6월 21일 현재 자신이 가진 재산의 50퍼센트를 양도해야 한다. 이 금액은 30년 동안 분기별로 분할 청산될 수 있다. 수혜자는 '전쟁 피해자', 즉 폭격을 받은 사람, 불구자, 실향민이다. 부동산과 사업용 자산, 가재도구, 저축성 재산의 손실은 보상하되, 현금과 귀금속에 대한 손실은 보상하지 않는다. 여기다 재산이 많은 사람의 재산 손실에 대해서는 상대적으로 재산이 적은 사람의 손실보다 퍼센티지 면에서 더 낮게 보상한다는 사회 균형적 요소도 추가되었다. 실향민의 청구와 지불 의무가 있는 사람의 부담을 계산하기 위해 이른바 부채 조정 사무소가 설치되었다. 이 기관은 이후 수십 년 동안 실향민들의 신청만 830만 건을 처리했다.

1949년의 '긴급 구호품 전달'에 이은 이 떠들썩한 재분배 작업을 두고 독일인들은 너무 치열하고 집요하게 싸웠던 까닭에 마지막에는 국민 가운데 누구도 당시 얼마나 놀라운 결정이 내려지고 실행되었는지 알지 못했다. 대신 수년간의 지루한 논쟁이 끝나고 나자 더는 '부담 조정'이라는 말조차 듣고 싶지 않을 정도로 모두가 불만이었다. 전쟁으로 별 피해를 입지 않은 사람은 자신의 부담이 너무 크다고 토로했고, 실향민들은 이 청산금을 새 발의 피로 여겼다. 하지만 독일인들은 이 기나긴 분투 끝에 민주주의에 이르렀다. 거대 담론과 이데올로기가 아닌 생존과 직접 연결된 장에서 말이다. 부담 조정을 둘러싼 지루한 논쟁에서 터져 나온 일반적인 불만은 정상화의 신호였다. 독일인들은 '내부의 전쟁 부채' 문제를 큰 파국 없이 끈질기고 냉철하게 해결했고, 결국에는 힘겹게 균형을 이룬 타협안에 동의했으며, 2만 5000명의 직원과 공무원이 그 집행을 위해 수십 년 동안 열심히 뛰었다. 당시에는 누구도 그 결과에 기뻐하지 않았지만, 오늘날의 관점에서 보면 민주주의를 위해 그게 얼마나 다행스러운 길이었는지 분명히 알 수 있다. 토착민과 이주민 사이의 격렬한 문화 전쟁으로 시작된 분배 투쟁은 공정하고 실용적인 방식을 통해 의회 협상으로 전환되었다. 그로써 독일에도 훗날 시민 사회라 불리게 될 공동체적 자산의 초석이 놓였다.

불과 몇 년 사이 독일인의 정체성은 근본적으로 바뀌었다. 국가사회주의에서는 드높은 이념으로 뜨겁게 숭배되던 민족 공동체가 전쟁 후에는 미움받는 종족들의 강요된 동맹으로 느껴졌다. 그 동맹이 비약적인 경제 발전의 시기에, 모두가 웬만큼 잘 대우받고 있다고 느끼는 비감상적인 타협 공동체로 바뀌었다. 이렇게 확고하게 갈라지고 분열된 토대 위에서는 새로운 민족주의가 들어설 자리가 없었고, 이는 신생 민주주의에 결코 나쁜 출발점이 아니었다.

길 위에서의 곤궁한 삶

종전 후 몇 년 동안은 이 문제가 이렇게 잘 끝나리라고는 아무도 예상하지 못했다. 현실은 그만큼 비관적이었다. 많은 독일인이 여전히 거리와 대합실, 임시 숙소와 무너진 집에서 살고 있었고, 이런 상황이 얼마나 더 지속될지는 아무도 알 수 없었다. 작가 볼프강 바이라우흐Wolfgang Weyrauch는 1946년 잡지 《울렌슈피겔Ulenspiegel》에 실은 한 글에서, 노상의 몇 쌍을 가리켜 "행복하면서도 비참하게, 비참하면서도 행복하게" 살아가는, "바람이 집이고 비가 지붕"인 사람들이라고 불렀다. 대부분의 노숙자는 가능하면 빨리 새로운 삶의 터전을 일구려 했지만, 다른 일부 사람에게는 떠돌아다니는 것이 일상적인 삶이었다. 당시 범죄학자들은 이런 떠돌이 삶을 이용해서 이득을 보는 새로운 유형의 '범죄자들'을 기록했다. 거기에는 그때그때 상황에 따라 신분을 바꾸는 수많은 사기꾼이 포함되어 있었다. 곳곳에 가짜 의사, 가짜 귀족, 결혼 사기꾼이 넘쳐났다. 어느 날 갑자기 등장한 사람들이 워낙 많다 보니 이런 유의 사기가 가능했다. 그들의 옛 신분을 명확히 확인해줄 친구나 사회적 관계망, 공무원은 어디에도 없었다. 그들은 고향에서 쫓겨나면서 과거의 이력을 버리고 새로운 이력을 짜 맞추었다. 예를 들면 중혼자가 그랬다. 그 중에는 단순히 귀찮아서 이전의 결혼 사실을 숨긴 피난민이나 실향민도 있었지만, 만일의 경우에 대비해 고향과 타향 두 곳 모두에서 가정을 유지하려고 하는 사람도 있었다. 그들에게 집은 많을수록 좋았다. 아늑한 집은 고향에서 쫓겨난 트라우마가 만들어낸 강박관념이 되었다. 1950년대에는 심지어 "비를 피할 지붕과 바람을 막을 벽"만 있어도 족하다는 광고가 인기를 끌었다. 이건 많은 사람의 머릿속에 길거리가 여전히 악몽의 장소로 남아 있었기에 결코 이상한 일이 아니었다. 작가 한스 하베는 소설 《출입 금지》에서 길 위의 삶을 이렇게 묘사했다.

> 포로 수용소는 꽉 찬 위胃처럼 넘치는 것을 토해냈다. 그들은 실제로 토사물 같았다. 여기서 패배의 굴욕은 인간 존엄의 패배였다. 패배한 군대는 누더기를 걸치고 고향인 패배한 나라로 비틀거리며 걸어갔다. 그들은 항상 길 위에 있었다. 이 군대는 늘 프랑스·폴란드·러시아·벨기에의 길 위에 있었다. 갈 때는 함께였지만 올 때는 따로따로였다. 갈 때는 길이 사람을 짊어졌지만, 이제는 사람이 길을 짊어졌다.[52]

두 발로만 움직인 머나먼 여정은 신화가 되었다. 1959년의 한 유명한 텔레비전 시리즈 〈산 넘고 물 건너so weit die Füße tragen〉처럼 그렇게 멀리 걸어서 갔다가 다시 집으로 돌아온 것은 많은 사람에게 평생의 자부심이 되었다. 에트가르 라이츠Edgar Reitz의 11부작 영화 시리즈 〈고향, 독일 연대기Heimat–eine deutsche Chronik〉에서 러시아 포로로 잡혔다가 걸어서 고향으로 돌아온 안톤 지몬은 노보시비르스크에서 훈스뤼크의 샤바흐까지 5000킬로미터의 행군을 무사히 마친 군화를 도금하게 한다. 전쟁 후 광학 기기 제조업자로 부자가 된 지몬은 경고와 기억의 의미로, 혹은 자축과 경탄의 의미로 회사 로비의 한 기둥에 황금 장화를 세워놓았다. 지몬 같은 사람은 믿을 만한 인간임을 내보이고 싶었던 것이다.

독일의 패배는 머나먼 귀향 이야기를 통해 개인의 승리로 재해석되었다. 지몬 같은 행운아는 새 삶의 시작 단계에서부터 이미 성공을 거두었다. 하지만 다른 많은 사람에게는 고향으로 돌아와서도 방랑이 멈출 기미를 보이지 않았다. 1947년 11월에 초연된 볼프강 보르헤르트의 희곡 〈문밖에서Draußen vor der Tur〉는 성공하지 못한 귀향을 다룬다. 주인공 베크만은 전쟁에서 돌아왔지만 예전의 집은 더 이상 남아 있지 않고, 아내도 다른 남자와 살고 있다. 이는 당시 수많은 군인의 공통된 운명이었다.

> 그들의 집은 문밖에 있다. 그들의 독일도 문밖에, 밤중의 빗속에, 길 위에 있다.

볼프강 보르헤르트는 24세 때 〈문밖에서〉와 짝을 이루는 다른 작품을 썼다. 1945년 600킬로미터가 넘는 거리를 걸어서 고향으로 돌아와 죽을병에 걸린 상태로 썼던 작품이다. 여기서 그는 고향 도시 함부르크를 간절히 불러낸다.

> 함부르크! 그것은 벽과 지붕, 창문, 벽지, 침대, 도로, 다리, 가로등 그 이상이다. 공장 굴뚝과 자동차 경적 소리 그 이상이다. (…) 아, 그보다 무한히 많다. 그것은 존재하려는 우리의 의지

다. 그것은 어딘가에 아무렇게나 존재하는 것이 아니라 여기에, 알스터바흐와 엘베강 사이의 오직 여기에 존재하고, 우리, 함부르크에 있는 우리의 모습처럼 존재한다.[53]

텍스트는 이렇게 한동안 계속 이어진다. 그러다 작가는 동부전선과 군 감옥, 탈출을 묘사하고는 글자 그대로 고향 도시를, 파괴의 물결이 휩쓸고 지나간 '무한히 펼쳐진 황량한 거리'를 다시 움켜쥔다. 1945년 항구는 실제로 숨 막히게 고요하고 모든 선박 운항이 멈췄으며 부두 시설은 완전히 파괴되었지만, 작가는 전혀 폭격을 받지 않은 듯이 여전히 배의 엔진 소리와 경적 소리 가득한 고향 도시를 상상 속에서 망치질하듯이 강렬한 두운법으로 노래한다.

우중충한 날이면 우리는 저녁에 흔들리는 부교 위에 서서 말한다. 엘베! 우리가 말하는 건 삶이다! 우리가 말하는 건 너와 나다. 우리는 말하고 울부짖고 한숨짓는다. 엘베! 우리가 말하는 건 세계다![54]

보르헤르트가 노래한 함부르크는 몇십 년 뒤 유행하게 될 고향 영화를 선취한 탁월한 문학적 성과였다. 물론 그때는 이미 보르헤르트가 죽은 지 오래였다. 그는 〈문밖에서〉가 초연되기 하루 전, 전쟁으로 인한 육체적 후유증으로 26세의 나이에 세상을 떠났다.

에리히 프리트Erich Fried가 1945년에 쓴 〈불구자의 노래Krüppellied〉라는 시도 그러한 후유증과 길 위의 삶을 이야기한다. 이 시에선 전후 시대에 널리 퍼진 모티브, 즉 '절름발이 남자'가 등장한다. 한쪽 다리가 없어 바지를 접어 올린 '상이용사'는 당시 거리의 삶을 보여주는 상징적인 인물이었다.

우리는 죽음을 스치고 지나
등 뒤에 죽음을 남겼다.
황급히 밀려가는 골목길에서는
죽음도 숨을 멈춘다.
우리는 목발을 짚고 너희 집으로 들어간다.
무서운 건 더는 없다.
오늘은 이대로 즐겁게 지내자.
우리는 어제 죽은 사람들이니까![55]

모든 사람을 데려갈 수 없을 정도로 지친 죽음에 대한 상상은 재건에 착수하는 살아남은 자들의 분위기를 꽤 정확히 포착한다. '오늘은 이대로 즐겁게 지내자'는 말은 당시 카바레• 문학에 만연한 감정이었다. 에리히 캐스트너는 새로 문을 연 뮌헨의 소극장 무대를 위해 〈행군가 1945Marschlied 1945〉를 썼는데, '남성용 바지와 낡은 코트를 입고 배낭과 찌그러진 트렁크'를 든 여자가 이 노래를 불렀다. 무대 배경은 외딴 시골길과 폭격으로 파괴된 전차였다. 당

• 카바레는 포도주 창고 또는 선술집을 뜻하는 프랑스어로 예술가와 시인, 작가, 음악가, 연극 연출가 등 과감하고 도전적인 정신들이 모여 당대의 사건을 풍자하고 도덕과 정치, 문화를 비판하는 새로운 예술 공간이었다.

시 60편 가까운 영화로 유명해진 여배우 우어줄라 헤르킹Ursula Herking이 트렁크를 들고 느린 피아노 반주에 맞춰 부른 노랫말은 다음과 같다.

지난 삼십 주 동안
나는 수없이 숲과 들판을 지났어.
내 셔츠는 구멍투성이야.
더 이상 해질 곳이 없을 정도로.
나는 밑창이 없는 신발을 신었고,
내 옷장은 배낭이야.
내 가구는 폴란드인들이 가져갔고
내 돈은 드레스덴 은행이 가져갔어.
이제 내게 고향과 친척은 없고
남은 건 지저분한 장화 한 켤레,
그래, 이게 사람들이 말하는
서양의 몰락일 거야.
(…)
콧수염 폐하와 함께 천년이 지나갔어.
모든 게 끝이야.
이제 처음부터 시작해야 해!
앞으로 나아가자, 안 그러면 너무 늦어.
왼쪽으로 둘, 셋, 넷,
왼쪽으로 둘, 셋.
우리 목 위에는 여전히

머리가 단단히 붙어 있으니까, 붙어 있으니까.[56]

이 노래의 영향은 막대했다. 우어줄라 헤르킹은 회고록에서 이렇게 썼다.

> 행군가의 마지막 소절이 끝났을 때 사람들은 자리에서 벌떡 일어나 서로 껴안고 고함을 질렀으며, 어떤 이는 눈물을 흘리기도 했다. 믿기 어려운 '구원'의 순간이었다. 거기서 내 역할은 크지 않았다. 모두 적절한 노래, 적절한 표현, 적절한 연주, 적절한 타이밍 덕분이었다.

관객의 마음을 휘어잡고 관객에게 마법의 힘을 발휘한 것은 길 위의 삶이었다. 집을 떠나야 했거나 고향에서 쫓겨난 사람들을 길 위 어디서나 볼 수 없었다면 듣는 사람들도 그렇게까지 감동하지는 않았을 것이다. 왜냐하면 오늘날의 우리가 이 가사를 읽으면 몇몇 가슴 뭉클한 지점에도 불구하고 전체적으로 밋밋한 느낌을 지울 수 없기 때문이다. 하지만 당시 관중들은 실제로 자리에서 벌떡 일어났다고 한다. 보존된 녹음을 들으면 헤르킹과 캐스트너가 무엇으로 당대인들의 감정을 사로잡았는지 분명해진다.[57] 원래 카바레에서는 무덤덤하게 말하듯이 노래 부르는 게 상례였다. 그러나 헤르킹은 다양한 음색으로 기쁨과 절망 사이를 오가다가 마지막에는 약간 미친 듯이 거칠게 노래를 불렀다. 게다가 온갖 불안을 의식적으로 강하게 짓밟아버림으로써 그것이 더 뚜렷이 부각되도록 했다. 이것은 당대인들의 양가감정에 정확히 가닿았다. 고통 없이는 낙관도 없고, 감사함 없이는 슬픔도 없다.

> 어둠에 잠긴 창문에서 다시 빛이 반짝거려. 물론 모든 집이 그런 건 아냐. 그래, 모든 집이 그런 건 절대 아냐.

'길 위의 집'은 누군가에겐 '기찻길 옆의 집'이었다. 사람들은 화물 열차를 주로 이용했지만, 정규 여객 열차의 운행도 곧 재개되었다. 하지만 유리창이 없는 경우가 많아 비가 오면 객차 의자와 바닥에 물이 흥건했다. 불규칙한 열차 운행으로 기차역은 늘 여행자로 붐볐다. 물론 대기실과 기차역 지하 통로는 어차피 이미 오래전부터 갈 곳 없는 사람들로 넘쳐났다. 형편이 넉넉한 사람은 호텔을 이용했다. 아직 호텔이라는 것이 남아 있다면 말이다. 그러나 이 경우에도 위험이 따랐다. 기차가 10시간 뒤에야 떠난다고 해놓고 아침에 바로 떠나버리는 일이 허다했기 때문이다. 따라서 기차역 근처에 있는 편이 더 안전했다.

1947년 11월 하노버역에서 하룻밤을 체험한 르포 기사가 잡지 《외침Der Ruf》에 실렸다.

> 3번 승강장 계단을 내려가자 후텁지근한 공기가 훅 끼쳤다. 습하고 반짝거리는 벽을 따라 늘어선 자루와 박스, 트렁크, 사과 껍질, 종잇조각들, 빈 담배 상자 사이에 수백 명이 앉거나 누워 있었다. 터널 중앙에 좁은 길이 나 있었다. 나는 한동안 헤맨 끝에 사람들의 몸뚱이와 짐들이 뒤엉킨 혼돈 속에서 가방을 놓을 자리를 간신히 찾을 수 있었다.[58]

저자는 우리의 전후 일상을 보여주는 거울은 극장이 아니라 하노버 기차역 터널의 밤이라고 썼다. 구스타프 프뢸리히Gustav Fröhlich는 영화 〈어스름 속의 길Weg im Zwielicht〉에서 최대한 사실적인 분위기를 담아내려고 이 터널을 촬영지로 선택했다. 그의 촌평은 이랬다.

누군가에게는 불행이 다른 누군가에게는 영화다.

사실 기차역이라는 주제는 영화보다 신문에서 훨씬 더 자주 다루어졌다. 대합실은 언론의 사회 진단에서 가장 선호하는 모티브였다. 벌써 활기를 되찾은 독일과 아직 혼돈의 수렁에 빠진 독일이 이곳만큼 가깝게 대면하는 곳은 없었고, 집 있는 사람과 집 없는 사람, 무사한 사람과 트라우마 있는 사람이 이곳만큼 서로 얼굴을 바짝 맞댄 곳은 없었다.

뮌헨의 이주 담당관 빌리 이를베크Willi Irlbeck는 중앙역 대합실을 돌아본 뒤 상부에 제출할 보고서를 작성했다. 실태가 어찌나 충격적이었던지 그의 사실 묘사는 에밀 졸라와 어깨를 겨눌 만큼 꼼꼼하고 우울했다.

대합실은 증기로 가득했고 지독한 악취가 코를 찔렀다. 도덕적 타락의 단계를 모두 거쳐버린 미성년자들, 시장의 수요 공급 법칙을 이미 알아버린 소녀들, 법과 정의는 안중에도 없는 장사치와 좀도둑들, 고향을 다시 보려는 갈망이 걷잡을 수 없는 혐오감에 자리를 내준 석방된 전쟁 포로들, 대합실과 객차에서 뛰놀고 상자와 트렁크를 침대 삼아 자는 철부지들, 상처투성이 몸이 가진 것의 전부인 인간 폐물들, 고단함을 이기지 못해 꾸벅꾸벅 조는 사람들, 무겁게 내려앉은 답답함, 오물, 절망….[59]

여행을 떠나는 사람은 얼마가 걸릴지 예상이 안 되는 모험 속으로 들어가야 했다. 1947년 여름, 《노이에 일루스트리어르테Neue Illustrierte》 잡지사는 사진기자 에릭 보틀랜더Eric Bodlaender에게 함부르크에서 뮌헨으로 가는 야간열차를 취재하라고 지시했다. 기자는 8일 뒤에야 뮌헨에 도착했다. 쓸 만한 사진은 첫 이틀 동안 찍은 것이 전부였다. 이후에는 카메라가 너무 혹사당해 제대로 작동하지 않았다. 기차는 언제나 꽉 찼다. 하지만 운행이 갑자기 취소되거나, 파괴된 선로 때문에 중간에 멈춰 서는 일도 허다했다. 객차 사이의 위험한 완충기 위에도 아슬아슬하게 균형을 잡고 선 사람이 수두룩했다. 그중 한 사람인 우어줄라 폰 카르도르프는 이렇게 말했다.

기관차에서 튄 불꽃으로 내 비옷에 구멍이 생기는 것만 빼면 나머지는 견딜 만했다.[60]

일부 여행자는 손잡이를 꽉 잡고 바깥쪽 발판에 매달리기도 했다. 정거장에 잠시 정차할 때는 대기자 가운데 극히 일부만 승차할 수 있었다. 어떤 용기 있는 사람은 그냥 차창으로 타려고 하다가 분노에 찬 욕설을 들었다. 1947년 여름 《노이에 일루스트리어르테》 표지에는 여배우 일제 베르너가 동승객들의 도움으로 들어 올려져 차창 밖으로 나가는 사진이 실렸다. 정상적인 통로로는 빠져나갈 수가 없었기 때문이다.

이런 힘든 여행길에도 불구하고 일부 독일인은 1947년에 벌써 휴식과 즐거움을 위해 휴가를 떠났다. 질트섬의 1만여 개 휴양지 숙소 가운데 6000개는 피난민들로 꽉 차 있었지만, 나머지는 예전처럼 휴가객을 기다리고 있었다. 도착과 함께 암시장 물건을 찾기 위해 짐 수색이 이루어졌다. 그러나 여관 주인은 경찰이 그리 빡빡하게 굴지 않을 뿐 아니라 부업으로 적당히 수입을 올리는 것은 눈감아준다고 손님들을 안심시켰다. 어디서나 볼 수 있는 피난민들의 곤궁한 삶 때문에 휴가객들의 마음이 조금 불편해지고, 음향 기폭 장치가 달린 지뢰에 혼선을 주기 위해 보트들이 어느 정도 거리를 두고 끌고 다니는 소음 부표가 약간 거슬리기는 했지만, 그런 것들로 인해 전후 첫 휴가를 즐기려는 독일인들의 의지가 약화되지는 않았다. 당국이 정한 배급 규정 때문에 저녁 식사 재료는 숙소 방문객이 직접 장만해야 했다. 손님들은 아침에 이름과 객실 번호, 조리 시 참조 사항을 적은 쪽지와 함께 재료를 주방에 전달했다. 아침 식사도 여행객들이 직접 갖고 올 때가 많았다. 식량 배급표를 건네면 호텔 측에서 커피 한 잔과 빵 한 조각, 지방 5그램을 제공했지만, 휴가까지 와서 그런 음식을 먹고 싶지 않다면 말이다. 질트섬을 취재한 한 르포 기사는 통조림으로 풍성하게 차려진 아침 식탁을 보여주었다. 네스카페, 콘비프, 토마토와 흰콩, 꿀과 잼, 이 모든 게 가득 차려진 식탁을 보면서 독자들은 아마 깜짝 놀랐을 것이다. 신문은 다음 설명으로 독자들의 그런 부러운 심정을 어느 정도 예상한다.

질트섬에서는 이런 아침 식사가 결코 드물지 않고, 암시장에서 불법으로 구한 것이라고 생각할 필요도 없다. 그건 구호 물품을 받은 사람들이 휴가를 위해 아껴둔 것일 수도 있다. "우리도 곧 그런 식탁을 다시 받게 될 거"라고 하면서 이웃의 식탁을 함께 기뻐하는 사람도 있고, 그런 식탁을 보면서 분통을 터뜨리는 사람도 있을 수 있다. 그런 사람은 질트로 여행을 가면 안 된다.[61]

4. 댄스 열풍

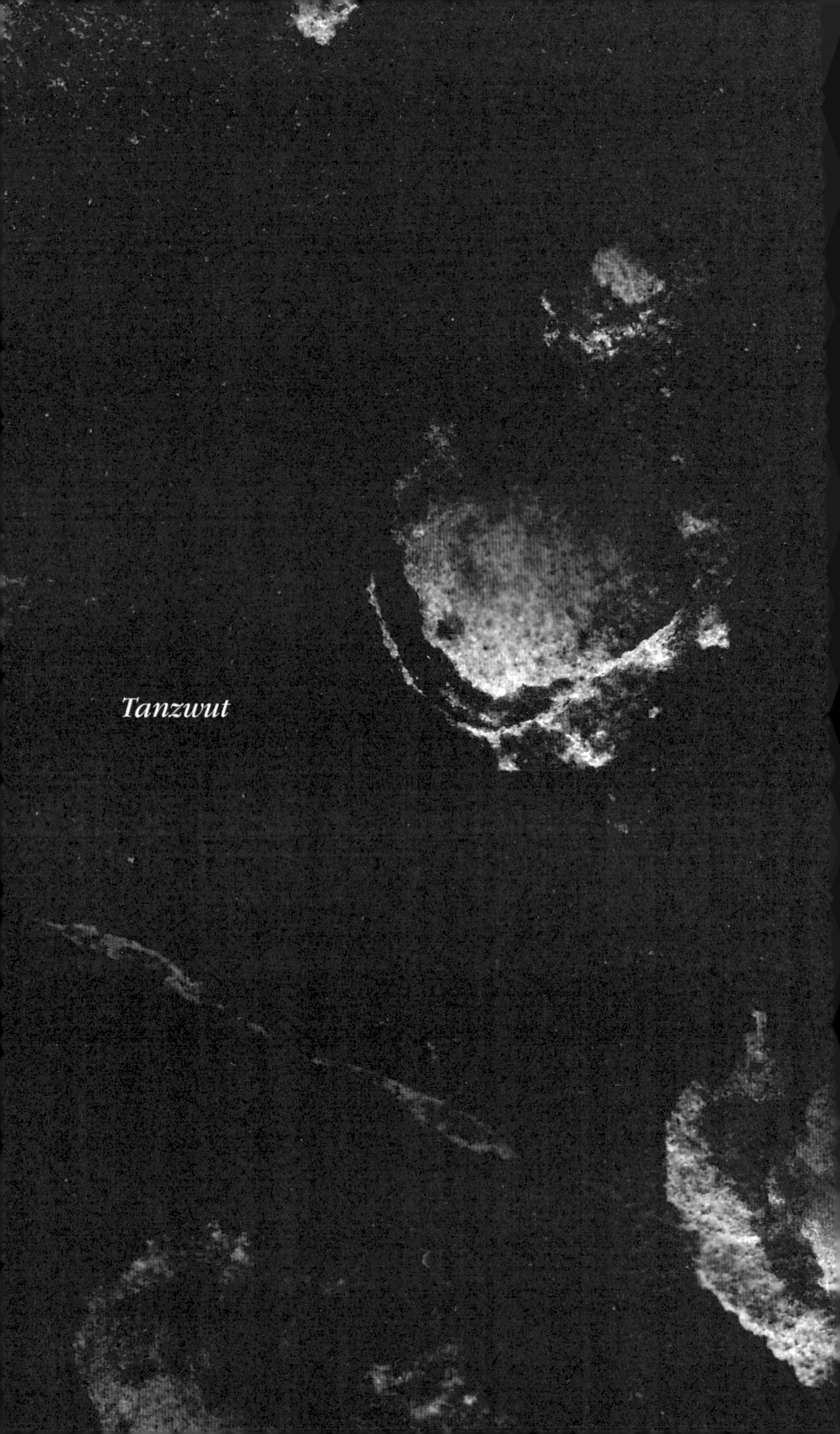

Tanzwut

끓어오르는 삶의 기쁨

우리는 전후 시대를 지극히 어두운 시기로 상상한다. 시대의 이미지, 특히 후대의 잔상은 주로 찡그린 얼굴과 절망적인 표정으로 각인되어 있다. 그 시대의 곤궁과 불안은 결코 낯설지 않다. 하지만 그 시절에도 사람들은 놀라울 정도로 많이 웃고, 춤추고, 파티를 벌이고, 연애하고, 사랑했다. 다만 영화와 문학 작품에서는 그런 장면이 드물고, 특히 최근 작품일수록 더 드물다. 그들이 전하고자 하는 진지한 메시지는 그런 자유분방한 행동과 어울리지 않았기 때문이다. 그런 감정은 동시대 사람들도 갖고 있었지만, 그에 아랑곳하지 않고 과거 어느 때보다 더 질펀하게, 훗날 풍요의 시기보다 더 거리낌 없이 파티를 벌이고 즐겼다.

야간 폭격의 공포와 점령 초기의 불확실성이 어느 정도 가라앉자 살아남은 것에 대한 기쁨이 화산처럼 분출되었다. 폐허 더미에서 느끼는 일상의 상실조차 이런 에너지를 가로막지 못했다. 아니, 그 반대였다. 재앙에서 벗어났다는 감정과 예측할 수 없는 혼란스러운 미래는 오히려 삶에 대한 집중도를 더 높였다. 많은 사람이 순간을 위해 살았다. 순간이 아름다우면 마지막까지 만끽하고 싶어 했다. 이는 끓어오르는 삶의 기쁨으로 분출되었고, 때로는 거의 광적으로까지 비치는 향락에 대한 집착으로 이어졌다. 삶의 위협은 여전히 곳곳에 존재했기에 사람들은 삶을 마음껏 즐기고 싶어 했다. 그야말로 댄스 열풍이 불었고, 가능한 곳이면 어디서건 정신없이 놀았으며, 남이야 눈살을 찌푸리든 말든 미친 듯이 웃어댔다.

한 뮌헨 주민은 이렇게 회상한다.

> 나는 몇 달 동안 매일 춤을 추러 갔다. 물론 거기 가도 술이나 음식은 없었다. 나오는 것이라고는 기껏해야 '몰케'라는 이름의 새콤한 음료가 전부였다. 그럼에도 나를 비롯해 춤에 빠진 인간들은 매일 저녁 정말 즐겁고 행복하게 춤을 췄다. 나중에 드물게라도 저녁 식사와 술이 다시 나올 때처럼.[1]

베를린도 뮌헨과 마찬가지였다. 가령, 베를린에서 비서로 일하는 18세의 브리기테 아이케는 책벌레면서 영화관에 가는 걸 좋아하고 춤추러 가는 건 더 좋아하는, 삶의 기쁨을 아는 아가씨였다. 제국 수도의 몰락도 그의 열정을 앗아가지는 못했다. 브리기테는 독일 항복 선언 17일 뒤 다시 영화관을 찾았다. 이틀 전에야 문을 연 영화관이었다. 그날 저녁 브리기테는 일기에 이렇게 적었다.

> 나는 3시에 기티를 데리러 갔고, 우리는 안네마리 라이머, 리타 우케르트, 에디트 슈투르모프스키와 함께 바빌론 영화관으로 갔다. 정말 좋았고, 우린 쉴 새 없이 수다를 떨었다. 영화도 아주 멋졌다. 〈그란트 대위의 아이들Die Kinder des Kapitän Grand〉은

러시아 영화였는데, 러시아어만 나와서 제대로 이해할 수는 없었다.[2]

춤을 추러 가는 건 몇 주를 더 기다려야 했다. 브리기테는 독일소녀동맹의 단원이었을 뿐 아니라 '인민은 총통 생일에 자기 자식을 선물한다'는 운동의 일환으로 당원까지 되었기에 일단은 그 벌로 폐허를 청소하는 노역을 해야 했다. 그러나 소련 점령군이 모든 청소년을 그릇된 이념의 희생양으로 선언하면서 사면을 발표하자 그 사이 반파시스트청년위원회 회원으로 탈바꿈한 브리기테는 다시 여기저기 무도회장을 돌아다녔다.

그는 7월 8일 처음으로 다시 카페 빌라 무도회장을 찾았다. 그것도 혼자서 말이다. 무도회장은 남자가 별로 없어 좀 실망스러웠다. 남자들은 대부분 현장에 투입되어 일을 하거나 철조망 뒤에 갇혀 있었다.

남자는 거의 없고 여자들만 춤을 춘다.

게다가 브리기테는 밤 11시부터 새벽 1시 30분까지 집 앞에서 보초를 서야 했기에 일찍 돌아가야 했다. 그 무렵 각 주거 공동체에서는 범죄자나 술 취한 군인들의 공격에 대비해 제때 경보를 울릴 수 있도록 밤마다 거주자 두 명을 교대로 보초를 서게 했다. 아무튼 그날부터 브리기테는 다시 규칙적으로, 그것도 일주일에 여러 번 춤을 추러 갔다.

브리기테가 다음으로 찾은 곳은 "쿠치와 로티와 함께" 간 '루카스'였다. 댄스홀이 딸린 술집이었다.

어떤 남자가 내게 춤을 추자고 했고, 음악은 차르다시가 나왔다. (…) 나는 아직 이 음악에 맞춰 춤을 춘 적은 없지만, 남자가 멋지게 리드했다.

브리기테와 그 무리는 다음 몇 주 동안 파괴된 도시를 누비며 다시 문을 연 무도회장들을 전전했다. 가끔 나머지 층은 다 무너지고 1층만 남은 곳도 있었고, 입구 부분만 돌 더미를 치우고 임시로 수리한 곳도 있었지만, 이런 것들은 지하에서 경쾌한 스윙 댄스를 추는 데 방해가 되지 않았다. 이렇듯 그들은 프라터 댄스홀, 노이쾰른의 카살레온, 노이에 벨트, 쿠르퓌르스텐담의 카페 빈, 카페 코르소, 비너 그린칭 같은 무도회장을 차례로 돌아다녔다. 다만 비너 그린칭에서는 계속해서 추근대는 미군 세 명 때문에 저녁을 망쳤다. 브리기테는 그날 저녁을 이렇게 요약했다.

서베를린으로 가는 건 시간 낭비였다. 돈만 들었지 소득은 전혀 없었다.

심하게 파손된 퀴스트린역 근처의 플라자 다흐가르텐이 비록 남자들은 없었지만 더 나았다.

거기 남자들은 거의 풋내기들뿐이었다. 숫자만 많았지 모두 수준 이하였다.

브리기테는 '군인들'이 포로 수용소나 불확실한 상태에서 벗어나 얼른 돌아왔으면 좋겠다는 소망을 몇 번이고 일기에 적었다.

> 우선은 전에 알고 지내던 남자애들 하나라도 여기 있어서 내가 항상 돈을 낼 필요가 없었으면 좋겠다. 하지만 그보다 중요한 건 당연히 걔들이 여기에 있는 것이다.

브리기테와 한 친구는 타바스코 댄스홀을 찾았다가 주인이 여자 손님들을 상대로 매상을 올리기 위해 고용한 '호객꾼'의 희생자가 되었다. 브리기테와 친구가 홀에 들어서자 두 젊은 남자가 다가와 함께 춤을 추자고 했고, 남자들의 멋진 춤 솜씨에 깜빡 넘어간 두 아가씨는 한껏 기분에 취해 칵테일과 야채수프까지 시켰다. 그러나 주문이 끝나자마자 남자들은 두 아가씨와 계속 춤을 추는 대신 새로 들어온 여자 손님들에게 바로 돌진해서 좀 전에 브리기테 일행에게 했던 것과 똑같은 방식으로 여자들을 호렸다.

브리기테의 댄스홀 방문은 팔라이스 데스 센트룸스, 카지노, 인터나치오날, 카페 슈탄다르트, 카위테로 계속 이어졌다. 이 18세 소녀는 1945년 여름 동안 오늘날 우리가 클럽이라고 부를 만한 유흥업소 열세 군데를 찾았는데, 오늘날의 향락 중심지 베를린을 기준으로 삼아도 상당히 잦은 방문이었다. 그 밖에도 호기심 많은 젊은 여성이 기웃거릴 만한 클럽은 많았다. 쿠담 번화가에 있는 것만 소개해도 피카딜리 바, 로빈 후드, 록시, 로열 클럽, 그로타 아추라, 몬테카를로 같은 업소들이었다.

전후 시대 영화를 보면 거의 매번 모리배나 암상인, 지하 세계의 범죄자 같은 인간들이 파티를 즐긴다. 이들은 바이마르공화국 시절 게오르게 그로스George Grosz의 풍자화처럼 탐욕스럽고 기름진 얼굴로 두툼한 커틀릿을 먹고, 밀수한 와인을 마시고, 여인의 출렁이는 가슴에 코를 박는다. 이런 점에서 춤과 파티는 전반적인 궁핍 상태에서 자동으로 금기시된, 파렴치한 졸부들의 음탕한 유흥으로 묘사되었다. 그러나 현실은 완전히 달랐다. 가진 게 없는 사람도 파티를 즐겼다. 물론 모두가 그러지는 않았지만.

파티와는 거리가 먼 절망적인 사람도 많았다. 피난 중에 자식을 잃고 애타게 찾아다니는 엄마들, 적절한 치료를 받지 못해 몇 달 동안 생사를 오가는 병자들, 과거의 트라우마로 삶의 용기를 잃은 사람들, 전쟁 직후 모든 웃는 얼굴이 꼭 자신을 비웃는 것처럼 느끼는 사람들이었다. 이 마지막 부류는 많지는 않았지만 존재했다. 그들은 한동안 무표정하게 앉아 있다가 사람들이 기쁨에 들떠 미친 듯이 놀면 말없이 떠났다. 그런데 자동 반사적으로, 이들을 도덕적으로 더 나은 사람으로 여기고, 춤추는 사람들을 남의 불행과 고통에 눈감은 비정한 인간들로 판단하는 것은 잘못이다. 여기서 춤추고 노는 것을 부적절하다고 느낀 것은 독일인들이 스스로 짊어진 죄책감 때문이 아니었다. 삶을 즐길 마음이 들지 않았던 것은 대개 자신의 불행 때문이었고, 포로가 된 남편에 대한 걱정, 혹은 죽은 가족에 대한 슬픔 때문이었다.

춤을 출 수 있는 사람은 누구나 춤을 췄다. 젊은 여대생 마리아 폰 아이네른은 옛 세계의 붕괴와 함께 스스로도 깜짝 놀란, 삶의 기쁨의 급격한 분출을 이렇게 설명했다.

> 거기엔 많은 요소가 함께 작용하고 있지만, 그중 가장 중요한 것은 바로 개인의 진정한 자유다. 파괴된 환경이 우리에게 허용하고, 아낌없이 분배되고, 무언가 황홀한 면이 담겨 있는 자유 말이다. 우리는 전례 없이 만남을 즐긴다. 우리 자신에게 책임을 져야 하는 건 결국 우리다. 모든 기쁨에 대해서도 그렇지만, 사랑에 빠진 자신을 혼란의 정글로 이끌어 발을 헛디디게 하는 것도 우리 자신이 책임져야 한다.[3]

붕괴의 충격에 이어 자기 책임과 개인적 자유에 대한 깊은 감정이 나타났다. 마리아는 전후의 당혹감이 급격하게 긍정적으로 바뀌는 것을 알아차리고는 마치 한 세대 전체를 대변하는 것처럼 이렇게 썼다.

> 우리는 삶의 기이함을 만나고 그것을 다룰 상시적 준비가 된 분위기를 우리 주변에서 만들어내고 있다. 자유가 모든 영역에서 우리에게 손짓한다.

예를 들면 당시엔 의상에 대한 관습도 더는 존재하지 않았다.

> 누구에게도 이제 전통이나 관습 같은 것은 없었기 때문이다. 진정으로 존재하는 건 모든 무산자와 지식인의 자유다.

삶을 즐기려는 새로운 욕구는 교육받은 자들만의 특권이 아니었다. 아이네른도 스스로 놀라워한, 전례 없는 만남의 기쁨은 이제 사회의 폭넓은 영역으로 퍼졌다. 누군가는 여전히 비통의 감옥에 스스로를 가둔 반면에, 누군가는 새로운 관계와 우정, 사랑으로 달려갔다. 추방과 이주, 피난은 사람들 사이에서 적대감만 유발한 것이 아니라 호기심과 매력도 함께 불러일으켰다. 가족이 뿔뿔이 흩어진 것도 불행과 근심만 안긴 것이 아니라 억압적인 관계에서 해방되는 감정을 느끼게 했다. 부자와 빈자 사이의 경계 역시 좀 더 흐릿해졌다. 하룻밤 사이에 모든 것을 잃을 수 있다는 경험과 여전히 어디서건 느낄 수 있는 죽음의 그림자는 이전에는 중요하게 생각하던 차이들을 부수적인 것으로 만들었다. 이 또한 마리아가 일기에 썼던 "모든 무산자와 지식인의 자유"에 해당한다.

전후 문학에서 독일인들의 집단 기억 속에 고통의 청년으로 새겨진 볼프강 보르헤르트 역시 주위에 늘 도사리고 있는 죽음의 그림자와 삶의 기쁨 사이의 연관성을 경험했다. 절망의 현장에서 삶의 기쁨은 자동 반사적으로 삶의 탐욕으로 비난받을 때가 많다. 그러나 보르헤르트의 글에서 삶의 탐욕은 정당한 것으로 나타난다. 그는 1947년에 쓴 〈이것이 우리의 선언문이다Das ist unser Manifest〉에서 자기 세대의 음악을 처음엔 다행히 지나간 "감상적인 군인들의 꽥꽥거림"으로, 다음엔 함부르크 무도회장에서 스윙과 부기우기와 함께 연주된 재즈로 묘사한다.

> 이제 우리의 노래는 재즈다. 흥분되고 정신없는 재즈가 우리의 음악이다. 타악기가 도발적으로 미친 듯이 몰아대는 전투적이고 할퀴는 노래가. 때로는 지금의 곤궁함을 이겨내려고 바락바락 악을 쓰고 어머니와의 약속을 내팽개친 과거 감상적인 군인

들의 꽥꽥거림이. (…) 우리의 유프하이디 노래와 음악은 우리를 향해 쩍 벌린 목구멍 위의 춤이다. 이 음악은 재즈다. 우리의 심장과 뇌는 뜨거우면서도 차가운 동일한 리듬을 갖고 있다. 흥분되고, 미치고, 정신없고, 거리낌 없는 리듬을. 우리 아가씨들의 손과 엉덩이에도 똑같이 뜨거운 맥박이 뛴다. 그들의 웃음은 날카롭고 갈라지고 클라리넷처럼 높다. 그들의 머리카락은 인燐처럼 바스락거리고 불탄다. 그들의 심장은 실신 상태에 빠지고 거친 슬픔에 휩싸인다. 감상적으로. 우리의 아가씨들은 그렇다. 재즈 같다. 아가씨들이 달그락거리며 움직이는 밤도 그렇다. 재즈처럼 뜨겁고 부산하고 흥분돼 있다.[4]

텍스트는 리듬 자체가 이미 재즈다. 그것은 존재의 흔들리는 간구다. 클라리넷을 통해 예술적으로 승화되지만 전쟁은 여전히 그 속에서 메아리치는 조용한 외침이다. 전쟁은 지금도 도처에 존재한다. 심지어 인처럼 바스락거리는 여자들의 머리카락에도.

보르헤르트의 글은 감상과 조악함이 넘나드는 가운데에도, 살아남은 젊은이들이 아가씨들을 빙빙 도는 댄스홀의 분위기를 매우 정확히 포착했다. 심지어 벌써 여기저기서 로큰롤의 과장된 초기 형태도 나타나고 있었다. 예를 들어 1951년에 출시된 로베르트 슈템레Robert A. Stemmle의 영화 〈죄의 경계Sündige Grenze〉에서는 아헨의 한 청년 갱단이 몇 년 뒤에야 전형적인 로큰롤로 발전하게 될, 곡예적인 동작이 섞인 부기우기를 추고 있다.

도시뿐 아니라 시골에서도 사람들은 술집과 야외 연회장에서 춤을 췄다. 큰 규모의 행사는 점령군의 승인을 받아야 했는데, 허가 없이 파티를 열면 대개 나중에 벌금을 냈다. 물론 액수는 그리 크지 않았지만. 아무튼 댄스홀에서는 대충 흉내만 낸 것 같은 묽은 맥주를 팔았고, 몰래 제조한 화주가 나올 때도 많았다. 그런 점에서 포도 재배지 사람들은 축복을 받았다. 여기서는 분위기 메이커로서 포도주가 부족한 일은 거의 없었다. 사람들이 워낙 춤을 많이 즐겼기 때문에 군정이 이미 허가한 행사까지 지역 자체 단체가 나서서 반복적으로 금지시켜야 했다. 게다가 18세 미만의 청소년이 그런 파티장에 들어오지 못하도록 세심히 주의를 기울였다. 불과 몇 개월 전만 해도 '국민돌격대'라는 이름으로 어른들과 함께 죽음의 전선으로 보내졌던 청소년들로서는 전쟁이 끝나자 갑자기 포도주 한 잔도 마셔서는 안 될 정도로 어린애 취급을 받는 것이 이상하게 느껴졌을 수 있다.

파티의 계기는 대개 종전 직후 다시 열정적으로 열린 교회 축제였다. 1945년 5월 말에 벌써 성체축일 행사가 순조롭게 재개되었다. 행렬은 나름 화려했다. 꽃은 꺾기만 하면 되었고, 꽃병도 충분했다. 들판에 널린 청동 포탄 탄피를 모아 광을 내기만 하면 아름다운 꽃병이 되었다.

1945년 11월 11일 수많은 아이가 횃불을 들고 행진한 코블렌츠의 성 마르틴 행렬에서는 점령군과 독일인 사이에 특징적인 오해가 발생했다. 선두에는 성 마르틴으로 분장한 남자가 말을 타고 있었다.

> 갑자기 행렬이 멈추었다. 당시 점령군 병영으로 사용하던 아우구스타 김나지움 정문에서 보초를 서고 있던 프랑스 군인은 독일인들이 시위를 위해 모인 게 분명하다고 생각했다. 그래서

행렬을 멈추고는 선두에서 말을 타고 가던 성 마르틴에게서 칼을 빼앗았다. 그런데 시청 건물 뒤에서 인파가 계속 쏟아져 나오자 프랑스 보초병은 공중으로 경고 사격을 하고는 뒤로 물러났다. 그러나 아이들은 당황하지 않았다. 더 큰 소리로 노래를 불렀고, 각자 들고 있는 횃불만 바라보며 계속 걸었다. 클레멘스 거리에서 프랑스 군용 지프가 우리 쪽으로 다가왔다. 그들은 우리의 행진을 허용했고, 클레멘스 광장까지 동행했다. 우리는 그들이 보는 데서 성 마르틴 횃불을 모두 태웠고, 교구 사제가 아이들에게 무언가 말을 하자 프랑스 군인들은 지프차를 타고 떠났다.[5]

잿더미 위에서 열린 광란의 파티

필요한 허가서를 내주는 일에서는 점령국마다 입장이 달랐다. 어떤 장교는 금지한 것을 다른 장교는 문제없이 허락했다. 예를 들어 1947년 영국인들은 쾰른의 로젠몬탁 퍼레이드를 금지했다면 프랑스인들은 마인츠의 유명한 카니발을 재개할 것을 강요하다시피 부탁했다. 마인츠 카니발 행사의 대공大公 가운데 한 명인 카를 뫼를레 Karl Moerlé의 말이 그렇다. 1941년 소련에 대한 독일의 공격 이후 카니발은 공식적으로 더는 열리지 않았다. 1945년 10월 프랑스 시 군정 사령관은 뫼를레와 '마인츠의 카니발 최고 기획자 그룹'에 속하는 다른 두 남자를 관저로 불렀다. 이렇게 해서 제펠 글뤼케르트, 하인리히 힐겐베크, 뫼를레 세 사람이 지시대로 정확한 시간에, 그러나 뭔가 꺼림칙한 기분으로 프랑스인 앞에 섰다. 좋은 일로 이런 소환을 받는 것은 무척 드물었기 때문이다.

따라서 사령관의 입에서 지금부터 내년에 열릴 카니발을 준비하라는 말을 듣는 순간 그들은 어리둥절했다. 당황한 카니발 조직자들은 이 아이디어가 마뜩지 않았다. 지금 지휘관이야 자기가 좋아서 허락하지만, 나중에 올 지휘관은 카니발 행사를 부적절한 것으로 생각해서 다시 금지할 수도 있었기 때문이다. 뫼를레는 시가 처한 지금의 암울한 상황을 고려할 때 카니발 행렬은 쉽지 않을 거라고 말했다. 프랑스 사령관은 이 반박을 받아들이지 않았다. 현재의 상황이 어려울수록 카니발은 더 필요하다는 것이다. 한 카니발 전문 역사가는 이 상황을 이렇게 해석했다. 프랑스 사령관은 "시민 축제를 일종의 극복 작업으로 이해했다. 이러한 인식에 따라 그는 지금의 암울한 상황을 고려하면 마인츠 주민들에게 삶의 의욕을 고취시켜 고난의 극복을 도와주는 배출구가 더더욱 필요하다고 생각했을 것이다".[6] 만일 이 연로한 명망가들이 제안을 거절했다면 군 당국은 지역 요식업체 대표들에게 문의해서 "축제 전문 인력에 그 일을 맡겼을"[7] 것이다.

광란의 축제를 지체 없이 재개하라는 프랑스 사령관의 재촉 뒤에는 프랑스가 열성적으로 추구하던 탈프로이센 전략이 숨어 있었다. 그러니까 연합군의 시각에서 볼 때 독일 서남부 지역에서 문화적 전통의 강화는 프로이센의 군국주의적 영향을 배격하는 데 도움이 되리라는 것이다.[8]

그러나 뫼를레와 글뤼케르트는 1946년 2월 제대로 된 로젠몬탁 행사를 성사시키지 못했고, 11인 위원회가 준비하고 합법적인 '카니발 왕자'가 이끄는 카니발 회의도 열지 못했다. 다만 사람들로 꽉 찬 홀에서 '바벨니트'가 수줍은 듯이 〈나르할라 행진곡Narrhallamarschessang〉을 부른 '마인츠의 저녁' 행사는 몇 차례 개최되었다. 나치 시대에 몇 안 되는 적당히 용감한 사람들 가운데 하나였던 글뤼케르트는 카니발에 참가한 '바보 무리들'에게 자기 국민의 실패를 상기시켰다.

까놓고 말해서, 우리는
지난 7년을 도둑맞았고
우리 도시와 거리는
수천의 상처에서 피를 철철 흘렸다.

너희는 아는가? 전쟁 전만 생각하면
우리는 부끄러워 가슴을 쳐야 한다.
우리는 모두 노예의 족쇄에서
벗어날 용기가 없었다.

우리는 쉬지 않고 '하일 히틀러!'를 외쳤다.
그러나 이제 하나는 말할 수 있다.
어제의 그 영원한 '하일'이
많은 형제자매의 가슴속에서는
말로건 노래로건
결코 함께 울리지 않았음을.[9]

이 시구에는 자책과 자기변명이 반쯤 섞여 있지만, 당시의 일반적인 분위기에 비추어보면 상당한 죄책감을 느낄 수 있다. 자를란트 서쪽의 장크트 잉베르트에서 열린 카니발 회합에서는 한 합창단이 이렇게 노래했다.

> 우리는 모두 당이었네! 내 아비도 당원이었고 내 어미도 당원이었고 내 누이도 당원이었어!

이런 식으로 온 친척이 동원되었다.[10] 마인츠에서 북쪽으로 180킬로미터 떨어진 쾰른에서는 영국 군정이 주민들에게 굳이 축제를 권유할 필요가 없었다. 전쟁 전 77만 명이던 주민 수가 전쟁이 끝났을 때 겨우 4만 명만 남았을 정도로 인구가 극단적으로 감소한 이 도시에서는 1946년에 벌써 작은 카니발 행렬이 도시의 으스스한 폐허 속을 지나갔다.

> 초라하지만 오리지널 축제 의상을 입고 직접 만든 악기를 든 아이들이 폐허 더미를 넘고, 이전에는 어엿한 대로였지만 지금은 파편과 돌만 층층이 쌓인 비좁은 길을 지나 잔해가 어느 정도 치워진 순환 도로로 나아갔을 때 하나의 긴 행렬이 만들어졌다. 얼굴을 알록달록하게 분장한 아이들은 팔짱을 끼고 노래하며 거리를 행진했다. (…) 아이들이 루돌프 광장에 도착했을 때는 어른들까지 합류하면서 행렬의 규모는 엄청나게 커졌다.[11]

카니발 협회의 공식 문서에는 이 행렬이 "자발적"으로 형성되었다고 기술되어 있다. 그러나 카니발 기획자들이 질서정연한 행렬에 제기하는 높은 형식적 요구를 고려할 때 자발성의 개념은 제한될 수밖에 없다. 모두가 참여하지 않고 협회가 조직적으로 진행하지 않은 로젠몬탁 행렬은 카니발이 아니었다. 그럼에도 쾰른 사람들은 협회 회장단과 3인의 별(카니발 왕자, 농민, 여성 대표), 11인 위원회 없이도 함께 모여서, 즉흥적으로 분장한 채 신나게 축제를 즐겼다. 심지어 1년 후 시의회가 '조직된 행진'을 금지했을 때도 축제는 이어졌다.

카니발 금지에는 흥미로운 이유가 있었다.

> 시대의 엄중함이 카니발보다 우선이다. 카니발은 미래의 더 나은 날에도 국민 축제의 성격을 유지하고 모든 상업적 착취를 예방하기 위해, 1947년에는 조직된 행진과 공식 가면무도회, 가장假裝 축제의 개최를 허용하지 않는다.

'상업적 착취'는 '콘서트 카페-레스토랑 아틀란틱' 같은 수상쩍은 요식업체와 카니발 협회의 유착과 관련이 있었다. 시의 고위 당국자들의 눈에는 이런 업체들의 흥청망청 마시고 노는 분위기와 과시적 태도가 곱게 보이지 않았다. 아틀란틱 레스토랑은 별로 크지는 않지만 파괴되지 않은 건물에 있어서 위층에는 많은 사람이 밀집해 살았다. 그러나 1층 레스토랑의 분위기는 완전히 달랐다. 가게 문 앞에 화분이 줄지어 있고, 지배인과 문지기, 샴페인 잔을 든 웨이터까지 나와 있는 것이 무슨 몬테카를로 같은 느낌을 자아냈다. 이는 식량 배급의 관점에서 볼 때 결코 정상적인 일이 아니었다. 기독교

민주연합CDU 의원 베른하르트 귄터Bernhard Günther에 따르면, 아틀란틱 레스토랑을 비롯해 '핑퐁과 페미나처럼 악취 나는 가게들'은 쾰른 시의회에서 반복적으로 다룬 의제였다. 이런 곳들은 밀매업자와 범죄자의 안방 역할을 했기 때문이다. 종전 직후 카니발 협회도 이곳에서 다시 회합을 가졌고 '신사 회의'와 '쾰른 야회夜會'도 여기서 열렸다. 이런 모임에서 사람들은 레스토랑 주인에게 코르크 차지•를 지불하면 암시장에서 구입한 크놀리 브랜디(사탕무로 만든 증류주)를 직접 가져가 마실 수 있었다. 게다가 이런 레스토랑에서는 카니발 댄서들이 미끈한 다리를 쉴 새 없이 흔들어댔고, 나중에는 피렌체 행진곡에 맞춰 인구가 급격히 줄어든 도시의 검게 그을린 폐허 속을 의기양양하게 걸어갔다.

카니발위원회의 간부 토마스 리셈Thomas Liessem은 1948년 처음으로 다시 공식적으로 개최된 로젠몬탁 행렬을 보면서 쾰른 사람들의 자기 정체성 회복을 느꼈다.

> 이제 내 눈에는 네 명의 기수旗手와 전령관 제복을 입은 경찰 관악대는 더 이상 보이지 않았다. 오직 한량없이 기뻐하며 두 눈에 눈물이 그렁그렁한 사람들만 보였다. 그들은 불에 타서 구멍만 남은 폐허의 창에서 손을 흔들었고, 손수건으로 줄곧 젖은 눈을 닦았다. 나는 임시방편으로 대충 수리한 집의 창가에서 있는 부부를 관찰했다. 부인은 1890년대의 끈 달린 모자와

• '코르크 마개를 따는 비용'이라는 뜻으로 손님이 이 요금을 지불하면 레스토랑에 외부 음료를 갖고 와서 마실 수 있었다.

"웃음을 주고 슬픔을 버려라." 전후 카니발의 구호였다. 또한 사람들은 이렇게 노래했다. "내가 너를 빠르게 재건해줄게. 너는 잘못이 없으니까."(《노이에 일루스트리어르테》에 실린 몽타주사진, 1948.)

옷을 입고 있었다. 남편은 팔짱을 끼고 창문턱에 기댄 채 하염없이 흐느꼈고, 부인은 행렬을 향해 손을 흔들며 애절하게 울었다.[12]

가슴 뭉클한 감동은 예부터 카니발을 이루는 중요한 요소였지만, 전후 첫 3년의 시기에 이것은 걷잡을 수 없이 북받쳐 오르는 거대한 눈물바다로 상승했다. 그건 마인츠에서도 마찬가지였다. 아니 어쩌면 마인츠는 특히 더 그랬을지 모른다.

눈물 속에서 웃어라, 그러면 눈물을 다스릴 수 있을 것이다!

제1차 세계대전 뒤의 이 카니발 모토를 다시 끄집어낸 도시가 마인츠였으니 말이다. 유명한 대중 가수 에른스트 네거Ernst Neger는 〈치료해, 치료해, 갠스예, 곧 다시 좋아질 거야Heile, heile Gänsje, is bald wieder gut〉라는 감상적인 노래에 시사성 있는 한 소절을 추가했다. 파괴된 도시를, 아무 잘못도 없이 무릎을 다쳐 울고 있는 아이처럼 묘사한 소절이다.

오늘 내가 신이라면
할 일이 하나 있다.
두 팔을 활짝 벌려
산산이 부서진 나의 가엾은 마인츠를 안고
온화하고 부드럽게 어루만질 것이다.
그리고 말할 것이다. '조금만 참아.

내가 너를 빠르게 재건해줄게.

너는 잘못이 없으니까.

내가 너를 다시 아름답게 만들어줄게.

너는 몰락하지 않고 몰락해서도 안 돼.'

주르르 흘러내린 사람들의 눈물이 포도주를 희석시켰다.

웃음을 주고 슬픔을 버려라.

이는 1950년도 마인츠 카니발의 모토였다. 같은 해 아헨에서는 처음으로 다시 "끔찍한 진지함을 허무는 데 공을 세운" 사람에게 훈장이 수여되었는데, 첫 번째 주인공은 쾰른 하급법원에서 일하던 영국 번리 출신의 군검사 제임스 A. 더그데일이었다. 이유는 감사의 마음이었다. 이 영국인은 밀수 혐의로 유죄 판결을 받은 한 죄수가 사흘간의 카니발 동안 잠시 교도소 밖으로 나가는 것을 허락했기 때문이다.

쾰른에서는 리큐어 공장주이자 음료 수입업자인 토마스 리셈이 뒤에서 익명으로 카니발을 이끌었다. 나치 시대에 이미 쾰른의 카니발 왕자 근위대장 역을 맡은 사람이었다.[13] 전쟁이 끝나자 쾰른 탈나치 특위는 초창기에 나치당에 가입한 이 인물이 카니발에서 주도적인 역할을 맡지 못하도록 했고, 거기서 더 나아가 어떤 형태의 공개 연설도 금지시켰다. 따라서 명목상으로는 프란츠 오벌리젠 사령관이 카니발 왕자 근위대를 이끌었지만, 실질적인 업무는 리셈이 모두 처리했다.[14]

제3제국 치하에서 쾰른 카니발은 "주둥이를 닥치고 동참하라!"는 모토 아래 대세 순응주의의 떠들썩한 장이 되었다. 그 경향은 유지되었다. 그러다 1950년대 초 리셈이 다시 공식적으로 주도권을 잡으면서 카니발은 고위 인사들의 자기 연출 도구로 변질되었다. 다만 카니발 전통에 대한 나치의 뼈아픈 개입은 바로잡았다. 카니발 상석에 앉는 이른바 '3인의 별' 중에서 여성 대표인 '동정녀'를 더는 남자가 연기하지 않기로 결정한 것이다. 남자가 동정녀 역할을 하는 것은 의상 도착증과 퇴폐의 냄새를 너무 강하게 풍겼기 때문이다. 다만 종전 후에도 쾰른의 동정녀가 다시 수염을 붙이는 것은 허용되었다. 이는 카니발이 기존 세상에 대한 환상적인 반대 세계로서의 기능을 묘사하는 유일한 세부 항목이었다. 이제 카니발은 자신들을 곰팡내 나는 병렬 국가로 연출하는 지방 명사들의 신실한 퍼레이드로 발전했다.[15]

우리는 다시 돌아왔고, 우리가 할 수 있는 것을 한다.

이는 1949년 로젠몬탁 행렬의 모토였다. 그들이 '할 수 있는 것들'은 화폐 개혁 1년 뒤 다시 많아졌다. 로젠몬탁의 카니발 왕자로서 맥주 및 포도주 판매상이던 테오 뢰리히Theo Röhrig는 그것들을 이렇게 나열했다.

일단 왕자의 부관들, 시동 둘, 왕자 개인에게 딸린 하인들이 입을 화려한 의상을 장만해야 했다. 청동과 에나멜로 고급스럽게 치장한 왕자의 훈장 300개도 주문해야 했다. 또한 왕자와 그

> 측근들이 사용하고, 왕자의 문장이 새겨져 있고, 쾰른의 상징색인 붉은색과 흰색이 칠해진 승용차 두 대, 호위병들이 탈 버스 한 대도 필요했다. 거기다 운전기사 세 명, 가면 전문가 한 명, 의상 담당자 한 명 등등. (…) 그 밖에 각종 회의와 상담에 드는 부수비용. (…) 왕자의 마차에서 길거리의 사람들에게 던질 사탕 500킬로그램, 초콜릿, 꽃다발 수천 개. (…) 전부 합치면 작은 빌라 한 채 값이었다.[16]

그럼에도 쾰른의 한 카니발 참가자는 나중에 당시 행렬을, 카니발 왕자조차 개탄스럽게 묘사된 무척 초라한 모습으로 기억했다. 하지만 어쩌면 즐거운 행렬이 우울한 폐허 지역과 이루는 대비를 완화하려고 일부러 당시를 더 침울하게 상상했는지 모른다. 행렬은 폐허 지역을 지렁이처럼 비집고 빠져나가 한 포스터 옆을 지나간다. 포스터 속엔 가시철조망 뒤에 갇힌 깡마른 독일 전쟁 포로가 그들을 노려보고 있다. 거기엔 이렇게 적혀 있다.

> 당신의 형제 수십만 명이 아직 이렇게 살고 있는데 당신은 카니발을 즐길 마음이 드는가?

점령국들은 카니발의 필수 요소인 정치 풍자를 금지하지 않았다. 1949년 거의 2킬로미터에 이르는 쾰른의 카니발 행렬에서는 파괴된 산업을 '데몬타슈'•라는 말로 풍자한 마차 한 대가 동행했다. 이

• Demontage(해체)에 Arsch(엉덩이), 혹은 Asch(잿더미)를 합성한 말장난.

마차 위에서는 종이로 만든 영국인의 상징 존 불이 독일인의 상징 미하엘의 벌거벗은 엉덩이를 대패질하고 있다. 게다가 마차에서는 '트라이존'* 주민들의 새로운 카니발 찬가인 〈트라이존의 노래Trizonesien-Lied〉가 계속 울려 퍼졌다. 트라이존은 1949년 4월 프랑스 점령 지구가 기존의 영미 두 나라의 바이존Bizone에 합류하면서 생겨났는데, 이 트라이존을 토대로 얼마 뒤 1949년 9월 연방의회 구성과 함께 독일연방공화국이 탄생했다.

> 우리는 트라이존의 원주민,
> 하이-디-치멜라-치멜라-치멜라-
> 멜라-붐!
> 우리에게는 불같이 야성적인 서쪽 처녀들이 있어,
> 하이-디-치멜라-치멜라-치멜라-
> 치멜라-붐!
> 우리는 식인종이 아니지만
> 키스는 전문가야.
> 우리는 트라이존의 원주민,
> 하이-디-치멜라-치멜라-치멜라-
> 치멜라-붐!

이 노래는 점령당한 독일인들이 스스로를 '오늘날의 식민지 흑인'으로 낮추면서 연합국에 아부를 떠는 것처럼 들린다. 물론 재미

---

* Trizone, 미국·영국·프랑스 세 나라의 서방 점령 지역.

를 위해서였겠지만, 다른 사람도 아니고 하필 과거의 인종차별주의자들이 이제 스스로를 미개인으로 격하시킨 것이다. 그러나 본심은 마지막 두 연에 나온다. 자신들이 고결한 정신과 문화를 가진 민족임을 점령자들도 기억해달라는 것이다.

그러나 이방의 남자여, 당신도 알아야 할 것은,
트라이존의 사람들은 유머가 있고,
문화와 정신도 있다는 거야.
그건 누구도 부정 못 해.

괴테도 트라이존 출신이고,
베토벤도 트라이존 출신이야.
중국에도 그런 사람은 없어.
그 때문에 우리는 우리 나라가 자랑스러워!

이 노래는 당시 '얼간이 효모 입자'라는 별명으로 불렸던 쾰른의 제빵사 카를 베르뷔르Karl Berbuer가 유명한 행진곡에 가사를 붙인 곡이었다. 1948년 12월에 녹음한 이 찬가는 전후 몇 년 동안 가장 많이 팔린 다섯 개 음반 가운데 하나였다. 영국의 《타임스》에는 '독일인들이 다시 뻔뻔해질까?'라는 머리기사 아래 이 트라이존의 찬가를 다루었다. 노래는 첫 국제 스포츠 행사에서 아직 국가國歌가 없던 독일인들을 위해 연주될 정도로 널리 퍼졌다. 심지어 한번은 콘라트 아데나워 총리가 있는 자리에서도 연주되었다. 그는 1950년 4월의 한 기자 회견에서 이렇게 말했다.

지난해 쾰른 경기장에서 있었던 벨기에와의 경기였을 겁니다. 벨기에 군인들도 군복 차림으로 여럿 참석했는데, 당연히 국가가 울려 퍼졌죠. 그런데 독일 국가를 연주할 차례가 되자 무척 유능하고 재치 있는 지휘자가 있는 게 분명한 악단이 따로 특별한 주문이 없는데도 아름다운 카니발 노래인 〈나는 트라이존의 원주민Ich bin ein Einwohner von Trizonesien〉을 연주했습니다. (…) 그러자 그 곡을 국가로 생각한 벨기에 군인들이 일어나 경례를 했습니다.[17]

아데나워 총리는 품위 없는 카니발 노래를 국가로 차용한 일화를 통해 국가의 필요성을 알리고 싶었고, 그 결과 1952년 〈독일의 노래〉• 중에서 1 · 2절은 버리고 자신이 좋아하던 3절만 오랜 갑론을박 끝에 국가로 선포하는 데 성공했다.[18]

전후 시대의 카니발에서 나타난 거친 모습은 오늘날엔 상상이 안 될 만큼 큰 목소리와 격정으로 도배된 당시의 정신적 상황에서 생각할 필요가 있다. 당대인들은 독일의 고통을 희생자의 고통보다 우선시하는 극단적 표현으로 자신들의 정신적 상황을 포장하는 데 열심이었다.

우리는 이제 버려진 집 앞에 서서 대지의 폐허 위에 영원히 반짝이는 별들을 본다.

• 독일이 전쟁 전에 사용한 국가. 요제프 하이든의 곡에 애국적인 가사를 붙인 노래다.

이는 자주 패러디되곤 하던 시인 에른스트 비헤르트Ernst Wiechert가 발표한 〈독일 청년에게 고함. 1945Rede an die deutsche Jugend 1945〉에 나오는 대목이다.

> 이 땅에 그처럼 외롭게 서 있던 민족은 없었고, 그처럼 나쁘게 낙인찍힌 민족도 없었다. 부서진 벽에 이마를 댄 우리의 입술에서는 인류를 관통한 그 오랜 물음이 흘러나온다. '우리는 무엇을 해야 할까?'[19]

문화사가 미하엘 바흐틴Michael Bachtin에 따르면 르네상스 시대에서 비롯된 카니발의 웃음은 '세계 질서의 변화'를 목표로 한다. 그것은 자신에게 속절없이 내맡겨진 세계사의 의미를 상대화하려는 민족의 웃음이다. 따라서 불안과 후회의 웃음이다.

> 양가적 의미를 담은 카니발의 웃음은 죽음과 부활, 부정과 긍정, 조롱과 환호를 결합하고, 그 자체로 보편적, 유토피아적, 세계관적 웃음이다.[20]

모든 독일인이 그 웃음을 이해한 것은 아니었다. 북부에 사는 프로테스탄트들은 더더욱 그랬다. 함부르크의 주간지 《슈피겔》은 1947년 라인 연안 지역을 휩쓴 카니발의 광기를 믿을 수 없는 놀라움으로 보도했다. 그러자 지역 주간지 《라이니셰 메르쿠어Rheinischen Merkur》는 《슈피겔》의 동료들에게 카니발에 담긴 카타르시스 효과를 이렇게 설명했다.

> 카니발은 인간에게 변신과 적극적 참여, 헌신을 요구한다. 또한 인간 속의 세속성과 이교도성이 카니발을 통해 표출된다. 그로써 인간들은 1년 내내 자기 속의 악마성에서 벗어나게 된다.

그러나《슈피겔》은 그렇지 않다고 하면서 다음의 말로 즐겁게 기사를 마무리한다.

> 악마성에서 벗어난 쾰른 사람들은 '재의 수요일'에 식초에 절인 청어를 찾았지만 소용이 없었다.[21]

쾰른 사람들이 전통적으로 카니발을 생선 파티로 마무리하는 것에 대한 비꼼이다.

축제에 미친 고향 도시에서 이미 많은 것에 익숙해져 있던 베를린의 저널리스트이자 작가 아르놀트 바우어Arnold Bauer는 1949년《노이에 차이퉁》을 위해 취재차 뮌헨 카니발을 찾았고, 그 현장을 불길이 뜨겁게 타오르는 연옥으로 묘사했다. 그의 눈에 댄스홀로 변신한 호텔 수영장은 "문명의 야만성이 끓는점까지 상승"하고 불쌍한 영혼들의 몸뚱이가 미친 듯이 흐느적거리는 "춤의 도가니"로 비쳤다. "하우스 데어 쿤스트" 미술관에서는 은막의 신구 스타들이 "공양 제단 위의 조각상 같은 포즈로" 앉아 있었고, 정신이 산란해진 목양 신과 퇴위한 카이사르들은 "샴페인 잔을 홀짝거리는 독일 마르크화의 구경꾼"으로 그들 사이에 끼어 있었다. 바우어는 자웅동체를 보았고, 심지어 가끔은 "아열대 지역의 매력을 지닌 진짜 이국적인 인간들"도 보았다. 그는 불쾌한 감정에도 불구하고 이 광경을 사회적 공고화의 신호로 느꼈다.

> 천천히 치유되는 사회에는 상응하는 대조로서 보헤미안의 분위기가 필요하다. 인간 사회는 기생충조차 견뎌낼 수 있어야 건강하다. 그랜드 호텔의 샴페인이 그렇고, 홍등가의 쓰레기 같은 인간들이 그렇다. 도덕 법칙이 그것을 원한다. 이 나라의 사회적 몰락은 처음엔 모두를 타락시켰다. 각자가 세상의 무법자였다. 지금 시작되는 개혁은 국외자들을 다시 고립으로 내몬다. (…) 바빌론은 사라졌다. 슈바빌론• 만세![22]

카니발은 전후 독일인들의 야누스적 측면을 드러내는 인기 있는 메타포였다. 항복 사회는 서서히 쾌락주의 사회로 넘어갔다. 그 시기의 구상 회화에는 우울한 가면을 쓴 인물, 슬픈 어릿광대, 우수에 찬 댄서, 웃으면서 우는 얼굴이 넘쳐났다.

독일의 북쪽과 동쪽에는 광란의 축제가 없었지만, 대신 달력과는 무관하게 카니발 비슷한 것들이 열렸다. 베를린에서는 1946년에 벌써 게르트 로젠 갤러리를 중심으로 예술가들이 첫 번째 '환상 무도회'를 조직했다. 그 무렵엔 적당한 옷감이 없어서 다들 정말 어설프기 짝이 없는 의상을 입었다. 대신 실컷 키스하고 애무했다. 벽면 장식은 환상적이었다. 하인츠 트뢰케스Heinz Trökes, 마크 치머만Mac Zimmermann, 베르너 울만Werner Uhlmann 같은 예술가들이라면 충분히 기대할 수 있는 솜씨였다. 슬픔의 화가 베르너 헬트Werner Heldt

---

• 보헤미안풍의 뮌헨 슈바빙 지역과 바빌론의 합성어.

도 그런 분위기 조성에 일조했다. 그는 1949년 배우와 작가, 다른 동료 화가들과 함께 샤를로텐부르크 뉘른베르크 거리의 페미나 바bar 지하에 예술가 카바레 '바데바네(욕조)'를 만들어 기괴한 공연을 열었다.[23]

전후 시기의 파티는 가라앉고 있는 배가 아니라 이미 가라앉은 배 위에서의 춤이었다. 사람들은 자신이 아직 살아 있음에 스스로 깜짝 놀랐고, 그 기분에 취해 이상한 바보 같은 짓에 발작적으로 덤벼들었다. 전후 최초의 히트송은 1946년 에벨린 퀴네케Evelyn Künnecke가 부른 〈세 개의 스토리Drei Geschichten〉였다. 높은 바위 위에서 낚시를 하지만 물고기 한 마리 잡지 못하는 한 기사騎士에 관한 난센스 노래였다. "대체 왜? 대체 왜?" 퀴네케는 당혹스러움을 애틋하게 표현하며 이 문제를 이렇게 푼다. "낚싯줄이 바다에 닿지 않았어." 형식은 한탄이지만, 내용은 바보 같다. 여기서 기묘한 유머가 생겨난다.

역사가 프리드리히 프린츠는 많은 독일인을 사로잡은 이 이해할 수 없는 들뜬 분위기를 보면서 전통적으로 사랑하는 사람의 장례식 뒤에 여는 추모의 연회를 떠올렸다. "전쟁의 신 마르스가 들판을 깨끗이 휩쓸고 지나가자" 궁핍과 불행이 대지에 만연했지만, "시신을 땅에 묻고 공동묘지에서 돌아오는 조문객들이 식당에 마련된 커다란 추모의 연회장에 들어서는 순간 갑자기 자신들도 모르게 사람들의 마음속에 이런 분위기가 퍼지곤 했다. 처음에는 주저하다가 점점 더 뚜렷해지는 명랑함, '살아 있는 자의 달콤한 습관'에서 아직 벗어나지 않았다는 기쁨의 감정이".[24]

그러나 이전처럼 그렇게 많이 먹을 수는 없었다. 추모의 연회장에 필요한 슬픔과 기쁨 사이의 균형을 지키고자 했다면 미친 듯이 발광하는 질펀한 술잔치에 빠져들 수는 없었을 것이다. 그러나 마르가레테Margarete와 알렉산더 미철리히Alexander Mitscherlich 부부가 훌륭한 연구서 《슬픔의 무능력Die Unfähigkeit zu trauern》에서 해석한 것처럼, 독일인 다수는 죄책감을 비롯한 여러 복잡한 이유에서 슬픔을 억눌렀기에 연회장의 축제 역시 생경할 정도로 방탕한 분위기로 흐를 때가 많았다. 물론 모두가 이성을 잃지는 않았지만.

장례식 이후의 연회는 인류의 보편 현상이다. 형식과 강도는 상이하지만, 거의 모든 문화권에서 비슷비슷하게 발견되는 몇 안 되는 공통된 의식 가운데 하나다. 한자리에 모여 함께 슬퍼하고 함께 즐거워하는 것은 슬픔의 제식이면서 동시에 슬픔을 몰아내는 제식으로 여겨지고, 많은 사람에게는 상반된 두 감정을 제식으로 표현한, 포기할 수 없는 죽음의 집단 극복이다.

폐허 위에서의 춤은 곳곳에 죽음이 함께하는 춤이었다. 그것도 모두 익명의 죽음이었다. 사람들은 삶의 덧없음을 굳이 떠올릴 필요조차 없는 환경에서 춤을 췄다. 어떤 곳은 말 그대로 여전히 시체 냄새가 났다. 전쟁의 상흔이 특히 느리게 사라지는 곳이었다. 사업가이자 미술품 수집가인 막스 레온 플레밍Max Leon Flemming은 베를린에서 가장 피해가 심한 지역 가운데 하나인 동물원 지구의 한 빌라에서 전쟁을 겪었다. 주변의 모든 것이 폭격으로 무너지고 최종 시가전으로 파괴되었다. 예쁜 장식이 넘쳐나던 이웃 빌라들은 이제 잔해 더미 속에 누워 있었다. 한 박물관장의 말처럼, 한때 거부巨富였던 플레밍은 1929년의 세계 경제 위기 이후 이 집의 "벽으로 먹고살았다". 벽에 걸린 수많은 미술 작품을 하나하나 내다 팔아 연명했다는 말이다. 나중에 그는 베를린 예술계의 명망 있는 인사가 되었고, 종전 직후에는 게르트 로젠Gerd Rosen과 함께 전후 모더니즘을 이끈 베를린 갤러리를 설립했다.

1946년 9월 7일 플레밍은 "폐허 위에서의 댄스파티"에 많은 친구와 지인을 초대했다. 손님들은 주인장이 직접 그린 수채화 초대장을 받았는데, 거기엔 스케치한 주변의 폐허 풍경 아래 타자기로 "일요일 아침 새벽까지 춤을 출" 예정이라는 글귀가 선명하게 적혀 있었다. 장소는 동물원 지구에서 성하게 남은 유일한 집이었다. "폼페이-베를린 폐허의 녹색 지옥 한가운데, 이 경건한 목적을 위해 특별히 보존된 마르가레텐 거리 4번지 4층과 5층"이었다. 의상은 선택 사항이었지만, 되도록 "숙녀들은 적게 입고 신사들은 많이" 입어 달라고 요구했다. 게다가 가능하면 술은 직접 가져오고, 감자와 빵은 배급표로 가져와도 되지만 감자는 될 수 있으면 "현물"로 제공해달라고 부탁했다. 플레밍은 "폐허에서 직접 재배한 토마토"를 제공하겠다고 언급한 뒤 추신에서 이렇게 덧붙였다.

> 전후 상황임을 고려하여 잔과 포크는 각자 지참해줄 것을 요청함.

도시의 잿더미를 뚫고 손님들이 일단 그 집에 들어갔다면 아마 광란의 파티가 열렸을 가능성이 크다.

5. 파괴된 도시의 사랑

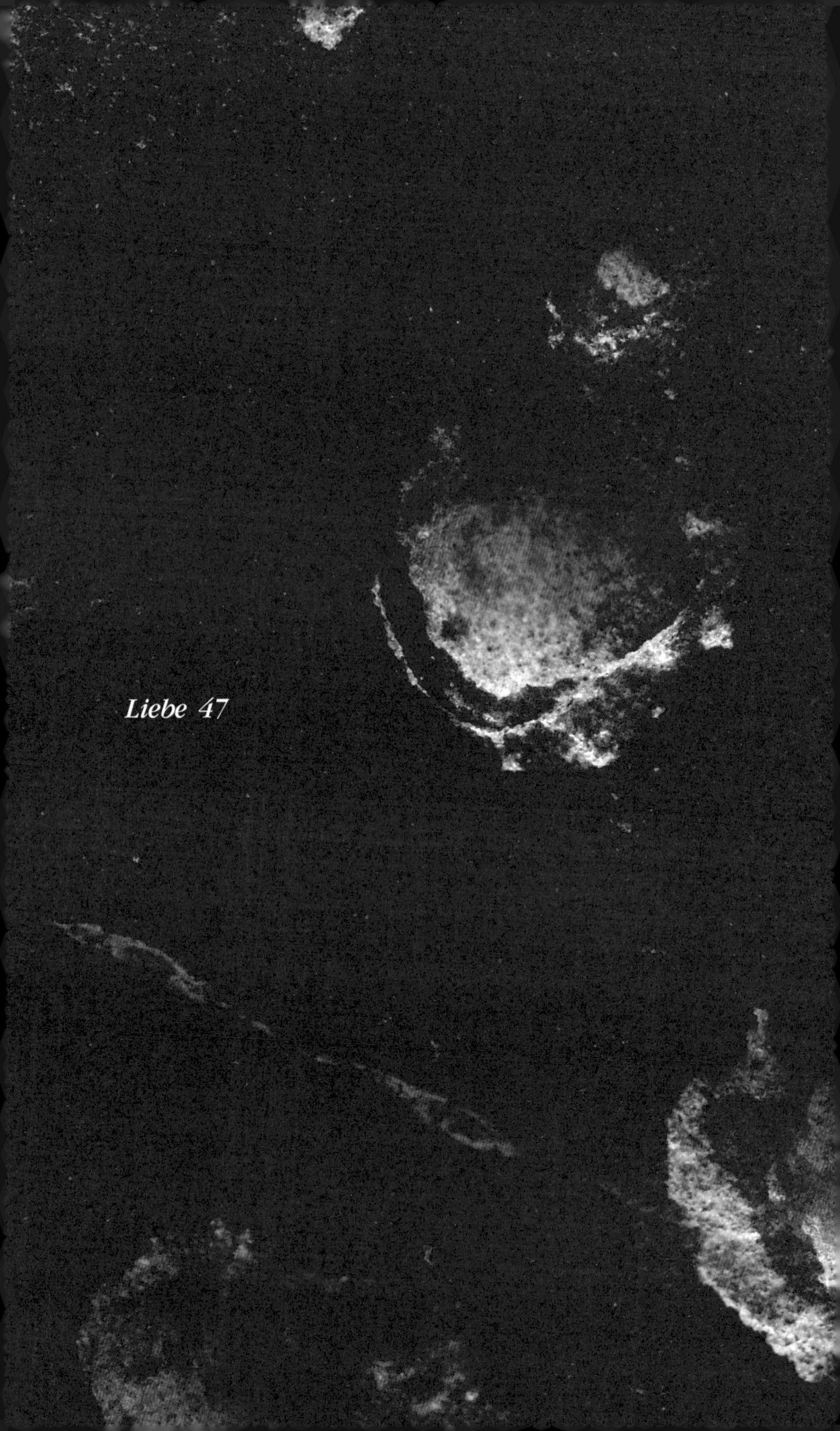
Liebe 47

탈진한 남자들의 귀향

모든 그리움을 대표하는 단어는 '귀향'이다. 그러나 전쟁이 끝난 뒤 이 단어는 매력의 상당 부분을 잃어버렸다. 오늘날 우리에게 귀향은 일회성의 짧은 과정으로 들린다. 그러나 당시 전쟁과 포로수용소로부터의 귀향은 끝나지 못할 때가 많은 긴 여정이었다. 사람들은 '귀향자들'을 두고 마치 집으로 돌아가는 것이 하나의 끝없는 과정인 것처럼, 혹은 부여받은 소명을 끝끝내 이루지 못한 방황인 것처럼 말했다. 그렇다. 귀향은 끝나지 않는 과정이었다. 집에 도착했지만 도착한 것이 아니었다. 사람들은 그들이 고향에 도착하고 몇 년이 지난 뒤에도 일부 남자들을 가리켜 여전히 '귀향자'라고 불렀다. 그렇게라도 불러야 그들의 이상한 행동을 용서할 수 있었기 때문이다.

수십만 명의 우리 어머니나 할머니는 남편이 몇 년 뒤 갑자기 문 앞에 서 있었다는 이야기를 자주 한다. 마치 자신의 신원을 증명이라도 하듯 석방 증명서를 손에 든 채로 말이다.[1] 혹은 군복 외투를 입은 남루한 사람이 집 앞 길가에서 몇 시간 동안 어슬렁거리며 자신의 집을 계속 쳐다보는 것을 이상하게 생각하다가 어느 순간 그 남자가 남편이라는 사실을 문득 깨닫게 되었다고도 하고, 또 어떤 때는 한 남자가 마당에서 놀고 있는 아들 곁을 집요하게 얼쩡거리는 것을 보고 내쫓으려고 하는데 아들이 갑자기 일어나 이렇게 말하는 소리를 들었다고도 한다. "아빠야! 아빠가 왔어!"

사실 수많은 가족이 귀향의 순간을 애타게 기다렸다. 거실에는 전쟁에 나간 남편들을 대신해 사진이 놓여 있었고, 아이들은 적어도 상상 속에서라도 아버지를 만날 수 있도록 그 사진들을 볼 것을 계속해서 요구받았다. 아버지들은 큼직한 군모를 쓴 엄숙한 얼굴로 마치 제단 같은 장식장 위에 우뚝 서서 거실을 내려다보고 있었다. 대부분 군복 차림으로 좌우에 딸들을 거느리고 있었다. 그들은 러시아나 이집트 어딘가에 있을 것이다. 집에서는 그 위치를 지도에서 찾아 아이들에게 손가락으로 짚어주었다.

일상에선 그렇게 멀리 떨어진 아버지도 전쟁만 끝나면 집에 돌아와 더 나은 삶을 선사해줄 희망의 상징이었다. 남편의 귀환과 함께 외로움은 마침내 끝날 것이다. 극한의 조건에서 아이들을 홀로 키우고 공습과 궁핍 속에서도 어떻게든 자식들을 무사히 지켜내야만 했던 이 무거운 짐도 벗게 될 것이다. 전선에서 오는 모든 소식은 설사 나쁜 것일지라도 너무 소중했다. 죽어가는 사람들은 전우에게 자신의 이름을 소리쳐 알렸다. 전우들은 전투의 공포 속에서도 그 이름을 가슴에 담아, 나중에 가족에게 소식을 전하려고 애썼다. 기차역에서 귀향하는 사람들에게 남편의 사진을 내미는 여성들의 모습은 수십 년이 지난 뒤에도 우리의 집단 기억 속에 여전히 남아 있다. 또한 언제 죽을지도 모르는 상황에서 아내의 얼굴을 잊지 않으려고 주머니에서 닳고 닳은 사진을 수천 번도 넘게 꺼내 보는 군인의 모습도 전혀 과장된 것이 아니었다.

그러다 어느 순간 남편이 갑자기 문 앞에 서 있었다. 거의 알아볼 수 없는 모습이었다. 넝마 같은 옷차림에 비쩍 마르고 다리까지 절뚝거렸다. 완전히 낯선 사람이었다. 도움이 필요한 병약자였다. 특히 러시아 포로 수용소에서 돌아온 귀향자의 모습은 충격적이었다. 눈은 삶의 의욕이 모두 사라진 것처럼 퀭했고, 삭발한 머리와 움푹 들어간 뺨은 반송장이라고 해도 과언이 아니었다. 아이들은 이 유령 같은 남자에게 안기는 것을 완강히 거부했다.

남편 입장에서도 실망은 존재했다. 한 귀향자의 말이다.

> 아내를 거의 알아보지 못했다. 나는 10년 동안 떠나 있었다. 아내는 당시와 비슷한 점이 일부 남아 있기는 했지만, 베를린에서의 고단한 삶 때문인지 폭삭 늙어버렸다. 더는 내가 그토록 자주 꿈꿨던 젊고 아름다운 여자가 아니었다. 야위고 머리가 센 비참한 모습이었다.[2]

물론 대부분은 그 반대였다. 동시대 사진에 등장하는 전후 독일 여성들은 폐허 청소부로 일할 때조차 당황스러울 만큼 좋아 보일 때가 많았다. '자기 단장'에 대한 여성의 욕구는 지극히 단순한 손질 수단만 있어도 그 어떤 혹독한 조건하에서도 수그러들지 않았던 반면에, 귀향하는 남자들은 보통 황폐하기가 이를 데 없었다. 그런데 이런 외적 모습은 시간이 지나면 얼마든지 바꿀 수 있었지만, 그보다 더 견디기 힘들었던 건 도착과 동시에 드러난 내면의 황폐함이었다.

귀향자의 전형적인 모습은 늘 침울하고 고마워할 줄 모르는 유형이었다. 그들은 몸이 안 좋아 소파에 누워 뒹굴 때가 많았다. 소파라는 게 아직 남아 있다면 말이다. 그들은 오랫동안 남편과 아버지가 돌아오기만 학수고대한 가족들의 삶을 지옥으로 만들었다. 자신이 그동안 얼마나 고통을 겪었는지 식솔들이 매일 느끼게 해준 것이다. 집으로 돌아왔을 때 이런 세상을 예상한 사람은 거의 없었다. 세상은 완전히 바뀌어 있었다. 모든 것이 폭격으로 파괴되었고, 나라는 외국에 점령당했다. 무엇보다 이제는 여자들에 의해 움직이는 나라였다. 귀향자들은 아내가 자기 없이도 그럭저럭 가족을 건사해왔다는 사실에 기뻐하기보다는 오히려 화가 났다. 그 과정을 통해 아내가 다른 사람으로 변해 있었기 때문이다. 처음에는 해군 나치돌격대에 배치되었다가 중상을 입고 후송되었고, 마지막에는 다시 국민돌격대에 투입된 어느 독일군은 아내와 자신이 더는 잘 지낼 수 없었던 이유를 공감이 가는 솔직함으로 털어놓았다.

> 내가 없는 동안 아내는 '나'라고 말하는 법을 배운 것 같았다. 그 사실을 깨닫기까지는 오래 걸렸다. 아내는 항상 '내가 이랬고 내가 저러고 싶다'고 이야기했다. 그러면 나는 늘 '미안한데, 우리가 이랬고 우리가 이러는 게 어떠냐'고 이야기했다. 그러다 우리 부부는 아주 천천히 소통하는 법을 배워나갔다. 서로에 대해 아는 것이 별로 없었기 때문이다. 우리가 함께 지냈던 시간을 계산해보니 7년 중에 231일이 전부였다.[3]

전쟁 기간에 여자들은 남자 없이도 대도시가 충분히 운영될 수 있다는 사실을 경험했다. 그들은 스스로 전차와 기중기, 굴착기를 몰았고, 코일을 자르고 금속판을 압연했으며, 공공 행정의 일부와 공장 경영을 떠맡았다. 물론 정말 힘든 일은 여자가 아니라 강제 노역자들이 했다. 여자들은 자전거를 수리하고 홈통을 설치하고 전선을 복구하는 법을 배웠다. 그 밖에 전쟁 전에 남자들만의 전유물로 여겨지던 모든 직업의 비밀스러운 요령을 터득함으로써 남성적 세계의 신화에 균열을 냈다. 또한 중요한 결정을 스스로 내리는 데도 익숙해졌다. 아이들을 친척들 집 근처에 묵게 하는 문제로 피난 당국과 협의했고, 학교 문제에 개입했으며, 아이들에게는 집안일을 공평하게 분배했다. 게다가 히틀러청소년단 분단장들에게는 그들의 한계를 명확히 주지시키고, 독일인이 주인 인간이라는 쓸데없는 생각을 아이들의 머릿속에서 몰아내려고 애썼다. 여자들은 아이들에게 권위를 보이고 엄격하게 행동했지만, 때로는 전쟁에서 살아남는 방법을 아이들과 직접 상의하기도 했다.

아버지 없는 가족들은 과거 어느 때보다 서로에게 의지하는 자기들만의 은밀한 공동체로 바뀌어갔다. 이 공동체는 종전 이후의 지속적인 혼란 속에서도 계속 유지되었다. 여자들에게는 아이들의 민첩성과 이동성이 도움이 되었고, 아이들에게는 엄마들의 꼼꼼한 일 처리와 선견지명이 도움이 되었다. 약간의 행운과 함께 양쪽의 재능은 완벽하게 맞아떨어졌다. 아이들은 약탈하고 훔쳤고, 엄마들은 훔친 물건을 수리한 뒤 필요로 하는 이웃을 알아내서 팔거나 교환했다. 암시장에서는 아이들이 엄마들보다 더 영악했다. 게다가 아이들에게 도둑질을 시키는 것이 덜 위험해 보였다. 고아원은 이미 아이들로 넘쳐났기에 도둑질을 하다가 들켜도 붙잡혀갈 염려가 없었다. 아이들은 폐허 더미 사이로 도망치는 일에서는 발군의 능력을 자랑했다. 그들과 경쟁 관계였던 진짜 범죄자들의 손에서 미꾸라지처럼 빠져나갔고, 경찰이나 점령군 쪽에서도 이런 좀도둑들을 별로 심각하게 여기지 않았다.

당시는 절박한 생존을 이유로 이전에는 불의였던 일을 할 수밖에 없었던 윤리적 회색 지대였다. 그럼에도 어머니들은 아이들의 내면에 선에 대한 의식을 일깨우는 도덕적 나침반을 심으려고 노력했다. 거리를 두고 보면, 이는 어머니들이 탁월하게 해낸 엄청나게 힘든 과제였다. 통계적으로 봐도 이 아이들 세대는 1945년 무렵에 태어난 집단과는 대조적으로 굉장히 진취적이고 신분 상승 욕구가 큰 청년으로 성장했는데, 이는 당시 누구도 예상하지 못한 일로서 전쟁 시기와 전쟁 후의 어머니들이 충분히 자부해도 되는 놀라운 성취 가운데 하나였다.

남편이 돌아왔을 때 어머니들은 아주 당연하다는 듯이, 지금까지 자신이 해왔던 '가장'으로서의 역할을 계속 맡게 될 거라고 생각했다. 그러나 그 자리는 싸우지 않고는 얻어지지 않았다. 왜냐하면 이 역할에 더는 적합해 보이지 않던 대부분의 남자들이 욕설과 분노 같은 정말 최악의 수단으로 자신들의 옛 자리를 고수하려 들었기 때문이다. 특히 아내들의 주도하에 경제적 형편이 더 나아질수록 자신들이 집에서 잉여 인간이라는 느낌을 억누를 수 없었다. 반면에 가족이 궁핍에 시달릴 경우 귀향자들이 할 수 있는 일은 거의 없었다. 가족의 부양에 의지하며 살 수밖에 없는 처지였기 때문이다. 많은 사람이 수치심에서 정말 말도 안 되는 짓을 했다. 여자들의 역할과 분투를 애써 깎아내린 것이다. 이로써 귀향자들은 투정이나 부리고 불평이나 일삼는 인간으로 치부되었다.

> 남편의 입에서 살가운 말이 나온 적은 한 번도 없었습니다. 늘 불평과 욕만 입에 달고 살았죠. 나는 남편의 거친 말과 행동을 너그럽게 넘기려고 노력했지만, 감정적으로는 도저히 받아들일 수가 없었습니다.

남편이 집에 돌아온 직후 어떤 아내는 남편의 귀향을 축하하려고 몇 년 만에 처음으로 고기를 사서 자랑스럽게 식탁을 차렸다. 그런데 고기를 써는 아이들의 손길이 아주 서툴렀다.

> 그러자 남편은 무척 화를 냈습니다. (…) 내가 아이들을 제대로 키우지 못했다고 생각하고는 나와 아이들을 거칠게 나무랐죠. 하지만 봉쇄 기간엔 먹을 것이라곤 밀가루와 풀떼기밖에 없었습니다. 그러니 아이들이 나이프와 포크 질을 못하는 건 당연했죠. 고기를 썰 일이 없는데 어떻게 그걸 알겠어요?

가장 큰 문제는 아이들과의 관계였다. 대부분의 귀향자는 이전에 아이들을 거의 본 적이 없었고, 심지어 일부는 아예 본 적이 없었다. 그러다 보니 아이들과 유대 관계를 형성하는 것은 무척 어려웠고, 죽이 잘 맞는 아내와 아이들 사이의 은밀한 유대를 질투하는 마음으로 바라보았다. 남자들은 아이들이 버릇없이 컸다고 생각하고 군대에서 배운 징벌과 얼차려로 아이들을 괴롭히기 시작했다. 예를 들어 성적이 나쁘면 팔굽혀펴기 스물다섯 개를 시켰고, 해군에서 복무한 일부 군인은 아이들에게 '취침 점호'를 실시하기도 했다. 그러니까 점호 명령과 함께 아이들은 2분 안에 잠옷으로 신속하게 갈아입고 벗은 옷을 가지런히 개어 의자 위에 올려두어야 했다. 어머니들은 남편에게 사랑으로 아이들을 대하면서 관계를 서서히 만들어나가라고 권했다. 그러나 소용없었다. 아버지와 아이들, 특히 아들들 사이의 갈등은 종종 극단적인 형태로 나타났다. 전후 몇 달 동안 좀도둑질과 암시장의 경험을 통해 나이보다 훌쩍 커버린 아이들은 왜 갑자기 아무짝에도 쓸모없는 병든 폭군에게 복종해야 하는지 이해할 수 없었다. 따라서 세계대전에 이어 가정에서의 작은 전쟁이 잇따랐다. 결국 이혼을 하지 않는 한(당시의 법체계상 이혼은 어차피 상당히 어려웠다) 가정의 평화를 위해 힘겨운 중재자의 역할을 맡아야 하는 사람은 여자였다.

많은 귀향자의 결혼 생활이 깨진 것은 각자가 견뎌낸 것에 대해 서로 경멸밖에 남지 않았기 때문이다. 여자들뿐 아니라 남자들도 인정받지 못한다고 느꼈다. 군인 중에는 가족에게 돌아가서야 비로소 전쟁에서 졌다는 사실을 현실적으로 깨달은 사람이 많았다. 그걸 확인하는 데는 점령한 나라를 당당하게 활보하는 연합군 승리자들의 모습이 굳이 필요 없었다. 귀향길에서 머릿속으로만 상상했던, 초라하기 그지없는 자신들을 바라보는 아내의 동정 어린 눈빛만으로도 이미 열패감을 느끼기에 충분했다. 거기에 자신들이 가족의 곤궁에 여러모로 책임이 있다는 느낌까지 더해졌다. 첫째는 그들이 어쨌거나 전쟁을 시작한 군대의 일원이었고, 둘째는 그들이 전쟁에서 졌다는 것이다. 가정의 수호자로서 사적인 영역에서 느끼는 이러한 역사적 열패감은 나치 범죄에 대한 죄책감에 비할 바 없이 컸다.

당시 의학자들은 전쟁에서 돌아온 사람들의 심적 변화가 몸의 영양 결핍으로 정신까지 영향을 받은 '이영양증'의 복합적 현상으로 진단했다. 장기간에 걸친 극단적이고 집단적인 배고픔의 경험이 육체뿐 아니라 정신까지도 근본적으로 피폐하게 만들었다는 것이다. 1953년 《슈피겔》은 심리 치료사 쿠르트 가우거Kurt Gauger의 책을 소개하면서 그런 현상을 이렇게 인용했다.

> 관습과 예절, 도덕과 법, 깨끗함과 부패, 동지애와 배신, 심지어 종교성과 야수성의 모든 개념과 가능성은 음식에 대한 동물적이고 섬뜩한 재평가를 중심으로 전개된다.

굶주림의 결과는 습관화된 자폐적 이기주의고, 이영양증 환자는 나중에도 자기 자신 외에는 어떤 것도 생각할 수 없다는 것이다.[4]

패배의 치욕은 많은 여성이 남자들의 전술을 정말 한심하게 생각함으로써 더더욱 증폭되었다. 전쟁이 끝났을 때 35세였던 한 여성은 역사가 지빌레 마이어Sibylle Meyer와 에바 슐체Eva Schulze에게, 자기 남편은 동부전선에서 전체 부대원과 함께 포로로 붙잡혔는데 감시병들을 제압할 충분한 기회가 있었음에도 순진하게 행동하다가 결국 러시아로 이송되었다고 말했다.

> 러시아군은 남편 부대에 폴란드의 퀴스트린까지 함께 가자고 했대요. 그러면 거기서 절차에 따라 석방될 거라는 거죠. 러시아인들은 독일인의 성격을 정확히 알고 있었고, 독일 포로들에

게 석방 증명서가 필요하다는 사실도 잘 알고 있었죠. 늙은 보병들은 그 말에 깜빡 속아 넘어갔어요. 정말 바보 같은 짓이에요. 남편 부대가 퀴스트린에 도착하자 여기서는 증명서를 발급해줄 수 없다며 포젠으로 더 가래요. 그래서 다들 터벅터벅 포젠까지 걸어갔어요. 하지만 그냥 도망칠 수도 있잖아요! 감시병 수가 턱없이 적어서 마음만 먹으면 제압하는 것이 어렵지 않았다니까요. 그런데 남편 부대는 시키는 대로 포젠까지 성실히 걸어갔고, 포젠에 도착하자마자 화물 열차에 실려 러시아로 끌려갔어요.[5]

이 말에서는 남편에 대한 연민 말고도 경멸의 냄새가 묻어난다. 여자들은 남자들 때문에 독일 전체가 이 지경에 빠졌다는 사실을 반복적으로 표현했다.

당신들이야 전쟁놀이가 좋으니까 그렇다 쳐도 우린 뭐예요?

작가이자 부부 문제 전문가인 발터 폰 홀란더Walther von Hollander는 1948년 3월에 출간된 여성 잡지 《콘스탄체Constanze》 창간호에서 남성 신화를 다음과 같은 말로 박탈해버렸다. 여성들은 독일 국방군에 영웅은 거의 없고, 대신 "영웅적이지 않은 우둔한 무리, 그러니까 양치기의 휘파람 소리에 따라 움직이는 목양견에 겁먹고 우왕좌왕하는 양떼 무리"만 있었다는 사실을 깨달았다. 반면에 여성들 자신은 "남성 전사들만큼 찬사를 받고 좋은 대접을 받고 특혜를 누리고 훈장을 받지 않고도" 이 무리보다 부분적으로 "더 용맹스럽고 독립적이고 죽음을 불사하는 자세로" 행동했다고 자부했다.

이러한 인식이 번지면서 여자들의 눈에 남자의 이미지는 한없이 추락했다. 저널리스트 마르타 힐러스는 1945년 4월 말 일기에 이렇게 썼다.

> 여자들의 가슴속에서는 일종의 집단 실망감 같은 것이 확고하게 자리 잡았다. 강한 남자를 찬양하는 남성 지배적인 나치 세계가 흔들리면서 남성 신화도 함께 깨졌다. 과거의 전쟁들에서 남자들은 조국을 위해 죽거나 적을 죽일 영예가 오직 자신들에게만 있다고 주장했다. 그러나 오늘날 우리 여자들도 거기에 동참한다. 그것이 우리를 변화시켰고, 우리에게 용기를 주었다. 이 전쟁의 끝에는 다른 수많은 패배 외에 남성의 패배도 존재한다.[6]

많은 결혼이 짧은 군 휴가 기간에 맞춰 서둘러 이루어졌기에 어차피 결혼에 따른 부담은 그리 크지 않았다. 남자들은 연인에게 유족 배우자 연금을 보장해주거나 며칠간 전선에서 휴가라도 얻을 목적으로 결혼했다. 이런 결혼에는 나치 정권의 전성기에 대한 기억이 담겨 있었다. 그러니까 모든 상황이 상승 기류를 타는 것처럼 보였고, '아리아인'에게는 전례 없는 부가 분배되던 시절에 대한 기억이었다. 따라서 이는 승리에 대한 전쟁 초기의 자부심과 그에 따른 원초적 오만함이 팽배하던 공격적인 호황 시기에 이루어진 결혼이었다. 이런 화려한 팡파르는 남편과 아내가 새로운 누추한 상황에서 서로 마주 앉아 있을 때도 여전히 울려 퍼졌다. 출정의 모든 위험에도 불구하고 서로의 고집스러운 약속에서 시작된 이러한 도취적 사랑의 추락은 일반 시민적 결혼이 야기하는 갈등의 골보다 훨씬 깊었다.

이혼을 부추기는 잡지도 있었고, 배우자들에게 서로 다시 한번 진지하게 시도해보라고 열렬히 독려하는 잡지도 있었다. 1945년 12월 작가 만프레트 하우스만Manfred Hausmann은 미군정 지역에서 허가된 유명한 신문《노이에 차이퉁》에 〈한 귀향자에게 부치는 편지〉를 발표했다. 여기서 그는 귀향한 전사들이 가정에서 아내와 평화롭게 지내기 어려운 이유로 참담한 현장 경험뿐 아니라 전쟁의 영광까지도 지목했다.

> 전쟁은 하루아침에 당신을 낚아채 가서 아주 낯선 나라로 내동댕이쳤다. 당신은 남쪽 나라, 그리스의 소박한 우아함, 발칸반도의 화려함, 물결치는 광활한 흑해를 보았고, 러시아의 무한한 초원과 거대한 강, 전율을 일으키는 숲, 우주에 홀로 선 것 같은 외로움과 대면했다. 이는 그 자체로 대단한 일이고, 당신의 영혼에 감동과 충격을 안겨주었다. 그러나 당신이 접한 것은 이것만이 아니었다. 당신은 싸우고 불태우고 파괴하고 죽여야 했다. 영원히 잊지 못할 비명을 듣고 다시는 잊지 못할 얼굴을 보았다. 당신은 이제 인간이 어디까지 희생할 수 있는지, 얼마나 끔찍한 나락으로 떨어질 수 있는지 안다. 온갖 형태의 파괴도 안다. 당신은 몇 번이고 죽음의 공허한 눈을 응시했고, 인간이 세상의 어둠 속에서 얼마나 미미한 존재이고 얼마나 길을 잃고 방황할 수 있는지 경험했다. 당신은 인간의 생명을 말살했고, 목숨을 걺으로써 당신의 생명을 수백 번 구했다. 당신은

> 당신의 삶에서 그전에도 없고 앞으로도 없을 영광의 주인이었다. 하지만 가끔은 그 어떤 노예보다 더 가혹하게 혹사당했다. 당신이 겪은 것들, 그러니까 가장 영광스러운 것과 가장 비천한 것, 복종과 지배, 모험과 상실, 절망과 승리, 외로움과 형제애, 천국과 지옥은 영원히 당신을 떠나지 않을 것이다. 당신은 그렇게 변화된 사람으로, 정말 깊이 변화된 사람으로 집에 돌아와서 아내와 마주했다.[7]

우주 속에 혼자 버려진 것 같은 외로운 원시인, 고도의 감각을 가진 동물, 비할 바 없는 영광의 주인이라는 이 위풍당당한 전사는 많은 여성이 한목소리로 이야기하는, 난방도 되지 않는 부엌에서 잔소리만 늘어놓는 한심한 불평분자의 모습과는 도무지 일치되지 않는다. 전사의 자아상은 많은 귀향자의 내면에서 큰 혼란을 일으켰을 게 분명하다. 전쟁 이후 탈진한 존재가 영웅적인 전사의 이미지와 작별하고 이 암울한 현실을 받아들이기 위해서는 홍수처럼 쏟아져 나온 귀향 군인들의 혼란을 다룬 현실적인 소설이 필요했을지 모른다. 그런 자랑스러운 전사가 이제 자신의 현실적 무능 때문에 건설 현장으로 나가서 힘들게 일해야 하는 여자들과 무슨 이야기를 나눌 수 있을까?

작가 하우스만은 여성의 전쟁 체험에 대해서는 훨씬 공감이 가지 않는 말을 한다. 그의 글에서는 하늘에서 쏟아지는 강철 뇌우와 현실에서 삶의 고통을 견뎌낸 여성들의 노고는 등장하지 않는다. 여자들을 그저 비가 오나 눈이 오나 늘 남편 생각이나 하고 그의 재산을 지키는 일에 몰두하는 사람으로 여기기 때문이다.

> 당신은 아이들을 키우고 당신의(!) 재산을 관리하는 책임을 홀로 감당하는 것이 여자들에게 쉬운 일이었다고 생각하는가? 당신이 겪은 일과 여자들이 겪은 일을 비교해본다면, 그리고 당신은 남자고 아내는 여자라는 사실을 잊지 않는다면, 여자들의 고통이 당신의 고통보다 조금도 뒤지지 않는다는 사실을 인정하지 않을 수 없을 것이다.

하우스만이 지나치듯이 재산 문제를 언급한 대목은 퍽 눈에 띈다. 결국 이 신문 기고문의 배경에는 이혼 가능성이 깔려 있었기 때문이다. 만일 전쟁 후에도 부부에게 아직 재산이라는 게 남아 있었다면 여성은 지금껏 그것을 남편 대신 '관리'만 해왔을 뿐이라는 것이다. 하우스만은 부부 사이에 화해가 이루어지지 않을 경우에 대비해 이런 식으로 남자들의 연대를 미리 구축해놓았다.

운이 좋으면, 부부간의 이런 전쟁은 장기 휴전 상태에 들어갔다. 남자와 여자는 서로 맞추고, 적응하고, 타협하는 법을 배웠다. 간신히 봉합된 이 결혼 생활은 대개 건조하게 유지되었다. 자식들은 훗날 아무 애정도 없어 보이는 이런 부모들 사이에서 자신들이 어떻게 생겨났는지 의아해했다. 부부 침실은 집에서 가장 삭막한 공간일 때가 많았다. 난방은 되지 않고, 꼭대기에 트렁크가 놓인 옷장이 침대 주변에 늘어서 있고, 천장 조명 하나만 황량하게 밝혀져 있었다. 여기 사는 남녀가 사랑을 어떻게 생각했는지 잘 보여주는 지점이다.

《콘스탄체》, 여성의 목소리를 내다

《여성Die Frau》《릴리트Lilith》《무지개Regenbogen》《콘스탄체》 같은 당시의 여성 잡지들은 무척 독자적인 방식으로 전후 사회에 접근했다. 이들 잡지에는 패전한 나라가 앞으로 어떻게 될지, 그럼에도 어떻게 멋을 낼 수 있을지에 대한 일상적이고 실용적인 고민이 담겨 있었다. 발행 부수 면에서 선두 주자는《콘스탄체》였다. 1947년부터 연방공화국에서 가장 성공적인 여성 화보 잡지로 성장한 이곳은 1969년에 발간을 중단하고 완전히 새로운 색깔로 갈아입은《브리기테Brigitte》로 대체되었다. 1948년 3월 창간호를 발간한 편집장은 한스 후프츠키Hans Huffzky였다. 나치 시대에 이미 화보 잡지 《젊은 여성Die junge Dame》을 이끌었던 그는 당시 편집부에서 같이 일하던 편집자 루트 안드레아스-프리드리히를 끌어들였다. 나중에 전쟁 일기로 유명해진 인물이었다. 당시의 정신적 동요 및 특히 여성들의 생각과 감정을 읽어내는 문제에서 후프츠키의 감각은 굉장히 예리했다. 그는 벌써 잡지 창간호에서 〈우리 여성들에게 경의를!〉이라는 제목의 에세이를 통해 '남자의 위기'를 고백했다.

> 숙녀들이여, 당신들은 우리 남자들에게서 아직 아무것도 눈치채지 못했나요? 우리가 더는 전쟁 전의 괜찮은 족속이 아니라는 사실을 알아채지 못했나요? 우리는 더 이상 예전의 우리가 아닙니다. 과거의 '직책'도 없습니다(일례로 바이에른에서는 탈나치법에 의해 공무원의 64퍼센트와 사무직원의 46퍼센트가 해고되었습니다). 우리는 더 이상 총을 들지 못하고, 당신들

에게 어떤 영웅담도 들려줄 수 없습니다. 우리는 집에 남은 마지막 넥타이를 매고, 양말 두 켤레를 번갈아가며 신습니다. 우리가 월말에 탁자에 올려놓는 돈이라고 해봤자 200라이히스마르크•밖에 되지 않습니다. 버터 1파운드 값도 안 되는 돈이죠. 당신들의 씩씩한 이마에 입을 맞추는 우리의 키스도 더는 마음을 녹이는 예전의 불꽃이 아닙니다. 우리는 더 이상 당신들에게 줄 초콜릿을 집으로 가져가지 못하고, 오히려 당신이 보지 않으면 찬장에서 마지막 남은 설탕 조각을 훔쳐 먹죠. (그러고는 나중에 아이들 짓이라고 시치미를 뗍니다!)

이는 태연한 논조 속에서도 중요한 세부 사항을 놓치지 않은 강력한 자기비판이었다. 후프츠키는《콘스탄체》가 여자들의 비위나 맞춘다는 소리를 듣지 않으려고 남자들 자신도 그사이 "자기 속에서 뭔가가 잘못되었다"라는 것을 느끼고 있다고 덧붙였다. 그러고는 정곡을 찌르는 묵직한 문장을 내뱉는다.

우리 각자 속에는 징징거리기만 하는 비겁한 투정쟁이가 숨어 있습니다. 최악은 그걸 가슴속에 깊이 묻어둔 채 드러내지 않는다는 겁니다.

편집장은 이렇게 정감 어린 말로 자책하고는 여성들의 경제적인 현실로 눈을 돌린다.

• 1924년에서 1948년까지 사용되던 독일 화폐. '제국 마르크'라는 뜻이다.

독자 여러분, 혹시 뮐러 부인을 아십니까? 그의 남편은 사무원으로 일하면서 한 달에 180마르크를 법니다. 이게 가족의 생계 유지에 얼마나 터무니없는 돈인지는 다들 알 것입니다. 그런데 중요한 것은 뮐러 씨가 매달 집으로 가져오는 이 돈이 아니라, 그런 남편을 위해 뮐러 부인이 매일 정성껏 차리는 점심 식사입니다. 그런 식사를 차리는 것이 수많은 비법과 요령을 필요로 하는 마법과도 같은 일이라는 걸 남자들은 모릅니다. 이건 비단 음식에만 해당되는 이야기가 아닙니다. 늘 깨끗이 정돈되어 있는 세탁물도 마찬가지입니다.

이런 뮐러 부인이 독일에 수백만 명이 넘습니다. 우리 남자들에게 여자들은 늘 일하는 모습으로만 기억되어 있습니다. 요리하고, 빨래하고, 바느질하고, 정원을 가꾸고, 쉴 새 없이 문질러 닦고, 줄을 서서 기다리고, 물건을 교환하고, 망치질하고, 못을 박고, 장작을 패고, 해진 옷을 깁고, 무언가를 수리하고, 아이들을 키우고, 토끼를 먹이고, 스웨터를 짜고…. 반면에 우리 남자들은 부엌의 빈 냄비를 무엇으로 채울지 걱정조차 하지 않으면서 어느 사무실에서 비생산적인 일로 180마르크를 법니다. 남자들이 경의를 표해야 할 대상이 있다면 그건 왕과 황제, 사제와 대통령, 지도자와 사장이 아닙니다. 우리는 모두 한마음으로 여성들에게 경의를 표해야 합니다.[8]

모두 한마음으로 경의를 표하라! 이 과도한 여성 예찬에서 글쓴이의 부차적 의도가 엿보인다. 그러니까 가사 노동은 열심히 치켜세우는 반면에 남자의 노동은 '사무실에서'의 '비생산적인 일' 정도로 깎아내린 데에는 남녀 각자의 노동을 이대로 확정 짓겠다는 의도가 깔린 게 아닌지 의심이 든다. 실제로도 후프츠키는 여자들이 언젠가 '남자들 곁에서' 권력의 조종간을 잡을 수도 있다는 생각을 지극히 대담한 상상으로 간주한다.

> 대담한 주장이지만, 나는 그들이 남자들, 그중에서도 괜찮은 남자들과 손잡고 언젠가 우리 세계의 운명을 이끄는 최상의 과정으로 가고 있다고 생각한다.

오늘날 우리가 알고 있듯이 이는 그리 대담한 생각이 아니다. 그럼에도《콘스탄체》창간호에서 남자를 강령적으로 깎아내린 급진성은 놀랍다. 게다가《콘스탄체》는 후속 호에서도 기업과 정치, 행정 부서의 고위층에서 일하는 여성들을 계속 소개했다.

물론 수영복 사진과 봄가을 패션도 자주 실렸다. 〈콘스탄체, 옷을 입다〉라는 제목의 페이지에서는 슈트와 블라우스, 외투가 소개되었고, 〈콘스탄체, 옷을 벗다〉에서는 태피터 페티코트와 유니언 슈트 사진이 실렸다. 〈콘스탄체, 세상을 한가롭게 거닐다〉 코너에서는 여자 레슬링 선수와 사자 새끼, 수상쩍은 사고事故, 네 쌍둥이 같은 이야기가 소개되었다. 한 에세이는 "미국 남성은 얼마나 남성적인가?"라는 질문을 파고들기도 했다. 그 밖에 이혼에 대한 조언이 계속 제공되었고, 여성들의 독립성을 키우는 방법도 제시되었다. 예를 들면 당당하게 오토바이를 타라는 것이다. 또한 이 잡지는 남자들이 술집에서 돈을 주고 대화 파트너로 빌리는 '택시 걸'에 대해서도 자동반사적인 분노 없이 담담하게 보도했다.《콘스탄체》는 가끔

잘생긴 남자들의 사진도 실었지만, 여성의 얼굴에 훨씬 더 많은 지면을 할애했으며, 자부심과 즐거움이 함께하는 이상적인 삶을 장려했다. 게다가 발터 폰 홀란더의 기고문에서 주로 많이 등장하는 내용이지만, 타고난 공격성으로 세상을 사상 최악의 재앙으로 이끈, 완전히 탈진해버린 패배자로서의 남성에 관한 이야기도 지속적으로 다루어졌다.

여성도 히틀러에 대한 열광 면에서는 남성에 전혀 뒤지지 않았음에도 패전 이후 남자들이 전쟁을 일으켰다는 생각이야말로 여성들의 뿌리 깊은 확신이었다. 뮌헨에서 발간된 신앙심 깊은 여성 잡지《무지개》도 다르지 않았다. 여성과 관련해서는《콘스탄체》의 향락주의적 묘사 대신 고전적인 성자 이미지와 정원 모티브, 부지런한 어머니상이 자주 등장했지만, 이 잡지에서도 남자는 전쟁의 핵심 원인으로 지목되었다. 1946년에 간행된 제8호에서 엘프리데 알셔Elfriede Alscher는 이렇게 썼다.

> 우리가 너무 독재적인 인간이 되도록 방치한 남자의 세계는 난파했고, 그 잔해는 사방에 충분히 널려 있다.

반면에 여성은 자신에 충실하는 한, 타고난 성향으로 인해 평화로 기울어질 수밖에 없다고 했다.

> 여성은 생명을 낳기에 생명을 죽이는 전쟁에 체질적으로 등을 돌릴 수밖에 없듯이 내면의 깊은 감정에 충실하기만 하면 결코 독재에 동의할 수 없다.

여기서 여성은 생명을 선사하는 어머니의 역할 속에서 죽임의 충동에 지배당하는 남성의 대척자로 나타난다. 이런 사고 모델에서 여성 인권 운동가들의 논거는 《콘스탄체》에서 후프츠키가 언급한 가사 노동의 신격화와 만난다. 당시 페미니스트들은 오늘날의 통상적인 생각과 달리 가사 노동을 경시하지 않았고, 새로운 정치적 자의식의 토대로 이해했다. 1946년 뷔르템베르크-바덴주의 제헌의회 의원 아나 하크Anna Haag는 가사 노동을 사회생활의 핵심 단위로 부르짖었다.

> 지금은 어쩔 수 없이 우리의 가사 노동이 무엇보다 중요한 때입니다. 그냥 하는 소리가 아닙니다. 헛소리도 결코 아닙니다. 사랑하는 사람들의 목숨이 달린 문제이기 때문입니다. 굶주리거나 얼어 죽는 문제이기 때문입니다!

1946년 카를스루에 사회민주당 여성당원 대회에서 그는 이렇게 소리치며 여성들의 더 많은 정치 참여를 촉구했다. 의회 의석의 3분의 2를 여성이 차지하자는 것이다!

> 이건 지상의 삶을 우리 힘으로 구축하는 문제이자, 거주하고 먹고사는 문제이자, 노동과 임금의 문제이자, 학교와 교육의 문제이자, 여성과 직업의 문제이자 (…) 전쟁과 평화의 문제이기에 우리 여성들은 앞으로 정치적 문제에 좀 더 진지하게 관심을 가져야 합니다![9]

현실은 그와 동떨어져 있었다. 1949년 바이에른에서는 교구 시설을 포함해 공공기관에서 일하는 여성이 고작 8퍼센트에 지나지 않았다. 1950년대에는 여성의 1퍼센트만 정당에 가입했다.[10] 여성의 정치 참여가 좀 더 활발했던 곳은 종전 직후 점령지 네 곳에서 설립된 '초당적 여성위원회'였다. 연합군 군정을 도와 최악의 사회적 곤궁을 완화하기 위해 만들어진 단체였다. '감자 정치'라는 비방에 휩싸이기도 했던 여성위원회는 그사이 일부 강력한 정치 단체로 발전했고, 이 단체들의 노력으로 새로 설립될 연방공화국 기본법에 "남자와 여자는 동등한 권리를 가진다"[11]라는 구절을 넣을 수 있었다. 총 65명의 헌법제정위원회에서 여성이 고작 네 명밖에 안 되는 상황에서 천신만고 끝에 거둔 쾌거였다. 그러나 이런 예외를 제외하면 전통적인 정치는 오랫동안 남성의 영역으로 남아 있었다. 그러는 사이 여성들은 흔히 말하듯이 삶을 긍정하는 감정에 충실하게 삶의 실제적인 문제들로 관심을 돌렸고, 거기엔 먹고사는 것 외에 무엇보다 사랑이 포함되어 있었다. 이렇듯 그들은 자기만의 방식으로 정치를 했다. 그것도 남자들에 뒤지지 않는 효과적인 방식으로.

삶에 굶주리고 사랑에 목마른

패전과 함께 붕괴된 국가 체제의 무정부 상태와 무기력한 남자들로 인해 강제로 촉진된 여성의 독립성은 성적 활동의 증가로 이어졌다. 신세대 여직원들이 '당돌한' 목소리를 내던 1920년대 후반과 비슷하게, 전후 시대도 더는 듣고만 있지 않고 분명하게 자기 생각을 얘기하는 여성들로 활기를 띠었다. 1948년에 나온 영화 〈내일은 나아질 거야Morgen ist alles besser〉에서 한 김나지움 졸업반 여학생은 듣기 좋은 말로 능글맞게 수작을 부리는 중년 남자에게 이렇게 말한다.

나한테 필요한 건 그런 미끈한 말이 아니라 돈이에요.

영화에서의 공감은 대부분 여학생에게 향한다. 이 신선한 목소리는 전후 사회의 좀 더 개방적인 계층이 기대한 말이었다.

흔히 하는 말로, 1945년의 독일은 여자들의 나라였다. 맞는 말이지만, 다른 한편 여성들이 당했던 그 경악스러운 일들을 생각하면 맞지 않는 말이기도 하다. 붉은 군대의 진군 이후 첫 몇 주 동안 곳곳을 휩쓴 강간의 물결은 여성에 대한 남성적 폭력의 야만적 분출이었다. 서방 점령 지구에서도 군인들이 자행한 성폭행은 끊이지 않았다. 떠돌이 범죄자들, 집 없는 퇴역 군인들, 많은 울분을 간직한 채 석방된 강제 노역자들, 온갖 종류의 정신적 장애를 가진 낙오병들은 여자들의 일상을 처참하게 무너뜨렸다. 그렇다고 여자들이 완전히 절망한 채 무너졌다는 소리는 아니다. 가족을 먹여 살리려면 현실적으로 불안에 떨며 집 안에만 머물 여유가 없었을 뿐 아니라 그들 스스로도 집 안에 갇혀 지내길 원치 않았다.

암시장을 가려면 위험한 시내를 지나 수 킬로미터를 걸어야 했다. 식료품을 구하는 과정은 오늘날엔 상상이 안 될 정도로 지난했다. 친척과 친구들, 이전 직장 동료에게 정보를 얻는 것은 생존의 필수 조건이었다. 서로가 팁을 주고받았고, 연락망을 활발히 유지했으며, 항상 어딘가로 쫓아다녀야 했다. 전화가 없었던 탓에 여러 도시를 지나 이 마을 저 마을 돌아다니는 것은 다반사였다. 이렇게 해서 폐허를 청소하는 수많은 여성의 사진과 함께 도시를 누비는 여자들의 인상적인 모습이 사진에 자주 포착되었다.

급하게 어딘가로 서둘러 가는 모습이 아니면 이리저리 어슬렁거리는 모습이었다. 주간 뉴스에 보관된 놀랄 정도로 많은 영상물과 아마추어 기록물에는 느리게 거니는 여성들이 자주 등장한다. 어떤 때는 여럿이 같이 걸을 때도 있지만 대개는 혼자다. 1945년 여름 베를린의 번화가에는 카페들이 벌써 문을 열었다. 형편이 괜찮은 사람은 이런 카페에 앉아 느긋하게 햇볕을 즐겼다. 여기서도 식량 배급표를 건네야 주문할 수 있었지만, 카페엔 사람이 적지 않았다. 다른 이들은 그냥 슬슬 거닐었다. 영국의 뉴스 프로그램 〈파테Pathé〉는 쿠르퓌르스텐담을 거니는 베를린 여성들의 '패션'을 비웃으며 짧은 옷에 두꺼운 털양말을 신은 여성들의 모습을 보여주었다. 영상 속의 한 젊은 여성은 조화造花로 장식한, 직접 엮은 평평한 신발을 신고 있었다. 오늘날이라면 꽤 개성 있게 보였을지 모른다.

아무리 위험한 시대여도 사랑의 욕구는 별로 줄지 않았다. 마르그레트 보베리가 일기에 썼던 "죽음과의 지속적인 밀착"으로 인한 "삶의 기쁨"의 무한한 상승은 성적인 측면으로도 표출되었다. 많은 여성이 이제야 드디어 다시 뭔가를 경험하고 싶어 했다. 전후 첫 몇 개월을 지배했던 새 출발의 설레는 분위기, 그리고 불안과 외로움이 만들어낸 야릇한 흥분은 기괴한 특성을 띤 성적 굶주림으로 이어졌다. 당시 22세의 배우이자 댄서였던 잉그리트 루츠Ingrid Lutz가 그 시기의 성적 궁핍을 노래한 히트곡은 오늘날의 우리에게는 사뭇 낯설게 느껴진다. 1946년에 나온 이 노래의 제목은 〈S.O.S. 나는 사랑을 간절히 원해!S.O.S. Ich suche dringend Liebe〉였다. "멈춰, 멈춰, 멈춰" 하고 외치는 그의 목소리는 마치 안개 속에서 도망자를 불러 세우는 보초의 공격적인 외침처럼 들린다.

이봐요, 어디 가요?

그가 날카롭게 소리친다.

뭘 하려고?

이는 꽤 저돌적으로 들린다. 게다가 앞일을 생각하고 행동하는 이상적인 여자와는 동떨어져 보인다. 사랑을 간절히 원한다고 S.O.S를 치는 이 노래는 노골적이고 대담하고 거칠게 들린다.

S.O.S. 난 간절히 키스하고 싶어, S.O.S. 오늘 난 그걸 알아.

루츠가 청취자들에게 보낸 에로틱한 긴급 신호는 남성 부족과 도덕적 타락, 방탕이라는 당시의 화두와 맥이 닿아 있다. 성적 욕망에 대한 이 음악적 패러디는 여성들이 적극적인 공세에 나선 당시의 분위기를 보여준다. 나중에 베를린 공중 보급로의 첫 항공기를 조종한 팬아메리칸 항공의 조종사 잭 베넷Jack O. Bennett은 회고록 《하늘에서의 4만 시간40000 Stunden am Himmel》에서 이렇게 회상한다. 1945년 12월 쿠르퓌르스텐담에서 혼자 산책을 하고 있는데 "우아하게 차려입은 한 부인"이 말을 건네면서 오늘 밤 자신을 가지지 않겠냐고 물었다고 한다.

돈도 음식도 바라지 않아요.

부인이 말했다.

나는 추워요. 내가 원하는 건 따뜻한 몸이에요.[12]

베넷의 말은 남자의 허세에서 나온 과장일 수도 있지만, 이 밤이 마지막이 될 수 있다는 의식은 많은 사람을 평화로운 시절보다 훨씬 더 노골적으로 서로의 몸을 찾도록 유혹했다. 성적인 모험이 얼마나 널리 퍼져 있었는지는 성병 증가를 우려한 베를린 중앙 보건 당국이 페터 페바스Peter Pewas 감독에게 성적 자유분방함의 위험을 경고하는 영화를 제작해달라고 부탁한 데서도 분명히 드러난다. 이렇게 해서 데파 영화사에서 제작한 〈거리에서 만난 사람Straßenbekanntschaft〉이 1948년에 상영되었다. 페바스는 에리카라는 여성을 중심으로 전개되는 이야기를 "삶에 굶주리고 사랑에 목마른"[13] 전후 세대의 어쩔 줄 모르는 난감함을 보여주는 예술 영화로 승화시켰다.

1949년에 《1000그램Tausend Gramm》이라는 제목의 단편집이 출간되었다. 이른바 벌채 문학, 혹은 폐허 문학의 선언문을 담고 있기에 문학사에서 제법 유명한 작품이다. 이 책에는 한 젊은 여성의 성적 욕망을 다룬 알프레트 안더슈Alfred Andersch의 〈정절Die Treue〉이 실려 있다. 여자 주인공의 남편은 여전히 포로 수용소에 갇혀 있다. 주인

공은 매일 점심을 먹고 나면 알몸으로 침대에 누워 주체할 수 없는 욕정과 씨름한다.

> 그는 생각했다. 누군가 이 다리를 만져줘야 해. 이 배도 누군가 어루만져줘야 해. (…) 이보다 쉬운 일은 세상에 없어. 나는 스물일곱 살이고, 욕정을 채우지 못한 여자야. 아무도 모르게 내가 원하는 걸 가져야 해. 어떻게 하는지는 나도 알아. 꽃을 든 남자가 곧 올 거야. 나는 예쁘게 차려입고 일단 그에게 차 한잔을 권할 거야. 남자가 소심하게 굴면 내가 침착하게 말할 거야. 내가 원하는 걸.[14]

이 이야기의 제목은 〈정절〉이다. 왜냐하면 여자는 절박한 욕망이 일단 충족되고 나면 자신이 양심의 가책으로 얼마나 괴로워할지 알기 때문이다.

이 작품의 문학적 가치는 주인공이 꽃을 든 남자나 우편배달부를 자기와의 싸움을 통해 받아들이지 않았다는 데 있는 것이 아니라 폐허 문학의 의미에 충실하게 젊은 여성의 성적 욕구를 아무런 가식 없이 직접적이고 사실적으로 묘사했다는 데 있다.

삶의 곤궁은 다양한 삶의 형태를 탄생시켰고, 여성들은 그 안에서 고달프기는 하지만 이례적일 정도로 자유로운 삶을 꾸려나갔다. 가족은 일시적으로 다시 대가족으로 뭉쳐 다 함께 경험을 공유하고 생계유지의 방법을 고민했다. 가족 외에도 많은 임시 주거 공동체가 생겨났다. 지인들은 한데 모였고, 친구들은 두 명이 살았던 집에 이제 여섯 명이 함께 살았다. 비좁은 공간에서의 밀착은 당연히 일상의 많은 불편을 불렀지만, 끊임없는 생각의 교환과 위로, 사랑을 가져다주기도 했다. 1층에서 같이 살던 커플이 헤어지면 위층의 커플과 파트너를 바꾸어 다시 새로운 관계를 시작하기도 했다.[15] 다수는 항상 여자였다. 잦은 변동은 여러 면에서 고단할 수밖에 없었지만, 다른 한편으론 새로운 자극을 선사하기도 했다.

학생 운동 세대가 고안했다고 알려진 주거 공동체는 30여 년 전에 이미 전쟁의 폐허 속에서 저절로 형성되었다. 여기서도《콘스탄체》가 다시 선두에 섰다. 이 잡지는 사진 보도를 통해 주거 공동체를 홍보했다. 매력적인 젊은이들의 편안한 자세만으로도 이곳의 공동생활이 얼마나 신나고 흥미로운지 보여주고자 한 것이다("신사 여러분, 긴장을 푸세요!"). 〈7층의 네 사람Die vier vom sechsten Stock〉이라는 제목의 기사에서는 함께 살면서 공동으로 작업하는 네 명의 예술가, 즉 남자 둘과 여자 둘이 소개되었다. 결론은 다음과 같다.

> 이곳에는 새로운 삶을 스스로 만들어나가는 네 젊은이가 일하고 있다. 거센 폭풍에도 흔들리거나 굴하지 않는 용감한 사람들이다. 이런 사람들은 도처에 있다. 그중에는 노동자, 예술가, 선원, 교수, 수공업자, 의사도 있다. 이 얼마나 큰 축복인가![16]

1948년 〈제목 없는 영화Film ohne Titel〉라는 제목의 영화가 대중의 관심을 끌었다. 루돌프 유게르트Rudolf Jugert 감독이 종전 후 새 출발의 분위기를 지극히 감성적으로 연출한 작품이었다. 영화에서는 폭격 피해를 입은 베를린의 한 빌라에 미술품 상인과 그의 누이, 전 동거녀, 그리고 농부의 딸로서 가정부로 일하는 크리스티네(힐데가르트 크네프가 연기했다)가 함께 살아간다. 영화의 상당 부분은 우아한 전 동거녀로 대변되는 자의식 강한 여성의 목소리가 지배한다. 반면에 집주인의 누이인 전 나치 추종자는 불평꾼의 기질을 보인다. 영화에서 놀라운 것은 상당히 자유롭고 예술을 사랑하는 이 환경에서 가정부가 새로운 사랑으로 받아들여지는 쿨한 상황이다. 그 뒤 폭격과 대피, 시골로의 피난 장면이 이어지고, 영화는 '로맨틱한 풍자'로서 혼돈이 어떻게 단단한 사회적 외피를 깨부수는지 보여준다. 이 작품은 달콤한 사랑과 그것을 깨뜨리는 요소의 혼합을 통해 큰 성공을 거두었다. 강요된 이동 속에 정신적·감정적 기회가 있음을 보여주었기 때문이다.

집과 사랑은 어떤 예술 장르에서도 빠지지 않고 등장하는 주제였다. 흔히 '마지막 폐허 영화'라고 불리는 볼프강 리베나이너Wolfgang Liebeneiner의 〈삶의 잉여Des Lebens Überfluss〉에서는 싸우고 갈라선 부부가 반쯤 파괴된 다락방을 두 사람에게 동시에 세를 준다. 한 사람은 여대생 카린이고, 다른 사람은 대학생 베르너다. 두 사람은 당국이 서로를 퇴거시켜 주기를 바라지만, 당분간은 좁디좁은 공간에서 부득이 같이 살아야 한다. 단호함과 위트, 투지, 자신감이 넘치는 쪽은 젊은 여자다. 결국 두 사람은 보통 보수적이라고 여겨지는 이 시기에 우리가 생각하는 것보다 훨씬 더 자유롭게 구멍 난 지붕 아래에서 함께 사랑하며 살아간다. 그것도 법과 제도, 도덕 따위에는 전혀 구애받지 않으면서. 물론 모든 사람이 그걸 좋아한 건 아니었다. 당시 《디 차이트Die Zeit》는 이렇게 평했다. 영화 속 "두 주인공은 정말 끔찍할 정도로 분별력이 없는 젊은이들"이다.

여성 주거 공동체도 있었다. 그것도 대단위로 말이다. 공업 도시

뒤스부르크에는 혼자 사는 직장 여성 75명이 각각 독립적으로 나뉜 신축 현대식 건물에 들어가 살았다. 건물 현관의 76번째 초인종은 관리인의 집이었다. 이곳은 황량한 독신자 막사나 여성 양로원이 아니라 사회 주택 건설 기금으로 지은 '여성의 집'이자 독립적인 사생활을 최대한 보장하는 여성들만의 공동체였다. 다만 결혼을 하면 여기서 나가야 했다.

여성 과잉 시대

전후 여자들의 성적 활동은 당대에 회자되던 여성 과잉으로 날개를 달았다. 아름다운 여자는 많았지만 남자는 희박했다. 살아남은 남자들도 비루하기 짝이 없었다. 목발을 짚거나, 가래 끓는 소리를 내거나, 아니면 피를 토했다. 물론 한스 죈커와 디터 보르셰 같은 미남자가 은막의 세계에만 있지는 않았지만, 괜찮은 남자가 보이면 수십 명의 여자가 먼저 차지하려고 앞다투어 달려갔다. 어쨌거나 남자들이 수적으로 훨씬 부족한 상태에서 많은 여자가 거리에서 행동하는 모습이 그랬다. 1945년 여름의 한 다큐멘터리 방송에서는 폐허 옆의 보리수 아래에서 꽤 상태가 괜찮아 보이는 노부부가 산책을 하는데, 젊은 여성들이 계속 노신사에게 말을 걸고 노부인은 계속 여자들을 쫓아내려고 애쓴다. 이 장면은 연출된 것일 가능성이 높지만, 어쨌든 사람들의 뇌리에 강력하게 자리 잡고 있던 여성 과잉의 시대상을 적나라하게 보여주고 있다.

500만 명이 훨씬 넘는 독일군이 전쟁에서 죽었다. 게다가 1945년

9월 말까지도 650만 명이 서방의 전쟁 포로로 잡혀 있었다. 소련 수용소에서는 200만 명 이상의 포로들이 굶주리고 있었다. 1950년엔 남자 1000명당 여자는 1362명이었다.[17] 일견 그렇게까지 극심한 불균형으로 느껴지지 않지만, 젊은 세대로 국한시키면 불균형의 상태는 훨씬 심각해진다. 1920년에서 1925년 사이에 태어난 사람 중에서 최소한 젊은 남자의 5분의 2가 전쟁에서 돌아오지 못했다. 남녀 사이의 수적 불균형이 특히 뚜렷한 곳은 대도시였다. 예를 들어 베를린에서는 여자 여섯이 남자 하나를 두고 경쟁을 벌인다는 소문이 자주 떠돌았는데, 이는 사실 여부를 떠나 어쨌든 체감된 진실로 보인다.

여자 여섯에 남자 하나, 여자 여섯에 남자 하나!

1948년에 개봉한 폐허 영화 〈베를린 발라드Berliner Ballade〉의 사운드트랙에서 암시적으로 자주 반복되던 이 구절은 남자에겐 일종의 희망으로, 여자에겐 불안한 경고로 들린다.[18] 영화에서 수척할 대로 수척한 전쟁 귀향자로 나오는 오토 노르말페어브라우허Otto Normalverbraucher(게르트 프뢰베가 연기했다)는 섬뜩한 유령처럼 파괴된 도시를 떠돈다. 그러다 베를린 한가운데의 황량한 폐허 속에서 옛 집을 찾는다. 집은 파손되었지만 아직 버티고 있다. 다만 집은 이제 '홀레 부인의 사랑 센터'로 바뀌어 있었고, 부인은 그에게 새로운 도덕적 풍습을 가르쳐준다. 오토는 곧바로 도망쳐 베를린을 헤매면서 통통한 여자 여섯 명이 삐쩍 마른 자신의 몸뚱이를 두고 아귀다툼을 벌이는 초현실적인 현상에 시달린다. 화면 밖에서는 계속 "여자

과잉, 여자 과잉!"이라는 소리가 울려 퍼진다.

한번은 오토가 베를린 공원을 지나간다. 거기엔 50년 뒤의 러브 퍼레이드에서나 볼 수 있을 것처럼 연인들로 넘쳐난다. 그들은 나무 아래나 그루터기에 앉아 있다. 그중에서 미군 지프차의 호사를 누리며 연애하는 한 쌍이 눈에 띈다. 이들은 서로 딴 곳을 보며 열렬히 이야기한다. 들어보니, 여자는 독일어로 결혼식을 상상하고, 젊은 미군은 영어로 디트로이트에 있는 아버지의 도살장과 통조림 공장에 대해 이야기한다. 두 사람은 서로의 말을 이해하지 못하지만, 각자 진심이 묻어나는 독백이다.

> 천 개의 심장이 사랑을 찾아 헤매고 있어. 그만큼 외로운 사람이 많아.

귀향자가 공원을 이리저리 배회하는 동안 사운드트랙에서 속삭이는 소리다.

> 천 개의 심장은 계속 혼자지만 사랑의 수색을 멈추지 않아.

그러나 불안에 떠는 오토는 "내 집에 방공호 침대가 있어요, 우리 거기서 멋진 꿈을 꿔요"라는 유혹의 외침에도 여자를 따라가지 못한다.

수적 과잉은 여자들을 힘들게 했다. 수적 우세가 여성의 존엄에 상처를 낸 것이다. 잡지 《콘스탄체》는 1949년 '빔보'라는 이름의 한 흑인이 여성 과잉 상태에서는 자기 같은 인간도 여자를 손쉽게 취할 수 있을 거라고 빼기는 내용의 조롱 시를 발표해 독자들에게 주의를 환기시켰다. 인종차별적인 내용을 담은 이 시의 제목은 〈너무 많은 여자의 슬픈 발라드Sehr traurigen Ballade von den viel zu vielen Frauen〉였다. 잡지사는 이 시를 통해, 아무리 힘들어도 여자들은 선택자로서의 자존심을 지켜야 한다는 점을 분명하게 밝히고자 했다.[19] 그러나 현실에서는 바로 이 자존심이 여성들에게서 서서히 사라져갔다.

아무리 독립심이 강한 여성이라고 해도, 이 혼란스럽고 고단한 삶 속으로 무언가 평온과 안정을 가져다줄 남자를 갈망하는 여자가 많았다. 그러나 통계만 보더라도 이 행운이 모든 여성에게 허락될 수 없다는 사실은 금방 드러난다. 그런 통계를 보고 싶지 않은 사람들을 위해 신문들은 대신 그 일을 해주고는 암담한 전망을 무료로 제공했다. 1951년 4월 8일 《라인 네카르 차이퉁Rhein-Neckar-Zeitung》은 "25세에서 40세 사이의 여성 50만 명은 앞으로 결혼할 기회를 잡지 못할 것이며, 그 때문에 대부분 수년 혹은 심지어는 수십 년 동안 생업 활동에 종사하게 될 거"라고 전망했다.[20]

이건 사랑의 문제만이 아니라 생계의 문제이기도 했다. 특히 노동시장의 전망이 곧 다시 악화되자 생업 활동은 모든 여성에게 지상 최대의 행복으로 비치지는 않았다. 이렇게 해서 여성 과잉은 취업 전선에서 반목의 싹이 되었다. 사랑의 영역뿐 아니라 노동의 문제에서도 이제 여성 대 여성의 대결이 시작되었다. 독신 여성은 기혼 여성에게 핏대를 세웠다. '집에서 이미 남편의 부양'을 받으면서 또 밖에서 돈을 벌려고 하는 여자는 남의 일자리를 빼앗으려고 기를 쓰는 탐욕스러운 기생충이라는 것이다. 일을 해서 먹고살아야 할 미혼 여성이 많다는 지적과 함께 과도하게 자기 배만 채우기에 급급한 '이

중 소득자'를 비난하는 국가적 캠페인이 서서히 일어났다.《쾰르니셰 룬트샤우Kölnische Rundschau》는 1952년 5월 5일 이렇게 썼다.

> 현재 우리는 우려를 자아내는 여성 과잉의 시대에 살고 있다. 모두가 결혼할 수는 없기에 독신 여성은 직장을 구해야 한다. 상대적으로 형편이 나은 기혼 여성들이 원칙만 고집하며 혼자 사는 여성의 일자리를 빼앗는 게 과연 올바른 일일까?

많은 연방주에서는 남자 공무원과 결혼한 여자 공무원은 경제적 형편이 낫다는 이유로 해고되기도 했다. 물론 명목상으로는 아이들의 교육과 '가정의 행복'을 이유로 댔지만.

궁핍의 시기에 숱한 시련을 함께 이겨낸 여성들의 연대는 점차 사라졌다. 전후에 어차피 얼마 남지 않은 부富와 남자를 차지하기 위한 다툼으로 여성들 사이에선 불신이 자랐다. 그들이 댄스바에서 서로 하이파이브를 하며 소수의 남자를 무대에서 공유하던 시절은 끝났다. 무엇보다 혼자 자식을 키우는 젊은 전쟁 과부들은 남의 남자를 빼앗으려고 한다는 의심을 받았다. 한 과부의 딸은 이렇게 기억한다.

> 남편이 있는 가족이 내 어머니를 멀리하는 것을 보면 마음이 안 좋았다. 어머니가 나중에 직접 쓴 회고록에는 이렇게 적혀 있었다, '우리 같은 전쟁 과부는 어차피 부부들에게 초대받지 못했다. 혼자 사는 여자는 그들에게 기피 대상이자 완전한 아웃사이더였다.' (…) 몸이 성한 사람은 다친 사람들과 담을 쌓고

살았고, 남편이 없는 여자는 내쳐졌으며, 부상에서 회복된 사람과 영구 불구자 사이의 간극도 한없이 깊었다. 어머니는 다른 전쟁 과부들하고만 교류했다.[21]

점차적인 삶의 정상화와 함께 이런 분위기는 더욱 굳어졌다. 이혼 물결 뒤에 결혼 물결이 찾아왔다. 새로 살림을 차린 가족들은 개축된 집으로 들어갔고, 일상의 안전망 회복에 다시 힘썼다. 반면에 그때까지도 혼자인 사람은 영원히 그렇게 남을 위험에 처했다.

종전 이후 이혼율은 전쟁 전에 비해 두 배로 증가하다가 1948년에 정점을 찍었다.[22] 그와 함께 새로운 파트너를 찾는 일에서는 속도가 붙었다. 이혼 물결에 이어 전례 없는 결혼 붐이 일면서 1950년에는 "결혼 시장이 완전히 고갈되기에"[23] 이르렀다. 1922년에서 1926년 사이에 태어난 남자는 거의 100퍼센트 결혼했다. 그 여파로 노동 시장에서 여성의 기회는 줄어들었다. 남자들이 다시 가족을 먹여 살리는 '가장'의 역할을 떠맡았기 때문이다.

여성 과잉이 여자들의 자의식을 약화시켰다면 반대로 남자들은 현격한 수적 열세로 이익을 보았다. 고향으로 돌아왔을 때 수적으로 훨씬 많은 여자의 기세등등한 태도에 한껏 위축되었던 남자들의 자존심은 다시 급격히 상승했다. 여자를 잘 구슬리고 고집 센 여자를 능숙하게 휘어잡는 예전의 매너 있는 신사가 다시 인기 있는 남성상으로 떠올랐다. 이런 점에서, 매력적인 여자에게 '뻔뻔하다'라는 단어를 갑자기 다시 사용하게 된 것은 우연이 아니었다. '말괄량이'의 '뻔뻔한 모습'은 무척 섹시하게 여겨졌다. 물론 여기엔 이런 여자도 남자 하기에 따라 얼마든지 길들일 수 있다는 뜻도 포함되어 있었다. 매너 있는 신사는 그런 교육을 정복과 연결시키길 좋아했다. 그래서 당시의 영화들에서는 느닷없이 여자들을 향해 이런 대사가 자주 등장했다.

당신 맴매 좀 맞아야겠어.

당시 영화관에서는 남녀 사이의 치열한 전쟁을 화면으로 볼 수 있었다. 잉에 에거, 바르바라 뤼팅, 에리카 발케, 힐데 크랄, 힐데가르트 크네프 같은 여배우들은 오늘날의 우마 서먼에 전혀 뒤지지 않는 강한 여성의 상징이었다. 힐데가르트 크네프는 1952년 아르투르 마리아 라벤알트Arthur Maria Rabenalt가 연출한 〈알라우네Alraune〉에서 동명의 주인공 역할을 맡아 네 명의 애인을 죽음으로 몰아넣는다. 영화 속 그는 신화적인 근본악의 화신이다. 아무리 다르게 살려고 해도 어쩔 수가 없다. 그는 창문 밑의 분수에서 탄탄한 상체를 드러낸 채 씻고 있는 작업반장에게 도발적으로 체리를 던지고, 다음 희생자에게는 위풍당당하게 승마용 채찍을 휘두르다가 남자가 죽자 슬픈 표정으로 연못가에 앉아 있다. 남자를 잡아먹는 전설적인 요괴의 모습이다. 그러다 결국은 경제적 능력이 있는 한 신사와의 행복한 사랑에 안주하지 않고 영화가 끝날 때까지 고집스럽게 외로움을 유지한다.

에로틱의 영역에서는 호전성이 공공연히 표출되었다. 세련된 남자의 점잖은 가면 뒤에는 공격성과 오만함이 숨어 있었다. 1951년 5월 남성 잡지 《그 남자Er》에 〈사랑 사관학교〉라는 제목의 기사가 실렸다. 글쓴이는 남성들에게 저돌적인 공격을 조언한다.

> 여자가 어설픈 자기방어에 나설 필요가 없도록 만드는 남자의 능숙한 공격보다 여자를 더 기쁘게 하는 것은 없다.

그러고는 이렇게 말한다.

> 불쾌감을 주지 않는 저돌성, 잔인하지 않은 폭력성은 미묘한 뉘앙스의 차이이다. 외교관들은 모든 세부 사항을 본능적으로 한 눈에 꿰뚫어보는 사람을 보고 수완이 있다고 말한다.

폭력은 괜찮지만 잔인함은 안 된다. 그리고 절대 사과하지 마라! 이건 오늘날의 기준으로 보면 남자를 정말 혐오스럽게 만드는 지침처럼 들린다. 물론 저자도 마지막엔 진정한 사랑 앞에서는 그 어떤 '전쟁의 기술'도 소용이 없음을 인정한다.

> 정말 사랑하는 여자 앞에 서면 용기가 없어지는 건 동서고금의 진리다.

남녀 대결은 특히 누가 더 불행한지를 두고 벌이는 경쟁으로 표출되기도 했다. 남자와 여자 중 누가 더 전쟁으로 고통을 받았을까? 볼프강 리베나이너가 보르헤르트의 〈문밖에서〉를 자유롭게 각색한 영화 〈사랑 47Liebe 47〉에서는 서로 모르는 남녀 한 쌍이 엘베강 변에서 우연히 만난다. 둘 다 삶에 지쳐 있다. 안개가 짙게 깔리고, 부두에는 총격으로 구멍투성이가 된 공장들이 줄지어 있으며, 강물 위에는 죽은 물고기가 둥둥 떠다닌다. 여자가 여긴 너무 더럽다고,

여기서 자살하는 건 별로 좋은 생각이 아니라고 말한다.

내가 좀 비켜드릴까요?

남자가 묻는다.

아뇨, 가만있어요.

여자가 대답한다.

당신이 방해가 되는 건 아니에요.

남자는 이 말이 이해된다. 전쟁에서도 죽을 때 결코 혼자서 죽지는 않았기 때문이다.

혼자 있는 게 어떤 건지 당신이 알기나 해요?

여자가 호통친다.

당신네들은 우리를 혼자 버려뒀어요! 당신네들이 우랄산맥을 기어오르는 동안 우리 머리 위에선 폭탄이 떨어졌어요.

원작과는 달리 영화는 화해 무드로 끝난다. 극심한 불행을 놓고 벌인 경쟁은 무승부로 끝나고, 각자 자기 방식대로 지옥을 헤쳐 나간다. 그러다 마지막에 두 사람은 연인이 되고, 운 좋게 새 거처를 마련한다. 심지어 집주인은 두 사람에게 귀한 달걀까지 하나 선물한다.

언제나 중요한 건 달걀과 빵, 그리고 비바람을 막아줄 집이었다. 《콘스탄체》는 〈내 남자는 내가 먹여 살린다!〉라는 제목의 기사를 실으면서, 남편을 부양하는 직장 여성들을 자랑스럽게 소개했다. 이 기사에서 한 여성은 말한다.

> 난 내 남편을 정말 말 그대로 길거리에서 주웠어요. 당시 남편은 거리를 이리저리 떠돌고 있었는데, 정말 의지할 데 하나 없어 보이더라고요.

이어 남자가 다섯 살 연하에 "아이나 거의 다름없는 상태"였다고 덧붙인다. 이 기사는 여성 독자들에게 용기를 북돋워 주었다. 거리를 떠도는 남자들에 대한 모성적 애착은 강한 남자에 대한 욕망의 대안이었다. 그다음 여자들이 눈을 돌린 것은 상이군인이었다. 《콘스탄체》는 150만 명의 상이용사 가운데에서 남편감을 찾아볼 것을 반복적으로 권하면서, "아도니스• 같은 남자가 아니라 미래의 반려를 찾는다는 기분으로 남자를 찾는 것"이 현명하다고 했다. 이후 동강 난 다리를 처음 본 여자들의 경험담이 오랫동안 회자되었다.

여자들의 모성 욕구는 성 대결에서 결국 남자들에게 승리를 안겨다 줄 이상적인 지렛대였다. 1946년 6월 '젊은 세대의 신문'에

• 그리스 신화에서 여신 아프로디테의 사랑을 받는 미소년.

속하는 뮌헨의 《엔데 운트 안팡Ende und Anfang》에 라로스 박사라는 사람이 〈이 시대 여성의 영원한 사명〉이라는 제목의 논설을 썼다. 내용은 이랬다. "피를 얼어붙게 하는 폭력성 및 이기심과 함께 야수성이 사방에서 무섭게 터져 나오는" 지금, 이 오물의 구렁텅이에서 수레를 끌어낼 운명적인 과제가 여성들에게 주어져 있다.

> 여성들은 사랑이라는 그들 본연의 근원적 힘으로 남성들에게 너그러운 이해심을 보여주어야 하고, 남성들이 다시 정신을 차려 수년 동안의 심적 파괴에도 불구하고 다시 생산적인 일에 나설 수 있도록 마음의 안식처를 마련해주어야 한다.

마지막에 이 글은 위협 조로 넘어간다.

> 당신들이 이 말을 들으려 하지 않고 이해해주지 않는다면 이 나라에 닥칠 것은 재앙뿐이다! 우리 민족의 운명은 오랫동안 그랬던 것 이상으로 당신들의 손에 달려 있다.

동쪽 여성들이 겪은 "능욕의 시간"

6년간의 살인적인 전투 끝에 마침내 히틀러 군대를 무릎 꿇린 승자들도 악몽과 같은 방식으로 남성의 폭력성에 동참했다. 독일 여성이 겪은 경험은 점령 지역에 따라 달랐다. 동쪽에서는 마지막 전투에 이어 전례 없는 강간의 물결이 여성들을 덮쳤다. 강간의 규모는 50년 뒤에 매우 상세히 기술되었기에 여기서는 세부 내용을 일일이 언급하지는 않겠다.[24] 강간 행위는 지극히 대략적으로 집계되었고, 조사에 따라 수십만 건의 편차를 보인다. 최대 200만 명이 강간당했고, 한 여성이 여러 차례 당한 적도 많았다. 강간은 대개 공개적인 능욕과 고문, 살해와 연결되어 나타났다.

그 시절 베를린 여성들의 기록을 보면 소름 끼치는 범죄 행위에 대한 경악스러운 묘사가 가득하다. 갑자기 문이 거칠게 흔들리더니 남자가 밀고 들어와 때리고 강간하지 않은 밤은 거의 없었다. 마르그레트 보베리는 당시를 이렇게 회고했다.

> 밤중에 차라리 폭탄이나 수류탄을 기다리는 편이 낯선 남자들이 들이닥칠까 애태우는 것보다 훨씬 나았다. 폭발하는 쇳덩이에 대한 불안이 폭주하는 인간에 대한 두려움보다 한결 참을 만했다. 나는 수면제를 먹고 이틀 밤을 내리 자는 바람에 아무 소리도 듣지 못했고, 아침에야 무슨 일이 일어났는지 알아차렸다. 뒷집에 사는 하르트만 부인이 네 번이나 강간당한 것이다. 나와 개인적으로 아는 사이는 아니지만, 다들 그런 꼴이나 당해버리길 진심으로 바랐던 200퍼센트 나치인 '타이'라는 아가씨는 고작 한 번밖에 당하지 않았다.[25]

저널리스트 마르타 힐러스가 "능욕의 시간"이라고 부른 그 일에 대한 가장 인상적인 기록은 아마 그 자신의 일기일 것이다. 이 일기는 2003년 《베를린의 여인Eine Frau in Berlin》이라는 제목으로 재출간되어 세계적인 베스트셀러가 됐다. 이 작품에 관한 열띤 논쟁과 함께 저자의 정체가 밝혀졌지만, 오늘날까지도 책 표지엔 글쓴이가 '익명'이라는 뜻의 '아노니마Anonyma'라고 적혀 있다.[26] 저자는 강간범의 유형을 전체적으로 파악하기까지는 4월 말부터 2주 동안이면 충분했다고 썼다. 그의 꾹 다문 입술 사이로 썩은 내 나는 주둥이를 들이밀며 음탕한 침을 뚝뚝 떨어뜨리는 인간, 무작정 거칠게 밀어붙이며 잔인하게 만족감을 취하는 인간, 일이 끝나자 그를 부축해서 일으키고는 미안함의 뜻으로 어깨를 토닥이던 비교적 부드러운 인간, 또한 사이사이 분위기를 누그러뜨리며 카드놀이까지 함께하자던 소통형 인간도 있었다. 그는 다행히 개머리판으로 다짜고짜 여자들의 이빨부터 부러뜨리는 정말 야만적이고 무식한 인간은 경험하지 않았다.

힐러스는 여행을 많이 다닌 여성이었다. 모스크바에서 일한 적이 있고, 파리 소르본대학에서도 공부했다. 러시아어를 웬만큼 할 줄 알았던 것이 러시아인 중에서 자신을 보호해줄 사람을 찾는 데 도움이 되었다. 그러니까 '늑대들에게서 자신을 지켜줄 늑대'를 찾으려고 한 것이다. 그렇다면 '사령관이나 장군처럼 고위급 장교'면 더더욱 좋았다. 이 전략은 성공했다. 장교 중에서도 소령을 낚았으니까.

> 나는 늑대 중 한 마리, 그것도 무리에서 가장 강한 늑대를 길들임으로써 나머지 무리를 내게서 떼어놓았던 것이 무척 자랑스럽다.

소령은 부드러운 면이 있었고, 힐러스에게 과하게 들이대지도 않았다. 다만 같이 잘 때 그의 무릎 통증 때문에 밤잠을 설치는 것이 거슬렸을 뿐이다. 두 사람은 서로 약간의 애정을 느꼈고, 며칠 뒤 소령이 귀환 명령을 받아 떠나야 했을 때는 심지어 슬픔까지 느꼈다.

나는 마음이 약간 아프고, 가슴 한구석이 조금 허전하다. 내가 오늘 처음 본 그의 가죽장갑이 생각난다. 그는 장갑을 왼손에 우아하게 쥐고 있었다. 그러다 장갑이 우연히 바닥에 떨어지자 황급히 집어 들었다. 나는 짝이 맞지 않는 장갑임을 바로 알아보았다. 하나는 손등에 솔기가 있었고, 다른 하나는 매끈했다. 그는 당황해서 시선을 돌렸다. 그 순간 나는 그를 좋아하게 되었다.

러시아는 제2차 세계대전에서 2700만 명이 죽었다. 히틀러는 민간인에 대한 섬멸전을 지시하면서 독일 국방군에 "전사적 동지애 같은 약한 마음을 버리라"[27]고 요구했다. 그의 최고사령관들은 아주 잔인한 방식으로 명령을 수행했다. 소련군은 끔찍한 일을 겪었다. 수많은 병사가 단 하루의 휴가도 없이 4년 동안 전선에서 싸웠고, 그러다 마침내 전세의 호전과 함께 불타버린 대지와 황량하게 변해버린 고향 마을, 시체로 뒤덮인 들판을 지나 독일 땅으로 밀고 들어갔다. 그들보다 훨씬 부유하고 발전된 나라였다. 그런 나라가 대체 왜 자신들을 공격하고 파괴했을까? 크라스노폴리에 대학살에서 아내와 아이들을 잃은 '고프만'이라는 붉은 군대 병사는 이렇게 외친다.

나는 복수를 했고, 앞으로도 계속 복수할 것이다. 죽은 독일인들로 뒤덮인 들판들을 보았지만, 그것으로 충분하지 않다. 우리의 죽은 아이들을 생각하면 저들은 찢어 죽여도 시원치 않다![28]

일부 독일인은 러시아 병사들의 잔인함이 국방군과 나치 친위대, 경찰 대대가 러시아에서 저지른 만행에 대한 복수에서 비롯된 것임을 어렴풋이 깨닫고 있었다. 모진 학대를 받은 한 독일 여성은 나중에 그 사실을 솔직하게 인정했다.

나는 정말 많은 고통을 겪었어요. 하지만 냉정하게 생각해보면 이 모든 건 결국 우리 병사들이 러시아에서 자행한 일들에 대한 끔찍한 보복인 것 같아요.[29]

나치 저항자 안드레아스-프리드리히는 자신의 일기에 이렇게 기록했다.

나는 고민하고 또 고민한다.
나는 러시아인들을 사랑하지만 그들의 정권은 섬뜩하다.

모두 나치 저항자인 안드레아스-프리드리히의 친구들도 "같은 문제로 고민한다. 그들 역시 러시아인들을 사랑하고 싶어 하지만 차마 그럴 수가 없다. (…) 그들은 러시아 병사들을 증오하고 두려워한다".[30] 붉은 군대의 지휘관 일부는 약탈과 강간을 일삼는 부하들을 부끄러워했으며, 적지 않은 병사가 그런 일로 총살당했다. 그러나 그런 제재도 즉각적인 효과를 발휘하지는 못했다. 베를린에서 붉은 군대는 때때로 독일 여성들에게 잉크병을 나누어주며 강간범들을 특정하라고 요구했다. 그러면 그들을 처벌하겠다는 것이다. 하지만 그러지 않아도 자제력을 잃고 날뛰는 남자들을 그런 일로 더 자극할 여자가 어디 있겠는가?

힐러스의 일기는 약혼자 게르트가 6월 말 전쟁에서 돌아오면서 끝난다. 그런데 약혼자의 실망감은 엄청나게 컸다. 우선 여자들의 태도에서 묻어나는 새로운 자의식을 견디지 못했다. 어느 날 저녁이었다. 두 사람이 이웃과 함께 있을 때 여자들이 지난 몇 주 동안 당한 일들을 아무렇지도 않게 이야기했다. 게르트는 얼굴을 찡그리며 화를 냈다.

> 당신들은 암탉처럼 뻔뻔해졌어. 여기 있는 당신들 모두가. 당신들은 그걸 모르겠어? (…) 당신들과 같이 있는 게 끔찍해. 당신들에게는 기준이라는 게 없어졌어.

전쟁에 져서 돌아온 남자는 약혼녀의 강간을 그뿐 아니라 자신의 수치로 여겼다. 따라서 힐러스를 따뜻하게 위로하는 대신 혐오스러워하며 밀어냈다. 이 같은 얼음처럼 차가운 감정은 수많은 연인 관계를 끝냈다. 이는 그 시기 문학의 반복되는 주제였지만, 남자들의 그런 태도가 여성에게는 또 다른 가해라는 사실을 인지하는 일은 드물었다. 죄 없이 그저 여자라는 이유로 그런 일을 당한 아내를 '용서'할 수 있으려면 남자가 뛰어넘어야 할 자기 속의 그림자는 엄청나게 컸다.[31]

남편이 있는 상태에서 그런 일을 당했다면 부부는 암묵적으로 이 일을 발설하지 않기로 약속했다. 당국에서 '강제 성교'라 이름 붙인 그 일을 베를린 여성들이 홀가분한 마음으로 솔직하게 털어놓는 것은 그리 오래가지 못했다. 게르트 같은 남자들이 돌아오면서 그 사건은 치욕적인 일로 치부되었고, 여자들이 꼼짝없이 당해야 했던 그 범죄들은 침묵의 덮개로 봉인되었다. 이제 집단화된 것은 수치심이었고, 그것은 2차 가해의 형태로 해당 여성들을 나락으로 빠뜨렸다. '아노니마'처럼 자신의 경험을 공개한 여성들이 '수치심을 모르는 뻔뻔한 여자'로 비난받은 것이다.

1959년 《베를린의 여인》이 처음 출간되었을 때 베를린의 《타게스슈피겔》은 이렇게 썼다.

> 300페이지에 가까운 책을 한 베를린 여자의 눈으로 따라가며 읽는 것은 무척 괴롭다. 여기서 다루는 주제가 너무 잔혹해서만은 아니다. 그보다 훨씬 더 괴로운 것은 이 주제를 표현하는 어조, (…) 불쾌한 비유, 남들은 별로 듣고 싶지 않은 부분까지 드러내는 충격적인 묘사, 독일 남자들에 대한 경멸적인 발언이다. (…) 대부분의 여성, 아니 거의 모든 여성이 살면서 그런 끔찍한 경험을 했다고 이런 외설적인 책을 쓰지는 않을 것이다.[32]

이후 44년이 훌쩍 지나 한스 마그누스 엔첸스베르거Hans Magnus Enzensberger가 발행한 '디 안더레 비블리오테크Die Andere Bibliothek' 시리즈로 이 일기가 새로 출간되었을 때, 가끔 신랄하면서도 시종일관 감상에 빠지지 않는 저자의 덤덤한 어조는 독자들의 귀에 무척 다르게 들렸다. 2003년 이 책은 불티나게 팔렸다. 두 세대가 지난 뒤에야 독일인들은 전쟁 패배의 가장 곤혹스러운 문제이자, 다들 쉬쉬하던 당대 여성들의 운명을 직시한 것이다. 그로써 그동안 숱한 경멸에 시달리고, 때로는 조금 괴팍해 보이면서도 당당하게 살아가던 베를린의 늙은 과부들을 좀 더 부드러운 눈으로 바라보게 되었다.

서쪽의 양키 애인, 베로니카 당케쉰

전쟁 직후 여성들이 겪은 운명은 그사이 점점 더 솔직하게 이야기되었음에도 오늘날 동독인과 서독인 사이의 정서적 차이를 그와 결부시키는 일은 거의 없다. 1989년 동독의 시민 봉기 이전까지 동독인과 서독인의 경험은 많은 측면에서 달랐지만, 아마 가장 큰 차이는 전쟁이 끝난 직후였을 것이다. 독일 여성들이 점령군에게 당한 성적 경험은 동쪽이든 서쪽이든 별반 다르지 않았다. 다만 서쪽에서도 점령군의 강간 행위가 숱하게 일어났음에도 서방 연합군에 대한 이미지는 전체적으로 매력적인 것까지는 아니어도 한결 우호적이었다.

이런 점을 고려하면, 동쪽에서 이방인에 대한 불신이 훨씬 더 큰 이유를 찾을 때 이 차이가 거의 언급되지 않는 것은 퍽 이상하다. 사람들은 이를 해석하려고 사회주의 탁아소에서 젖먹이에게 실시한 조기 이유식離乳食 같은 하찮은 일까지 들먹였지만, 놀랍게도 집단 강간은 전혀 언급되지 않았다. 동독 사회를 수 세대 동안 서쪽보다 더 폐쇄적 집단으로 만든 이유를 점령군에 대한 트라우마에서 찾는 편이 더 설득력 있지 않을까? 게다가 국가가 그 일에 대해 강제적 침묵을 지시한 것도 집단 영혼에는 좋지 않은 영향을 끼쳤다. 그 일은 일어난 지 벌써 70년도 더 지났지만 상처의 치유 과정을 거치지 않았기에, 이방인에 대한 불신은 습관이 되어 자식들에게 대물림되었다. 역사가 루츠 니트하머Lutz Niethammer는 이런 맥락을 거론하지 않으면서도 동서독의 차이를 적확하게 짚어냈다. 동독은 "미덕과 강간으로 수척해진 딸"이라면 서독은 "활기찬 난봉꾼"[33]이라는 것이다.

'승자들의 노략질'과 관련해서는 서쪽에서도 온갖 신화와 상상이 뒤섞여 있어서 실상을 파악하기란 쉽지 않다. 그에 대한 지극히 모순적인 감정 속에는 냉전과 성性 정치학, 무성한 환상이 어지럽게 뒤섞여 있었다. 독일에서 성장한 미국의 동성애 작가 빈프리트 바이스Winfried Weiss는 《한 나치의 어린 시절A Nazi Childhood》에서 여덟 살 때 친구와 함께 외국 군인들이 이자르강 변에 버린 쓰레기들 틈에서 사정한 콘돔을 발견한 이야기를 한다. 소년들은 그게 창녀들과 성교를 하면서 사용된 것이라고 확신했다. 어린 나이지만 그런 이야기는 이미 많이 주워들었던 것이다. 소년은 뚜렷한 동성애 성향으로 인해 미군을 사랑하고 경탄했다. 한 군인에게 성폭행을 당한 뒤에도 그러한 마음은 바뀌지 않았다. 따라서 소년은 신기한 눈으로 콘돔을 집어 올리고는 "비눗물 같은 흰색 물질"을 바라보며 어린애다운 마음으로, 놀라운 슈퍼맨을 만들어내는 그 물질에 감탄했다.

그 길쭉한 고무주머니에는, 자주 욕을 먹지만 무척 아름다운

미국인의 진액이 담겨 있었다.[34]

많은 독일인이 갖고 있던, 미국인에 대한 이런 매력적인 이미지를 1956년에 미국으로 건너가 죽을 때까지 문예학을 가르친 이 작가보다 더 기이하게 묘사한 사람은 아마 없을 것이다.

물론 모든 사람이 갑자기 진입한 군대의 "기민성과 정밀성, 완벽한 육체"[35]에 그렇게 기괴할 정도로 감탄하지는 않았지만, 외국군은 의외로 따뜻한 환영을 받을 때가 많았다. 독일 저격병들이 최종적으로 제거되자 이제 거리엔 총소리 대신 전차 굴러가는 소리만 들렸고, 여자와 아이들이 나와 손을 흔들었다. 거기엔 러시아인들에게 해방되지 않은 것에 대한 감사함도 한몫했다. 물론 독일인들에겐 두려움도 있었다. 전쟁 중에 나치 선전 기관들은 주민들에게 서방 연합군에 대한 공포를 부추기려고 온갖 방법을 썼고, 그 때문에 독일인들은 미군과 프랑스군에 속한 '흑인 병사들'을 특히 두려워했다.

실제로 미국과 영국, 프랑스 군인 들도 전쟁 범죄를 저질렀지만, 특히 북아프리카계 프랑스 병사들은 더 심했다고 한다.[36] 하지만 이 가해자 집단이 독일인들에게 그런 식으로 끈질기게 기억된 데는 인종차별적 동기가 작용했을지 모른다. 모로코인들의 범죄는 전형적으로 여겨졌다면 미국인들의 범죄는 주변부에서 일어나는 개별적 탈선 정도로 간주되었을 수도 있기 때문이다. 그렇다면 당시의 일반적인 평가는 신중하게 판단할 필요가 있다. 물론 그것 외에 명확한 사실도 있다. 프랑스군의 진입 이후 슈투트가르트에서만 1389명의 여성이 강간 사실을 신고했다.[37] 약탈 및 강간 발생률이 가장 높은 지역은 바덴과 바이에른이었다. 바이에른에서는 주로 외딴 농장이 미군에 의해 약탈당하고 여성들이 강간당했다. 고의적 살인과 우발적 살인도 발생했고, 심지어 어느 정도는 일상사로 받아들여지기도 했다.

종전의 혼돈 속에서 범죄적 에너지와 폭력적 욕구에서 자유로운 집단은 없었다. 청소년 패거리는 물론이고 석방된 강제 노역자와 강제수용소 수감자들, 동쪽의 실향민들, 그리고 당연히 점령군 병사들까지 불을 지르고, 약탈하고, 살인을 저질렀다. 하지만 그렇다고 붉은 군대에 의한 성폭력을 서방 연합군의 그것과 단순히 동일시해서는 안 된다.[38] 적어도 영미 병사들이 전반적으로 러시아군보다 한결 나았다는 건 이미 많은 증거로 충분히 입증되었다. 심지어 이와 관련해서는 거짓말할 이유가 전혀 없는 나치 친위대의 문서로도 수차례 증명되었다. 한 나치 친위대 상급 돌격대 대장은 1945년 3월 미군의 진격 중에 독일 국방군이 어떤 장소를 일시적으로 탈환한 뒤 현지 주민들에게서 들은 이야기를 이렇게 상부에 보고했다.

> 미군은 항상 통조림과 초콜릿, 담배를 주면서 주민들과 좋은 관계를 유지하려 했다고 합니다.

주민들은 미국인들에 대해 '상당히 좋은 감정'을 갖고 있었고, 특히 여성들의 주장에 따르면, 독일군은 자신들을 '내팽개쳤지만' 미국인들은 잘 대우해주었다고 한다. 결국 상급 돌격대 대장 역시 주민들이 느꼈던 적의 도덕적 우위를 인정하지 않을 수 없었다.

> 독일군에 의해 가이스라우터른이 해방되었을 때 당국은 미군

이 후퇴하면서 자신들이 묵었던 집을 파괴하지도 않았고 집 안 물건들에 손도 대지 않았다는 사실을 확인했습니다. 그들이 우리 독일군보다 더 낫게 행동했다는 것이 주민들의 일반적인 생각으로 보입니다.[39]

물론 가이스라우터른보다 불행했던 곳도 있었다. 독일군이 여전히 광적으로 저항했거나 아니면 미군이 무의미한 상징적 전투에서 쓸데없이 죽어나간 그런 곳들이었다. 이미 오래전에 점령된 마을에서 독일 저격병들의 총성이 완전히 멎으면 미군들은 그에 대한 분노를 여자들에게 풀 때가 많았다. 심지어 일부 보고서에 따르면, 미군 병사들은 강제수용소의 지옥과도 같은 현실을 직접 목격하고 나면 지극히 이례적인 공격성으로 독일 민간인들을 학대했다고 한다.

미군 지휘부는 병사들에게 이런 명령을 내렸다. 독일인들을 비인간적으로 대해서도 안 되지만 결코 우호적으로 대해서도 안 된다! 그들의 점령 지침은 명확했다. 독일 국민은 음험하고 악의적이고 위험한 족속으로서, 일단 엄격하고 지속적인 재교육을 통해 순화되어야만 접근이 가능한 야수들이라는 것이다. 독일 국민을 공식적으로 나치 권력 엘리트와 파시즘의 희생자로 본 소련과 달리 미국인들은 늘 나치 이념의 대중적 성격을 강조했다. 그들의 눈에 대다수 독일인은 광적인 나치이자 병적인 확신범으로 보였다. 따라서 연합군의 진군 이후에도 한참 동안 독일에서 파시스트적 게릴라 활동과 베어볼프 암살 부대•의 활동이 끊이지 않은 것도 그와 연결시켜 생

• 나치가 연합군 VIP를 암살하기 위해 만든 특수부대.

각했다.

이런 생각에 맞게 미군 지휘부는 1944년 4월 병사들에게, 적을 무자비하게 굴복시킬 것을 허용하는 동시에 독일인들과의 교류를 어떤 형태로건 엄격하게 금지시켰다. 악수도 대화도 접근도 허용되지 않았다. 이런 교육을 받았기에 미군 병사들은 지프차를 타고 도시로 진입할 때 예쁜 여자와 경탄하는 아이들이 거리로 나와 자신들을 따뜻하게 환영하는 모습이 더욱 낯설게 느껴질 수밖에 없었다. 상부의 금지 명령에도 지프차에서 담배와 초콜릿을 건넸을 때 독일인들이 진심으로 고마워하는 모습을 보며 당혹스러워했다.

미국인들과 함께 이상한 군대가 들어왔다. 길가에서 보는 모든 것이 낯설고 놀라웠다. 자유분방한 자세, 자신감 넘치는 웃음, 껄렁하게 담배를 피우는 모습은 다들 처음 보는 것들이었다. 힐데가르트 크네프의 회고록에 따르면 미군들의 어깨는 옷장만큼 넓었고 엉덩이는 작고 탱탱했다. 그들은 건강미가 넘치는 굉장히 낙천적인 인간으로 묘사되었고, 다른 수많은 목격자의 보고서에도 항상 '아이들처럼 순박하다'고 적혀 있었다. 미군 병사들이 이렇게 순박하게 보인 것은 그전에 독일인들이 나치 선전을 통해 갖고 있던 막연한 두려움의 반작용일 수 있었다. 이제는 미국인들의 가볍고 바보 같은 행동조차 독일인들에게는 오히려 안심이 되었다. 특히 흑인 병사들의 '선량한 미소'에서는 고마운 마음까지 들었다. 독일군의 몸에 밴 군기軍紀는 미군에게선 찾아볼 수 없었다. 지프차에 방만하게 앉아 있는 승자의 모습은 독일 여성들에게 말 잘 듣는 순진한 신처럼 보였다.

지프차를 타고 진입하는 승자의 당당한 모습은 어린 소녀들의 머릿속에 영원히 각인되었고, 더 큰 청소년들은 독일 여자들이 승자의 매력에 푹 빠지는 것을 보면서 그들 아버지처럼 큰 충격을 받았다. 반면에 어른들은 빠르게 유포된 소문에 따라 독일이 패배한 유일한 이유로 알고 있던 미국인들의 기계화에 감탄했다. 하지만 그들도 제복을 입은 승자들의 태도에서 민간에 대한 정중함 같은 것을 곧 알아차렸고, 부하가 의자에서 일어나지 않은 채 상관에게 문서를 건네거나 끊임없이 뒤꿈치를 딱 붙이는 기강 없이도 전쟁에서 승리할 수 있음을 알고 놀라워했다.

무엇보다 인상적이었던 것은 군인다운 절도와 경직성이 없다는 점이었다. 어디서건 풀어헤친 자세로 앉아 있거나 편안하게 구는 미국식 생활 방식은 누군가에겐 거부감을 불러일으켰지만 누군가에겐 매력적으로 다가갔다. 외국에서도 자기 집처럼 편하게 생활하는 미군의 모습은 당혹감을 자아냈다. 어떤 여자는 그들의 자유분방함에서 점령군의 오만함을 보았다면 어떤 여자는 뿌리칠 수 없는 매력을 느꼈다.[40] 그들은 적국에서도 그렇게 자유롭고 편안하게 행동하는 남자들 속에서 자신들이 모르고 있던 사적 친밀감과 편안한 남성성을 인지했다. 즉 부담 없는 남성상이었다.

일부 회고록을 보면, 신속하게 설치된 미군 병영 앞에는 살라미 몇 조각과 껌, 담배를 얻기 위해 몸을 팔려는 여자들이 그야말로 '장사진을 치고' 있었다고 한다. 그러나 이건 과장이다. 미군에 접근하려면 위험과 굴욕감을 이겨내야 했기 때문이다. 물론 미군이 독일 여성들과 접촉하기 위해 특별히 노력할 필요가 없었던 건 사실이다. 그저 교제 금지 조치와 성병에 대한 경고를 무시하는 약간의 용기면 충분했다. 이런 아가씨들은 곧 '베로니카 당케쉰Veronika

Dankeschön'•이라 불렸다. 성병Venereal Disease의 약자 VD를 변형한 말장난이었다. 성병은 적절한 의약품의 부족으로 널리 퍼져 있던 질병이었다. 그러나 이런 위험에도 독일 여자들과 미군은 전력을 다해 관계를 맺었다. 1945년 여름, 미국인들이 얄타회담[41]에 따라 자신에게 귀속된 베를린 지구로 들어오자마자 베를린 반제호수의 백사장에는 군복과 꽃무늬 드레스를 입은 커플이 가득했다. 그들은 피크닉 담요 옆에 소총을 놓고 수영복 차림으로 햇볕을 즐겼다.

서독에는 미군 병영 인근 도로에서 대기하는 수많은 아가씨에 대한 보고가 많았다. 심지어 미군들과 더 가까이 있으려고 미군 훈련지 주변의 숲 동굴에서 야영하는 젊은 여자들도 있었다. 미군 헌병과 독일 경찰이 그런 여성들을 상대로 일제 단속을 벌였다. 강제로 체포해서 성병 검사를 하기 위해서였다. 그 과정에서 여성들은 욕설과 폭력에 시달렸고, 때로는 성폭행을 당하기도 했다.

이러한 잔인한 방식 외에 좀 더 부드러운 형태의 통제가 등장했다. 1947년 2월 베를린 시청에서는 600명의 지원자 가운데 미군 병사를 상대하는 데 아무 문제가 없는 처자들이 선별되었다. 독일 교사, 의사, 행정 관료로 구성된 심사위원회가 그들을 심사했고, 통과한 사람들에게는 미군 클럽에 출입할 수 있는 '사교 패스'가 발급되었다. 그 명단은 최종 결정권을 가진 미국인들에게 넘겨졌다.[42]

독일 여성을 이런 양공주, 혹은 당시 흔히 부르던 '양키 애인'으로 내몬 가장 큰 동기가 물질적 궁핍이었다는 사실은 최근까지도 확실해 보인다. 혹독한 굶주림이 만연하던 시기에 살아남으려면 여

• '베로니카 땡큐'라는 뜻이다.

성들에게는 선택의 여지가 별로 없었다. 기록에 따르면, 심지어 가족들이 먼저 나서서 생계를 위해 여성과 젊은 처자를 미군 병영으로 떠민 사례도 많았다. 그중에서 진짜 나쁜 인간은 아버지들이었다. 딸에게 매춘을 강요하고는 나중에 그들을 창녀나 국가 배신자라고 매도한 인간들이다. 하지만 모든 양키 애인이 궁핍과 강요 때문에만 미군 병사들을 찾은 것은 아니었다. 일부 여성은 자발적이고 적극적으로 미군에 접근했는데, 거기엔 분명 좀 더 자유로운 생활 방식에 대한 호기심이 담겨 있었다. 영화학자 아네테 브라우어호흐Annette Brauerhoch는 이런 아가씨들의 행동에서 "조직되지 않고 기록되지 않은 반문화의 형태"를 보았다. 2006년에 출간된 브라우어호흐의 연구서 《아가씨와 미군들Fräuleins und GIs》은 양키 애인 속에서 적극적인 욕망과 무엇보다 "독일의 과거에 대한 항의"[43]를 인지하려는 몇 안 되는 시도 가운데 하나였다.

젊은 독일 여성들이 미군을 찾은 데는 문화적 또는 하위 문화적 동기도 숨어 있었다. 즉, 고루한 독일적 삶의 방식과 비좁고 숨 막히는 환경에서 탈출하려는 욕망도 있었다는 말이다. 그러나 대다수 독일 역사가들은 당시 여성들에게 낯선 것에 대한 욕망이 존재했고, 바로 그 속에 미군들에게 매력을 느낀 이유가 있을 수도 있다는 점을 오랫동안 생각조차 하지 않았다. 그들은 초콜릿에 대한 욕구 외의 다른 이유들에서 미군, 심지어 흑인에게 끌릴 수 있다는 사실을 인정하지 않았고, 지금도 인정하지 않고 있다. 그들에겐 오직 '궁핍만'이 부역의 동기여야 했다. 그렇다면 자발적으로 양키를 찾은 여자들을 민족의 배신자로 보려는 충동이 여전히 우리 속에 있는 것은 아닐까?

전후 시대 여성들을 오직 통계로만 보는 역사 기술의 시간이 시작되었다. 여기엔 경제 상황과 직업 활동, 정당 및 단체에서의 활동을 계량적으로 환산한 수치와 도표만 가득하다. 당시 여성들이 갖고 있던 삶의 욕망이 들어설 자리는 없다. 연합군과의 교제를 물질적인 관점으로만 제한하는 협소한 사고방식은 여성들을 그저 곤궁한 삶의 수동적인 대상으로 격하시킨다. 미국인들에 대한 열광의 이유를 좀 더 깊이 파헤쳐보아야 여성들을 최소한 부분적으로는 삶의 주체로 인정할 수 있다. 그러나 페미니즘 학문조차 여성을 피해자로만 보기에 급급할 뿐 여성의 욕망에는 별로 관심을 보이지 않았다.

그런 까닭에 많은 양키 애인을 독미 친교의 선구자로서 인정하는 것은 나중에도 쉽지 않았다. 그러나 그들은 실제로 독일연방공화국이 서방을 향해 나아가는 머나먼 길의 개척자이자 서독의 자유화를 이끈 선구자다. 우리는 그들의 비정치적이고 개인적인 측면만 강조하다보니 그들이 전시에서 평화 체제로의 정신적 전향에 얼마나 중요한 역할을 했는지 알지 못한다. 미군 병영 주변의 댄스홀이 아무리 퇴폐적으로 비칠지라도 독일의 과거 극복에서 때로는 온몸으로 때로는 사랑스러운 방식으로 굉장히 깊은 흔적을 남긴 것은 바로 '베로니카 당케쉰'이었다.

점령군과의 사랑에 대한 판타지는 우후죽순처럼 퍼져나갔다. 한스 하베의 소설 《출입 금지》에서는 한 유대계 미군 소령이 나치 실력자의 아내를 사랑한다. 미국으로 망명하기 전 독일 학교를 다닐 때부터 이 여자를 사랑한 남자였다. 사도마조히즘적 성향을 가진 텍사스 출신의 또 다른 장교는 강제수용소 소장의 아내에게 홀딱 빠진다. 그 밖에 독일의 한 젊은 귀족 여성은 미군 장군의 집에서 가사도우미로 일하는데, 장군의 아내가 미국에서 날아오면서 재앙이 펼쳐진다.

1950년 남성 잡지 《그 남자》에 실린 한 텍스트는 이런 유의 이야기 중에서 가장 저급한 것으로 꼽힌다. 저널리스트이자 작가인 한스 플룩크-프랑켄Hans Pflug-Franken의 〈내겐 흑인 여자가 있다〉라는 제목의 두 페이지짜리 글이다. 이것은 한 여성 미군이 심심풀이 삼아 취하는 여성용 창부娼夫, 즉 '빈첸츠 당케쉰'에 관한 이야기인데, 필자는 여기서 인종차별적 클리셰를 노골적으로 드러낸다. 미군 여성은 흑표범으로 묘사된다.

> 사실 나는 그녀를 싫어한다. 그녀는 내가 강제로 사랑을 나누어야 하고, 내가 알아듣지 못하는 말을 하는 동물 같기 때문이다. 어쩌면 나도 그녀에겐 그저 한 마리 동물일지 모른다. 그녀가 큰 견과류 봉지를 가져와 내게 먹이기 때문이다.

남자는 섹스가 전혀 달갑지 않음에도 견과류를 먹고 애무를 받는다. 그는 흑표범 같은 이 여자가 두렵다. 그래서 절정의 순간에, 지금껏 늘 그래 왔던 것처럼 수동적으로 가만히 누워 있는 여자를 그리워한다.

> 난 팔베개를 하고 내가 원하는 만큼 가만히 누워 있는 여자가 좋아. 너 같은 뱀파이어는 싫어. 너는 몸을 너무 비틀어. 내가 너를 가지는 것이 아니라 네가 나를 가지고 있어.

남자의 걱정을 이보다 더 솔직하게 드러낼 수는 없을 듯하다.

1950년대 중반 화보 잡지 《크비크Quick》에 제임스 맥거번James McGovern의 소설 《아가씨Fräulein》 속편이 실렸다. 스트립쇼 댄서로서 다른 여자들의 미움을 받으며 수년 동안 전전하다가 아프리카계 미군 병사 시Si에게서 행복을 발견한 용감한 독일 여성 에리카에 관한 이야기였다. 어느 날 두 사람은 우연히 다른 독일 여자와 미국 남자가 어느 미용실 폐허에서 섹스하는 것을 목격한다. 여자는 오르가즘에 달하자 마치 하와가 최초의 인간 아이를 낳을 때 내질렀을 것 같은 "선사 시대의 비명"을 토해낸다. 여자가 놀란 표정으로 자신을 지켜보는 두 구경꾼을 발견하자 "복수의 화신처럼, 혹은 프로이센 땅에서 부활하는 불멸의 어머니 대지처럼 독미 간 우호의 콘크리트 제단"에서 서서히 몸을 일으키더니 "처진 가슴의 붉은 젖꼭지를 달빛에 드러내며, 독일이 앞으로 어떤 끔찍한 수단을 써서라도 살아남을 것임을 보여주는 산증인으로서 부서진 폐허 위에 우뚝 선다".[44]

하지만 냉정하게 보면, 독일이 살아남는 데 실제로 지대한 역할을 한 것은 미군 부대에서 일한 수많은 독일 여성이었다. 그들은 통역사, 청소부, 그리고 군무원만 상대하는 PX 판매원으로 일했다. 이런 고용 상태에서는 수많은 접촉이 생겼고, 그것은 자연스럽게 남녀 간의 연애로 이어졌다. 그런 경우가 얼마나 되는지는 정확히 알 수 없다. 다만 1949년까지 독일 '아가씨들'과 미군 사이에 1400건의 결혼이 성사되었다. 겉으로는 그리 많아 보이지 않지만, 결혼까지 이르려면 얼마나 많은 관계와 연애가 필요하고, 또 그런 결혼에 따르는 행정상의 많은 제약을 감안하면 독일 여성과 미군 사이의 연애는 실제로 훨씬 더 많았을 것이다.

브루클린 출신의 24세 대니얼 밀리텔로Daniel Militello는 종전 뒤 독일 여성과 결혼해서 정상적인 가정을 꾸리기까지 온갖 금지와 장애물을 뛰어넘어야 했던 첫 번째 미군이었다. 그는 '헬 온 휠스Hell on Wheels' 사단 소속으로 독일 저격병과 베어볼프 부대원들을 제거하는 임무를 수행했다.[45] 그러다 16세 소녀 카타리나 트로스트를 만났고, 두 사람은 사랑에 빠졌다. 이후 부대를 따라 동쪽으로 이동한 밀리텔로는 늘 트로스트가 있는 바트 나우하임으로 돌아갈 궁리만 했다. 1945년 가을 트로스트가 임신하자 그는 미 당국에 결혼 허가를 요청했지만, 허가는 떨어지지 않았다. 그러다 11월에 미국으로 돌아가 이듬해 2월에 제대했다. 이후 화물 선박회사에 취직해 대서양을 건넌 뒤 독일 브레머하펜에 도착하자마자 상륙 허가도 받지 않고 배에서 뛰어내려 바트 나우하임까지 힘겨운 여정을 시작했고, 마침내 애인 트로스트를 만나 그의 할머니 집에서 숨어 지냈다. 두 사람은 1946년 6월에 결혼했다. 밀리텔로는 8월에 아들과 아내의 도항을 위해 미국 영사관에 갔다가 체포되어 한 달 뒤 혼자만 미국으로 강제 출국당했다. 그사이 사랑을 위해 무모하게 대서양을 오간 이 군인의 운명에 미국 언론들이 관심을 가지기 시작했다. 마침내 한 뉴욕 시의원이 나서 트로스트가 비자를 받을 수 있도록 도왔고, 트로스트는 1946년 11월 첫 번째 독일인 전쟁 신부로서 미국에 입국했다. 1988년까지 이런 식으로 트로스트의 뒤를 따라 미국에 입국한 독일인 신부가 어림잡아 17만 명에 이른다고 한다.[46]

트로스트처럼 미군과 결혼한 여성들 역시 결혼하지 않은 미군 애인들 못지않게 독일인들 사이에서 나쁜 이미지 때문에 고통을 받았다. 이들에 대한 경멸은 삐딱한 시선에서부터 신체적 공격에 이르기까지 다양하게 이루어졌다. 이런 여성들에 대한 가장 상투적인 비난은 이랬다.

> 미국인들이 우리를 정복하는 데는 5년이 걸렸지만, 너희를 정복하는 데는 5분밖에 안 걸렸어.

일부 미군 신부는 구타를 당하거나, 아니면 부역자에 대한 국제적 모델에 따라 머리카락이 싹 밀리기도 했다. 심지어는 혐오 살인까지 간간이 일어났다.[47]

사람들은 직접 욕하거나 때리지 않을 때면 차가운 침묵으로 그들을 구석으로 몰아넣었다. 평소에는 파시스트적 징후가 조금이라도 보이는 언행에도 치를 떨던 68세대의 비판적 지식인들조차 미군 신부들에 대한 차별은 외면했다. 이 여성들이 사실 반권위주의적인 측면에서는 68세대와 통하는 면이 없지 않았는데도 말이다.[48] 제복을 입은 미군 애인과 팔짱을 끼고 당당하게 거리를 활보하면서 사람들의 못마땅한 시선을 아무렇지도 않게 무시하는 여성 중에는 기존의 생활 방식에 반기를 든 진정한 자유주의적 행동가도 있었다. 1979년에 이르러서야 라이너 베르너 파스빈더Rainer Werner Fassbinder는 조국의 배신자로 낙인찍힌 이 여성들에게 기념비를 세워 준다. 그의 영화 〈마리아 브라운의 결혼Die Ehe der Maria Braun〉에서는 물질주의가 전면에 등장함에도 주인공 역을 맡은 한나 쉬굴라가 발산하는 위엄은 사회 변화의 힘으로 해방된 여성의 중요성을 보여준다. 그 밖에 영화에서 반복되는 주요 모티브 가운데 하나는 암시장 화폐와 유혹 미끼로 사용되는, 신화적 의미가 담긴 미군 담배다. 마리아는 처음엔 흑인 병사에게 잠자리 대가로 미군 담배를 받고, 마지막엔 경제 기적의 한가운데에서 가스밸브를 연 뒤 담뱃불로 자신의 집을 공중으로 날려버린다.

'미군 아가씨'들에 대한 비난에 가장 격하게 반대한 것은 여성 잡지들이었다. 《여성 – 여자의 옷과 일, 그리고 기쁨Die Frau–Ihr Kleid, ihre Arbeit, ihre Freude》은 〈베로니카 당케쉰: 여성과 소녀 – 그들에 대한 비난과 그들이 실제로 만난 사람〉이라는 기사에서, 베로니카들이 미군 담배에 홀려 몸을 팔았다는 비방을 일축했다. 오히려 전쟁으로 그렇게 많은 무도회와 유람선, 연주회의 밤, 사랑의 모험을 빼앗긴 여성들이 이제야 "드디어 삶의 즐거움"으로 발을 내딛고자 한다고 말했다. 그러면서 미군 아가씨들의 사랑에서도 물질적인 요소가 가끔 어느 정도 작용하지만, 과거에도 연애와 결혼이 결코 사랑 하나로만 이루어지지 않았다는 사실을 인정해야 한다고 덧붙였다. 이어 종교적으로 꽉 막힌 독실한 독자들에게 이렇게 외친다.

> 결혼 광고에 자주 등장하는 것이지만, 정육점에 들어가려고 정육점집 딸이나 아들과 결혼하는 것이 굶주림과 비참한 궁핍 때문에 몸을 내주는 것보다 도덕적으로 낫다고 할 수 있을까? 그건 경제적 안정을 위해 잠깐의 시간이 아니라 삶 전체를 파는 것이나 다름없다.

이런 주장과 함께 《여성》은 사람들이 현대 사회에서 극복되었다고 믿는 애정과 이해타산의 상호관계를 이야기한다. 전후의 지독한 궁핍은 파트너 선택에서 물질적 계산을 극명하게 다시 수면으로 끌어올렸다. 그것도 원시사회의 수준으로 말이다. 그런데 여기서 흥미로운 것은 전적으로 경제적 필요나 순수한 사랑에서 비롯된 파트너 선택이 아니라 둘 다 어느 정도 섞여 있는 중간의 애매한 회색지대다. 그 잔인한 예가 앞서 언급한 마르타 힐러스의 일기다. 그는 야만적인 수많은 늑대에게서 자신의 몸을 지키려고 우두머리 늑대를 유혹해 자신의 수호자로 삼는다. 이런 냉철한 계산은 파트너 선택의 근원적 장면이다. 그런데 당시의 무정부 상태에서 어느 정도 소중한 보호자를 찾았다는 고마운 감정은 나름의 애정으로 이어지고, 그걸 보면서 힐러스 자신도 놀라워한다. 한마디로 늑대의 시간이 도래한 것이다. 필자는 자신의 짝짓기 행태 속에서 생존을 위해 계속 살아 숨 쉬고 있는 무언가가 동물적 본능임을 깨닫는다.

젊은 세대의 지적 저장고를 자처하는 잡지 《야, 젊은 세대 저널 Ja. Zeitschrift der Jungen Generation》은 1947년 6월 〈연합군과의 교제〉라는 제목으로 점령군과 피정복자의 "더 열린 관계"를 옹호하는 논설을 실었다. 이는 군사적 강압이 아니라 "히틀러주의가 무참히 짓밟은" 인간성에 토대를 둔 관계였다. 필자는 점령군과 독일인의 편안한 관계에 대한 모델로 베로니카 당케쉰을 지목했다.

> 어쩌면 이방인들의 품에 안긴 수많은 여성과 아가씨가 그런 연결을 가능하게 해줄 것이다. 이는 상상 가능한 최고의 인간적인 결합이다. 우리는 전쟁 중에 충족되지 못한 많은 갈망, 그러니까 먹을 것이 가득한 부엌이나 전쟁을 무사히 넘긴 이들의 사랑이 인류의 가장 큰 미덕보다 더 가치 있음을 알고 있다. 또한 기름진 점심 식사와 비밀 식료품 꾸러미가 연합군과의 이

새로운 관계에서 많은 것을 결정한다는 사실도 이 인간적 궁핍의 시기에는 저절로 이해가 된다.

당시의 전형적인 특징인, 뒤틀리고 비정통적인 사고 속에서 필자는 독일 여성에 대한 점령군의 사랑을 마셜플랜에 대한 성적 대응물로 본다. "기회나 재능이 없어서, 혹은 여건이 주어지지 않아서 연합군에게 자연스럽게 다가갈 수 없는" 사람만이 이 문제를 다르게 보고, 시기와 의심의 시선으로 "세상의 보편적 소통"을 위태롭게 한다. 이 글에서는 과도한 냉정함과 정치적 새 출발에 대한 격정이 이런 식으로 손을 맞잡는데, 이는 좋은 의미로 이해할 수 있는 기회주의의 이례적인 선언문이다.

당시의 결혼 시장에서 사랑과 이해타산이 얼마나 밀접하게 연결되어 있는지는 통계가 잘 보여준다. '이익에 초점을 맞춘 파트너 선택'은 특히 시골에서 뚜렷이 나타났다. 경제적 이득을 고려한 계산적 결혼은 농부들 사이에선 수 세대 전부터 생계 보장의 일환이었다. 동쪽에서 온 1000만 명의 실향민들은 바이에른과 북부 독일의 이런 완고한 환경에서 터를 잡으려고 애썼다. 전통적으로 파트너 선택이 현지 거주민들로 엄격히 제한되어 있던 이런 지역으로 슐레지엔과 포메른 지방의 실향민들이 전체 인구의 절반 정도 규모로 밀려들었다. 결과는 어땠을까? 사랑과 연애는 자주 이루어졌다. 그러나 젊은 현지 농부가 가난한 이주민의 딸을 아내로 맞는 일은 무척 드물었다. 넉넉한 지참금을 갖고 시집오는 현지 농부의 딸과 결혼하는 편이 훨씬 수지가 맞았기 때문이다.

반면에 남성 실향민들의 상황은 달랐다. 그들은 추가 노동력을 집에 들이는 것을 의미했기에 시골의 결혼 시장에서 잘나갔다. 게다가 현지 농부의 딸 입장에서는 가난한 실향민 남자와 결혼하면 결혼 비용을 대폭 줄일 수 있었다. 실향민 남자들은 이 기회를 최대한 이용했다. 그들은 같은 지역 출신의 여자를 아내로 맞으려는 종족주의적 전통에도 불구하고 함께 피난 온 가진 것 없는 여자들보다 현지인의 딸과 결혼하는 쪽을 택했다. 통계가 뚜렷이 증명해주듯, 결혼 시장의 절대적 패자는 여성 실향민이었다. 그런데 낭만과는 거리가 멀어 보이는 이런 식의 계산적 결혼이 내국인들 사이에서는 전혀 문제가 되지 않았던 반면에 독일 여자가 연합군의 일원과 결혼하는 것은 타락한 배신으로 여겨졌다.

궁핍한 전후 시기에 독일인들의 애정 생활은 한 낭만적인 영화가 큰 반향을 불러일으킬 만큼 낭만성과는 거리가 멀었다. 1951년 힐데가르트 크네프가 주연한 〈죄인Die Sünderin〉이 짧은 누드 장면 때문에 독일 영화 역사상 가장 큰 스캔들이 되었다는 오해는 오늘날까지도 계속되고 있다. 교회를 실제로 격분시킨 것은 광적인 종교성과 매춘의 결합이었다. 하지만 그보다 더 사람들을 도발한 것은 주인공 마리나가 불치병에 걸린 눈먼 화가에게 보여준 무조건적인 사랑이었다. 마리나는 화가의 죽음을 돕고 결국엔 자신도 목숨을 끊는다. 사람들은 이 영화를 경제 기적의 합리성에 대한 죄악이라고 생각했다. 게다가 마리나가 남성적 매력이라고는 찾아볼 길 없는 남자를 사랑한 것도 못마땅했다. 남자는 '아무렇게나 이리저리 떠도는' 인간 폐물이었다. 광신적 사랑에서 나온 이런 자발적 몰락은 전후 사회를 갈기갈기 찢어놓을 정도로 당시의 관습에서 너무 벗어났다.[49]

독일인들은 남녀 관계에서 통상적으로 뒤섞여 있는 사랑과 이해타산을 교묘하게 극복해내는 수단을 충분히 갖고 있었다. 가령 유머가 그렇다. 에벨린 퀴네케는 1946년 자신의 히트곡에서 "벌써 목요일이 기다려져요"라고 노래한다(제목도 같다). 연인과의 만남에 대한 설렘과 기대가 묻어나는 활기차고 유쾌한 노래다. 그런데 가수는 마지막에 추신의 형태로 이렇게 노래 부른다.

한 가지 더 얘기하자면 음식 바구니 잊지 말아요!

6. 약탈, 배급, 암거래

: 시장경제를 위한 수업

Rauben, Rationieren, Schwarzhandeln

: Lektionen für die Marktwirtschaft

재분배의 시작: 약탈을 배우다

대다수 독일인은 전쟁이 끝난 뒤에야 굶주림을 알았다. 그 전까지는 정복한 지역의 약탈을 통해 웬만큼 잘 먹고살았다. 심지어 행정 당국이 비상식량을 어찌나 많이 비축해뒀던지 기나긴 공습 기간에도 주민들은 굶주림 없이 지낸 도시도 많았다. 그런데 힘겹게 유지되던 식량 보급망은 전쟁 막바지의 치열한 전투와 함께 완전히 붕괴되었다. 그럼에도 그때까지 살아남은 독일인 대부분이 이례적으로 더웠던 1945년 여름을 비교적 굶지 않고 지낸 것은 파괴된 식량 보급망을 고려하면 기적에 가깝다. 이후에야 악화된 식량 사정은 '기아의 겨울'이라 불리던 1946/47년 겨울에 끔찍한 재앙으로 나타났다.

이런 재앙이 종전 직후에 바로 벌어지지 않은 것은 방향성을 잃고 우왕좌왕하는 패자든 모든 상황이 낯선 승자든 모두 탁월한 위기관리 능력 덕분이었다고 할 수 있다. 전후의 엄청난 혼돈 속에서도 많은 제빵사가 계속 빵을 굽지 않았다면, 상인들이 임시 공급 루트를 뚫지 않았다면, 화물차 기사들이 수레에 실어서라도 물건을 계속 운반하지 않았다면, 특히 도시에는 더 큰 위기가 닥쳤을 것이다. 중단된 식량 보급은 몇몇 용기 있는 사람의 결연한 행동으로 잠정적으로 재개되었다. 나치 치하에서 '제국 식량관'으로 불렸던 뮌헨 식량 관리국장은 5월 초 뮌헨의 빵집에 밀가루 재고가 닷새 치밖에 남지 않았다는 사실을 알고는 곧장 도시 외곽으로 떠났다. 밀가루 보급망을 확보하려는 이 행보에는 바이에른제분소협회장이 동행했는데, 제분소 주인들을 잘 아는 그가 주인들에게 비축품을 풀도록 설득했다.[1] 이런 식으로 여러 힘겨운 경로를 거쳐(사실 연합군에게서 화물차와 휘발유를 조달받는 일부터 진이 빠졌다) 종전 초기에는 식량 보급이 놀라울 정도로 잘 이루어졌다. 전쟁이 끝나기 전에는 그 반대 경우, 즉 식량 보급망의 완전한 붕괴를 예상한 사람이 대부분이었는데 말이다. 따라서 마지막 전투 중에도 이따금 식량을 비축하려고 아귀다툼이 벌어지기도 했다.

날이 밝자 약탈이 시작되었다.

젊은 여비서 브리기테 아이케가 1945년 5월 2일 일기에 쓴 내용이다. 그는 발리 이모를 비롯해 다른 주민들과 함께 베를린-프리드리히스하인의 주청사 건물로 밀고 들어갔다. 괴벨스 지구 안에 있는 건물이었다. 여기서 근무하던, 나치 정권에 특히 공이 많은 열성분자들은 바로 얼마 전에 이곳을 버리고 황급히 도망쳤다.

우리는 일단 시체를 넘어야 했다. 불에 탄 한 늙은 여자가 누워 있었다. 사람들은 주청사 건물 지하실에서 쓸 만한 물건은 무엇이건 꺼냈다. 나는 도중에 헬가 드보의 자매인 베라를 만났다. 우리는 손을 잡고 안으로 들어갔다. 매캐한 연기가 곧 질식해버릴 것처럼 자욱했다. 지하실 안은 캄캄했고, 발밑에서 계속 물컹물컹한 것들이 밟혔다. 시체인 듯했다. 남자들은 문을 차례로 부수었다. 그 안엔 담배와 와인, 화주, 크림, 카드, 옷, 부츠 등 없는 것이 없었다. 나는 장화처럼 보이는 것은 제쳐두고 크림통을 몇 개 급히 집어 들었다.

그들은 주청사 건물을 뒤지고 나서는 빈집 수색에 나섰다. 그러다 여자 몇이 피복창을 털자는 아이디어를 냈다.

나는 아귀다툼 끝에 커피색 비단 한 필과 멜빵, 자잘한 잡동사니를 손에 넣었다. 이어 1층 모피 창고에서 우아한 모피 코트를 골랐다. 그때 갑자기 호각 소리와 총소리가 났다. 러시아군이 왔다는 소리였다. 나는 이제 끝이라고 생각했다. 출입구엔 러시아 군인 몇이 서 있었다. 우리는 군용 외투를 내려놓아야 했다. 아니, 나는 너무 무서워 훔친 것을 모두 내던져버렸다. 그곳을 나와 집으로 무사히 돌아간 것만 해도 다행이었다. 사람들은 모두 미쳤다. 약탈을 할 때 보면 하이에나가 따로 없었고, 아무것도 신경 쓰지 않았다. 심지어 서로 주먹다짐까지 했다. 더 이상 인간이 아니었다.[2]

약탈의 순간에는 미친 듯한 탐욕이 그들을 사로잡았다. 어디에 쓸지 알 수 없는 물건도 일단 맹목적으로 확보하려 했다. 중요한 것은 남의 손에 들어가지 않게 하는 것이었다. 그러다 나중에 집으로 돌아가는 길에 제정신이 돌아오면 그렇게 기를 쓰고 모은 물건들을 그냥 길에 버리기도 했다.

뮌헨의 《쥐트도이체 차이퉁》에 따르면 권력의 공백기에 수많은 약탈 행위가 일어났다. 사람들은 비축품 창고에서 설탕을 털어갔고, 화물열차를 뒤져 치즈 덩어리를 가져갔다.

> 무엇으로도 제어되지 않는 탐욕이었다.[3]

아르츠베르크 지하실에서는 와인통이 박살 났고, 술에 취한 것으로 보이는 여자 여러 명이 무릎까지 잠긴 포도주에 익사한 채 발견되었다. 이 얼마나 기괴한 죽음인가! 혹독한 전쟁의 고통 속에서도 살아남은 사람들이 종전의 순간에 와인 바다에 빠져 죽었으니!

사람들은 앞으로 어떤 상황이 닥칠지 모른다는 극도의 불안감 속에서 미친 듯이 물건들을 약탈했다. 손에 넣을 수 있는 것은 닥치는 대로 긁어모았고, 그렇게 긁어모은 것을 이웃이 다시 빼앗아가기도 했다. 연합국 군정은 이러한 상황을 완화하기 위해 군에서 확보한 비축품 창고를 사람들에게 자유롭게 내주기도 했다.

연합군은 모든 점령 지구에서 최대한 빨리 안정을 찾으려고 애를 썼다. 일단 임시 시장을 신속하게 임명한 뒤 안정 회복에 도움이 될 여러 지시를 내렸다. 복종에 익숙한 이들의 적극적인 협력 태도에 군정 당국은 깜짝 놀랐다. 그럼에도 그들은 대부분 며칠 뒤 교체되었다. 연합군 심리전팀은 나치 정권에 의해 해고된 전직 바이마르공화국 고위 관료들을 찾아내 자신들의 대화 파트너와 명령 수령자로 만들었다. 소련 점령지에서는 행정 조직에 새로운 인력을 충원하는 일과 관련해서 처음엔 실용주의가 두드러졌다. 모스크바 망명에서 돌아온 공산주의자 발터 울브리히트는 다른 독일공산당KPD 간부들과 함께 국가 행정 조직을 재건해서 공공 영역이 순조롭게 돌아가도록 하는 임무를 맡았다. 이때 무엇보다 세심히 신경 쓴 것은 주민들의 분위기였다. 울브리히트는 베를린 행정 수뇌부의 개편을 이렇게 구상했다.

> 공산주의자로만 베를린의 핵심 행정직을 채워서는 안 된다. 베딩 지구와 프리드리히스하인 지구 정도에서만 공산주의자 구청장을 세우는 것으로 충분하다. 노동자들이 많이 사는 지구에는 사회민주당원을 임명하고, 첼렌도르프, 빌머스도르프, 샤를로텐부르크처럼 부르주아 지구에서는 이전에 독일중앙당과 민주당, 독일인민당에 참여했던 부르주아 남자를 임명하는 것이 좋아 보인다. 신망 있는 의사라면 가장 좋다. 다만 반파시스트이자 우리와 협력이 가능한 사람이어야 한다.[4]

다른 많은 도시에서는 나치 치하에서 저항운동이나 노동운동을 했던 사람들로 반파시스트위원회를 꾸렸다. 하지만 행정 당국이 보기에 이들이 너무 새로운 집권 세력인 척 굴면 그들의 협력 제안은 자주 거부되었다.

새로운 시장들은 연합국의 지시로 예전의 행정 관료와 직원들을 다시 일터로 불러들였다. 종전 상황의 혼란 속에서 명맥만 남은 공공 업무를 정상화하기 위해서였다. 그들에 대한 정치적 심사는 나중에야 이루어졌는데, 이 심사로 나치 전력이 있는 사람들은 미국과 소련 점령 지구에서 자주 해고되었다. 반면에 프랑스와 영국 점령 지구에서는 탈나치화가 좀 더 느슨하게 진행되었다. 이들은 행정 기구의 효율성을 우선했기 때문이다.

이런 무수한 차이에도 모든 점령 지구 내의 관료들에게는 한 가지 공통점이 있었다. 행정 기구에 특히 나치가 많다고 생각한 새 주인들의 무수한 불신에도 불구하고 살아남은 관료와 직원들이 불평없이 업무를 완수했다는 것이다. 국가 노복으로서 개인적 정치 성향과 상관없이 집권 세력에 무조건 복종해야 한다는 독일 관료주의의 전통적 이상이 나치 정권에 충성했던 것과 같은 태도로 연합국 행정부의 지시를 순순히 따르게 한 것이다.

1933년 나치 집권과 함께 비스바덴 시장 직에서 물러났다가 종전 후 다시 부름을 받은 게오르크 크뤼케Georg Krücke는 미국인들에게서 세 페이지짜리 '지침서'를 받았다. 그에 따르면 임무는 명확했다. "1) 법과 질서의 유지, 2) 국가사회주의 및 나치 성향의 관료, 그들의 조력자, 모든 군사적 책동의 근절, 3) 인종과 종교적·정치적 신념에 따른 모든 차별의 철폐"[5]와 관련해서 군정 지시를 철저히 따라야 한다는 것이다.

크뤼케는 가장 쉬운 일부터 시작했다. 바로 법과 질서를 유지하는 첫 번째 임무였다. 그는 부서장들을 모아놓고 가장 시급한 일이 무엇인지 알려주고 그 일에 집중하게 했다. 가장 시급한 것은 다음과 같았다. 임시 통행이 가능하도록 도로 치우기, 들판에서 탄약 수집하기, 비축품 관리, 육류 검사 및 육류 분배, 밀도축업자 검거, 인근 숲에서 목재 수집과 양도, 몰수 재산의 조정이었다. 이 마지막 조처 뒤에는 굶주림과 주택난을 완화하려는 의도가 숨어 있었다.

폭격 피해자와 피난민들이 어디서 묵을지 정리되었고, 버려진 집들은 압류되었으며, 가구는 '공습 피해자들에게 임대 방식으로' 제공되었다.[6] 일부 도시에서는 '국가사회주의 체제의 일원과 지지자들'에게 의무적으로 옷과 가재도구를 내놓게 했다. 괴팅겐시에서는 그런 식으로 부과한 물품 목록을 정확히 기재했다. 예를 들면 남성용으로는 외투와 바지, 속옷, 재킷이 각각 1790벌씩, 스키 모자 8055개, 여성용으로는 외투 895벌과 브래지어 1074개, 거들 537개, 스웨터 890벌이었다.

식량 배급표의 논리학

이처럼 브래지어와 속옷 수까지 정확히 계산해내는 행정기관이라면 의류와 식량, 연료의 배급 문제도 이전과 다름없이 원만하게 해결해나갈 수 있었다. 주민들은 전쟁이 시작된 1939년부터 배급에 익숙했다. 그러나 연합군은 패자들에게 배급될 칼로리 수치를 급격히 줄였다. 영국과 미국 점령 지구에서는 1인당 1550칼로리만 허용되었다. 당시 의사들이 일반 성인의 영양에 필요하다고 판단한 칼로리의 65퍼센트에 불과한 수치였다.

식량 배급표는 전후 시대의 가장 유명하고 악명 높은 물건이었다. 지금은 당시 결핍의 경제학이 정확하게 어떻게 돌아갔는지 잊어버렸지만 말이다. 식량 배급은 제1차 세계대전 때 이미 검증된 바 있는 자유 시장에 대한 국가의 강력한 개입이었다. 프랑스와 영국도 때로는 이 시스템을 신뢰했다. 모든 주민은 매달 일정량의 빵과 고기, 지방, 설탕, 감자, 그 밖의 다른 식품 쿠폰이 인쇄된 카드를 받았다. 물건을 살 때는 이 쿠폰과 함께 당국이 공식적으로 정한 물건값을 지불했다. 배급표 없이는 아무것도 살 수 없었다. 돈만으로는 안 되었다. 물건을 사려면 항상 둘 다 필요했다.

상인은 소비자에게 받은 쿠폰을 수집책에 붙여서 도매상에 넘겨야 했다. 그래야 같은 양의 상품을 다시 받을 수 있었다. 그렇다면 이들을 상인이라고 부르는 것은 어폐가 있다. 당국에 의해 철저히 통제된 이들 소매상에게는 거래의 자유가 전혀 없었기 때문이다. 만일 소매상이 앞서 넘겨받은 식량보다 더 적은 양의 쿠폰을 도매상에 돌려줄 경우에는 납득할 만한 설명을 해야 했다. 그러지 않으면 물건을 밀거래로 팔았다는, 그러니까 실제로 '자유롭게' 거래했다는 의심을 받았다. 중노동을 하는 사람에게는 '중노동 배급표'가 따로 지급되었다. 거기에는 가령 5그램짜리 지방 쿠폰 서른 개가 추가되어 있었다.

법적으로 볼 때 사람들은 상품을 구입한 것이 아니라 '자신에게 할당된 물건을 배급'받았다. 배급의 개념은 어디에나 있었고, 전후 시기의 카바레에서는 '배급 인간'과 '배급 인생'을 두고 농담을 주고받기도 했다. 유명한 '오토 노르말페어브라우허'•라는 말도 이 시기에 나왔다. 그는 1550칼로리를 받을 권리가 있는 사람으로서 한 번도 배불리 먹지 못하고 거울 속에서 자기 몸이 옷 속으로 점점 작아지는 모습을 지켜본다. 게르트 프뢰베는 1948년의 영화 〈베를린

• Normalverbraucher. 보통의 욕구와 보통의 특성을 가진 평균 소비자라는 뜻인데, 영화 〈베를린 발라드〉의 주인공이 이 이름으로 등장하면서 유명해졌다.

발라드〉에서 비쩍 마른 작은 남자인 오토 노르말페어브라우허를 연기했다. 16년 뒤 영화 〈007〉 세 번째 시리즈에서 탐욕스러운 억만장자 골드핑거를 연기한 뚱뚱한 남자라고는 상상이 안 되는 모습이었다.

독일인들은 식량 배급표를 모순된 감정으로 바라보았다. 부자들은 돈이 아무 쓸 데가 없었기에 소비의 자유를 제한하는 이 조치가 부당하다고 생각했다. 집에 아무리 많은 돈을 쌓아놓고 있어도 법적으로는 상점에서 소시지와 빵을 가난한 이웃보다 더 많이 살 수가 없었다. 물론 그럴 수밖에 없는 이유는 그들도 알고 있었다. 만일 부자들이 자신의 돈으로 물건을 싹쓸이하면 가난한 사람들에게는 돌아갈 물건이 없기 때문이다. 배고픔은 모두가 공평하게 나누어 느껴야 했고, 생존할 수 있는 한도에서 유지되어야 했다. 어디까지나 이론이 그랬다.

하지만 실제로는 구멍이 있었다. 기아의 공평한 분배를 위한 국가의 개입이 오히려 빈부 격차를 더 극심하게 드러내는 온갖 다양한 형태의 암시장을 만들어낸 것이다. 대다수 상인은 팔고 남은 물건을 쿠폰 없이 엄청나게 비싼 가격에 팔았다. 그런 행위는 구매자든 판매자든 '소비 규정 처벌법'과 몇몇 다른 법령 위반으로 처벌될 수 있었다. 식량 위기 속에서 형량은 1945년 징역형 6개월에서 1947년에는 최대 3년까지 높아졌다. 심지어 작센에서는 '시장의 공정한 배급을 교란한다'는 이유로 전문 밀매꾼에게 사형까지 내릴 수 있었다.[7] 게다가 배급에 관한 법 규정에 따르면 할당량 이상, 즉 꼭 필요한 것 이상을 먹는 사람은 그것을 어떻게 구했든 상관없이 모두 처벌 대상이었다. 입증 책임의 이러한 전도顚倒 현상은 공식적으로 명확히 규정되었다.

> 개인이 무언가를 자기 할당량을 초과해서 입수했다면 그건 불법적인 경로, 즉 밀거래로 입수했다고 보는 것이 타당하다.

1947년에 출간된 《모두를 위한 법Recht für jeden》 제1권에 규정된 내용이다.

개인은 식량 배급표의 소지를 통해 이른바 숟가락으로 정확히 측정해서 똑같은 양의 음식을 받는 거대한 식료품 수령자 무리의 일원이 되었다. 이는 주민들을 지속적으로 어린애처럼 다루고 관리 당국의 피후견인으로 만드는 사회적 조련 행위나 다름없었다. 《라이니셰 차이퉁Rheinische Zeitung》은 1946년 크리스마스 시즌에 특별 배급품으로 커피 쿠폰이 나왔을 때 환호성을 질렀다.

> 장미목 색깔의 3번과 4번 쿠폰을 보는 순간 이 하찮은 종이 쪼가리에 너무 감격해서 눈물이 났다.[8]

거의 종전 직후부터 배급표가 다시 발급되었기에 사람들은 이 시스템을 앞으로도 계속 공정하게 관리할 국가기관도 분명 존재할 거라고 생각했다. 배급표는 "살아갈 권리 증명서"[9]로서 그 소유자에게 전면적인 패배 이후에도 생존권을 문서 형태로 쥐고 있다는 일종의 확신을 주었다. 그렇기 때문에 배급표가 거기에 명시된 양만큼의 식료품과 지방, 설탕을 실제로 보장하지 않는다는 사실이 드러나자 실망감은 더욱 커졌다. 약속된 1550칼로리는 곧 급격하게 줄어들었다. 최악의 궁핍 시기인 전후 첫 3년 동안에는 고작 800칼로리만 배급될 때도 있었다.

그제야 사람들은 배급표에 기재된 양이 당국이 보장하는 최대치였음을 어렴풋이 깨닫기 시작했다. 반면에 아래로는 제한이 없었다. 물론 이는 오해였지만, 이 오해로 인해 많은 독일인이 곧 스스로를 거대한 사기 행각의 피해자로 느꼈다. 각 가정에 배당된 '신선한 탈지유 가계 배급표'에는 이렇게 적혀 있었다.

> 여기에 기재된 만큼의 양이 항상 보장되지는 않는다. 다만 우유 유통업자는 자신이 갖고 있는 우유를 동등하게 분배해야 한다.

《쥐트도이체 차이퉁》은 1946년 일반 소비자가 실제로 섭취할 수 있는 일일 배급량을 테이블 위에 펼쳐 놓은 사진을 공개했다. 설탕 반 티스푼, 손톱만 한 지방, 성냥개비 반만 한 치즈, 고무지우개만 한 고기, 우유 한 모금, 그리고 감자 두 개였다. 20세기 가장 추운 겨울 가운데 하나였던 1946년과 1947년 겨울에는 상황이 훨씬 나빠졌다.

식량 부족에 연료 부족까지 더해졌다. 연료 역시 당연히 배급표가 있어야만 받을 수 있었다. 재앙을 예상한 영국 군정은 1946년 가을, 누구나 숲에서 벌채할 수 있도록 허용했다. 그러나 이 조치로 이득을 볼 수 있는 사람은 극소수에 불과했다. 도시민들에게는 차량과 장비가 없었기 때문이다. 혹독한 추위가 독일 북부에 닥쳤을 때 폐허가 된 도시에는 이미 마지막 남은 나무 기둥마저 모조리 뜯어내 가고 없는 상황이었다. 많은 사람이 다친 위험한 작업이었음에도 말이다. 킬에서는 손수레를 끄는 사람들이 얼어붙은 피오르 해안을 지나, 수면 밖으로 절반 정도 돌출된 채 얼음에 뒤덮여 있는 난파선까지 가는 위험을 감수했다. 물론 대개는 쓸데없는 시도였다. 그런 난파선들 역시 이미 오래전에 약탈되었기 때문이다. 가로수와 공원의 나무도 베어졌다. 하지만 결과는 실망스러웠다. 나무가 너무 젖어서 제대로 타지 않았기 때문이다. 신문들은 동상에 걸리지 않는 방법을 속속 내놓았다. 손으로 코와 귀를 문질러라! 거친 브러시로 손을 비벼라! 이불을 함께 덮는 것을 꺼리지 마라!

먹을 것이 빠듯한 상황에서 어떻게 하면 음식을 좀 더 효율적으로 만들 수 있을지에 관한 조언도 나왔다. 잡지 《여성 세계Frauenwelt》는 〈주방 살림에 관한 조언〉에서 만일의 경우를 상정하며 이렇게 말한다.

> 혹시 잼이 다시 분배된다면 양을 두 배나 세 배로 늘릴 것을 권합니다. 여름에 저장해놓은 무가당 과일잼이나 그게 없으면 으깬 당근이나 호박을 잼에 넣으세요. 으깬 비트를 조금 넣어도 맛은 이상하지 않습니다. 이렇게 양을 늘린 잼을 냄비에 넣고 푹 끓이면 꽤 오랫동안 먹을 수 있습니다.[10]

몇몇 도시, 특히 영국 점령지에서는 배고픔에 항의하는 파업과 시위가 벌어졌다. 영국인들은 현수막까지 내걸어, 지금은 '전 세계가 식량 위기'를 겪고 있고 독일인들만 굶주리는 것이 아니라는 점을 서둘러 알렸다. 그러면서 영국에서도 식량 배급량이 줄었고, 다른 나라들, 특히 인도는 아사 직전에 있다고 했다. 영국 군정은 전단을 뿌려, 겨울에 독일인들이 소비하는 빵과 밀가루 절반이 외국에서 들어온다는 사실을 밝혔다. 또한 영국 점령군의 식량도 거의 대부분 영국에서 들여온 것으로 충당한다고 설명했다. 연합국이 독일 공장만 해체하는 것이 아니라 독일에서 생산되는 달걀과 감자, 육류까지 국외로 빼돌린다는 소문이 있었기 때문이다.

영국인들에게 다음과 같은 설명이 필요했다는 점도 퍽 특이하다.

> 전쟁 중 독일에 강제로 끌려온 사람들에게 배급되는 식량의 98퍼센트는 수입한 것이다. 그동안 모진 고통을 겪은 이들을 먹여 살릴 책임이 독일 국민에게 있음에도 말이다.

이 설명은 억류자들이 수용소에서 게으름뱅이처럼 빈둥거리며 잘 먹고 잘 지내고 있을 거라는, 널리 퍼진 잘못된 추측을 겨냥한 것이었다. 강제 노역자와 강제수용소에서 풀려난 사람들에 대한 연합군의 '특별 우대'는 항복 이후부터 계속 터져 나온 불만 사항이었다. 연합군의 지시로 해방된 외국인들에게 식량 배급 면에서 특혜가 주어지는 것에 대해 시기와 분노를 느끼는 독일인이 많았다. 사실 그 사람들이 독일인들보다 더 많은 칼로리를 제공받은 것은 수년 동안 영양실조에 빠져 있던 건강 상태를 고려한, 정당한 의학적 조치였다. 그럼에도 많은 독일인이 그에 대해 분개했다.

> 식량은 대부분 외국인에게 다 돌아가고, 남은 것만 독일 주민에게 주어진다.

헤센 라우터바흐 출신으로 여전히 인종 차별적 근성을 버리지 못한 한 인간이 터뜨린 불만이다.[11]

이제는 모든 것을 연합국이 책임져야 했다. 많은 독일인의 생각이 그랬다. 독일이 무조건적인 항복을 받아들인 이상 식량 상황도 당연히 연합국이 책임져야 한다는 것이다. 독일인들은 화물차에서 쏟아지는 캐드버리 초콜릿과 맥스웰 커피에 열광했다. 그랬던 만큼 보급품이 끊기자 불만은 팽배했다. "저 사람들은 우리를 굶겨 죽이려고 해." 독일인들은 이런 비난을 쉽게 내뱉었다. 하지만 서방 연합국은 1948년 마셜플랜이 통과되기 전부터 위기 상황을 완화하려고 애썼다. 1946년 8월 미국의 스물두 개 복지 단체가 유럽에 보낸 첫 번째 구호품이 독일에도 당도했다. 이후 총 1억 개의 케어 구호품 상자가 배포되었다. 국제 민간구호 단체인 케어CARE의 이름을 따서 붙인 구호품이었다. 서방 연합국은 소련과의 체제 경쟁이 심화될수록 독일에 대한 지원을 늘렸다. 독일은 공식적으로 유럽 회복 프로그램이라 불렸던 마셜플랜의 경제 및 식량 지원금 124억 달러 가운데 대략 10퍼센트를 받았다. 1947년 3월부터 뚜렷이 불거지기 시작한 동서 냉전으로 연합국은 서독과 동독 양쪽에서 원래 계획했던 것보다 더 폭넓게 두 패전국을 지원하려고 했다. 독일이 신뢰할 만한 동맹으로서 더 필요해질수록 복수심과 피해 배상에 대한 요구는 점점 잦아들었다. 배상 요구는 쑥 들어갔고, 산업 시설의 해체 역시 주춤해졌다.

독일인들이 자신의 나라를 둘로 나눈 자본주의와 공산주의 체제 경쟁이 자신들에게 이득이 될 수도 있다는 사실을 알기까지는 시간이 걸렸다. 긴급 구호품 상자가 훗날 많은 사람에게 신화처럼 거론되던 행복의 순간으로 느껴지고, 늦어도 1948년 6월부터 10개월 넘게 지속된 서베를린을 향한 대대적인 공중 보급 작전이 성공했을 때에야 원망은 사라지고 서방 연합국에 대한 고마움이 자리를 잡았다. 소련 점령 지구에서도 동서 간의 적대감이 점점 커지지 않았더라면 러시아인들이 동독을 형제 나라로 선포하고, 다른 동구권 국가들에 비해 이 나라에 좀 더 높은 생활 수준을 보장하기까지는 훨씬 오랜 시간이 걸렸을 것이다. 이런 점에서 냉전은 조국의 분단, 이산가족의 아픔, 형제간의 반목, 민족 감정의 해체 같은 온갖 부정적인 요소에도 불구하고 독일인들에게는 행운이었다.

하지만 1946년 말경에는 동독이든 서독이든 당분간은 재차 죽음의 공포를 견뎌야 했다. 이 겨울을 무사히 날 수 있을지, 혹은 어떻게 이겨내야 할지는 많은 사람의 숙제였다. 다행히 그들은 텅 빈 가게 앞에 줄을 서는 것 말고도 다른 생존 기술을 오래전부터 익혀왔다. 한편으로는 아이처럼 숟가락으로 떠먹이는 배급 경제에 익숙해져 있었고, 다른 한편으로는 기민하게 임기응변식 수완을 발휘했다. 이렇게 해서 자력 구제의 새로운 길이 열렸다. 그들은 가재도구를 현금화했고, 금을 싼값에 팔았다. 또한 오늘날이라면 '게릴라 가드닝'이니 '리페어 카페', '중고 의류 거래'라고 부를 만한 일들을 추진했고, 위로부터의 관리 경제 외에 밑에서부터의 풀뿌리 경제를 구축했다. 공장 노동자와 수리공들도 일터에만 죽치고 앉아 있지 않고 소규모 팀을 꾸려 시골을 돌아다니면서 농부들에게 여러 가지 필요한 수리를 해주고 그 대가로 소시지와 고기, 채소를 받았다. 그밖에 사람들은 암시장에서 물건을 팔았고, 횡령을 하고 밀수를 했다. 분배의 논리학 내에서는 그저 배급만 받던 회색 군대에 불과한 사람들이 실생활에서는 자력으로 생존을 돌보고 매일 새롭게 자신들의 결속력을 시험하는 느슨한 무법자 무리로 거듭났다.

좀도둑 민족의 탄생

종전은 빈부 개념을 바꾸어놓았다. 이제는 변변찮은 주말 농장 하나만 갖고 있어도 부자였다. 어떤 사람은 폭격으로 파괴된 4층 방까지 부식토를 힘겹게 갖고 올라가, 남은 벽들 사이에 일종의 옥상 정원 같은 것을 만들기도 했다. 당국으로부터 작은 '텃밭'을 불하받으면 여기서 수확한 열매를 절여서 겨울에도 먹을 수 있었다. 총리 콘라트 아데나워는 1946년 12월 산업가 파울 질버베르크Paul Silverberg에게 보낸 편지에 이렇게 썼다.

> 오늘날의 독일에는 신분 차이가 거의 사라졌습니다. 남은 건 한 가지죠. 먹을 것을 스스로 조달하는 사람이냐, 아니면 조달하지 못하는 사람이냐 하는 차이죠.[12]

공원 녹지는 채소를 키울 수 있도록 일반인에게 제공되었는데, 가장 인상적인 풍경은 나무들이 죄다 잘려나간 베를린 동물원의 녹지였다. 여기서 사람들은 일부 쓰러진 대리석상들 사이에서 대단위로, 그것도 아무런 구획도 정해놓지 않고 무작위로 농사를 지었다. 어떤 가족은 일정한 땅을 자기 밭으로 표시해놓고 첫 열매가 열리면 밤낮으로 지키기도 했다.

가장 형편이 나은 사람은 시골 농부들이었다. 그들에게 배고픔은 남의 일이었다. 그들은 폐허가 된 도시로 수확물을 힘겹게 갖고 가서 파는 게 아니라 그냥 도시민들이 제 발로 찾아올 때까지 기다렸다. 도시민들은 은그릇과 고급 도자기, 카메라를 들고 와서 감자 반 자루와 바꾸어 갔다. 물론 빈털터리도 많이 왔다. 그중에는 어린아이와 청소년도 많았는데, 이들은 가진 게 없는데도 혹시 먹을 만한 게 없는지 여기저기 기웃거렸다. 매일 30~40명이 같은 농부의 집을 두드렸다. 구걸하거나 물물교환을 하거나 물건을 사기 위해서였다. 물론 이들은 농부들이 터무니없이 바가지를 씌운다는 것을 알면서도 쓰린 마음으로 거래를 할 수밖에 없었기에 농부들을 증오했다. 그래서인지 당시에는 농부들이 마구간에도 카펫을 깔아놓고 산다는 소문까지 돌았다.

식량 당국은 농부들을 좋은 말로 다독이기도 하고, 아니면 공권력을 동원해 농부들의 암거래를 막으려 했다. 예를 들면 마구간과 헛간을 수색하고, 매석한 농산물을 압수하고, 규정을 위반한 농부를 체포했다. 이런 분위기 속에서 농부의 명예와 책임감을 부르짖는 호소문이 곳곳에 등장했다.

> 농부들이여, 살아남은 독일인들은 궁핍에 빠진 우리 이웃을 더 힘들게 하지 않을뿐더러 고통을 함께 나누는 공동체로 여긴다는 사실을 세계와 도시민들에게 보여주십시오.[13]

사회민주당이 뿌린 전단의 다음 내용도 도시민들 사이의 실제적인 분위기를 반영하고 있다.

300만에서 500만 명에 이르는 식품 생산자와 유통업자만 피둥피둥한 구더기처럼 풍족하게 살아간다. 다른 이들의 궁핍에는 눈 하나 깜짝하지 않으면서 저들끼리 배불리 먹고, 값나가는 물건을 쟁여둔다. 이제 임계점에 이르렀다. 굶주리는 이들이 배부른 자들 집의 유리창을 깨고 농장에 불을 지를 날이 점점 다가온다! 그날이 오더라도 그들은 한탄하지 말아야 한다. 모두 자업자득이니까![14]

농부들에 대한 증오가 커질수록 도시민들은 수확물을 그냥 훔쳐가는 것에 죄책감을 덜 느꼈다. 그들은 식량을 확보하러 자전거 대열을 이뤄서 시골로 향했다. 그렇게 움직여야 기습 공격에서 스스로를 더 잘 지키고, 경찰의 개입 시 더 쉽게 도망칠 수 있었다. 일부 농부는 산탄총으로 재산을 지키기도 했다. 쾰른에서만 매일 1만여 명이 그런 식으로 보급 투쟁에 나섰다가, 저녁이면 트렁크와 보따리, 배낭에 전리품을 싣고 집으로 돌아갔다.

시 당국은 주민들이 그런 자구 행위 없이는 더 이상 생계를 이어가지 못한다는 사실을 인정할 수밖에 없었다. 사회 기반 시설의 붕괴는 개미처럼 부지런한 사람들의 운반을 통해 메워졌다. 쾰른시 고위 간부 롤프 카타네크Rolf Kattanek는 감자 100파운드가 매일 도시로 들어오는 것을 볼 때마다 기뻤다고 말했다. 그에게는 그게 합법이든 불법이든 아마 상관없었을 것이다.[15] 그 때문에 1947년 5월까지는 시골에서의 좀도둑질이 처벌받지 않았다. 그 시기에는 공식적으로 30파운드까지 외곽 지대에서 쾰른으로 물품을 갖고 들어갈 수 있었다.

시골로의 도둑질 투어에는 위험이 없지 않았다. 불법 행위에는 항상 강자의 논리가 지배했다. 뛰는 놈 위에 나는 놈이 있다는 말이다. 예를 들면 이런 식이다. 시골로 가는 기차는 정말 우려스러울 정도로 붐볐고, 저녁에 돌아갈 때는 사람들의 전리품 자루까지 더해져서 더더욱 비좁아졌다. 짐은 말 그대로 문밖으로 삐져나왔다. 열린 문의 발판 위에는 수많은 좀도둑이 매달려 있었다. 한 손으로는 손잡이를 잡고, 다른 손으로는 어깨에 멘 자루를 꼭 붙든 채. 게다가 객차 사이의 완충장치 위에도 짐을 들고 아슬아슬하게 균형을 잡고 서 있는 사람이 많았다. 비열한 강도들은 이런 사람들을 노렸다. 그들은 선로 손상으로 열차가 느리게 통과할 수밖에 없는 지점에 숨어서 먹잇감을 기다렸다. 그러다 열차가 오면 긴 쇠갈고리로 식량 자루를 낚아챘다. 좀도둑이 더 영악한 도둑에게 당한 것이다.

이제부터는 만인에 대한 만인의 투쟁이 시작되었다!

당시의 목격담에 반복적으로 등장하는 금언이다. 사람들은 '전쟁 이후에야 인간을 정말 제대로 알게 되었다'고 말했고, 늑대의 시간, 즉 '자연 상태의 인간이 다른 인간에게 늑대인' 시간이 찾아왔다고 말했다. 법의식과 도덕 감정의 완전한 붕괴가 임박했다는 뜻이다. 맞는 말일까? 도덕은 정말 완전히 외면당하고 내동댕이쳐졌을까?

1945년 5월 초 베를린 칸트 거리에서 대형 잡화점 창고 약탈에 동참했던 저널리스트 마르그레트 보베리는 일기에 이렇게 적었다.

꼭 경험해볼 필요가 있는 일이었다. 사람들은 문과 창문으로

> 기어올라서 선반에 있는 물건을 마구 뒤졌고, 원치 않는 것들을 바닥에 내던졌으며, 내 옆에 있던 오스트리아 남자 말마따나 '짐승처럼' 서로를 짓밟았다. 내가 유일하게 관심이 있던 포도당 영양제는 오래전에 동났다. 대신 나는 목캔디와 기침 시럽, 두루마리 휴지를 챙겼다. 비누도 다 가져가고 없었다. 나는 실망한 채로 돌아가, 내가 가진 것을 미투슈 부인과 나누었다.[16]

그렇다면 무분별한 도둑질과 따뜻한 나눔, 긁어모음과 내줌, 사회적 해체와 연대가 동시에 일어난 셈이다. 도덕은 단순히 해체된 것이 아니라 시대에 적응했고, 사람들은 기준을 바꾸었지만 도덕을 완전히 포기하지는 않았다. 마르그레트 보베리는 나중에 이렇게 보충했다.

> 내 것 네 것이라는 소유관계가 혼란스러운 시절, 우리는 눈앞에 보이는 것은 얼른 손에 넣으면서도 그게 필요한 사람에게는 내줄 줄 알았다. 그건 오랫동안 당연시되었다. 이런 상황을 겪지 않은 사람들, 그러니까 나중에 돌아온 사람들은 우리가 그들이 먹을 병조림을 다 먹어치우고, 식탁 의자를 땔감으로 사용하고, 공공장소의 전구까지 죄다 훔쳐 간 것에 분노했는데, 우리 입장에서는 같잖기 짝이 없는 짓이었다.[17]

이런 상황을 아이들에게 설명하는 건 퍽 곤혹스러웠다. 특히 어머니가 도둑질하는 모습을 들킬 때나 심지어 아이들에게 도둑질을 시킬 때 더더욱 그랬다. 그런 일은 아버지가 없는 가정에서 자주 있었다. 하지만 어쩔 수 없었다. 지금은 늑대의 시간이었다. 석탄을 실은 열차나 화물차로 기어오르는 건 온 동네 사람은 물론이고 우연히 거리를 지나가던 사람들까지 하나로 묶는 번개 같은 기동 훈련이었다. 아이들이 석탄을 밑으로 던지면 어른들은 재빨리 받아 모았다. 1948년 2월 《라이니셰 차이퉁》은 쾰른의 오페라하우스 근처에서 '석탄', 그러니까 조개탄을 실은 트럭들이 교차로에 멈췄을 때 일어난 일을 이렇게 보도했다.

> 한 무리의 아이들이 사나운 사냥꾼처럼 트럭으로 기어올랐다. 그러더니 10초 동안 닥치는 대로 조개탄을 집어 아래로 던졌다. 조개탄은 포물선을 그리며 기다리는 사람들 사이나 도랑 혹은 인도 위에 떨어졌다. 아홉 살짜리 소녀가 가장 능숙했는데, 나중에 기자가 듣기로는 발레를 했다고 한다. 소녀는 소년들도 올라가지 못하는 높은 곳에 올라가 앉아, 모피 모자를 쓴 노파가 애절한 표정으로 자기한테도 석탄을 던져달라며 자루를 들어 올리면 너그럽게 던져주었다.[18]

석탄 절도는 화차를 아예 통째로 기관차에서 분리시키고 나서 열차가 출발하면 느긋하게 화물을 터는 방식으로까지 발전했다. 가끔은 달리는 열차를 멈추게 한 뒤 순식간에 석탄을 털어가기도 했다.

교회의 권위도 사람들이 이런 행동으로 인한 양심의 가책을 덜 받도록 도왔다. 쾰른의 추기경 요제프 프링스Josef Frings는 1946년 '굶주림의 겨울' 와중에 자신의 유명한 송년 설교에서 '도둑질하지 마라'는 일곱 번째 계명의 엄격성을 누그러뜨렸다.

우리는 개인이 자신의 생명과 건강 유지에 필요한 것을 취해도 되는 위기의 시대에 살고 있습니다. 노동과 청원 같은 다른 방법으로는 얻을 수 없을 때 말입니다.

이 목자의 말은 큰 파장을 불러일으켰다. 당국이 항의하자 프링스는 표현을 완화했지만 이미 늦었다. 설교 이후 사람들은 '남의 물건을 슬쩍하는' 것을 그냥 '프링젠Fringsen하다'라고 불렀다. 예를 들면 이런 식이다. "난 오늘 석탄을 프링젠했어." 나중에는 프링스 추기경 자신도 프링젠한 사실이 들통났다. 영국인들이 쾰른의 여러 공공기관을 철저히 수색했을 때 추기경 거처에서도 몰래 쌓아둔 상당량의 석탄이 발견된 것이다.

이제 믿을 건 자신밖에 없었다. 예를 들어 피난길에 흘러흘러 베를린에 다다른 한 이발사는 죽었는지 살았는지 알 수 없는 다른 이발사의 버려진 가게 문을 부수고 들어갔고, 이후 이 가게에서 매일 사람들의 머리를 자르고 손질해주었다. 손님들은 그의 진취적 결단력에 박수를 보냈다. 뮌헨에서는 이런 일도 있었다. 당시 미군들은 슈바르츠발트의 뻐꾸기시계라면 깜빡 넘어갔다. 미국의 아내들에게 선물하면 너무 좋아한다는 것이다. 이 이야기를 들은 한 남자는 독일 전역을 돌아다니며 농부들을 구워삶아서 시계를 손에 넣은 뒤 미군에게 팔았다. 뮌헨의 한 미국 여행사 앞에는 놀랄 정도로 히틀러를 닮은 상이군인이 목발을 짚고 포즈를 취하고 있었다. 파리와 런던, 리비에라 여행의 광고 포스터 옆에서 말이다. 그는 여기서 돈을 받고 자신과 사진을 찍게 했다. 드레스덴의 한 남자는 이렇게 말했다고 한다.

세 아이를 먹여 살리려면 영악해질 수밖에 없었죠.[19]

항상 눈과 귀를 열어두고 약게 행동해야 한다는 뜻이다. 사람들은 기민해야 했다. 정보에 밝아야 했고, 그러다 기회가 오면 순식간에 움직여야 했다. 이런 식의 좀도둑질을 하지 못하는 사람들은 자신이 도덕적으로 우월한 것이 아니라 너무 우둔하다고 느꼈다. "우린 그럴 만큼 영리하지 못했어." "나는 그런 재주가 없었어." 또 다른 말도 있었다. "내 아버지처럼 점잖은 사람도 그 당시엔 석탄을 슬쩍하는 데 도가 텄다고 해요." 석탄 절도가 광범하게 이루어지던 시기에는 이와 비슷한 말들이 많았다.[20] 그렇다면 중요한 것은 정직과 부정직함이 아니라 회색 지대 경제에 적응했느냐 못 했느냐 하는 것이다.

커피 밀매에 대한 사람들의 죄의식은 특히 약했다. 벨기에 국경의 인근 마을에서는 커피 밀수가 영국 점령 지구의 높은 관세로 인해 수익성이 무척 높은 대규모 사업이었다. 경찰의 대응도 '커피 전선戰線'이라는 말이 나올 정도로 전투적이고 단호했다. 양쪽의 충돌로 밀수꾼 31명과 세관원 두 명이 목숨을 잃었다. 그런데 아이들에게까지 총을 쏘는 것에 죄책감을 느끼는 세관원이 많았기에 밀수꾼들은 아이들을 즐겨 투입했다. 아이들은 수적 우세를 십분 활용했다. 수백 명의 아이와 청소년들이 주머니에 커피를 가득 넣고 한꺼번에 국경으로 돌진해서는 세관원들 사이를 족제비처럼 빠져나갔다. 설령 국경 수비대가 한 아이를 붙잡는다고 해도 저녁에는 다시 풀어주어야 했다. 소년원은 더 중한 범죄를 저지른 아이들로 이미 미어터졌기 때문이다. 로베르트 슈템레 감독은 1951년 이탈리아

네오리얼리즘에서 영감을 받은 인상적인 영화 〈죄악의 국경Sündige Grenze〉을 통해 스스로 '소란꾼'이라 부르는 아헨의 밀수 아이들에게 기념비를 세워주었다. 슈템레는 독일-벨기에 국경의 현장에서 촬영하기 위해 500명의 어린이와 청소년을 모집했고, 그중 절반은 베를린에서 왔다. 오갈 데 없는 아이들이 세관원과 경찰에 쫓겨 철둑 위로 기어올라서는 달리는 기차 뒤에 몸을 숨겼다가 메뚜기 떼처럼 일거에 국경으로 돌진하는 모습은 전후 영화에서 보여준 가장 흥미진진한 장면 가운데 하나다. 선과 악의 경계가 얼마나 불분명한지를 보여주기 때문이다.

프링스 추기경의 설교와 일치하게 교회는 아헨의 밀수꾼들에게 동정을 드러냈고, 국경에서의 총기 사용에 여러 차례 반대 의사를 표했다. 그에 대해 밀수꾼들도 자신의 방식으로 고마움을 전했다. '커피 전선' 인근의 니데겐에 있는 후베르투스 성당은 1944년 11월 초에 벌어진 그 악명 높은 휘트르겐 숲 전투로 심각하게 파손되었다. 재건을 위한 기부금 모금 운동이 벌어지자 밀수꾼들은 헌금함에 상당 액수의 돈을 넣었고, 그 덕분에 성당은 빠른 시간 안에 다시 예전의 아름다움을 되찾고 신도들을 미사에 초대할 수 있었다. 그때부터 이름도 성 모카 성당으로 바뀌었다.

베를린에서 출간되던 잡지 《야, 젊은 세대 저널》[21]은 1947년 송년 특집호에서 〈우리는 범죄자〉라는 제목으로, 한 평범한 중산층 가정의 범죄 결산표를 발표했다. "잘살지는 못하지만 어쨌든 살기는 하는" 3인 가정이 빠듯한 생활 수준을 유지하기 위해 저지를 수밖에 없었던 많은 법령 위반 행위가 이 기사에 깔끔하게 열거되어 있었다. 예를 들면 이런 식이다. 그들은 폐허에서 널빤지를 훔쳤고,

미군 PX에서 흘러나온 남자 신발을 암시장에서 구입했으며, 일터에서 유리창 열 장을 빼돌렸고, 속옷 배급표를 받으려고 허위 진술을 했다. 모두 당시 사람들의 일상적인 생존 방식에 속하는 불법 행위였다. 만일 이 행위들이 전부 발각되었다면 그 가족은 총 12년 7개월을 감옥에서 살아야 했을 것이다. 기사는 이런 말로 끝을 맺었다.

> 그러나 과거의 우리는 건실한 가족이었다.

이런 상황을 작가 하인리히 뵐Heinrich Böll은 다음과 같이 간명하게 표현했다.

> 얼어 죽지 않은 사람은 모두 도둑질을 했다. 모두가 도둑이라면 과연 서로를 도둑이라고 비난할 수 있을까?[22]

그러나 대척점에 있던 당국의 입장도 그에 못지않게 간명했다. 《모두를 위한 법》 총서에는 이렇게 적혀 있었다. "각자는 자신에게 할당된 식량과 생활필수품의 양에 만족해야 한다."[23] 그러나 사람들은 그러지 않았고, 그럴 수도 없었다. 범죄학자 한스 폰 헨티히Hans von Hentig는 1947년에 이렇게 썼다.

> 독일의 범죄 양상은 서양 문명의 역사에서 유례없는 규모와 형태를 띠고 있다.[24]

헨티히가 볼 때, 법 규범의 보편적인 해체는 문명 붕괴의 새로운 단계로 이끄는 듯했다. 이때 그에게 충격적이었던 것은 대폭 상승한 중범죄가 아니었다. 물론 1946년 베를린에서만 311건의 살인이 발생했다는 통계가 보여주듯 살인과 강도의 증가는 경악스러운 일이었지만, 헨티히가 훨씬 더 우려스럽게 생각한 것은 바로 셀 수 없을 만큼 늘어난 자잘한 범죄였다. 그는 '범죄의 일상화'에 대해 이야기했다. 범죄가 특정 소수의 일탈이 아닌 폭넓은 대중의 일상적 행위로 바뀌었다는 것이다.

《디 차이트》의 편집장 에른스트 잠하버Ernst Samhaber는 1946년 7월 18일 자 사설에서 사회에 만연한 "정글의 법칙"을 언급했다. "우리 독일인은 두 세계에서 살고 있다." 한 세계에서는 식량 배급표에 목숨줄을 걸고 살아가고, 다른 세계에서는 암거래와 부정한 일들이 판친다.

> 두 세계의 사람은 뚜렷이 구별된다. 그건 독일 대도시에서 전차나 열차만 타보면 안다. 거기서는 우선 화폐 가치의 세계에서 온 깡마르고 뺨이 움푹 들어간 얼굴이 보인다. 이들은 몇 달 전부터 하루에 1000칼로리로만 목숨을 부지해오면서 내면의 궁핍과 기아 부종에 시달리는 불행한 인간들이다. 그 옆에는 굳이 '암시장'이라고 말하고 싶지는 않은 교환과 실물 가치의 세계에서 온 피둥피둥하고 생기 넘치고 행복해 보이는 남자가 앉아 있다. 만일 오늘 이 순간 전차 안에서 담배에 불을 붙이는 남자가 있다면 그는 법적 규제 저편의 다른 세계에서 온 사람이다.

이어 잠하버는 이 두 세계가 늘 존재해왔지만, 이전엔 무법자들이 어둠 속에서만 움직였다고 말한다.

> 그러던 것이 지금은 음지에서 양지로 치고 올라왔다. 더 나쁜 것은 그 세계가 그나마 남은 시민사회에 치명적인 매력을 발산하고 있다는 점이다. 무법 정신은 혼돈과 질서를 분리시키는, 점점 더 얇아지는 벽을 뚫고 나와 곳곳을 배회하고 있다.

섹스와 범죄에 길들여진 오늘날의 우리에게 잠하버가 구체적으로 언급하는 범죄들은 하나하나 정말 우스울 정도로 가소롭다.

> 요즘 구두 수선공치고 팁으로 담배를 요구하지 않는 사람이 있을까? 요즘 재단사 중에 뭐라도 가치 있는 현물을 더 받지 않고 옷을 만들어주는 사람이 있을까?

전체적으로 보면 두 번째 경제가 첫 번째 경제를 점점 잠식했고, 합법적인 방법으로 획득할 수 있는 것은 점점 줄어들었다.

불법적인 행동은 상류층도 오래전부터 손을 댈 만큼 매력이 있었다. '프링젠하는 것'은 그 자체로 장난스러운 재미가 될 수 있었다. 심지어 추밀고문관의 딸이자 전 공장장 부인이자 존경할 만한 저항운동가인 루트 안드레아스-프리드리히처럼 진지하고 도덕적인 사람조차 생필품의 단순한 수요를 훨씬 뛰어넘어 물건을 불법적으로 손에 넣는 것에서 즐거움을 발견했다. 안드레아스-프리드리히는 획득한 물건을 자랑스럽게 내놓는 친구들과 자신을 '전리품 취득자'라고 불렀다. 또한 러시아 군인들이 자전거나 여행 가방을 거칠게 압수할 때 사용하는 '차프-차라프Zapp-zarapp'라는 말을 차용하기도 했다. 러시아인들은 불쌍한 인간에게서 여행 가방을 빼앗을 때면 '차프-차라프'라고 말했는데, 이건 마치 달래는 소리처럼 들렸다. 안드레아스-프리드리히도 이제 "차프-차라프"라고 말하거나, 아니면 "전리품을 획득했다"라고 말했다. 도둑질을 이처럼 에둘러 표현하면 "나쁜 짓을 하고 있다는 죄책감이 한결 줄어들었다." 안드레아스-프리드리히는 일기에 이렇게 적었다.

> 베를린에는 여전히 차프-차라프가 많았다. 지금껏 합법적인 시민사회로 돌아간 사람은 별로 없었다. 법에서 뛰쳐나오는 것이 법으로 돌아가는 것보다 쉬운 게 틀림없다. (…) 우리는 전리품 취득자로 계속 남을 생각이 없다. 다만 지금은 어렵다. 아니, 우리가 생각했던 것보다 훨씬 더 어렵다.[25]

하지만 당시 독일인들이 정말 합법적 세계에서 '뛰쳐나왔을까?' 《디 차이트》 편집장의 생각처럼 독일에 실제로 합법적인 것과 불법적인 것으로 명확히 가를 수 있는 두 세계가 존재했을까? 혹시 생존 윤리는 더는 이것 아니면 저것이라는 양자택일의 문제가 아니라, 어떤 땐 이 세계로 어떤 땐 저 세계로 자유롭게 넘나들면서 어느 쪽에 비중을 더 많이 두는지의 문제가 아니었을까? 앞서 두 사람의 문제 제기는 독일인들이 전쟁 중에 저지른 일을 배경으로 생각해보면 정말 기괴하지 않을까?

독일 전후 일상의 특수성에서 잠시 벗어나 역사적 거리를 두고 평범한 시민들의 범죄에 대한 논쟁을 바라본다면 그 논쟁 자체가 터무니없는 것으로 비칠 수도 있다. 세상 사람들의 눈에 '독일인들'은 전쟁 범죄와 제노사이드를 통해 가해자로 낙인찍힌 지 오래였다. 그들은 문명과 작별했고, 인권을 소중히 여기는 국제 사회의 대열에서 이탈했다. 망명 독일인들만 그런 국가의 일원임을 스스로 거부했다. 국내에서는 정권을 수치스러워했던 나치 반대자들조차 국제 사회에서 자신들의 이미지가 얼마나 추락했는지 분명히 알지는 못했다. 다수 독일인은 유대인 수백만 명에 대한 학살과 독일 국방군의 범죄에도 불구하고 독일이 무척 특별한 방식으로 질서와 품격을 갖춘 나라라는 감정을 잃지 않았다. 그래서인지 궁핍의 시기에 범죄가 사회적 일상이 되었다는 사실에 더더욱 경악했다.

집단적 인식이 이보다 더 왜곡될 수는 없어 보인다. 국외에서는 전후의 이런 시스템 붕괴를 독일을 재사회화할 기회로 바라본 반면에 독일인들은 이제야 범죄의 구렁텅이에 빠진 것으로 생각했기 때문이다. 오늘날 우리는 '가해 민족'이라는 단어를 쉽게 입에 올리지만, 독일인들은 전쟁 이후에야 석탄이나 감자를 훔쳤다는 이유로 스스로를 범죄자가 되었다고 생각했다. 독일에서만 50만 명의 유대인이 약탈당하거나 집에서 쫓겨났고, 결국엔 그중 16만 5000명이 살해되었다는 사실은 법의식의 실종에 대한 이유를 찾는 과정에서 단 한 차례도 언급되지 않았다. 그들이 두려워한 문명의 몰락은 이미 오래전에 시작되었지만, 그들의 머릿속엔 그런 생각이 전혀 떠오르지 않았다.

삶은 그냥 계속되었고, 끔찍하게 고장 난 양심은 마치 아무 일도 없었다는 듯이 굴러갔다. 사람들은 배고픔이 시키는 대로 행동했으며, 실향민이나 부랑자에 대한 불안감에서 칸트의 도덕률을 자기들

편한 대로 재구성했다. 차프-차라프, 소유물 이전, 전리품 획득, 프링젠 같은 말은 죄책감을 완화하고 자기 책임을 회피하려는 용어였다. 도둑질도 유형에 따라 섬세하게 구분되었는데, 기준은 분명했다. 자신의 소유물은 보호되어야 하지만 타인의 것은 가져올 수 있다는 것이다. 만일 누군가 조개탄을 빼돌려 자기 것으로 삼았다면 그건 보호되어야 하지만, 이름도 모르는 공공기관의 소유물로서 화물차에 실려 있는 조개탄은 그처럼 보호할 필요가 없다는 것이 당시 독일인들의 집단적 법의식이었다. 달리 표현하자면, 화물차에서 석탄을 가져가는 것은 긴급 피난 상태에서 이루어진 자구책이고, 개인의 지하실에서 석탄을 가져가는 것은 도둑질이다. 전후 시대의 사람들은 스스로를 동물, 즉 착한 동물이나 나쁜 동물과 비교하는 것을 좋아했다. 밭에서 감자를 훔친 사람은 부지런히 먹을 것을 모으는 햄스터고, 그런 햄스터에게서 물건을 빼앗는 사람은 하이에나였다. 둘 사이에 사회성이 의심스러운 늑대가 돌아다녔는데, '고독한 늑대'도 늑대 떼와 마찬가지로 악명이 높았다.

패망과 함께 사회적 가치 체계는 대부분 소실되었지만, 비정치적인 성격의 '품위'는 사회적 지침으로 아직 남아 있었다. 쿠르트 쿠젠베르크는 1952년 《노이에 차이퉁》에 실린, 종전 이후의 도덕적 학교에 대한 거의 비가悲歌에 가까운 회상록에서 다음과 같이 썼다.

> 기민함과 교활함에도 품위는 있었다. 이 반半무법자의 삶에는 오늘날 많은 정직한 사람의 무쇠 같은 양심보다 더 도덕적인 도둑의 명예가 있었다. (…) 삶의 과제는 굽지 않으면서도 품위를 잃지 않는 것이었다. 한 어머니가 딸을 위해 설탕 한 봉지를

훔쳤고, 집주인은 다음 날 먹을 것을 걱정하지 않고 손님과 마지막 남은 음식을 나누었다. 선을 행하는 것이 오늘날보다 어려웠지만 훨씬 행복했다. 모든 베풂은 자신의 물건에 손을 대는 것이었다. (…) 외투의 절반을 거지에게 나눠준 성 마르티노의 정신이 여기저기 어른거리고 있었다.[26]

궁핍과 혼란의 시기에 소유권은 단순히 해체되는 것에 그치지 않고 새롭게 정의되었다. 마땅히 귀속되어야 할 특정인이 없을 경우 모든 재산은 일반 법 감정에 따라 모호한 공유재로 넘어갔고, 아무나 자기 것으로 취할 수 있는 재산으로 여겨졌다. 대문의 문패조차 그 집의 소유권을 지켜주기에 부족했다. 집주인이 장기간 돌아오지 않으면 가구와 살림살이는 소유권이 말소되어 공유재로 넘어갔다. 원주인이 전쟁에서 죽었을 수도 있었기 때문이다. 이런 상황에서 그 집에 눌러앉는 것은 관의 묵인 아래 스스로 결정한 일종의 합법적 점유였다. 국가 시스템은 각자가 스스로를 국가의 집행자로 여길 정도로 무너졌다.

거기다 전쟁이 만들어낸 불공평함의 감정까지 더해졌다. 누군가는 전쟁으로 모든 것을 잃었지만, 누군가는 아무런 해를 입지 않았다. 그때까지는 성공과 부가 어느 정도 능력 및 노력과 상관관계가 있었지만, 이제 이 상관성은 그야말로 폭격으로 산산조각 나버렸다. 전쟁으로 누군가는 많은 것을 잃고, 누군가는 아직도 많은 것을 갖고 있다는 사실은 누구의 잘못도 누구의 능력도 아닌 그저 우연의 산물이었을 뿐이다. 전쟁이 자의적으로 만들어낸 이런 인간의 운명은 소유권에 대한 태도까지 바꾸어놓았다. 재산은 이제 많은 사람의 눈에 "그 어떤 것으로도 정당화될 수 없는, 수정이 필요한 우연의 결과물"[27]로 여겨졌다.

적법성에 대한 이런 인식의 변화는 분명 범죄적 동기를 숨기는 빤한 핑계 역할도 했다. 이중 잣대는 어디든 도사리고 있었다. "밀매꾼에게 죽음을!"은 루르 지역에서 기아 문제에 항의하던 사람들이 외친 구호였다. 그러나 사실 이들도 암시장에서 자잘하게 거래를 하는 사람들이었다. 그렇다고 이런 부도덕한 태도가 일반화되어 있었다고는 단정할 수 없다. 전후 첫 시기의 범죄학은 이런 보편적 부도덕함으로 인해 무엇으로도 진화할 수 없는 범죄의 들불이 곧 일어날 거라고 가정함으로써 일반인들의 도덕적 적응력과 생존력을 크게 과소평가했다. 현실에서는 곧 반대 현상이 일어났다. 기아의 시기가 끝나자 암시장 세대는 역사상 가장 건실한 세대로 거듭났다. 1950년대 서독에서건 동독에서건, 이들만큼 열렬한 순응적 태도로 경찰의 일을 덜어준 세대는 드물었다. 물론 훗날 후손들에게는 실컷 조롱을 당하겠지만 말이다.

이 대목에서 우리는 쿠르트 쿠젠베르크가 말한 도덕 학교가 바로 '궁핍의 시대'였음을 추론할 수 있다. 이 학교의 가르침은 획기적이고 무자비했다. 방법론은 도덕적 상대화였고, 학습 목표는 회의론의 양성이었다. 도덕성의 모호한 미로는 많은 사람에게 도전이었다. 나치가 수여한 기사십자 훈장의 급격한 가치 변동만 봐도 그랬다. 사람들은 연합군이 진입했을 때 나치 훈장과 휘장을 호수에 버리거나 태웠는데, 나중엔 그걸 후회했다. 없애지 말고 그냥 숨겨야 했다는 것이다. 왜냐하면 1945년 5월에는 독일로 밀고 들어온 연합군의 성난 표적물이었던 그 물건들이 그해 11월에는 벌써 인기 상품이 되었기 때문이다. 승리자들은 나치 기념품을 얻으려고 담배를 아끼지 않고 내놓았다. 심지어 한 독일인은 흑인 병사에게 초콜릿을 세 판이나 받고 히틀러 흉상을 팔았는데, 그건 많은 독일인에게 그 자체로 어떤 강연과 설교보다 더 효과적인 탈나치화의 중요한 수업 시간이었다.

식량 배급표도 그 자체로 인생 수업이었다. 거기에 인쇄된 양은 인생의 모든 것이 그렇듯 상대적이었다. 예를 들어 50그램은 절대적인 의미의 50그램이 아니라 물건이 없어서 받지 못하는 양을 뺀 50그램일 뿐이었다. 그보다 더 상대적인 것은 사람들이 암시장에서 그나마 '공정하다'고 느끼는 가격이었다. 사람들은 "잔돈의 개념이 누군가에겐 1000마르크짜리 지폐에서 시작하고, 누군가에겐 5페니히 동전에서 시작한다는 사실에 점점 익숙해졌다". 루트 안드레아스-프리드리히가 1946년 1월에 쓴 일기 내용이다.[28]

삶의 많은 영역이 이처럼 상대적으로 움직인 것은 나치 치하에서 그걸 경험해보지 못한 독일인들에겐 공포일 수 있었다. 그러나 모든 학교가 그렇지만 인생 학교에도 항상 두 가지 측면이 있다. 힘겹게 노력해야 하는 측면과 새로운 것을 배우는 기쁨의 측면이다. 많은 젊은이가 하루에도 몇 번씩 이 두 세계를 넘나들었다. 그들은 서로 상반된 가치 기준이 작동하는 사회적 영역에서 움직였다. 예를 들어 가정에 있는지, 암시장에서 거래하는지, 아니면 점령군 군인을 상대하는지에 따라 항상 다른 암호 체계 속에서 행동했다. 그건 흥미진진하면서도 유익했다. 가령 서독의 무척 변덕스러운 천재 작가 한스 마그누스 엔첸스베르거에게 암시장은 그야말로 인생 학교였다. 1945년 말, 당시 16세였던 엔첸스베르거는 카우프보이렌에서 미군 통역사로 일했고, 그들이 떠난 뒤에는 영국군 통역을 맡았다.

> 아직 앳된 청소년에게 이 얼마나 엄청난 능력인가?

엔첸스베르거의 전기 작가 외르크 라우Jörg Lau의 말이다.

> 이제 그는 일단 모두가 나치에 부역했다는 의심을 받는 어른들보다 도덕적으로만 앞선 것이 아니라 새로운 권력자들에 대해서도 더 많은 것을 알게 되었다. 왜냐하면 그들과 의사소통이 가능했고, 그 과정에서 남들이 모르는 것을 많이 주워들을 수 있었기 때문이다. 16세 소년은 자기 없이는 양쪽 모두 아무것도 하지 못하는 중요한 매개체였다.[29]

엔첸스베르거가 특히 중요한 매개체 역할을 한 것은 바로 밀거래였다. 그는 나치의 성물聖物을 미군 담배와 맞바꾸었고, 이 담배를 또다시 다른 나치 배지와 단검, 제복, 심지어 무기와 교환했다. 그 과정에서 그는 점점 부자가 되었다. 때로는 부모님 집 지하실에 쟁여놓은 담배가 4만 개비에 이르기도 했다. 한 개비당 10마르크라고 생각하면 40만 마르크에 달했는데, 16세 소년에게는 엄청나게 큰 돈이었다.[30]

두 세계의 상징물인 럭키 스트라이크 담배와 금빛 나치당 배지의 거래는 11년 뒤 시집 《늑대들의 변호Verteidigung der Wölfe》로 단번에 유명해질[31] 이 소년의 감각과 정신을 벼렸다. 이 시집에서 엔첸스베르거는 모든 책임을 회피하고 "배움을 싫어하고 자기 생각을 늑대들에게 넘기는" 양들, 즉 소시민들을 향해 격렬한 서정적 공격을 가한다. 그들과 달리 젊은 시인은 반바지 차림으로 역사의 파편 위에서 당당하게 균형을 잡고 서 있다. 이는 평생 지속될 삶의 경험이었다. 외르크 라우는 붕괴된 사회에서 엔첸스베르거가 맛본 재미에 대해 이렇게 쓴다.

> 우리는 이제 학교 없이도 정치와 사회에 대해 많은 것을 배울 수 있다. 예를 들어 제대로 된 정부 없이도 편안한 나라가 될 수 있고, 무질서에도 좋은 것이 있음을 배우고, 자본주의가 암시장을 통해 기민한 사람들에게 기회를 준다는 사실을 배우고, 중앙의 명령과 통제 없이도 한 사회가 스스로를 조직화할 수 있음을 배우고, 궁핍한 상황에 처해서야 사람들이 정말 뭘 원하는지를 배우고, 인간은 얼마든지 약삭빠를 수 있을 뿐 아니라 그들이 뱉어내는 엄숙한 확신도 믿지 않는 편이 좋다는 사실을 배운다. (…) 한마디로 무정부 상태의 그 짧은 여름은 호기심 많은 한 젊은이에게는 온갖 곤궁에도 불구하고 멋진 시간이었다.[32]

시민 학교로서의 암시장

인간은 일반 상점에서 자신이 원하는 물건을 지속적으로 얻지 못하면 다른 곳을 기웃거릴 수밖에 없다. 시장이 제 기능을 못 할 경우

자동으로 암시장이 만들어진다는 뜻이다. 독일인들은 제1 · 2차 세계대전을 통해 이미 온갖 형태의 암시장에 충분히 익숙해졌다. 그러다 보니 항복 이후 암시장이 품질과 규모 면에서 완전히 바뀌었을 때는 다들 꽤 약삭빨라져 있었다. 처음에는 대개 독일인들끼리만 거래했다. 그러니까 휴가병들이 프랑스나 네덜란드에서 약탈한 전리품을 갖고 와 시장에 내다 팔았다면 이제는 점령군과 실향민이라는 새로운 행위자까지 더해짐으로써 시장은 이방인과의 흥미로운 접촉의 장소로 거듭났다. 어제까지만 해도 적으로 총을 쏘거나 노예로 억압했던 사람들이 시장을 주도할수록 시장은 더욱 섬뜩해지는 동시에 유혹적으로 변했다. 이 이방인들 덕분에 이제는 사람들이 자기 몸뚱어리까지 팔아넘길 만큼 탐나는 물건이 시장에 넘쳐났기 때문이다. 예를 들면 허쉬 초콜릿바, 봄멜 초콜릿, 그레이엄 크래커, 오레오, 크래커 잭, 버터핑거, 스니커즈, 마스, 잭 다니엘, 올드 피츠제럴드 위스키, 아이보리 스노우 세제 같은 것들이었다.

암시장에 나오는 물건은 주로 국제 원조 기구 UNRRA와 미군 PX에서 나온 것들이었다. 독일인들은 패자의 심정으로 암시장에 갔지만, 동시에 시장 참여자이기도 했다. 그들에게도 무언가 제공할 물건이 있었다. 물론 낯선 물건과 새 소식을 접하려고 구경 삼아 혼잡한 시장을 돌아다닐 때도 많았다. 어떻게 보면 퍽 이상한 상황이었다. 전쟁의 승자와 패자, 피해자와 가해자가 불법적으로 만나 서로 원하는 것을 주고받으며 윈윈했으니 말이다. 그런데 교환 물품은 지극히 비대칭적이었다. 어떤 사람은 버터, 마가린, 밀가루, 초콜릿, 오렌지, 코냑, 기름, 휘발유, 석유, 재봉실처럼 배급 과정에서 갑자기 터무니없이 비싸진 일상용품을 갖고 있었고, 반대편에서는 시계, 보석, 카메라, 은수저처럼 아직 남아 있는 사치품을 공급했다. 한때는 비쌌지만 먹을 것이 없을 때는 빵 한 조각보다 가치 없는 물건들이었다. 정말 배가 고픈 순간이라면 라이카 카메라와 훈제 소시지 두 개를 바꾸는 것도 괜찮은 거래일 수 있지만, 일단 허기를 채우고 나면 그게 마치 도둑질을 당한 것처럼 억울하게 느껴졌다. 많은 사람에게 암시장은 이전엔 전혀 가치를 두지 않던 물건을 얻으려고 집안 대대로 내려오는 소중한 물건을 내줘야 하는 고약한 장소로 비쳤다. 이곳에서의 거래는 동화 《행복한 한스》에서처럼 행복하게 시작하지만 결국은 우울하게 끝났다. 그러니까 사람들은 금 한 덩어리를 말 한 마리, 소 한 마리, 그러다 마지막엔 숫돌 하나와 맞바꾼 셈이었는데, 그로써 느낀 처음의 행복은 착한 한스와 달리 아주 빠르게 사라졌다.

누군가는 암거래로 허기를 채우면서 점점 가난해진 반면에 누군가는 구두쇠 스크루지 영감처럼 떼돈을 벌었다. 미군 병사들은 본국에서 들여오는 보급품을 빼돌려 봉급의 열 배를 벌었다. 항구에서 병영까지 이르는 정교한 배급 시스템을 이용한 대규모 불법 행위였는데, 여기엔 지위고하를 막론하고 거의 모든 군인이 가담했다. 영국·프랑스·러시아 군인 들도 같은 방법을 썼지만 규모 면에선 미군과 비할 바가 아니었다.

독일의 암상인들도 그에 못지않게 조직적으로 움직였다. 상인과 생산자는 합법적인 시장에서 유통되어야 할 공산품과 수제품을 은밀하게 암시장으로 빼돌렸다. 가령 브라운슈바이크 경찰은 1948년 3월 한 도매상이 벽 속에 감추어둔 2만 8000개의 고기 통조림을 찾아냈다. 함부르크에서는 포도주 3만 1000리터와 과일 148톤, 커피 15톤이 압수되었는데, 이는 매일 밀매되는 거래량의 극히 일부에 지나지 않았다.[33] 암시장에는 어떤 형태의 불법 행위도 마다하지 않는 대담한 범법자가 많았다. 예컨대 식량 배급표의 대규모 위조나 배급표 발급소의 약탈 같은 행위였다. 이렇게 해서 암시장에는 배급표가 다발로 공급되었다. 이는 인기 있는 생일 선물이었는데, 오늘날 온라인상에서 널리 유통되는 선물용 쿠폰의 효시라고 할 수 있다. 그런데 이런 선물을 구하려면 시장을 지배하는 음험한 인간들과의 접촉을 피할 수 없었다. 그들은 분위기나 상황과 맞지 않게 멋지게 차려입고, 입에는 항상 담배를 물고, 번쩍번쩍 광나는 구두를 신고, 모자는 뒤로 젖히거나 깊이 눌러 쓴 채 어슬렁어슬렁 돌아다니면서 물품 접수처나 안내소 역할을 했다.

베를린 하나만 하더라도, 가장 유명한 알렉산더 광장을 비롯해 변두리의 자잘한 시장에 이르기까지 암시장이 총 60곳이나 있었다. 당국은 베를린에서 유통되는 물품의 최소 3분의 1, 때로는 절반까지도 불법 유통되는 것으로 추정하고 있었다. 이것이 말해주듯 전후 시대에는 뭔가를 은밀하게 구입하는 것이 불가피한 일이었다.

일단 암시장에 들어서면 상대가 어떤 인간인지 정확하게 판단 내리는 것이 무엇보다 중요했다. 그곳은 '불신의 문화'[34]가 팽배하던 시절에 인간을 알아보는 능력을 키워준 훌륭한 인생 학교였다. 여기서는 상대의 인간됨을 제대로 평가하고 상대의 얼굴에서 신뢰감이나 배신의 징후를 읽어내는 것이 중요했다. 만일 그에게서 최소한의 양심이나 인간적인 믿음 같은 것이 보이지 않는다면 거래를 중단해야 했다. 상품 자체보다 판매자의 인성이 더 꼼꼼하게 검증되는 곳이 바로 암시장이었다.

그런데 여기서는 판매자를 찾는 것부터가 쉽지 않았다. 암시장은 일부 예외를 제외하면 판매대나 가게가 따로 없었다. 뮌헨의 유명한 묄 거리가 그런 예외였다. 여기엔 거리를 따라 오두막과 판자 칸막이가 늘어서 있었는데, 겉은 볼품없어도 안에는 엄청나게 많은 물건이 쌓여 있었다. 하지만 다른 곳의 암시장은 대부분 사람들만 우글거렸다. 그들은 길거리를 어슬렁거리다가 누군가를 향해 은밀하게 자신이 파는 물건을 속삭이거나, 아니면 작은 무리를 지어 그냥 다닥다닥 붙어 서 있었다. 그 틈으로 들어가려면 약간의 용기가 필요했다. 일부 시장 참여자는 남의 눈에 띌 정도로 화려하게 치장하고 있었는데, 특히 여성들은 팔고 싶은 장신구를 몸에 치렁치렁 매달고 다녔다. 이처럼 몸이 진열장 역할을 했기에 굳이 낯선 이에게 말을 걸 필요가 없었다. 당시의 집단 기억 속에는, 긴 외투 안감에 시계와 패물, 훈장 같은 것을 잔뜩 매단 상인의 모습이 인상 깊게 남아 있다. 그들은 이 물건들을 팔려고 노출증 환자처럼 외설스럽게 외투를 열어젖히곤 했는데, 이는 암시장의 수많은 성적 암시 가운데 하나였다. 이런 성적 암시는 사람들을 끌어들이는 힘으로 작용했고, 어떤 때는 뻔뻔한 요구로 이어지기도 했다.

암시장은 많은 참가자가 불편함을 느끼면서도 견뎌낼 수밖에 없는 인간끼리의 근접성을 전제로 하고 있었다. 그곳에 들어서면 일단 당혹감과 불쾌감이 밀려들었다. 물건을 교환하는 사람들은 마치 무슨 음험한 일을 공모하듯 바짝 붙어 있었는데, 타인의 접근을 허용하지 않겠다는 배타적인 친밀감의 표시나 다름없었다.[35] 일단 그 틈으로 비집고 들어가면 자신도 곧 은밀하게 속삭이면서 바짝 다가섰다. 특히 물건을 만지거나 냄새 맡을 때는 몸이 닿을 만큼 가깝게 접근했다. 상품에 불신을 품는 건 당연했다. 내놓은 물건이 가짜이거나 상한 경우가 많았기 때문이다. 그중에는 차량 윤활유로 양을 늘린 마가린도 있었고, 돌멩이를 섞은 감자 자루도 있었다. 심지어 먹을 수 없는 목재 기름을 식용유라고 버젓이 팔았고, 의학 연구소나 자연사 박물관에서 장기나 태아, 동물을 보관해둔 유리병 속의 알코올을 술이라고 팔기도 했다. 하지만 이렇게 엉터리를 팔아도 하소연할 곳이 없었다. 독일연방공화국이 훗날 세계에서 유일하게, 제품 비교 조사를 위한 상품 테스트 재단을 설립한 것도 이런 경험의 반작용이었을 것이다.[36]

'물건과 물건'을 교환하는 번거로운 암거래는 머잖아 '물건과 돈'의 편리한 교환으로 바뀌었다. 직접적인 물물교환이 뚜렷한 장점을 드러내는 경우는 단 하나뿐이었다. 다리가 하나만 남은 상이군인들이 자신에게 쓸모없는 신발을 교환할 때였다. 그러니까 어느 쪽 다리가 남아 있는지에 따라 왼쪽 신발과 오른쪽 신발을 서로 맞바꾼 것이다. 이건 전쟁 부상자가 워낙 많던 시절이라 드문 풍경이 아니었다.

이것을 제외하면 다른 모든 경우에는 인류 역사가 증명하듯, 물물교환에서 화폐 거래로의 전환은 암시장에서도 여러모로 편리하게 작용했다. 다만 차이가 있다면 담배가 전통적인 돈을 대체했다는 것뿐이다. 군인과 민간인 사이의 달러 거래가 금지되고, 조만간 예상되는 화폐 개혁으로 라이히스마르크화 거래는 너무 불안했기에 담배가 돈의 자리를 꿰찰 수 있었다. 이렇게 해서 담배는 전후 시대의 개오지• 껍데기가 되었다. 시세는 변동적이었지만, 당시에는

• 고대 중국에서 화폐 대용으로 사용되던 귀한 조개.

이보다 더 믿을 만한 물건이 드물었다. 담배는 화폐로서 이상적이었다. 일단 크기가 작았을 뿐 아니라 운반과 적재, 계산도 쉬웠다. 따라서 작은 갑에 넣은 담배가 돈다발처럼 시중에 나돌았다. 게다가 담배는 덧없음이라는 면에서 진짜 돈은 따라가지 못할 정도로 허무했다. 잠시 발갛게 타오르다가 연기와 함께 바로 가치가 사라지기 때문이다. 또한 담배는 어디에나 있었지만 항상 부족했다. 지불 수단으로서 담배의 가치는 그렇지 않아도 상당하던 그 카리스마를 비약적으로 드높였다.

담배는 승자와 패자의 매개물이었다. 독일 남자들이 먼지 날리는 거리에서 점령군 군인들이 피우다 버린 꽁초를 먼저 차지하려고 악다구니를 치는 모습은 전후 시대의 흔한 풍경이었다. 혹자는 이들을 경멸의 시선으로, 혹자는 씁쓰레한 심정으로 바라보았다. 예전에 그렇게 자부심 당당하던 인간들이 이렇게까지 추락한 것에 대한 자조적인 시선이었다. 아무튼 독일인들은 연합군이 한가하게 담배 피우는 모습을 부러운 시선으로 바라보았다. 심지어 젊은이들은 점령군이 담배 피우는 모습을 따라 하다가 탈골 현상까지 생기기도 했다. 그들은 점령군 병사가 담배를 버리고 발로 짓이기는 순간을 노렸다. 점령군 중에서 손가락이 타들어갈 때까지 담배를 피우는 사람은 없었기 때문이다. 그들은 흉내 내는 게 불가능할 정도로 아무렇게나 툭 꽁초를 버렸다. 독일 청소년들은 암시장에서 담배를 구하지는 못했지만, 어쩌다 피우게 되면 자기 집 지하실에 담배가 산더미같이 쌓여 있는 것처럼 피우려고 했다. 물론 엔첸스베르거의 예가 보여주듯, 실제로 그런 청소년도 있었다.[37]

담배가 화폐로 쓰였기 때문에 흡연자는 지폐를 태우는 사람이나 다름없었다. 그러나 흡연은 미래의 불안감을 지우는 강력한 순간의 축제가 되었다. 이 감정에 여자들도 다시 동참하고자 했다. "독일 여성은 담배를 피우지 않는다." 이 슬로건은 이제 완전히 옛말이 되었다. 1948년 화폐 개혁 이후 담배 광고에는 자기애에 빠진 작은 용처럼 연기를 내뿜는 육감적인 여성이 등장했다.

그런데 담배는 당분간 실용적인 생각과 연결되었다. 예를 들면 담배가 배고픔까지 순간적으로 잊게 해준다는 평가가 그중 하나였다. 독일에서 담배 경작이 획기적으로 늘어난 데는 이런 평가도 한몫했다. 소련 점령지에서는 담배 재배 면적이 전후 첫 해 만에 60배 증가했다. 이로써 당국은 두 마리 토끼를 한꺼번에 잡으려 했다. 암시장을 약화시키고 사람들의 배고픔을 순간적으로 달래주려고 한 것이다.

불신이 만연한 암시장에서 흡연은 의사소통에서 중요한 제식이 되었다. 담뱃갑을 툭 쳐서 담배 한 개비를 권하고, 라이터로 불을 붙여주고, 첫 모금을 빠는 동안 무언가 공통의 생각에 잠기는 행위, 이 모든 것은 서로 의심할 수밖에 없는 암시장에서 상대를 가늠하고 신뢰를 구축하는 과정만큼이나 중요한 사회적 행위였다. 이런 식으로 럭키 스트라이크와 마초르카Machorka는 온갖 인간 유형이 뒤섞인 암시장에서 상호 간의 의사소통에 굉장히 중요한 역할을 했다.

암시장은 독일인들에게 중요한 학습 경험이었고, 의심과 호기심 속에서 서로 소통하는 법을 배워가는 현장 수업이었다. 또한 다른 형태의 극단적인 시장 경험을 통해 국가사회주의가 숭배한 민족 공동체의 이념을 근본적으로 해체하는 계기를 제공하기도 했다. 한마디로 독일인의 기억 속에 오래도록 각인될 수업 시간이었다. 역사가 말테 치렌베르크Malte Zierenberg는 이렇게 썼다. "영악한 자들에겐 상을 내리고 약자들에겐 벌을 내리는" 암시장의 무질서는 "인간이 인간에게 외견상 다시 늑대가 되는" 경제 영역을 만들었다.[38] 1950년대에 넓게 퍼져 있던 경계심의 뿌리도 바로 여기에 있었다. 암시장을 맴도는 수상쩍고 답답한 분위기는 불신의 냄새였다. 나중에는 조금 의아해 보였던, 질서와 단정함, 청결함에 대한 1950년대의 강한 욕구도 사실 불법 시장의 혼돈 상태에 그 뿌리가 있었다. 하지만 일부 사람은 그런 암거래를 강요가 아닌 기회로 보았다.

> 배급 경제로 생겨난 기아의 바다에서 암시장은 (…) 자유와 자기 주도성, 생존을 위한 최후의 보루로 비쳤다.[39]

지크프리트 렌츠Siegfried Lenz가 처음엔 라디오 방송으로 내보냈다가 1964년에 책으로 내서 큰 성공을 거둔 《레만의 이야기 또는 너무나 아름다웠던 나의 시장Lehmanns Erzählungen oder So schön war mein Markt》에 나오는 대목이다. 작가의 마음속에 암시장은 애수에 찬 모습으로 각인되어 있다. 화자는 지루한 경제 기적의 시점에서 자신의 아름다운 재능을 자극하고 사람들을 "검은 친밀성"[40]으로 한데 묶은 결핍 경제를 반어적 감상성으로 돌아본다. 당시보다 "창조적 주도성"이 컸던 적은 없었다. 시장은 "비록 혼란스럽지만 대담한 시적詩的 장면"과 "순수 초현실주의"를 제공했다. 가령 약간 퇴색한 우아함을 지닌 여성이 집에 있는 남편에게 주려고 열두 갈래 큰사슴 뿔을 등에 지고 갈 때가 그랬다.

암시장은 그 대척점에 해당하는, 배급표에 기반한 관리 경제와 연관해서 보아야만 제대로 이해할 수 있다. 한쪽에는 시장 참여자들끼리의 거친 싸움이 있었고, 다른 쪽에는 머릿수로 할당된 엄격한 분배 시스템이 있었다. 사람들은 상반된 두 시스템 사이에 다리를 걸친 채 두 세계, 즉 결핍에 뿌리를 둔 국가적 통제 정책과 고삐 풀린 시장의 무정부주의적 자유를 동시에 경험했다. 둘 다 심각한 결함을 가진 모순적 분배 논리였다. 매일같이 힘들게 익힌 이런 실용적 논리 때문에 나중에 서독인들은 1948년부터 신생 연방공화국의 이상적 해결책으로 자리 잡은 '사회적 시장경제' 시스템에 흔들리지 않는 신뢰를 보였다. 그들에겐 이 용어 자체가 이미 마법의 주문처럼 들렸다. 사회적 시장경제는 이 두 가지 측면, 즉 모두가 무언가를 얻을 수 있도록 배려하는 국가와 수요에 의해 조종되고 고객이 중심에 선 자유로운 시장 시스템을 조화롭게 한데 묶은 것으로 보였기 때문이다.

몇 년 동안의 암시장 시기를 거치면서 '사회적 시장경제'는 여러 세대 동안 변치 않는 믿음의 보증서가 되었다. 사회적 시장경제의 '아버지'라 불리며, 연방공화국의 초대 경제장관이자 아데나워에 이어 제2대 총리에 오른 루트비히 에르하르트Ludwig Erhard는 호황기의 아이콘이 되었다. 목이 거의 보이지 않을 만큼 비대한 몸에 거대한 머리, 그리고 귀 바로 위에 옆 가르마가 있던 이 남자는 굉장히 느긋해 보이면서도 자기 속에 영리함과 책략을 숨기고 있었다. 그의 가장 두드러진 이미지는 시가였다. 그는 늘 시가를 물고 다녔다. 루트비히 에르하르트와 함께 담배 화폐의 시대도 상징적으로 끝났고, 담배 역시 자신에게 과도하게 부여된 커다란 짐을 마침내 내려놓을 수 있었다. 이제 에르하르트의 시가, 즉 굵은 다네만 시가는 새 시대의 상표가 되었다. 사람들은 더 이상 내일이 없는 것처럼 급하게 꽁초를 빨지 않고 여유롭게 음미하듯이 연기를 내뿜었다.

7. 경제 기적과 부도덕에 대한 염려

Die Generation Käfer stellt sich auf

화폐 개혁, 두 번째 제로 시간

스무 살의 영국군 크리스 하울랜드Chris Howland는 1948년 6월 18일 밤 영국군 방송 BFN의 함부르크 스튜디오에 혼자 남아 있었다. 방송국 음악 부서 팀장이자 북부 독일의 가장 인기 있는 DJ로서 팝뮤직의 높은 비중과 자유분방한 진행으로 독일 청취자들에게 굉장히 인기가 많은 사람이었다. 그가 베니 굿맨의 노래 〈태양에 돌을 던지며Throwing Stones at the Sun〉를 끝으로 청취자들에게 인사를 하고 스튜디오를 나갈 때였다. 영국 헌병 둘이 갑자기 들이닥쳤다.[1] DJ 하울랜드는 뭔가 꺼림칙했다. 빨간 모자를 쓴 군인들과 부딪쳐서 좋을 건 없었다. 그런데 그들은 봉투 하나를 달랑 내밀더니, 내일 아침 6시 30분 아침 방송 〈웨이키-웨이키Wakey-Wakey〉에서 거기 적힌 내용을 읽어달라고 부탁했다. 하울랜드는 그러겠다고 대답한 뒤 봉투를 들고 숙소로 가려고 했다. 그러나 헌병들이 막아섰다. 봉인된 봉투를 탁자 위에 올려놓은 채 새들이 지저귀고 파괴된 도시 위로 해가 떠올라 〈웨이키-웨이키〉 방송이 시작될 때까지 여기서 함께 기다려야 한다는 것이다.

아침이 밝자 하울랜드는 지시에 따라서 봉투를 열고 내용을 읽었다.

> 영국·미국·프랑스 군정은 독일 통화 제도에 관한 첫 번째 규정을 공포하고, 이 규정은 6월 20일부터 발효된다. 지금껏 통용되던 화폐는 이 법에 의거해 더 이상 사용할 수 없다. 새 화폐의 이름은 도이치마르크고, 이전 화폐인 라이히스마르크는 6월 21일부터 무효화된다.

사실 많은 독일인이 몇 달 전부터 이 순간만 기다리고 있었다. 화폐 개혁에 관한 소문은 은밀히 계속 나돌았다. 라이히스마르크를 신뢰하는 사람은 아무도 없었기에 아직 이 돈을 쌓아두고 있던 사람들은 사전에 실물 가치가 있는 물건들과 교환해두려고 했다. 한쪽에는 수백만 명이 굶주리고 있었지만, 다른 한쪽에는 다 쓰지 못할 만큼 많은 라이히스마르크로 불법적인 사치품을 천문학적인 가격으로 구입하며 호화스럽게 살고 있었다. 상인들은 라이히스마르크에 대한 불신으로 점점 더 많은 물건을 창고에 쟁여두고 새 돈의 출시와 함께 더 나은 미래를 보장해줄 날을 기다렸다. 특히 1948년 초여름에는 다가올 그날에 대한 소문이 만연해 있었기에 상점들은 거의 텅텅 비어 있었다.

드디어 그날이 찾아왔다. 독일인들은 영국 방송을 통해 그 하루 동안 화폐 개혁의 절차에 관해 좀 더 많은 소식을 들을 수 있었다. 모든 독일인은 1인당 40도이치마르크를 받게 되는데, 일요일인 6월 20일에 식량 배급표 교부처로 60라이히스마르크를 갖고 오면 바꿔준다고 했다. 한 달 후에는 추가로 20도이치마르크를 더 받을 수 있었는데, 이번에는 라이히스마르크와 1대1로 교환이라고 했다. 그다음부터 라이히스마르크의 가치는 사실 사라지는 것이나 다름없었다. 1000라이히스마르크가 겨우 65도이치마르크에 불과했기 때문이다.

이런 식으로 옛 라이히스마르크의 약 93퍼센트가 아무 보상 없이 무효화되었다. 그 돈을 예치하고 있던 사람들은 하루아침에 재산이 6.5퍼센트로 쪼그라들었다. "역사적으로 유일무이한 이 몰수 조처"[2]에 대한 저항은 크지 않았다. 다만 《슈피겔》의 보도에 따르면, 화폐 개혁의 결과를 본능적으로 정확히 예측하고 있던 암시장 상인들만 반대 시위를 벌였다. 시행 하루 전날 "40명의 암시장 중개상이 쾰른 중앙역 앞에서 행진했다. 흰색 야구 모자를 쓰고 카멜 담배와 소주병을 들고 있었는데, 맨 앞에는 '암상인 재교육'이라고 쓴 플래카드가 보였다. 그들은 일요일 오후 쾰른의 포르타 니그라 성문 앞에 굳은 얼굴로 서서, 미군 담배는 60페니히, 독일 보스코 담배는 30페니히에 팔았다. 그러나 이 특이한 일요일 장사에 찾아온 사람은 거의 없었다".[3]

화폐 개혁은 미국이 독일 경제를 다시 일으켜 세우려고 취한 일련의 조치들 가운데 핵심 요소였다. 이 조치들은 소련의 영향력을 막고 공산주의 혁명의 위험을 줄이기 위해 미국이 독일뿐 아니라 전 유럽을 경제적으로 지원한 '마셜플랜'의 일환이었다. 이 대규모 재정 지원책은 1947년 3월 그리스 내전에서 영국이 발을 뺀 것이 계기가 되었다. 그리스에서는 공산주의 게릴라들이 영국의 지원을 받는 보수주의 정부를 공격하고 있었다. 영국의 철수를 지켜본 미국의 해리 트루먼 대통령은 1947년 3월 12일 워싱턴 의회 연설에서, 이제부터는 러시아의 지원을 받는 소수 테러분자들로부터 자유의 가치를 지키고자 하는 모든 나라를 도와야 한다고 천명했다. '트루먼 독트린'이라 불린 이 노선은 미래 세계를 민주적 자본주의와 전체주의적 공산주의의 대결로 그렸고, 그로써 전쟁이 끝나고 채 2년도 지나지 않아 연합국과 패자들은 새로운 세력 관계로 재편되었다. 이른바 냉전이 선포된 것이다. 이제 러시아와 서방 연합국은 서로 총칼을 겨누면서 어제의 패자를 내일의 동맹으로 만들기 위해 노력했다. 적지 않은 옛 나치들이 러시아에 대한 이 새로운 전쟁에서 미국 편에 섰다.

얼마 뒤 미 국무부 장관 조지 마셜은 유럽 국가들에 대한 대규모 원조 계획을 수립했다. 그의 말에 따르면 "유럽 각국과 전체 유럽의 미래에 대한 믿음을 다시 일깨우기" 위해서였다. 화폐 개혁도 그 일환이었다. "산업가와 농민들이 자신의 생산품을 안정된 통화로 판매할 수 있어야 한다는 것이다." 마셜플랜으로 영국은 32억 달러, 프랑스는 27억 달러, 이탈리아는 15억 달러, 서독은 14억 달러를 받았다. 다만 서독은 승자와 패자 사이에 차이를 두기 위해 수혜국 가운데 유일하게 돈을 상환해야 했다. 1947년 6월부터 유럽경제협력기구OEEC 설립을 위한 준비가 차곡차곡 진행되었다. 서독도 군정 총독이 대표자로 참여했다. 전쟁이 끝난 지 2년밖에 지나지 않았음에도 벌써 유럽 경제 공동체로의 발전 양상이 뚜렷이 나타났다. 극심한 파괴에도 불구하고 막강한 산업 시설이 아직 곳곳에 남아 있던 서독 역시 미국의 관리 아래 조심스럽게 이 공동체의 미래 구성원으로 나아갔다.

이로써 화폐 개혁이 동서의 군사 분계선을 화폐 경계선으로 만들기도 전에 독일의 분단은 이미 확정되어버렸다. 서독에서 화폐 개혁이 실시되자 소련도 사흘 뒤 화폐 개혁을 발표했다. 그에 따르면 1인당 70라이히스마르크까지 새 마르크로 교환해주었고, 예금은 100마르크까지만 인정되었다. 그런데 동쪽 점령 지구에서는 아직 신권 화폐가 발행되지 않았기 때문에 옛 지폐에 미리 준비한 쿠폰을 그냥 붙여서 사용했다. 이렇게 벽지처럼 붙인다고 해서 이 돈에는 '벽지돈'이라는 별명이 붙었다. 러시아 군정은 벽지돈을 베를린시 전역에서 통용시키기로 결정했다. 그러나 서방 연합국의 생각은 달랐다. 그들이 관리하는 서베를린 지구에는 도이치마르크를 도입하기로 결정한 것이다. 이렇게 해서 지금껏 동베를린에서 열렸던 시의회에서 연합군 4개국 간의 갈등이 처음으로 공개 노출되었고, 이는 결국 베를린의 정치적·경제적 분단으로 이어졌다.

소련은 1948년 6월 24일부터 서베를린으로 가는 모든 진입로를 전면 차단했다. 서베를린 주민들을 그야말로 굶겨 죽일 작정인 듯했다. 그러자 영국과 미국은 공중 보급으로 봉쇄에 맞섰다. 그들은 이어진 15개월 동안 공중 수송로로 200만 톤이 넘는 식량과 석탄, 다른 생필품을 보급로가 막힌 서베를린에 공급했다. 거대한 수송기가 2~3분마다 서베를린 비행장에 도착했다. 반제호수도 착륙장으로 이용되었다. 비행장 활주로가 부족한 탓에 영국이 허큘리스 수상 비행기 열 대를 투입한 것이다. 수상 비행기는 함부르크항에서 출발해 베를린 반제호수에 착륙했다. 이렇게 해서 1949년 9월까지 베를린 상공에는 이른바 '사탕 폭격기들'의 굉음이 끊이지 않았다. 서베를린 사람들의 마음속에 평생 고마움과 애잔함으로 간직될 소리였다. 그들에게 비행기 소음은 음악처럼 들렸고, 겨울의 추위와 굶주림을 버티게 해주는 힘이 되었다. 서방 연합국은 이 공중 보급을 통해 자유세계의 수호자로 우뚝 섰다. 게다가 전 세계 사람들이 증오하던 제국의 수도 역시 불과 몇 년 만에 결연하게 지켜낸 '자유세계의 최전선 도시'로 거듭났다. 이는 사려 깊은 사람들조차 따라가기 힘들어하고 훗날의 과거 청산에도 부정적인 영향을 끼친 급격한 반전이었다.

미국은 서독의 화폐 개혁 기획과 함께 서방 연합군 트리오에서 주도권을 잡았다. 새로운 도이치마르크조차 미국에서 제작되었다. 지폐는 남의 이목을 속이기 위해 '문손잡이'라고 크게 적힌 나무 상자 1만 2000개에 담겨 브레머하펜항으로 운송되었고, 거기서 철저한 비밀 엄수하에 전국으로 배포되었다. 이렇게 해서 전체 액면가 57억 도이치마르크에 해당하는 지폐 500톤이 6월 20일 식량 배급표 교부처 또는 시청에 도착했다.[4] 이 '버드 독(탐지견)' 작전을 수행한 27세의 에드워드 A. 테넨바움 중위는 훗날 자신이 노르망디 상륙 작전 이후 미군의 가장 큰 군수 활동을 지휘했다고 뿌듯해했는데, 딱히 틀린 말은 아니다.

미국은 이 문제에서 독일인들을 완전히 배제했다는 인상을 주지 않는 게 좋겠다는 생각을 마지막에야 떠올렸다. 따라서 형식적으로라도 독일인들의 의견을 청취하려고 1948년 4월 20일 독일 재무 전문가 25명을 카셀 근처의 로트베스텐 전 공군기지로 은밀히 불렀다. 외부와 완전히 차단된 비밀 회의였다. 그런데 논의할 것은 사실 별로 없었다. 미국이 이미 모든 걸 결정해놓은 상태였기 때문이다. 중요한 건 나중에 독일인들이 자신들과의 협의를 거치지 않고 미국이 일방적으로 결정했다고 항의할 빌미를 주지 않는 것이었다.

어쨌든 미국인들은 그런 식으로 정보지를 작성했다.

미국의 행동은 당연히 이타심에서 비롯된 것이 아니었다. 서독을 무기한 먹여 살릴 뜻이 없었던 미국은 경기를 부양할 방법을 찾았고, 그에 결정적인 장애물이 사람들에게 별 인기가 없는 라이히스마르크라는 사실을 깨달았다. '일할 여유가 없다'는 말은 전후에 자주 나돈 말 가운데 하나였다. 앞서가는 건 항상 암시장이었다. 독일 노동력의 절반 이상이 물물교환과 좀도둑질, 불법 거래에 매달렸다. 오직 주거권과 식량 배급표만 얻기 위해 직장을 다니는 사람들도 많았고, 일자리를 얻은 다음에는 더 중요한 일로 눈을 돌렸다. 이런 상황에서 정규 경제를 활성화하려면 신권 화폐의 필요성을 일깨움으로써 암거래의 매력을 떨어뜨리는 일뿐이었다.

실제로 화폐 개혁이 이루어지자 정규 직업에 종사하려는 사람과 불법 거래 대신 정상적으로 거래하려는 상인의 수는 빠르게 증가했다. 농민도 이제는 수확물을 공식적인 시장에서 판매할 이유가 생겼다. 그래서 하룻밤 사이에 갑자기 상점마다 기적이라 할 만큼 상품이 가득 찼다. 화폐 개혁의 영향은 역사가 울리히 헤르베르트Ulrich Herbert가 1년 후 건국될 연방공화국의 "빅뱅"[5]이라고 부를 만큼 컸다. 동시대인들 역시 화폐 개혁을 1949년 5월 8일 본의 제헌 의회에서 의결된 기본법[6]보다 훨씬 더 강력하다고 느꼈다. 전후에 일어난 사건 중에서 서독 사람들에게 화폐 개혁만큼 선명하게 기억되는 일은 없었다. 연출자 없이 진행된 한 편의 거대한 오페라였다. 신권 화폐가 도입된 첫날에 두 가지 기적을 동시에 경험한 작가 한스 베르너 리히터Hans Werner Richter의 회상은 당시의 상황을 압축적으로 보여준다.

> 우리는 도중에 한 작은 가게에 들렀다. 그전에는 배급표로만 물건을 구입할 수 있었던 엠마 아줌마의 허름한 가게였다. 여기서 화폐 개혁의 진정한 기적이 시작되었다. 가게는 완전히 달라 보였다. 물건은 미어터졌고, 진열대에는 없는 채소가 없었다. 루바브, 콜리플라워, 양배추, 시금치 등 우리가 오랫동안 구경도 못 한 것들이었다. (…) 우리는 가게에 들어섰고, 이제 또 다른 기적이 일어났다. 전에는 불친절까지는 아니더라도 시큰둥하게 대하던 사람들이 이제는 우리를 아주 싹싹하게 맞았다. 우리는 하룻밤 사이에 배급표를 들고 비굴하게 부탁하던 처지에서 당당한 고객으로 변했다.[7]

되찾은 고객의 지위에 대한 자긍심은 자유 선거권에 대한 뿌듯함에 비할 바가 아니었다. 언제든 마음만 내키면 쇼핑할 수 있다는 사실은 평생 그것에 길든 사람만 빼고는 모두에게 진정한 자유의 순간이었다. 화폐 개혁에도 불구하고 식량 배급 제도는 아직 없어지지 않았고 많은 사람이 곧 찾아온 물가 상승의 파고로 힘들어했지만, '상품 세계'의 갑작스러운 증가는 사람들에게 최소한 미래에 대한 뚜렷한 희망을 안겨주었다. 형편은 전체적으로 눈에 띄게 좋아졌고, 아직 발전의 혜택을 누리지 못하는 사람도 머잖아 그렇게 되리라는 확신을 가졌다. 1948년 11월 12일 '물가 폭등'에 대한 항의의 뜻으로 실시된 전후 시기 마지막 총파업조차 그 분노의 밑바닥에는 곧 다시 부족분보다 더 많은 것이 분배될 거라는 낙관론이 깔려 있었다. 1950년 1월 1일 설탕에 대해서만 배급제가 유지되고 나머지가 모두 풀렸을 때 쾰른의 한 신문은 이렇게 환호했다.

우리는 안도의 한숨을 내쉬었다. (…) 이로써 어차피 행정 당국을 별로 달가워하지 않던 주민들과 관청 사이의 원치 않은 수많은 접촉은 사라졌다. 우리는 다시 원하는 것을 먹을 수 있게 되었고, 상인들 역시 더는 배급표를 모으거나 수입이 떨어지는 것을 걱정할 필요가 없다. 그런 시절은 지나갔다. 개월 수로 따지면 약 160개월이고, 날로 계산하면 4600일의 괴로운 시간이었다. 이제 우리는 다시 버터를 먹을 수 있게 되었다. 설탕 문제는 나중에 다시 이야기하면 된다.[8]

이 글의 필자는 들뜬 상태에서 계산을 약간 틀리게 했지만, 어쨌든 자유롭게 소비하지 못했던 시간은 종전을 넘어 배급 경제가 시작된 1939년으로까지 거슬러 올라간다. 설탕만 제외하면 이제야 비로소 전쟁이 끝난 것처럼 항복의 휴지기를 무시하는 좀 과격한 소비자적 관점이었다.

이런 감정의 절정은 화폐 개혁이었다. 그것은 경제 기적의 신화적 출발점이었다. 1948년 6월, 지금껏 사람들이 그렇게 애타게 손을 벌렸지만 창고에 숨겨진 채 나오지 않던 물건들이 봇물 터지듯이 쏟아져 나왔다. 이제는 이론적으로 보면 누구나 폭스바겐을 주문할 수 있었다. 가격은 5300도이치마르크였고, 배송 기한은 불과 8일이었다.

대다수 주민의 물질적 상황이 무척 더디게 개선되었음에도 그해 여름은 상당히 희망에 차 있었다. 사실 경제는 절반이 심리학이다. 이것은 루트비히 에르하르트가 처음 한 말로 보는 것이 타당할 듯한데, 독일에서 그런 심리적 효과가 뚜렷하게 드러난 계기는 바로 화폐 개혁이었다. 현실은 여전히 암담했다. 도시들은 파괴된 채로 남아 있었고, 주거 시설은 열악했으며, 자동차를 사는 건 꿈도 꿀 수 없었고, 천은 질이 나쁘면서도 비쌌다. 하지만 사람들의 희망에 찬 시선은 이런 잿빛 삶조차 따뜻하게 보았다. 화폐 전환이 완료되자마자 프랑스 점령 지구에서 발행되던 '정치 · 경제 · 문화 화보 잡지'로서 평소에는 상당히 진지한 톤을 유지하던 《사진으로 바라보는 DND》도 에어매트리스 위에서 행복한 미소를 지으며 편안히 누워 있는 비키니 차림의 미녀를 표지 사진으로 실었다. 이 젊은 여성은 건설 중에 있던 연방공화국의 알레고리였고, 잡지 이름 DND(Die Neue Demokratie, 새로운 민주주의)는 사진 제목 〈이 아름다운 여인**Diese Nette Dame**〉[9]과 짝을 이루었다. 그러니까 반라의 이 여인은 독일을 전후의 곤궁에서 구해줄 매혹적이고 강력한 요정이었다.

상점의 선반들이 그렇게 빨리 다시 채워질 수 있었던 것은 경제 기반 시설이 예상보다 훨씬 덜 파괴되었을 뿐 아니라 그 시설들을 통한 산업 생산성이 여전히 높았기 때문이다. 산업 생산의 잠재력은 4분의 3 이상이 굳건히 남아 있었다. 나치의 군수 경제가 공장의 기계 장비를 강력히 현대화하고 기반 시설을 엄청나게 확장했기에 전후의 산업 생산성은 1938년 수준에 약간 못 미치는 정도로 유지되었다. 거기다 산업 활동의 조건이 마련되면 언제든 일할 준비가 돼 있는 동쪽의 실향민들은 이 나라에 잘 훈련된 거대한 노동 자원을 제공했다. 이 두 가지 측면을 고려하면 1950년 이후의 비약적인 경제 성장은 사실 기적이라고 할 만큼 그렇게 기적적이지는 않았다.

그럼에도 화폐 개혁의 심리적 효과는 놀라운 출발 신호나 다름없었다. 화폐 개혁은 독일인들이 완전히 처음부터 다시 시작할 수

재건의 분위기 조성. 프랑스 점령 지구에서 발행되던 잡지 《사진으로 바라보는 DND》는 화폐 개혁과 함께 새로운 국가의 시작을 알리는 의미로 〈이 아름다운 여인〉 사진을 표지에 실었다.

있다고, 아니 다시 시작해야 한다고 느낀 지 불과 3년 만에 역사의 시계를 두 번째 '제로' 상태로 돌려놓은 것처럼 보였다.[10] 신중하게 연출된 이 출발의 마법에서 벗어날 수 있는 사람은 거의 없었다. 이 재시작의 대중 심리학적 성공에는 평등주의적 요소도 한몫했다. 화폐 개혁은 모든 시민에게 똑같이 60마르크를 나눠주고, 은행 예금은 극단적으로 평가절하하고, 이후엔 모노폴리 게임처럼 모두를 똑같이 '운'에 맡김으로써 오늘날까지 연방공화국의 확고한 의무에 속하는 기회 균등의 마법을 만들어냈다.[11] 이를 폭스바겐만큼 웅변적으로 말해주는 것은 없을 듯하다. 비록 폭스바겐이 아돌프 히틀러가 가장 좋아한 프로젝트였음에도 불구하고 말이다. 아니, 바로 그 때문에라도 말이다.

볼프스부르크, 인간 대농장

캐퍼•는 늑대를 태우고 다녔다. 1960년대까지 모든 폭스바겐 차의 보닛 위에 늑대 엠블럼이 달려 있었다는 뜻이다. 더 정확히 말하자면, '좌우로 성탑이 두 개 있는 은빛 성의 닫힌 성문 위에서 오른쪽으로 움직이며 파란 혀를 내밀고 뒤를 돌아보는 황금 늑대'였다. 이것은 볼프스부르크••시의 문장紋章이었는데, 모든 캐퍼 자동차의 보

• Käfer, 딱정벌레. 가운데가 둥그스름하게 올라온 모습이 딱정벌레를 닮았다고 해서 붙여진 이름. 폭스바겐의 상징적인 차다.

•• Wolfsburg. '늑대의 성'이라는 뜻.

닛에 붙어 있었다. 얼핏 보기엔 무척 유서 깊은 문장으로 보이지만, 실은 1947년에 미술 교사이자 문장학자인 구스타프 푈커Gustav Völker가 처음 도안한 것이다. 왜냐하면 볼프스부르크는 결코 오래된 도시가 아니었기 때문이다. 볼프스부르크라는 이름의 도시는 종전 이후에야, 정확하게는 1945년 5월 25일 이후에야 생겨났다. 그전까지는 '팔러스레벤 인근의 KdF-바겐시'라고 불렸다. 1945년에는 거기 사는 주민들조차 여기가 도시라고 생각하지 않았다. 게다가 제대로 된 주민이 있다고도 말할 수 없었다. 1938년 이전에는 들판과 숲, 초지만 있었고, 이후에는 허름한 막사만 서 있었기 때문이다. 소문에 따르면, 볼프스부르크 주민은 모두 이방인이었다고 한다. 그 이름도 인근의 볼프스부르크성에 따라 붙여졌는데, 성의 광대한 영지는 수백 년 동안 그 소유주의 경제적 기반이었다. 르네상스풍의 이 성은 당시 계획된 도시의 경계선 밖에 있었는데, 지금도 공장 동쪽에 우뚝 서 있다. 성주인 귄터 그라프 폰 데어 슐렌부르크는 1938년에 성을 몰수당했고, 그 보상금으로 북동쪽으로 40킬로미터 떨어진 탕겔른에 대체 성을 지었는데, 오늘날까지도 독일에서 가장 최근에 지은 성으로 남아 있다.

《슈피겔》 기자들이 1950년에 볼프스부르크를 방문했다. 그들이 본 것은 시각적으로나 분위기적으로나 세계적인 사금 생산지 클론다이크를 연상시키는 "실패한 인간 대농장" 또는 "제2공화국의 고모라"였다. 이 노동 수용소가 10년 뒤 경제 기적의 랜드마크로 떠오르고, 신생 공화국이 그렇게 중시하던 중산층의 상징이 되리라고 생각한 사람은 전후 초기에는 별로 없었다. 그럼에도 그것이 가능하다고 생각한 사람들은 더욱더 열심히 일했고, 마침내 완벽하게 꿈을 이루었다. 훗날 역사가 크리스토프 슈퇼츨Christoph Stölzl은 이렇게 썼다.

> 만일 1960년대에서 1980년대 사이에 독일을 방문한 사람이 단 하루에 독일의 특징을 경험할 수 있는 곳이 어디냐고 묻는다면 당연히 볼프스부르크라고 답해야 할 것이다.[12]

볼프스부르크의 역사는 1938년에 시작되었다. 히틀러는 많은 사람이 부담 없이 구매할 수 있는 국민차를 원했다. 신차는 값이 1000마르크 이하여야 했고, 안정성이 높고 수명이 길어야 했으며, 연비가 좋고 공랭식 엔진을 장착해야 했다. 심지어 히틀러는 둥근 딱정벌레 모양의 자동차 모형까지 직접 그려서 보여줬다고 한다. 그러나 기존의 독일 자동차 제조업체들은 이 계획에 반대했고, 그 가격으로는 도저히 자동차를 만들 수 없다고 판단했다. 반면에 히틀러는 자동차 업체들이 고급차에 집착하기 때문에(그건 히틀러 본인도 마찬가지였다) 그런 국민차를 만들 능력이 없다고 여겼다. 이런 판단이 서자 그는 즉시 수많은 기업을 관할하는 나치 노동자-기업가 동맹인 독일노동전선DAF에 자동차 설계와 공장 건립, 그리고 배후 도시의 건설을 지시했다. 독일노동전선의 간부이자 그 하위 조직 '즐거움을 통한 힘KdF'의 수장인 보도 라페렌츠Bodo Lafferentz는 팔러스레벤 인근에서 이상적인 부지를 찾아냈다. 중부 운하와 가깝고, 루르 지역과 베를린을 잇는 열차 노선에 있으며, 아우토반 접근이 용이한 교통 요충지였다. 게다가 전혀 개발되지 않은 상태로서 독일의 한가운데에 위치해 있었다. 지리적 위치는 무척 중요했다. 왜냐하면 히틀러의 자동차 제작자들은 구매자가 직접 와서 차를 가져가는 시스템을 꿈꿨기 때문이다. 이렇게 해서 고객들이 와서 묵을 근사한 호텔과 고객들에게 자동차의 기술적인 부분을 상세히 설명해줄 현대식 쇼룸 건설 계획까지 세워졌다. 고객은 구매를 결심하면 즉시 새 차를 운전해 새로 건설된 아우토반을 타고 집으로 돌아갈 수 있었다.

히틀러는 헨리 포드의 T-모델처럼 저렴하면서도 그보다 더 현대적인 외관의 차를 원했다. 자동차 보급 면에서 독일 중산층이 경쟁국에 비해 뒤떨어진다는 사실은 독일인의 우월성을 부르짖은 나치 선전에 맞지 않았다. 히틀러는 그리스도 승천일인 1938년 5월 26일에 개최된 공장 기공식에서 600만에서 700만 명이 타고 다닐 자동차를 만들겠다고 약속했다.

> 이제 자동차가 계급을 가르는 도구가 되는 일은 없을 것입니다. 자동차는 일반 대중의 교통수단이 될 것입니다.

히틀러는 KdF 자동차가 메르세데스와 경쟁하는 일은 없을 거라고 했다.

> 경제적 여유가 있는 사람은 어차피 더 비싼 자동차를 살 것입니다. 다만 대중은 그리할 수 없습니다. 이 차는 여러분, 대중을 위해 만들어질 것입니다.

기록에 따르면 히틀러의 연설은 총통에 대한 열렬한 찬양과 만

세 소리, 환호와 박수갈채로 끝났다.

히틀러의 계획은 최신 기술과 서민적 향토성의 결합이었다. KdF-자동차 도시는 주민 9만 명에 현대와 전통 가옥이 조화롭게 어우러진 이른바 '향토 문화 보호 양식'의 전원도시가 목표였다. 뾰족한 지붕, 돌출형 베란다, 지붕 채광창, 격자형 창문, 그리고 무엇보다 목재 덧문 같은 독일의 목가적이고 소박한 전통 양식은 볼프스부르크의 모든 주택에 의무화될 예정이었다. 주택 지구의 시골스럽고 아늑한 미학은 중부 운하 건너편에 요새처럼 1.3킬로미터 넘게 뻗은 거대한 공장과 강렬한 대비를 이루기 위한 것이었다. 공장 전면은 넓은 간격의 빗살처럼 튀어나온 일련의 구조물로 나뉘어 있었다. 전면을 침침한 색깔의 벽돌로 장식함으로써 침입을 허락하지 않겠다는 의지를 더욱 강하게 드러낸 요새였다. 광활한 단조로움과 방어용 돌출부의 고집스러운 반복은 오늘날까지도 폭스바겐 공장의 얼굴을 특징짓는다. 마찬가지로 거대한 양식으로 지어진, 공장에 딸린 발전소에는 굴뚝 다섯 개가 마치 대공포처럼 하늘 높이 솟아 있었다.

공장은 초스피드로 지어진 반면, 아늑한 전원도시는 종이 위의 꿈으로 남았다. 도시 일부에 고위급 엔지니어와 전문직 노동자 가족이 거주할, 작지만 우아한 주택 단지 외에는 건설된 것이 거의 없었다. 폴란드 침공으로 전쟁이 시작되면서 국민차 프로젝트는 모형 도시만큼이나 공허한 약속이 되었다. 국민차를 갖게 될 거라는 소비자의 꿈은 물거품이 되었다. 폭스바겐 공장은 군수 공장으로 바뀌었고, 도시는 노동자 수용소로 변했다. 페르디난트 포르셰가 디자인한 폭스바겐은 불과 견본 몇 대만 제작되었다. 이제는 캐퍼 대신, 강화 새시에 조개껍데기 모양의 시트가 장착되어 있고 천장이 없는 다용도 무개차無蓋車가 생산되었다. 미국 지프에 대한 조야한 대응물인 퀴벨바겐이었다.

결국 KdF 자동차의 장밋빛 선전을 믿고 비싼 채권을 구입한 청약자들은 실망할 수밖에 없었다. 33만 6000명이 자금 조달 프로그램에 참여해 미리 돈을 댔지만, 최종적으로 차를 받은 사람은 630명에 지나지 않았다. 그럼에도 환불은 없었다. 전쟁이 끝난 뒤에도 많은 사람이 폭스바겐 주식회사에서 선금을 돌려받으려 했지만 소용없었다.

이렇게 해서 이 도시엔 작은 텃밭이 딸린 아늑한 연립주택 대신 단단하게 다진 흙바닥에 급조한 막사들이 단조롭게 늘어섰다. 이 공동 수용소에는 독일 나치의 동맹인 무솔리니 정권이 파견한 이탈리아 노동자들이 들어갔다. 이들을 위해 나치 기획자들은 그전에 교회 없는 도시를 건설하겠다고 자랑스럽게 밝힌 원래 계획을 포기해야 했다. 대신 술집 한 곳을 교회로 개조했다. 또한 이탈리아인들이 타국 생활을 웬만큼 견딜 수 있도록 대형 연회장을 설치했고, 여기서 갖가지 선전용 공연과 오락거리를 제공했다.

이 수용소와 이웃한 '동쪽 수용소'는 열악하기 그지없었다. 이곳에는 폴란드인과 러시아 노역자들이 철조망 뒤에 갇혀 지냈다. 거기다 노이엔가멘 강제수용소의 외부 지소도 인근에 설치되었고, 공장 부지 안에 자잘한 수용소도 몇 개 더 만들어졌다. 이제 공장에서는 차량만 만드는 것이 아니라 폭탄과 지뢰, 대전차 로켓포도 생산되었다. 일부 수감자는 공장 작업장 아래 창문 하나 없고 습기 차고 악취 풍기는 지하실에서 생활했다. 그들은 한 층 위의 작업장으로 이동할 때만 거기서 나올 수 있었다. 1번 작업장 샤워실에는 헝가리계 유대인 여성과 유고슬라비아 여성 빨치산 수백 명이 기거했는데, 공장의 다른 작업장에 투입될 때만 햇빛을 볼 수 있었다.

1943년 1만 명의 강제 노역자들이 말만 '즐거움을 통한 힘'이라고 이름 붙은 자동차 도시에서 등골 빠지게 일했다. 이들의 수는 전 직원의 3분의 2를 차지했다. 프랑스인 2500명도 수용소에 기거했는데, 그중 수백 명은 친나치 비시 정권의 한 청소년 단체에서 온 자원자들이었다. 그 밖에 네덜란드인도 750명이 있었다. 그중 205명은 1943년 충성 맹세를 거부했다는 이유로 강제 노역을 선고받은 대학생들이었다. 나머지 네덜란드인들은 '징병 캠페인' 과정에서 강제로 징집되었다. 이들은 이탈리아 노동자들이 기거하다가 대부분 다시 떠난 '공동 수용소'에 프랑스인들과 함께 수용되었다. 프랑스인과 네덜란드인은 나치의 인종 원칙에 따라 '동쪽 노동자'들보다 한결 나은 대우를 받았다. 그들은 음울한 정착촌 내에서 자유롭게 이동할 수 있었고, 임금도 더 높았다. 일요일이면 칙칙한 주변 환경과 기묘한 대조를 이루는 우아한 양복을 입고 돌아다녔다. 특히 네덜란드인들은 수용소 분위기를 개선하려고 애를 썼고, 다양한 국적의 노동자들이 함께하는 공동 행사를 조직했으며, "독일 행정실과 외국인 노동자 사이의 중개자 역할"을 했다.[13] 폴란드 강제 노역자를 비롯해 공장 내 강제수용소의 다른 노역자들도 항상 갇혀 지내지는 않았다. 나치 정권은 이동의 자유를 최소한으로 보장하는 것이 노동자들의 생산성 향상에 효과가 있음을 알아차렸다.

비교적 자유롭게 생활하는 노동자들의 기강을 잡기 위해 아주

사소한 법규 위반도 엄격하게 처벌되었다. 자동차 도시의 모든 길과 주변 지역, 공장 시설은 경비대와 게슈타포가 상시적으로 순찰을 돌았다. 그들의 마음에 안 들면 언제든 노동 교화소에 감금될 수 있었다. 거기에 한번 들어가면 몸과 마음이 망가진 채 풀려났다. 강제 노역자의 여덟 명 가운데 한 명이 이 교화소의 공포를 체험했다. 노동자들이 공장 내에서 놀랄 정도로 규율을 잘 지킨 것도 교화소에 대한 두려움과 강제수용소보다는 웬만큼 나은 공장 내 수용소의 조건 때문이라고 해석할 수 있다. 하지만 작업 중에도 구타는 일상적으로 존재했다. 그럴 일이 생기면 관리자들은 경비대를 불렀다. 그러나 게슈타포를 부르는 일은 거의 없었다. 이들은 노동자들이 더는 일을 할 수 없을 정도로 만신창이를 만들어 돌려보냈기 때문이다.

아우슈비츠 강제수용소에서 자동차 도시의 노동자로 선발되어 온 츠비 회니히Zvi Hoenig는 훗날 이곳을 이렇게 회상했다.

> 이런 상황에서도 내가 아름다움을 알아볼 수 있다는 사실이 놀라웠습니다. 살아남게 된다면 내가 갇혀 있던 이곳을 자유인의 눈으로 꼭 다시 보고 싶었고, 실제로 그렇게 했습니다.[14]

1945년 초, 나중에 볼프스부르크라고 불리게 될 이 자동차 도시에는 외국인 9000명과 독일인 7000명이 거주하고 있었다. 4월 10일 미군은 이 지역을 지나가면서 공장 부지에 소규모 인원만 남겨두고 운하를 건너갔다. 지휘관이 이 공장의 중요성을 알지 못했기 때문이다. 공장 경비대와 나치 친위대는 달아났고, KdF 도시에는 위험한 권력 공백이 생겨났다. 일부 동유럽 출신의 강제 노역자들은 그 동안 꾹꾹 눌렀던 분노와 원한을 공장 시설에 풀었고, 그래도 성에 차지 않으면 남아 있는 독일인들에게 풀었다. 네덜란드인과 프랑스인들은 그런 그들을 막아서며 진정시키려 했고, 대부분 성공을 거두었다.

1951년에 출간된 호르스트 뫼니히Horst Mönnich의 《자동차 도시Die Autostadt》는 해방된 강제 노동자들 사이의 갈등과 독일 주민들과의 분쟁을 당시의 시대정신에 맞게 묘사하면서 폭스바겐의 역사를 흥미진진한 산업적 모험으로 풀어낸 베스트셀러 소설이었다. 뫼니히에 따르면 "수천 명의 러시아인과 폴란드인이 규합해 독일인들의 집을 습격해서 보이는 족족 박살 내버렸다".[15] 볼프스부르크에 남아 있던 "독일인들은 무기가 없었다. 다만 소방차 두 대가 있었다. 그들은 혼란을 야기하려고 군중 속으로 소방차를 몰고 들어갔다. 차에 칠해진 붉은색은 투우사가 황소에게 펼쳐 보이는 빨간 천과 같은 효과를 냈다. 군중의 분노에 불을 지른 것이다. 그러나 선봉은 이미 무너졌다".[16]

이 장면은 순전한 상상으로서 어디서도 이런 일이 일어났다는 증거는 없다. '외국인 노동자들'이 나중에 매일 아침 공장 문 옆에서 있다가 지나가는 독일 노동자들을 아무나 골라 폭행했다는 대목도 추측에 근거한 묘사일 뿐이다. 다만 강제 노역자들이 특히 자신들에게 못되게 군 감독관과 작업반장에게 어떤 식으로든 복수했으리라는 점은 분명하다. 그런 일은 해방의 날 많은 수용소에서 실제로 일어났고, 연합군도 팔짱을 끼고 지켜보기만 했다. 산발적인 약탈 행위도 개연성이 없지는 않다. 몇몇 곳에서 그런 사건들이 보고되었기 때문이다.[17] 그러나 뫼니히는 노예화에 가까운 비인간적인 조건은 숨긴 채 그런 잔인함을, 시종일관 짐승의 본성과 비슷한 것으로 여기고 싶어 하던 '동쪽 노동자들'의 민족성으로 돌림으로써 폭력의 원인을 왜곡했다. 이러한 편견은 강제 노역자들에겐 따로 이름을 부여하지 않고 그저 '무리'로 묘사한 반면에 영국인과 미국인에겐 항상 당연하다는 듯이 개인적 이름을 부여한 데서도 엿볼 수 있다.[18]

뫼니히의 소설에서 독일인과 영국인, 미국인은 곧 기가 막히게 죽이 잘 맞았다. 그들은 세부적인 기술 문제에 대해 전문적으로 대화를 나누었고, 얼마 전의 전쟁에서 서로에게 가한 상처에 대해 한껏 허리를 낮춰 사죄했다. 심지어 한 독일인 엔지니어는 미국 시인 칼 샌드버그Carl Sandburg가 쓴, 산업 도시 시카고에 대한 찬가를 낭송함으로써 독일인과 미국인이 정신적으로 얼마나 유사한지를 보여주고자 했다. 이제 볼프스부르크에서 쫓아버려야 할 동쪽의 무리와는 달리 말이다.[19]

호르스트 뫼니히는 독일 국방군에서 종군기자로 일했고, 연합군의 노도와 같은 독일 진격을 고향에 타전한 사람이었다. 전후에는 당시 새로 만들어진 작가 조직인 '47그룹'에 몸담았다. 외국인 노동자에 대한 인종차별적 묘사가 1969년까지 10만 부 넘게 팔린 《자동차 도시》의 성공에 일조하기도 했지만, 성공의 주된 원인은 무엇보다 간결하게 탁탁 끊어지는 신즉물주의적 스타카토 문체로 자유롭게 풀어낸 과학 기술에 대한 뜨거운 감격이었다. 주인공들은 발명가, 엔지니어, 작업반장으로서 자유와 민주주의보다 작동하는 엔진을 더 중시하는 기술 엘리트였다.

소설 말미에 작가가 총평처럼 던지는 말이다.

> 남자들이 갔고 새로운 남자들이 왔다. 항상 적절한 남자들이 적절한 때에 왔다. 이 남자들은 누구일까? 대답은 간단하다. 그들은 꿈을 꾸는 사람들이고, 그 일에 운명적으로 빠지는 사람들이고, 열정적인 본성을 가진 사람들이다. 그들의 열정은 자동차다. 그 때문에 자동차가 달리고, 그 때문에 이것이 가능했다.[20]

종전 이후 적절한 때에 온 적절한 남자는 아이반 허스트Ivan Hirst였다. 1945년 6월 니더작센이 영국 점령 지구로 할당되면서 미군은 철수했다. 영국군 지휘부는 전쟁 중 브뤼셀에서 영국의 전차 정비 공장을 이끌었던 29세의 기술 장교 아이반 허스트 소령에게 KdF 자동차 공장의 관리를 맡겼다. 그는 볼프스부르크에서 아직 사용할 수 있는 것이 무엇인지부터 살펴보았다. 공습에 대비해 독일인들이 창고에 보관해둔 최신 컨베이어벨트와 대형 프레스는 버밍엄에도 잘 맞을 것 같았다. 그런데 이 열정적인 기술자가 무엇보다 홀딱 빠진 것은 공장 자체였고, 그보다 더 반한 것은 거기서 곧 생산되어 나올 둥그스름한 자동차였다. 허스트는 탁월한 수완으로 상관들이 공장을 해체하려는 걸 막았다. 상관들 역시 딱정벌레처럼 웃기게 생긴 이 자동차에 익숙해지자 곧 캐퍼에 푹 빠졌다. 그들의 주도로 이 자동차가 곧 거리를 돌아다닐 거라는 생각이 그들의 결정을 더 쉽게 했다. 그러나 공장이 재개된 뒤에도 볼프스부르크 자동차 공장은 상당 기간 해체의 위험에 노출되어 있었다.

영국군은 확 줄어든 차량의 수를 늘리려고 볼프스부르크 공장에 내구성이 뛰어난 자동차 수만 대를 주문했다. 하지만 1948년까지 인도된 차는 목표치에 훨씬 미치지 못했다. 원인은 노동자들의 의욕 부족과 극심한 변동이었다. 많은 노동자가 배고픔을 스스로 해결하려고 좀 더 효과적인 수단으로 눈을 돌리는 바람에 교대 근무는 차질을 빚을 수밖에 없었다. 그런 현상은 화폐 개혁 이전의 일상적 문제였다. 게다가 폭스바겐 공장의 독일 관리자들은 영국 상사의 눈치를 보느라 다른 기업들처럼 암시장에서 필요한 물건을 조달하는 데 어려움을 겪었고, 원자재와 부품 부족은 생산력 저하로 이어질 수밖에 없었다. 허스트는 암시장에서 조달하지 못한 것들을 자신의 군 지위를 이용해서 확보하려고 애썼다. 또한 노동자들을 배불리 먹이기 위해 1947년 공장 주변의 땅을 갈아엎고 밀을 심었다. 이렇게 해서 늦여름이 되자 볼프스부르크 자동차 공장은 찬란한 황금빛 밀밭으로 둘러싸였다.

1946년 3월 허스트는 공장 재가동 1주년 기념식을 열었다. 그는 전나무 가지로 장식된 캐퍼 안에 앉아 사진사들 앞에서 포즈를 취했다. 그 위에 걸린 현수막에는 이렇게 적혀 있었다. "1946년 3월 조립 라인에서 생산된 1000번째 폭스바겐." 이 정도의 생산 규모는 몇 달간 유지되었다. 연합군의 주문에 따라 한 해 평균 캐퍼 1000대가 생산된 것이다. 색은 모두 카키색이었다. 독일인들은 아직 이 차를 구입할 수 없었다. 다만 독일 우편국은 편지 및 소포 운송을 위해 일부 차량을 할당받았다.

영국인들은 "공동 수용소를 외국인들로부터 정화하라"는 볼프스부르크 주민들의 요구를 들어주지 않았다.[21] 오히려 전쟁이 끝난 뒤

볼프스부르크, "실패한 인간 대농장". 1950년 《슈피겔》은 설립된 지 이제 겨우 12년 된 이 도시를 그렇게 묘사했다.

에도 동유럽인들은 계속 볼프스부르크로 꾸역꾸역 밀려들었다. 연합군은 이곳 수용소를 독일 전역의 실향민 집결소로 이용했다. 이들은 송환 문제가 해결될 때까지 여기 머물렀고, 아울러 이곳에 '정착했던' 기존의 강제 노동자들을 돌려보내기 위한 노력도 동시에 이루어졌다. 《볼프스부르거 나흐리히텐Wolfsburger Nachrichten》은 1950년 1월 29일 당시를 돌아보며 이렇게 썼다.

1945년과 1946년 초에 미국의 대형차들이 끊임없이 라크베르

> 크로 가서 베를린의 실향민들을 실어 갔다. 세계 각지에서 온 사람들은 우리 도시에 모였다가 각자 고국으로 이송되었다. (…) 라크베르크에는 다양한 국적의 사람들이 뒤섞여 있었다. 그곳 수용소에 '세계의 축소판'이라는 별칭이 붙은 것도 그 때문이다. 수용소가 한창 붐빌 때는 수용자들의 출신지는 무려 40개국이 넘었다.[22]

볼프스부르크에는 사람들이 쉼 없이 오갔다. 많은 실향민이 수용소를 떠나 마침내 집으로 돌아가는 것만큼이나 반대편에서 온 독일 피난민과 실향민들이 막사를 가득 채웠다. 그중 많은 사람이 이곳에 잠시 머무르며 공장에서 일한 뒤 더 서쪽으로 이동했다.

공장의 생산량이 증가할수록 수용소 도시는 독일 전역에서 고향을 잃고 갈 곳 없는 사람들을 점점 더 많이 끌어들였다. 공장에서 일할 사람들이 필요한 시기였다. "1945년부터 1948년까지 신규 채용자와 해고자 수는 각각 전체 직원의 세 배에 이르렀다." 영국은 노동력 지원을 위해 독일군 전쟁 포로들을 공장으로 보내라고 명령했다. 게다가 '동쪽 노동자들'도 다시 찾아왔다. 고향으로의 송환을 거부하고 연합군 난민 기관의 보호 아래 수용소에서 살기를 원하는 사람들이었는데, 수용소에 머무는 동안에는 노동을 해야 할 의무가 있었다. 한마디로 볼프스부르크는 통일성이라고는 찾아볼 수 없는 혼돈의 조합이었다. 석방되었지만 오갈 데 없는 군인들, 전쟁을 경험한 뒤로 어떤 형태의 안락함도 견디지 못하는 고향을 잃은 젊은이들, 그리고 더는 집으로 돌아갈 이유가 없는 이전의 강제 노역자들로 이루어진 외롭고 좌초된 남자들의 수용소였다. 《슈피겔》은

1950년 당시의 상황을 이렇게 요약했다.

> 볼프스부르크에는 사랑이 발붙일 곳이 없다.

볼프스부르크에서 처음 문을 연 술집들 가운데 하나가 '고향'이라는 간판을 달고 있는 것은 퍽 이색적이다. 이곳에는 고향 같은 분위기가 전혀 없었기 때문이다. 콘크리트 대로는 어디로도 이어지지 않았다. 그것들은 나치가 거대한 시범 도시를 조성하면서 웅장하게 설계한 사회 기반 시설 가운데 유일하게 완공된 인공 구조물로서 황량한 이 도시의 주민들에게는 끊임없는 조롱거리가 되었다. 대로에서 몇 안 되는 건물로 이어지는 작은 도로도 많지 않았다. 그저 잦은 왕래로 다져진 좁은 길들만 별 의미 없이 흩어진 건축물들과 이어질 뿐이었다. 정연히 줄을 맞춰 잔뜩 웅크리고 있는 것처럼 보이는 막사들은 정작 가까이 다가가 보면 혼돈과 방치의 온상으로 드러났다.

어쩌다 볼프스부르크로 흘러들어 와 이곳에 터전을 꾸린 소수 여자들의 오두막에서만 주변 환경을 사람 사는 곳으로 가꾸려는 의지가 엿보였다. 특히 아이들이 있는 집에서는 그런 욕구가 더 컸다. 사람들은 막사 주변에 감자와 사탕무, 채소를 심었고, 심지어 담배도 재배했다. 게다가 토끼와 닭, 오리를 키웠고, 사육이 금지된 돼지까지 길렀다. 그러나 대부분의 막사는 시설이 형편없었고, 사람들이 떠날 때마다 상황은 점점 더 열악해졌다. 많은 노동자가 공장에 해약 통지도 없이 하루아침에 일을 그만두었다. 그들은 수용소를 떠날 때면 시설에서 아직 쓸 만한 것들을 가져갔다. 그러면 새로 들어온 사람들은 얼마간 바닥에서 잘 수밖에 없었다.

1950년 베를린 일간지 《타게스슈피겔》은 볼프스부르크를 가리켜 "히틀러의 오만함이 만들어낸 결과물"이라고 썼다.

> 이 도시는 이웃한 잘츠기터•와 마찬가지로 국가사회주의 파산 자산의 특징을 고스란히 지니고 있다. 황량한 풍경 속에 갑자기 현대식 원격 난방 시스템을 갖춘 건물들을 짓겠다고 설계된 한 도시의 흔적, 초라한 막사 정착촌 앞의 인상적인 외관들, 연결로 없이 곧장 들길로 이어지는 웅장한 고속도로, 예전에도 미의 축복을 받은 적이 전혀 없어 보이는 풍경, 독일 전역에서 밀려온 뿌리 잃은 사람들…. 한마디로 이 도시는 부정적 최상급의 집합체였다.[23]

이는 끔찍한 결과로 이어졌다. 1948년 니더작센 지방 선거에서 볼프스부르크는 또 다른 최악의 모습을 보였다. 극우 정당인 독일우파당DRP이 2만 4000표 가운데 1만 5000표를 얻어 시의회에서 원내 1당이 된 것이다. 나머지 니더작센 지역에서는 DRP가 10퍼센트 이상을 득표한 경우가 드물었다. '볼프스부르크의 충격'으로 역사에 기록된 이 참담한 결과가 나온 지 몇 개월 뒤 선거 결과는 무효화되고 볼프스부르크 사람들은 재투표를 해야 했다. 그러나 이번에도 일이 꼬였다. 그사이 금지된 DRP의 후신인 독일당DP이 여

• 나치가 1942년 제철소 운영을 위해 새로 건설한 도시. 폭스바겐 공장 인근에 있는데, 여기서도 강제 노동이 이루어졌다.

전히 48퍼센트를 득표한 것이다.

극우가 재차 득세한 이유는 무엇일까? 만일 그런 경향이 독일 전역에 퍼져 있었다면 연합국 군정은 분명 연방공화국 수립 준비 단계에서부터 즉각 그 흐름을 제지하려고 했을 것이다. 새로 부상한 나치 지역구의 실상을 파악하려고 각지에서 기자들이 몰려들었다. 선거 뒤《슈피겔》은 이렇게 썼다.

> 볼프스부르크는 식민 도시다. 여기서는 가장 극단적인 자들이 승리했는데, 동쪽 피난민들 때문에 극좌는 애초에 고려 대상이 아니었다.[24]

이유는 빠르게 밝혀졌다. 너무 많은 남자, 너무 많은 피난민, 너무 많은 실향민, 너무 많은 퇴역 군인, 너무 많은 젊은이 때문이었다. 이 인공 도시에 대해서는 누구도 이야기하고 싶어 하지 않았다. 그러기엔 볼프스부르크는 너무 불결했다. 도시는 일찍 황폐화했다. 머리와 팔다리는 없고 몸통만 있는, 겨우 10년 역사의 기형 도시였다. 이런 상황에서 허황한 말로 선동하는 극우주의를 막을 전통이 있을 리 없었다. 교회도, 가정도, 시민사회도, 심지어 건축물도 출신이 복잡하게 뒤섞인 주민들에게 버팀목이 되어주지 못했다. 사회가 유지되려면 영속 가능성에 대한 어느 정도의 믿음이 있어야 하는데, 이 도시엔 그런 믿음을 담보해줄 것이 전혀 없었다. 다만 극우적인 볼프스부르크에 대한 언론 보도에서는 공장과 그곳 직원들, 특히 그중에서도 '많은 수상쩍은 인간'에 대한 이야기가 빠지지 않고 등장했다.

그런데 초라한 막사의 창문으로 내다보이는 운하 건너편의 모습은 완전 딴판이었다. 거기엔 밝은 미래를 품은 신화적 도시의 뚫을 수 없는 외벽처럼 보이는 공장이 서 있었다. 폭스바겐 공장은 마치 판타지 영화에서나 튀어나온 것 같았고, 오늘날에도 여전히 그런 모습을 하고 있다. 쓰러져가는 가건물에 비친 존재의 덧없음과 비교하면 무엇에도 흔들리지 않는 굳건한 요새였다. 볼프스부르크 사람들에게는 나치즘의 이 기술적 유산이 꺼지지 않는 희망의 등불처럼 보이지 않았을까?

공장은 볼프스부르크 사람들에겐 전부였고, 공장을 자랑스러워하지 않을 이유가 없었다. 대규모 감원 조치에도 여전히 남아 있던 중하위급의 소수 핵심 직원들은 나치 시대와 독일노동전선의 이념에 아직도 깊이 경도되어 있었다. 반면에 과학 기술에 대한 사명감으로 똘똘 뭉친 기술자들은 온 마음으로 자신들과 공장이 하나라고 생각했다. 따라서 금속 노조가 볼프스부르크에 파고들 여지는 거의 없었다. 여기서는 노동자와 경영진 사이에 휴전이 팽배했다. 폭스바겐 공장의 직장평의회는 "육체 노동자와 화이트칼라 노동자를 민주적으로 운영되는 폐쇄적 성과 공동체"이자 공장 경영진과 손잡고 미래로 나아가야 할 굳건한 공동체로 이해했다.[25] 그러다 보니 여기선 노동자들의 이익에 관한 노동조합의 말이 먹힐 리 없었다. 볼프스부르크의 한 사회민주당 의원이 연설에서 도시의 모든 병폐가 폭스바겐 공장에서 비롯되었다고 주장했을 때 주민들 사이에선 극도의 분노가 일었고, 그와 함께 도시의 정치적 분위기는 완전히 극우 쪽으로 넘어갔다.

사회심리학적으로나 정치적으로 이렇게 복잡하게 얽힌 상황은 영국이 만일 1948년에 독일인들에게 어울릴 법한 남자를 새로운 공장장으로 앉히지 않았다면 아마 1950년대의 어느 시점에서 폭발했을 것이다. 이 남자는 볼프스부르크 주민들의 굴종에 대한 반동적 갈망을 적절하게 이용할 줄 아는 진정한 지도자였다. '노르트호프 왕'이라는 그의 별칭도 사실 현실에 비하면 과소평가된 측면이 없지 않았다.

아무튼 하인리히 노르트호프Heinrich Nordhoff는 직원들을 '노동 동지'라 불렀고, 직원들은 그를 '장군'이라 불렀다. 원래는 전쟁 중에 국방군 트럭을 생산하던 브란덴부르크의 오펠 공장을 이끌던 사람이었다. 그래서 나치당원이 아니었음에도 '독일 군수 경제의 책임자'였기에 미국인들은 그를 핵심 자리에 앉히기를 꺼려 했다. 반면에 이런 면에서는 미국인들보다 한결 융통성이 있었던 영국인들은 그를 아이반 허스트의 적절한 후계자로 보았다. 선두에 서서 사람들을 탁월하게 이끄는 능력은 노르트호프의 천성이었다. 그는 의도적으로 낮은 목소리와 세세한 부분까지 신경 쓴 철저한 자기 연출을 통해, 단번에 무질서한 무리의 기강을 바로 세우는 카리스마를 발휘했다. 이렇게 해서 전 직원이 알아서 즐겁게 정렬한 뒤 시계의 톱니바퀴처럼 열심히 일하는 개미 군단과 같은 모습을 보이기까지는 오래 걸리지 않았다. '노동 동지들'은 최신식 생산 방법과 엄격한 규율, 끊임없는 이익 증가 덕분에 고무된 근로 의지로 곧 미국에서만 가능하던 생산 규모인 연간 10만 대의 캐퍼 생산에 성공했다. 사회학자 카를 뵈트허Karl W. Böttcher와 저널리스트 뤼디거 프로스케Rüdiger Proske는 1950년 볼프스부르크를 방문한 뒤 월간지 《프랑크푸르터 헤프테Frankfurter Hefte》에 이렇게 썼다.

1955년 캐퍼 생산 100만 대를 축하하는 행사에서 폭스바겐 사장 하인리히 노르트호프가 노동자 군단 앞에 장군처럼 우뚝 서 있다.

> 철저하게 합리적으로 돌아가는 공장의 질서는 여러모로 국방군의 위계질서와 비슷했고, 공장 내 작업반은 군대의 전투 단위와 비슷했다.[26]

1955년 100만 대째 캐퍼가 공장에서 막 출시되었을 때 노르트호프는 홍보 목적의 사진을 찍기 위해 전 직원을 공장 앞에 모이게 했다. 강력한 힘을 내뿜는 밀집 대형이었다. 사진 왼쪽에는 공장 전면이 아주 길게 뻗어 있다. 어떤 침입도 허용하지 않겠다는 의지를 내비치는 단단한 요새 같다. 사진 오른쪽에는 노르트호프가 보이지 않는 단상에 군중의 머리 위로 홀로 우뚝 서 있다. 하얀 와이셔츠에

짙은 색 넥타이를 매고, 재킷 주머니에 고급 삼베로 만든 포켓 스퀘어를 꽂고, 두 줄 버튼 회색 양복을 입고 뒷짐을 지고 서 있는 모습이 꼭 회색 쥐 군대를 지휘하는 절대 군주 같다. 사진은 세세한 부분도 놓치지 않는다. 흰색 가운을 입은 연구원을 맨 앞줄에 배치했는데, 그 환한 색깔 때문에 군중에서 더욱 도드라져 보인다. 게다가 균형을 맞추려고 연구원을 왼쪽 가장자리로 밀쳐놓았다. 그러지 않았다면 사진은 노르트호프 방향으로 완전히 기울었을 것이다.

이 사진을 찍고 나서도 구도와 배경을 바꾸어가며 여러 장의 사진이 공들여 촬영되었다. 물론 장군이 맨 앞에 서 있는 구도는 변하지 않았다. 긴 시간을 들여 배경을 바꾼 끝에 노르트호프는 두 번째로 탑 구조물에 올라갔다. 이번에는 직원들을 정렬시키지 않고, 자신의 생산품인 캐퍼를 등장시켰다. 정연하게 대오를 갖춘 캐퍼 함대가 동시에 전조등을 켜는 모습은 마치 경제 기적의 사열을 받는 듯했다.

1950년대는 일반적으로 가족 단위의 소비가 유행한 시기였다. 그런데 이런 호황의 이면에는 키드니 테이블, 냉장고, 캠핑 여행, 페티코트 같은 이미지들 때문에 쉽게 잊곤 하는 한 얼굴이 숨어 있었다. 최고 출력으로 달려가면서 자기 모습을 단단히 만들어가는 산업 사회의 얼굴이었다. 이는 쓰러질 때까지 일해야 하는 콘크리트와 강철, 석탄, 코크스 가스로 이루어진 세계였다.

볼프스부르크는 이른바 '공장 사회'의 이상이 되었다. 어떤 공장도 그 악명 높은 '국가독점자본주의'를 이보다 더 명확하게 보여줄 수는 없을 듯하다. 국가독점자본주의는 국가와 민간 자본이 서로 구분할 수 없을 만큼 하나로 밀착해서 움직이는 시스템을 가리킨다.

1949년 영국인들은 이 유한회사를 처음에는 니더작센주에 신탁했다. 그러다 1960년 폭스바겐법VW-Gesetz에 따라 공장은 주식회사로의 전환을 통해 민영화가 이루어졌는데, 이때 니더작센주와 연방공화국은 각각 20퍼센트의 지분을 소유했다. 그런 까닭에 폭스바겐이 '독일'이라는 주식회사의 준 국유 기업이라는 인상은 바뀌지 않았다. 테오도르 아도르노Theodor W. Adorno의 설명에 따르면, 이 콘체른은 산업과 행정, 정치가 긴밀하게 연결된 채 노동과 자본의 시장 형성적 관계 위에 짙게 드리운 '테크놀로지 베일'의 전형이었다.

실제로 노르트호프는 항상 자신의 기업이 사유 경제적 성격을 벗어던지고 "독일 사회 전체에 헌신하고 있다"[27]는 인상을 주려고 노력했다. 심지어 1949년 자동차 잡지 《모터 룬트샤우Motor-Rundschau》는 이렇게 확언하기도 했다.

> 공장은 누구의 것도 아닌 우리 모두의 것이다.[28]

그러나 그건 속임수였고, 사실은 정반대였다. 전쟁이 끝나고 한참이 지난 뒤에도 공장은 도시의 것이 아니었고, 오히려 도시가 공장의 것이었다. 그 때문에 이 도시는 폭스바겐을 빼고는 생각할 수 없다. 시의 행정기관조차 대다수 주민들의 눈에는 폭스바겐 주식회사의 한 부서처럼 느껴졌다. 정상적인 도시의 경우, 만일 야외 수영장이 만들어지면 시에서 시민들을 위해 만들었다고 말하겠지만 볼프스부르크에서는 이렇게 말했다. "노르트호프가 독일에서 가장 현대적인 수영장을 우리 도시에 선물했다." 실제로 이 수영장은 1951년 폭스바겐 건설국에서 지었다.

볼프스부르크는 모든 것이 폭스바겐 소유였기에 시 당국은 처음엔 단 1제곱미터의 땅도 자기 소유라고 주장하지 못했다. 시와 공장 경영진은 공장 부지의 소유권을 두고 오랫동안 분쟁을 벌였다. 법적 권리를 확실히 해놓지 않고는 시급한 기반 시설의 구축은 생각조차 할 수 없었다. 그래서 화폐 개혁이 단행된 지 1년이 지나서도 주택난을 해소할 조치는 거의 이루어지지 않았다. 영국의 한 연구 보고서가 1948년 선거에서 극우가 득세한 가장 중요한 이유로 '자치 단체의 이런 부작위'를 꼽은 것도 그 때문이었다. 시는 1955년에야 도로와 광장 건립의 '공익'을 위해 345헥타르의 토지를 받았고, '다른 기반 시설에 대한 부지'로 약 1900헥타르를 추가로 확보할 수 있었다.[29] 그와 함께 상황은 급격하게 바뀌었다. 시는 이제 소유권 분쟁에서 벗어나 빠른 속도로 건설 계획을 단독으로 수립하고 실행에 옮길 수 있었다. 그런데 텅 빈 부지에 빠르게 올라간 것은 아무리 좋게 봐줘도 황량함의 전형일 뿐이었다. 불도저로 민 땅에는 삭막하기 짝이 없는 집단 주거지가 끝없이 생겨났다. 수용소의 건축 정신에서 나온 것이라고밖에 생각할 수 없는, 이상하게 벌거벗은 건물들이었다. 그 사이로 자동차의 도시라는 이름에 걸맞게 넓은 비포장도로가 쭉쭉 뻗어 있었다. 게다가 도시 중심지라는 곳도 마치 '최악의 건축 방식 올림피아드'에 참여한 것처럼 기본조차 지키지 않은 건축물들의 난잡한 집합체 정도로 느껴졌다.

그럼에도 볼프스부르크 주민들은 이 기능주의적 황무지에서 놀랄 정도로 편하게 지냈다. 진정한 중심지도, 전통과 아늑함도 없는 도시가 주민들에게 어떤 영향을 미치는지 조사하려고 전 세계에서 도시사회학자들이 찾아왔다. 그런데 딱히 경고할 만한 것은 찾지 못했다. 볼프스부르크는 심지어 그 비판가들까지 지루하게 만든 것이다. 이 도시는 예를 들어 판단이 애매한 루르 지역과 달리 아예 비판적 관심에서 벗어나 있었다. 도시와 공장 둘 다 사회적 시장경제의 전형을 이루었음에도, 그리고 복잡하게 뒤섞인 수용소 주민들을 "새로운 유형의 산업 시민"[30]으로 바꾸려고 했던 '볼프스부르크 통합 기구'의 조치가 연방공화국 전후 역사를 상징적으로 대변할 수 있었음에도 좌파 야당은 노르트호프의 거대 제국에 놀랄 정도로 관심을 보이지 않았다. 이유는 아마 노르트호프 치하에서 직원들이 느꼈던 노동에 대한 흔들림 없는 즐거움 때문일 것이다.[31] 당시의 좌파 지식인들은 그렇게 길든 노동자들을 부끄러워하며 그들에게서 눈을 돌렸다. 이 도시로는 결코 좌파 국가가 만들어질 수 없었고, 기껏해야 고결한 귀족의 세례를 받은 사회민주주의적 국가만 만들어질 수 있을 뿐이었다. 런던의 〈이브닝 뉴스〉는 볼프스부르크를 신기한 눈으로 바라보며 이렇게 말했다. 하인리히 노르트호프는 "자기 백성에게 축복을 내리는 초월적 신의 광채를 즐겼다."[32]

노르트호프는 1968년 삶을 마감하기까지 일국의 통치자처럼 수많은 훈장을 받았다. 예를 들어 독일연방공화국의 대공로십자성현장, 스웨덴 바사훈장의 1급 사령관십자장, '이탈리아 국민의 친구' 메달, 브라질 남십자성 훈장 사령관장, 이탈리아공화국 공로장교장, 교황 그레고리오 기사훈장 같은 것들이었다. 그 밖에 명예박사 학위와 명예시민 칭호도 여럿 받았다. 이런 수많은 훈장으로 장식된 존귀함은 그가 생산하던 '국민차'라는 소박한 이미지와는 정반대였다. 성묘기사단의 흰색 기사 망토를 걸친 그의 시신은 자동차 개발부서 시험장에서 관에 안치되었다. 폭스바겐 직원들은 자신들의 왕과 작별 인사를 하려고 10시간 동안 줄을 서서 기다렸다.

오늘날 볼프스부르크를 거닐게 되면 한때 이곳에 거대한 막사들로 이루어진 수용소와 기괴한 공장 시설들 말고 다른 건 별로 없었었다는 사실을 믿기 어려울지 모른다. 볼프스부르크는 설립자들이 과거에 꿨던 꿈을 중심에 간직한 소비주의의 사원이 되었다. 1960년대부터 이 도시의 암울한 분위기를 지워줄, 아름답고 우아한 건물들이 세워지기 시작했다. 가령 1962년에 지어진 '알바르 알토 문화의 집'이 그랬고, 한스 샤룬이 1973년에 지은 극장이 그랬다. 그러다 밀레니엄 전환기부터 볼프스부르크는 미래주의 공원과 전시 공간 속에서 자동차 생활 방식이 주를 이루는 사회적 종합예술 작품으로 거듭났다. 화려한 조명이 밝혀진 웅장한 공장 지대, 그 앞의 석호潟湖, 호수 위의 많은 다리, 언덕, 운치 있는 커브길, 우아한 정자, 춤추는 분수, 올라퍼 엘리아슨이 디자인한 '향기 터널', 이 모든 것은 편안하면서도 전체주의적인 유토피아의 명랑한 공원 같은 느낌을 자아낸다. 로봇이 완벽한 자동차를 생산해내는 무균 상태의 산업 무대를 배경으로 펼쳐진 자연과 문화, 첨단 기술의 놀이터다. 그 사이사이에 자하 하디드가 설계한 '파에노 과학 센터'나 군터 헨Gunter Henns이 설계한 '모빌라이프캠퍼스' 같은 건축 걸작이 들어서 있다. 한마디로 모빌리티의 미래 가능성을 조금도 의심하지 않는 소비주의의 열정적 연출 작품이다.

고객이 직접 방문해서 공장을 견학하고 자동차를 가져간다는 히틀러의 원래 구상은 이제 현실이 되었다. 사람들은 공장 인근의 리츠칼튼 호텔에서 자고, 아침이면 구매한 자동차가 40미터 높이의 유리 주차 타워에서 전자동으로 출고되어 경이로운 테크놀로지의 몸짓으로 인도되는 과정을 지켜볼 수 있다. 또한 자동차 박물관, 디자인 디스플레이, 시운전 트랙, 사운드 및 온갖 기술적 기능도 체험이 가능하다. 자동차 구매의 이 압도적인 미학적 과정을 보다 보면 나치 시대에 구상된 이 비전이 80년이 지난 지금 드디어 엄청나게 과장된 형태로 실현되었다는 생각이 불쑥 떠오르는 건 어쩔 수 없다. 그것이 그동안 나치를 청산하고 민주주의를 실현하기 위해 부단히 애써온 이 평화로운 나라에는 전혀 어울리지 않는 생각이라고 하더라도 말이다.

부부의 성을 사업 모델로 삼다

서쪽의 폭스바겐이나 동쪽의 아이젠휘텐슈타트 철강 단지처럼 도시 전체가 하나의 기업이 될 만큼 비약적으로 성장한 대기업만으로는 전후 독일 경제의 발전 상황을 제대로 설명할 수 없다. 종전 이후의 혼돈은 혼자 힘으로 일어서려는 사람에게는 이상적인 환경이었다. 자유로운 기업 활동은 자본과 생산 수단 없이 작은 아이디어에서 시작될 때가 많았다. 누군가는 부엌에서 이웃의 세탁물을 다림질했고, 누군가는 자신의 무딘 감각을 팔았다. 예컨대 마음이 약해 도저히 토끼를 잡지 못하는 사람들 대신 50페니히를 받고 토끼를 도축해주는 식이다. 이 시대에 아무것도 가진 게 없는 상태에서 자수성가한 기업가의 전형적인 예는 젊은 여성 조종사 베아테 우제 Beate Uhse였다.

우제는 자유주의적인 성향의 지주인 아버지와 의사인 어머니 사이에서 태어나 동프로이센에서 자랐다. 어려서부터 독립심이 강했던 그는 고향 바르게나우에선 좋은 교육을 받을 수 없어 다른 지역의 기숙학교를 전전했다. 16세에는 언어를 배우려고 1년 동안 영국에서 일했고, 18세에는 조종사 면허를 취득했다. 1년 후에는 국제 비행 대회에서 우승한 뒤 슈트라우스베르크의 프리드리히 항공기 제작소에 시험 비행 조종사로 취직했다. 꿈에 그리던 직장이었다. 시험 비행에도 정식 조종사와 똑같은 비행 능력과 전문 기술이 필요했기 때문이다. 전쟁 중에는 공군 대위 계급장을 달고 다양한 업체에서 만든 폭격기와 전투기를 공군기지로 운반하는 일을 했다.

붉은 군대가 베를린을 점령하자 우제는 18개월 된 아들 클라우스와 보모 한나와 함께 나포된 소형 민항기를 타고 템펠호프 공항에서 플렌스부르크로 탈출했고, 이어 목숨을 건 위험한 비행 끝에 영국의 한 공군기지에 착륙했다. 몇 주 뒤 전쟁 포로 상태에서 풀려난 우제는 노르트프리슬란트 지방의 한 마을 학교 도서관에서 아이와 함께 3년 가까이 지냈다. 비행 일을 다시 시작하기는 어려운 상황이었던 터라 닥치는 대로 일하며 생계를 꾸려갔다. 농사일을 거든 대가로 먹을 것을 얻기도 하고, 암시장에서 온갖 물건을 거래하기도 했다. 게다가 집집마다 돌아다니며 장난감과 단추를 팔았고, 신문 광고를 통해 사람들의 꿈을 해몽하는 일을 하기도 했다. 그러나 어떤 일도 우제를 확 잡아끌지는 못했다. 그러다 여러 마을을 돌아다니던 중에 한 가지 아이디어가 떠올랐다. 단추를 팔면서 이런저런 수다를 떨다가 성적인 영역과 관련해서 여자들의 걱정거리와 터무니없는 소리를 들었고, 그걸 계기로 짧은 피임 안내서를 쓰게 되었다. '날짜 피임법'을 상세히 설명한 여덟 페이지 분량의 이 작은 책자를 그는 《문서 XSchrift X》라고 불렀다.

실용주의적인 사고방식의 이 전직 조종사는 성욕의 부작용을 본능적으로 느꼈다. 전쟁이 끝나자 성적 모험에 대한 욕구는 뜨겁게 불타올랐다. 피난민과 실향민은 새로운 환경에서 새로운 관계를 맺을 수밖에 없었다. 그들은 서로에게서 위안을 찾으려고, 혹은 호기심이나 새 출발의 욕구에서 육체적으로 빠르게 가까워졌다. 하지만 한치 앞도 알 수 없는 현실에서 뜻하지 않게 아이가 생기는 것은 원치 않았다. 우제는 《문서 X》 서문에서 이렇게 썼다.

> 우리가 충동적으로 아이를 낳는다면 오늘날 어떤 부부도 자식에게 품위 있는 인간다운 삶과 적절한 양육을 제공할 수 없을 것이다. 따라서 성적 욕구의 충족을 생식과 엄격하게 구분하는 것은 사회적 의무나 다름없다.

이는 부부에게만 해당되는 문제가 아니라 사실 미혼 남녀에게 더 중요했다. 베아테 우제는 《문서 X》에서 '최근의 의학 연구 결과'를 이들 모두에게 설명했다.

> 여성은 두 월경 사이의 며칠 동안만 임신이 가능하다.

종전 이후 독일인들이 성적 지식 면에서 얼마나 무지했는지는 정확히 알 수 없다. 다만 하인리히 힘러Heinrich Luitpold Himmler가 1941년 1월에 발표한 피임 금지 조치를 실제로 따른 사람은 많았을 것으로 보인다. 어쨌든 우제는 《문서 X》에서 새로운 시대정신에 따라 피임 문제를 다시 끄집어냈다.

> 미국에서 시작된 '출산 조절 운동'이라는 깃발 아래 여성의 생식력을 체계적으로 제한해야 한다는 목소리가 전 세계적으로 점점 커지고 있다.

우제는 피임 안내서를 쓰자마자 철자 오류도 수정하지 않은 채 바로 플렌스부르크로 달려가 한 인쇄소에 등사를 맡겼다. 또한 홍보용으로 많은 광고지를 주문해서 우편으로 부쳤다. 주변 지역 주민들의 주소는 선거인 명부와 전화번호부에서 찾았다. 심지어 발송 비용을 아끼려고 며칠 동안 자전거를 타고 다니며 직접 광고지를 우편함에 넣기도 했다. 그는《문서 X》한 부당 2라이히스마르크를 받을 생각이었다. 거기다 발송 비용으로 70페니히가 추가되었다. 암시장 화폐로 환산하면 담배 반 개비에서 4분의 1개비에 해당하는데, 당시로서는 꽤 괜찮은 가격이었다.

예상은 적중했고,《문서 X》는 대성공을 거두었다. 첫해인 1947년에만 3만 2000명의 여성이 여덟 페이지짜리 소책자를 주문했다.[33] 밀려드는 수요를 따라잡기 위해 책자를 찍고 포장하는 것조차 버거울 정도였다. 베아테는 자신의 1인 기업을 영국 군정에 '베투 상사'라는 이름으로 정식 등록했다. '부부의 성 위생을 위한 통신 판매 사업'은 70년이 지난 오늘날 증권 거래소에 상장되어 있고, 470명 직원으로 연 매출 1억 2800만 유로를 올리는 에로틱 기업의 출발점이 되었다.[34]

이 기업가는 고객이 원하지 않아도 광고지를 모든 가정에 뿌리는 원칙을 수십 년간 고수했다. 그로 인해 사법 당국이 계속해서 그를 고소할 수 있는 빌미를 제공했다. 그런데 우제가 처음으로 법적 충돌에 빠진 것은 미풍양속 위반이나 청소년에 대한 음란성 조장이 아니라 가격 규정 위반 때문이었다. 《문서 X》에서 내용적으로 딱히 비난할 만한 것을 찾지 못한 플렌스부르크 보건 당국은 대신 다른 판정을 내놓았다. 기껏해야 3페니히에 불과한 종이 쪼가리 몇 장을 2마르크나 받는 것은 법률상 폭리 취득에 해당한다는 것이다. 함부르크의 '가짜 회사 퇴치 본부'를 비롯해 다른 여러 기관도 이 피임 책자에 새로운 내용이 전혀 없는데도 그런 가격을 받는 것은 부당하다는 결론을 내렸다. 책자에 나오는 날짜 피임법은 산부인과 의사 오기노 규사쿠荻野久作와 헤르만 크나우스Hermann Knaus가 이미 개발한 것인데, 우제가 의도적으로 출처를 숨겼다는 것이다.

하지만 세상 사람들은 그런 세밀한 부분에는 관심이 없었다. 그들을 흥분시킨 건 그 책에 담긴 '음란한 성생활의 선동'이었다. 공중도덕을 위태롭게 한다는 혐의로 우제를 처음 고발한 사람은 가톨릭 도시 뮌스터 출신의 한 형법학자였다. 그를 기점으로 독일 전역에서 고소가 빗발쳤다. 그러나 관할인 플렌스부르크 사법 당국은 번번이 《문서 X》와 그 광고지가 대중에게 "불쾌감과 수치심을 주거나 공중도덕을 위태롭게 하지 않은 것"[35]으로 판단했다. 북부 독일의 연방주들은 여전히 자유주의적 노선이 강했다. 그러나 우제가 또 다른 저술과 온갖 종류의 성생활 보조물로 통신 판매업을 확장하자 법적 박해의 물결이 덮치기 시작했다. 1960년대 형법이 완화되어 법적으로 처벌할 근거가 거의 사라질 때까지 우제는 총 700건의 소송을 겪어야 했다.

그사이 우제는 재혼했다. 1947년 브라더루프에서 가져온 버터를 암시장에서 팔아서 마련한 돈으로 북부 질트섬에서 짧은 휴가를 보내던 중에 그곳 해변에서 에른스트-발터 로터문트Ernst-Walter Rotermund를 만났다. 그도 우제처럼 통신 판매로 헤어토닉을 팔고 있었기에 두 사람은 말이 잘 통했다. 아이 둘 딸린 이혼남인 로터문트와 아이 하나 딸린 홀어미 우제는 1949년에 결혼해서 플렌스부르크 목사관으로 이사했다. 로터문트의 친척 아주머니 남편이 목사로 있는 교회 목사관이었다. 전쟁 이후엔 이런 식의 패치워크 가정이 수없이 많았다. 로터문트는 아내 사업에 적극적으로 뛰어들었고, 부부는 직원 두 명과 함께 주문받은 상품을 포장하고 주소를 적고 수많은 편지에 답장했다. 이 모든 일이 성 마리엔 목사관에서 이루어졌다. 그러다 1951년에야 창고가 딸린 새 사무실을 얻었고, 사업은 지속적으로 성장했으며, 우제의 책자도 그사이 16페이지로 늘어났다.

우제의 상품은 사람들의 엄청난 욕구를 정확히 맞췄다. 1951년 우제는 근심 어린 눈으로 앞을 바라보는 젊은 여성의 흑백 사진을 표지에 실었다. 목까지 올라오는 스웨터를 입고, 시커먼 배경에 여성의 진지한 얼굴만 두드러지게 보이는 사진이었다. 에로틱과는 아무 상관없어 보이는 이 사진은 '부부의 성 위생을 다루는 책자'보다 오히려 인간의 실존 문제를 다루는 논문에 더 어울릴 것 같았다. 다만 사진 하단에 사생활과 내밀한 영역을 암시하는 글이 필기체로 적혀 있었다.

우리의 결혼 생활에 문제가 없을까?

만일 그렇지 않다면 해결책은 간단하다고 우제는 말한다. 이어지는 페이지들에서 예를 들어 "일시적 무성욕을 극복하는 데 도움이 될 호나-6-사탕Hona-6-Bonbons" 같은 흥분제를 소개한 것이다.

발기부전은 전후의 심각한 문제였다. 많은 전쟁 포로가 섹스에 전혀 흥미를 느끼지 못할 만큼 쇠약하고 병든 상태로 돌아왔다. 1949년 11월 의사 콘라트 링크Konrad Linck는 잡지 《여성 세계》에서 이렇게 썼다.

> 귀향자는 말랐건 뚱뚱하건 상관없이 중병 상태다. 이런 인식하에서야 귀향자들의 부부 생활에 대해 올바른 판단을 내릴 수 있다. 그들은 수년간의 영양실조로 생식선 기능이 상실되었고, 그 때문에 더는 남편이 아닌 큰아들의 상태로 가족의 품에 안겼다. 그런데 남편이건 아내건 이 상태를 정확히 인지하지 못하기에 비극적인 오해와 불신, 질투가 생기고, 급기야 서로 원칙적으로 가정을 유지할 마음이 있음에도 결혼 생활이 완전히 파탄 날 때가 많다.[36]

그렇다고 우제의 물약이 이 문제를 해결해줄 수 있을지는 당연히 의심해보아야 한다. 그럼에도 고객의 3분의 1이 성적 문제에 대한 조언을 청하는 편지와 함께 이 상품을 주문했다. 1951년 우제는 첫 정규 직원으로 한 의학자를 고용했다. '라트 박사'라는 그다지 독창적이지 않은 가명을 쓰는 이 남자가 성과 관련한 정보를 제공했고, 아울러 성기능을 증진하는 새 약물을 개발했다.[37]

우제는 자신의 일이 많은 사람에게 얼마나 큰 축복인지 강조하려고 고객들의 감사 편지를 책자에 실었다.

> 저와 남편에게 비할 바 없이 소중한 도움을 주시고 잘못된 도덕 관념에서 우리를 깨끗하게 해방시키는 안내서를 보내주셔서 진심으로 감사드립니다. 제 지인들에게도 당신의 귀한 회사를 알려서 많은 사람이 당신의 도움을 받을 수 있도록 하겠습니다.

또 다른 고객은 이렇게 썼다.

> 답답했던 부부 문제를 꼭 제 입장에서 풀어낸 것 같아 정말이지 감사 인사를 잊고 싶지 않습니다.[38]

'부부의 성 위생학', 이 말이 주는 어감처럼 우제는 외설이나 난잡한 성생활과는 무관한 방향에서 시작했다. "성 해방의 된호프 백작부인"•[39]이라 불렸던 우제는 원칙적으로 비밀 없는 성생활의 옹호자로서 누드 문화와 이른바 '동지적 결혼'을 지지했다. 하지만 프리섹스와 자위, 동성애는 처음엔 우제의 세계에 존재하지 않았다. 우제의 컨설팅 서비스는 성적 만족을 높이고자 하는 이성애 커플에게만 집중했다. 그러다 고객의 욕구를 세분화하고, 핍쇼Peep-Show와 비디오 화면 앞의 작은 칸막이 방들로 대변되는 포르노 사업은 1980년대에야 나타났다. 우제는 은퇴할 시점을 훌쩍 넘긴 나이에 이 분야의 선두 주자로 우뚝 섰다. 이후 2000년 칸 영화제에서 포르노 분야의

• 히틀러 체제에 저항한 유명한 언론인.

가장 유명한 영화상인 '오도르 도뇌르Hot d'Or d'Honneur'를 받았다.

그러나 창립기의 우제는 외설성이 없는 섹슈얼리티를 내세웠다. 우제의 한 책자에는 가을 산책을 하는 것처럼 보이는 평범한 노부부가 표지를 장식했다. "당신의 밤에 햇빛을!" 이것이야말로 그의 사업 전체를 꿰뚫는 슬로건이었다. 우제는 자신의 사업이 과학의 눈부신 광채에 휩싸이는 것을 특히 좋아했다. 우제와 정신적으로 가까운 사람은 미국 동물학자이자 성 연구자인 앨프리드 찰스 킨제이Alfred Charles Kinsey였다. 경험적 성 연구로 1950년대의 독일에도 큰 영향을 끼친 인물이었다. 킨제이는 평균적인 미국인으로 추정되는 수많은 피험자에게 그들의 성생활에 대해 물었고, 거기서 놀라운 발견을 했다. 당시까지 예외적 현상으로 간주되던 변태적 행위들이 미국인들 사이에서 상당히 일상적으로 퍼져 있다는 사실이었다. 킨제이는 말 그대로 계몽주의자였다. 사물에 빛을 비추어 대상을 바꾸고자 한 것이다. 우제도 이 방법에 공감했다. 우제는 자신을 성 해방의 사도로 보지 않고 그저 사물을 선입견 없이 정밀하게 바라보는 냉철한 기술자로 생각했다. 두 권의 킨제이 보고서가 베스트셀러가 되리라는 것을 예감한 우제는 이 책들이 독일 시장에 나오기 전에 요약본을 먼저 내놓았다.

우제는 "에로틱한 마법의 나라로 이끄는 고결한 안내자"[40]로서 미풍양속을 강조하는 전후 복구 시기에도 적당히 눈을 감아줄 정도로 섹슈얼리티를 무미건조하게 표현해내는 재주가 있었다. 성기구도 세련되고 우아하게 설명했다. 가령 톱니 모양의 돌기가 달린 콘돔을 "의학적 소견에 따르면 좀 차가운 성향이거나 아직 덜 깨어난 여성에게 특히 깊고 강렬한 사랑의 체험"을 안겨주는 데 적합한 도

구라고 소개했다.[41]

우제는 자신의 직업을 부끄러워하지 않았다. 자신을 숨기는 대신 광고지를 통해 정면으로 고객들에게 다가갔고, 개인적인 서명과 사진으로 자신을 유능하고 현대적인 여성으로 노출시켰다. 소년처럼 짧은 머리, 강인하고 날씬한 몸매, 장난꾸러기 같은 명랑함, 이런 외모는 에로틱과는 거리가 먼 신뢰할 수 있는 동지의 모습이자, 포르노 배우 돌리 부스터와 대조를 이루는 자연스럽고 건전한 면모였다. 우제는 자신과 자신의 이름, 이력을 마케팅의 중심에 놓음으로써 사업의 모든 은밀하고 지저분한 면을 덮었고, 스스로를 성적 행복의 정갈한 작업장에서 일하는 진지하고 재능 있는 엔지니어로 연출했다. 이 과정에서 어떤 것도 우연에 맡기지 않았다. 우제의 개인 마케팅은 처음부터 철저히 계획되었다. 심지어 마케팅 전략조차 마케팅했다. 사업을 시작하고 50년 후 프랑크푸르트 도서전에서 자신의 마케팅 전략을 담은 '자기 상품화 문서 X'를 소개한 것이다. 제목은《즐겁게 시장으로: 까다로운 시장을 위한 안내서Lustvoll in den Markt– Ein Ratgeber für schwierige Märkte》였는데, 여기서 그는 회사 이미지에서 부적절한 면을 제거하기 위해 자신이 어떻게 여성으로서, 어머니로서, 조종사로서, 운동선수로서, 억척같은 기업가로서의 이미지를 마케팅의 중심에 놓았는지 설명했다.

그럼에도 우제는 도덕 수호자들의 표적이 되었고, 1951년에는 음란한 글과 물품을 유포했다는 이유로 유죄 판결을 받았다. 플렌스부르크 민사 법원은 우제의 책자에 "그런 미묘한 물건들을 선전할 때" 요구되는 "신중함과 완곡함"이 결여되어 있다고 판단했다. 우제의 상품이 "음행을 직접적으로 조장하고" 있다는 것이다. 게다가 여성이 그런 음란물을 선전하고 있다는 사실, 그것도 좋은 집안 출신의 훌륭한 교육을 받은 여성이 선전하고 있다는 사실이 법원에는 더 나쁜 인상을 주었다.[42] 그는 항소했지만, 판사는 기각했다. 우제가 부부 생활 안내서로 "욕정"을 부추겼고, 뻔뻔한 무분별함과 고집스러움으로 법을 위반했다는 것이다. 상고심은 절차상의 오류를 들어 하급심의 판결을 파기했지만, 안내서가 "성 문제에 있어서 대중의 건전한 양식에 저촉된다"는 사실은 다시 한번 명확히 했다.

그때부터 고발이 이어졌다. 우제와 관련해서 경찰과 검찰이 조사한 사건은 2000여 건이었고, 그중 700건은 법정 소송으로 이어졌다. 우제는 뛰어난 변호사와 개인적인 수완 덕분에 거의 모든 소송을 이겼다. 대표적인 고발 이유는 모욕죄였다. 우제가 광고를 무차별적으로 배포함으로써 원치 않는 사람들까지 그것을 받고 정신적으로 심한 모욕감을 느꼈다는 것이다. 심지어 한번은 가톨릭 신학교에 광고지가 발송되기도 했다. 우제는 이때부터 이중 봉투를 사용함으로써 궁지에서 벗어났다. 겉봉투에는 여전히 발신인을 익명으로 남겨두면서도 속봉투에는 불쾌감을 줄 수 있는 내용이 있다는 점을 고지하면서 그로 인해 모욕감을 느끼고 싶지 않은 사람은 즉시 발송물을 버리라고 요청했다. 그랬는데도 봉투를 열어본 사람은 자기 잘못이었다. 우제는 1961년 크리스마스이브 하루 전에 세계 최초로 섹스숍을 열었다. 크리스마스 시즌에는 사람들이 예외적으로 마음이 너그러울 뿐 아니라 새로운 셀프서비스 상점에 항의하는 것보다 다른 할 일이 많을 거라는 예상에서 나온 영리한 전법이었다.

도덕적 타락에 대한 두려움

화폐 개혁 이후 우제를 비롯해 '도덕적 황폐화'의 다른 수많은 대변자들에 대한 강경 투쟁은 오늘날까지도 1950년대의 이미지를 형성했고, 그로써 그 시기의 쾌활하고 자유분방한 측면을 가렸다. 1948년 경제가 안정되기 시작하자 곧 신경과민적인 열정으로 새로운 출정이 시작되었다. '더러운 것들과의 싸움'이라는 이름으로 세간에 회자된 이 캠페인은 1953년 청소년에게 유해한 글의 배포를 금지하는 법이 제정될 때까지 수년간 계속되었다. 단단한 밀집대형을 이룬 도덕의 수호자들은 하필 독일의 미래가 대다수 사람에게 장밋빛으로 비치기 시작하던 그 순간에 미래를 칠흑같이 어둡게 그렸다. 화폐 개혁 이전에 독일의 도덕적 타락에 대한 불안은 주로 사회 전반에 퍼져 있던 좀도둑질과 매점매석, 석탄 도둑질, 암상인처럼 사회를 좀먹는 '범죄적 풍토'에서 비롯되었다. 그런데 경제가 좋아지면서 범죄가 잦아들자 이제는 젊은이들의 도덕적 타락이 질서 유지를 위협하는 요소로 떠올랐다. 그렇다면 새로 얻은 자유로부터 젊은이들을 지켜내야 했다.

보수 민족주의적 성향의 사람들에게 신생 공화국의 새로운 정신은 낯설었다. 연합국의 자유주의적 영향, 새로운 영화와 책, 추상 미술, 몸을 흔들게 하는 '신나는' 음악은 한마디로 경악 그 자체였다. 그들은 이런 것들이 독일 사회를 근본적으로 바꿀 거라고 생각했다. 만화는 '저급한 그림', '음탕한 문맹', '폭력 미화', '영혼 중독'과 동일시되었고, 한 평론가의 표현처럼 "미군을 따라다니는 여성들의 가방"을 통해 전파된 '침입자 문학'이자, '어린이 아편'이자, '국민 전

염병'이자, '문화적 수치'였다.[43] 14세 소년이 "사람이 어떻게 목매달려 죽는지 보고 싶어서" 다섯 살 난 아이를 창틀에 매단 것은 반복적인 만화 소비의 영향으로 해석되었다.[44] 교사들은 정기적으로 아이들의 가방을 뒤져 《미키마우스》《아킴Akim》《시구르드Sigurd》《픽스 앤드 폭스Fix und Foxi》 같은 만화책을 검사했다. 발견되면 만화책은 압수되었고, 그런 독극물이 쌓이면 학교 운동장에서 공개적으로 불태워버렸다.

만화와 별개로, 전후 첫 10년 동안 섬뜩한 유령처럼 독일 사회를 떠돈 것은 '성적 타락'이었다. 그중에서도 청소년의 타락은 부인할 수 없을 만큼 분명했다. 전쟁으로 160만 명의 아이가 반半고아나 완전한 고아가 되었고, 그중 일부는 자기 이름조차 알지 못했다. 떠돌이 청소년들은 혼자 또는 무리를 지어 전국을 돌아다니며 약탈하고 난동을 부리고 매춘을 했다. 그런데 어른들은 이 서글픈 무정부 상태를 전쟁이나 나치 정권에 의한 심적 중독의 결과로 보지 않고, 외부에서 들어온 '쓰레기 같은 더러운 문화' 때문이라고 생각했다. 그래서 마치 전쟁이 없었던 것처럼, 혹은 아이들에게 바닥 모를 실망감을 안기고 아이들의 마음을 황폐화시킨 전체주의적 영향이 없었던 것처럼 '청소년 오염'의 책임을 모두 '현대적인 삶'으로 돌렸다. 이는 바이마르공화국 시절에 이미 내걸었던 이유와 동일했다. 이런 관점에서 보면, 점진적인 경제 발전과 생활 조건의 정상화도 더 나은 방향으로의 전환이 아니라 1933년 이전에 이미 '시대의 위기'라고 즐겨 언급된 위협적 상황의 일부로 여겨졌다.

1953년 '노르트라인베스트팔렌주 청소년 보호 총국'의 책임자 한스 자이델Hans Seidel은 이런 문화 반동적 담론의 전형적인 방식으로 '시대의 위기'를 다음과 같이 진단했다. 위기의 "내면에는 삶의 근본적 가치에서 현대인을 분리시킨 역사적 과정이 깔려 있다. 이러한 분리는 자연적 유대 관계뿐 아니라 공동체의 상실까지 야기하는데, 그것은 곧 근본적인 문화의 균열과 변질을 의미한다. 이렇게 해서 사랑은 에로틱으로, 직업은 밥벌이로, 육신의 단련은 스포츠 활동으로, 음악은 오락으로 타락한다. 현대 기술은 물질과 속도의 엄청난 상승을 초래하고, 오만함과 두려움을 동시에 만들어낸다. 문명의 영향도 이와 맥이 닿아 있다. 그건 산업화와 도시화의 과정도 마찬가지고, 우리 생활 조건의 전반적인 변질도 마찬가지다".[45]

이렇게 민족주의적 관점에서 보면 시대적 위기의 이유는 분명하다. 독일 사회는 변질과 타락, 자연스러운 공동체에서의 이탈로 위협받고 있고, 연합국과 함께 들어온 서양 문화가 아이들을 병들게 하고 있다는 것이다. 따라서 신생 공화국의 그 청소년 담당 책임자는 "우리 청소년의 40퍼센트가 습관적으로 범죄에 손을 대고, 자신의 건강을 해치고 있다"고 했다.[46] 그의 동료이자 심리학자인 헬마 엥겔스Helma Engels 역시 대다수 청소년을 "향락에 중독된 방종한 미성년자" 떼거리와 다름없다고 생각했다. 그들은 "영화에 광적으로 집착하고, 놀랄 정도로 지적 발전에 관심이 없으며, 이른 나이에 무책임하게 성행위를 할 정도로 무절제한 충동에 빠져 있고, 공동체 의식 같은 건 일절 찾아볼 수 없고, 오직 지금 현재 붙잡을 수 있는 것에만 집착하는 집단일 뿐이다".[47]

기괴한 오판이다. 지금도 4년마다 청소년의 가치관 변화를 조사하는 〈셸 청소년 연구 보고서〉는 1952년에 처음 등장했는데, 당시 보고서가 말하는 것은 분명하다. 그런 위기는 없다는 것이다. 오히려 보고서는 전쟁과 전후 시기의 트라우마를 당혹스러울 정도로 잘 이겨낸, 이례적으로 성실한 세대에 대해 이야기했다. 그러나 지금도 그렇지만 당시에도 이 보고서에 대한 신뢰는 별로 없었던 모양이다. 경찰과 청소년 당국이 '교육하기 어려운' 청소년들을 상대로 벌인 전쟁을 막지 못했으니까. 특히 '타락한 소녀들'의 위험성은 오늘날 그야말로 병적으로 비칠 정도로 극심한 공포증을 국가기관들에 불러일으켰다.

청소년 타락에 대한 두려움 뒤에는 자라나는 세대에 대한 분노가 숨어 있었다. 스스로 독립적으로 살아갈 힘이 없으면서도 기성세대에 대한 실망감을 파괴적으로밖에 표현하지 못하고, 어른들에게 경멸적으로 등을 올린 아이들에 대한 분노였다. 젊은 층은 나치 정권의 붕괴를 보면서 어른들이 지독히 우습게 여겨졌다. 그전에 히틀러를 열렬히 믿었을수록 배신감은 더 컸다. 아이들은 자신들에게 안전한 가정을 지켜주지 못한 부모들을 패배자로 보았고, 그로써 믿을 건 오직 자기 자신밖에 없었다. 68혁명 20여 년 전인 1947년에 이미 알렉산더 미철리히는 '세대 간의 단절'에 대해 이야기했다.[48] 그는 많은 젊은이의 무정부적 허무주의를 기술했고, "그들의 생소하고 난폭한 말과 목적 없이 흐트러진 몸놀림"에서 그들이 얼마나 "세상을 믿지 않게 되었고 아버지들의 일"에 실망했는지 설명했다.[49] 그 역시 젊은 세대의 처지를 충분히 공감하고 근본적으로 동의했음에도 "기성세대를 비롯해 그들의 삶의 질서에 대해 젊은이들이 갖고 있던 깊은 경멸감"에 마음이 아팠다. 반면에 기성세대 중에서도 지적 수준은 낮지만 성실하게 살아가는 사람들의 눈에는 젊은이들의 그런 외면이 괘씸하게 느껴졌다. 특히 외국군에게 추파를 던지고 그들의 음악을 듣고 그들의 패션을 흉내 내고 그들의 말을 따라 하는 어린 여자애들에게는 분노를 금치 못했다. 젊은 층의 미국화 속에는 부모들의 패배와 과오에 대한 온갖 치욕이 뭉뚱그려져 있었고, 부모들의 입장에서는 그 치욕을 '젊은이들의 타락'에 대한 신경과민적인 싸움을 통해 겉으론 비정치적이고 문화적인 방식으로 배출하고자 했다. 이렇게 하면 스스로를 나치로 드러내지 않으면서도 나치로 남을 수 있었다. 그들은 자기 자식들과 베아테 우제, 만화, '흑인 음악', 스윙댄스를 상대로 대리전을 펼쳤다. 간단히 말해 온갖 쓰레기 같은 더러운 것들에 대한 전쟁이었다. 이때 직전의 전쟁이 얼마나 큰 역할을 했는지는 타락의 낙인을 찍으려고 '할리우드 쓰레기'나 '문화 볼셰비즘' 같은 용어를 사용한 데서도 분명히 드러난다.

다른 어떤 범법 행위도 저지르지 않고 그저 미성년자로서 성행위를 했다는 사실만으로 '타락한 말종'으로 간주된 소녀들은 악명 높은 교화 시설에서 끔찍한 학대를 받았다. 반면에 남자아이들은 주로 재산권 침탈을 이유로 '타락한' 아이로 간주되어 인격 파괴적인 처벌을 받았다. 많은 청소년이 사실 가정이 없는 고아였기에, 정신적으로도 의지할 데 없고 심리적으로는 트라우마에 시달리고 육체적으로는 늘 굶주려 있었다. 이렇게 의지할 데 하나 없던 그들은 의심스러운 후원자에서 다음 후원자로 비척거리며 나아갔다. 많은 보육원에서 그들을 기다리고 있는 것은 이해와 관용이 아니라 매질과 구타와 군사 훈련, 단조로운 노동뿐이었다. 여자아이들의 보육원 문서에 자주 등장하는 '도덕적 미숙아', '의지박약', '비정상적인 충동', '교화 불가능'이라는 딱지만 보아도 그들의 교육자들이 생각

해낸 잔인한 개선과 처벌 전략을 쉽게 짐작할 수 있다.[50]

남자아이들의 성적 충동은 신의 선물로 여겨진 반면에 여성의 성행위는 국민 교육자들의 눈에 공공의 평화를 해치는 사악한 행위로 비쳤다.[51] 그 때문에 힐데가르트 크네프가 연인을 인도하고 보호하는 자의식 강한 매춘부 마리나 역을 맡았던 영화 〈죄인〉은 초기 포르노 반대 운동가들에게 극심한 분노를 불러일으켰다. 베아테 우제 역시 여성이라는 이유로 비슷한 에로틱 사업을 하는 다른 남자들보다 훨씬 더 가혹한 핍박에 시달렸다.

가톨릭교회는 이미 나치 정권하에서도 성 자유화를 비판하는 대열에 섰다. 교회 입장에선 제3제국 청년 조직은 처음부터 의심스러웠다. 그들의 눈에는 히틀러유겐트HJ와 독일소녀동맹이 청소년들의 성적 문란을 조장하는 것처럼 비쳤기 때문이다. 부모 중에도 국가가 자식들에 대한 가정교육의 기회를 박탈하고 아이들을 성적 유혹으로 내몬 것을 좋지 않게 생각하는 사람이 많았다. 가톨릭교회 복지사업의 대변인이었던 페터 페토Peter Petto 신부는 히틀러유겐트와 대공포 보조병• 세대를 국가에 의해 타락한 세대로 보았다. 1947년 그가 교육자들 앞에서 했던 연설을 함께 들어보자.

> 그들 가운데 상당수는 무례와 오만, 집단 훈련, 양심 왜곡, 반종교성을 세뇌시키는 학교를 다녔습니다. 그들은 전쟁의 황폐한 도덕으로 인해 양심이 무뎌졌고, 삶의 치명적인 지루함과 단조로움으로 인해 육체적 쾌락을 갈망하게 되었습니다. 게다가 깊

• 제2차 세계대전 말기에 대공포 부대에 보조 인력으로 차출된 청소년들.

은 실망감으로 스스로를 패배자 무리로 느끼고, 그중 상당수가 쉼 없이 방황하고 있습니다.[52]

여기서 눈에 띄는 점은, 인간에 대한 사랑이 깊고 복지원에서의 횡포를 준엄하게 비판했던 페토 신부가 육체적 쾌락에 대한 갈망을 전쟁으로 인한 영적 둔감함만큼이나 우려했다는 것이다.

'성적 갈망'에 대한 우려가 어떤 정신적 방향에서 왔든, 미덕 수호자들의 과도한 경보는 전후 사회에 막 싹트기 시작한 자유주의의 연약한 새싹을 짓밟는 위험 요소가 되었다. 심지어 성적 갈망에 대한 금지를 강력한 힘으로 관철하고 못마땅한 쾌락 분출을 억누르려는 사람들의 수가 갑자기 엄청나게 증가했다. 왜냐하면 전후 연합국의 개입으로 관직을 떠난 관료의 복직을 허용한 기본법 제131조가 1951년에 가결되면서 옛 나치들이 속속 공직으로 돌아왔기 때문이다. 게다가 연방형사청이 복직된 옛 나치 동료들에게 활동 영역을 보장해주려고 이 더러운 성문화와의 싸움에 집중했다는 추정도 있다.[53] 예를 들어 연방형사청이 벌인 '성도착적 출판물'과의 싸움에서 최선봉에 섰던 형사국장 루돌프 톰젠Rudolf Thomsen은 전직 나치 돌격대 최고 지도자 출신이었다. 그는 예전에 크라쿠프에서 '범죄 집단 식별 및 퇴치' 작전을 주도했는데, 당시 이것은 민간인 학살 작전의 완곡한 표현이었다. 게다가 그는 폴란드에서의 성공적인 임무 수행으로 상관들에게 많은 칭찬을 받기도 했다.[54] 그런 사람이 5년 후 풍기 문란 행위에 단호하게 칼을 휘둘렀고, 도덕적 타락과의 싸움에서 다양한 부서 및 기관들과의 조율에 힘썼다.

다행히 이제 막 문을 연 서독 사회는 일반적으로 예상하는 1950년대의 숨 막힐 듯 답답한 이미지에 비해 그런 억압에 훨씬 완강하게 저항했다. 출판업자와 영화 제작자, 작가들은 우익의 국민 선동에 법적으로 맞섰고, 자신을 고소한 이들을 맞고소했다. 언론 역시 1952년《디 차이트》의 표현처럼 "막 치고 나오려는 권위주의적 국가관"에 끈질기게 맞서 싸웠다.[55] 사실 '반권위주의적 기질'은 68세대의 발명품이 아니었다. 이 용어는 1951년에 이미《슈피겔》에 등장한 바 있다.[56] 하지만 도덕 수호자들도 가만있지 않았다. 그로써 말과 그림의 자유, 도덕과 외설의 경계를 둘러싸고 본격적인 문화 전쟁이 불붙었다. 생존을 위한 좀도둑질과 관련해서 이미 세속의 법을 부차적인 것으로 만들어버린 쾰른의 프링스 추기경은 이번에도 국가의 단호한 조치가 이루어지지 않는다면 종교인들이 나서서 자구책을 취할 거라고 선포했다.

> 우리는 하나의 단단한 대오를 이루고 강력한 운동을 펼쳐, 앞으로 그런 일(영화 〈죄인〉을 의미한다)이 절대 일어나지 않도록 연방 정부와 주 정부가 나설 줄 것을 촉구합니다. 만일 다른 어떤 것도 도움이 되지 않는다면 우리 역시 자구책을 찾을 것입니다.[57]

이렇게 해서 〈죄인〉의 성공 가도에서는 폭력적인 항의 시위와 악취 폭탄 테러, 주먹 다툼이 일어났고, 그 과정에서 많은 성직자와 도덕 광신자들이 버젓이 법을 위반했다. 그러나 국가는 예술의 자유를 보호하는 편에 섰다. 한 경찰관은 법정에서 협박과 난동, 공무 집행 방해 혐의로 기소된 뒤셀도르프의 "클링크하며 목사처럼 난

폭한 시위자를 이제껏 본 적이 없다"고 진술했다.[58]

8. 재교육자들

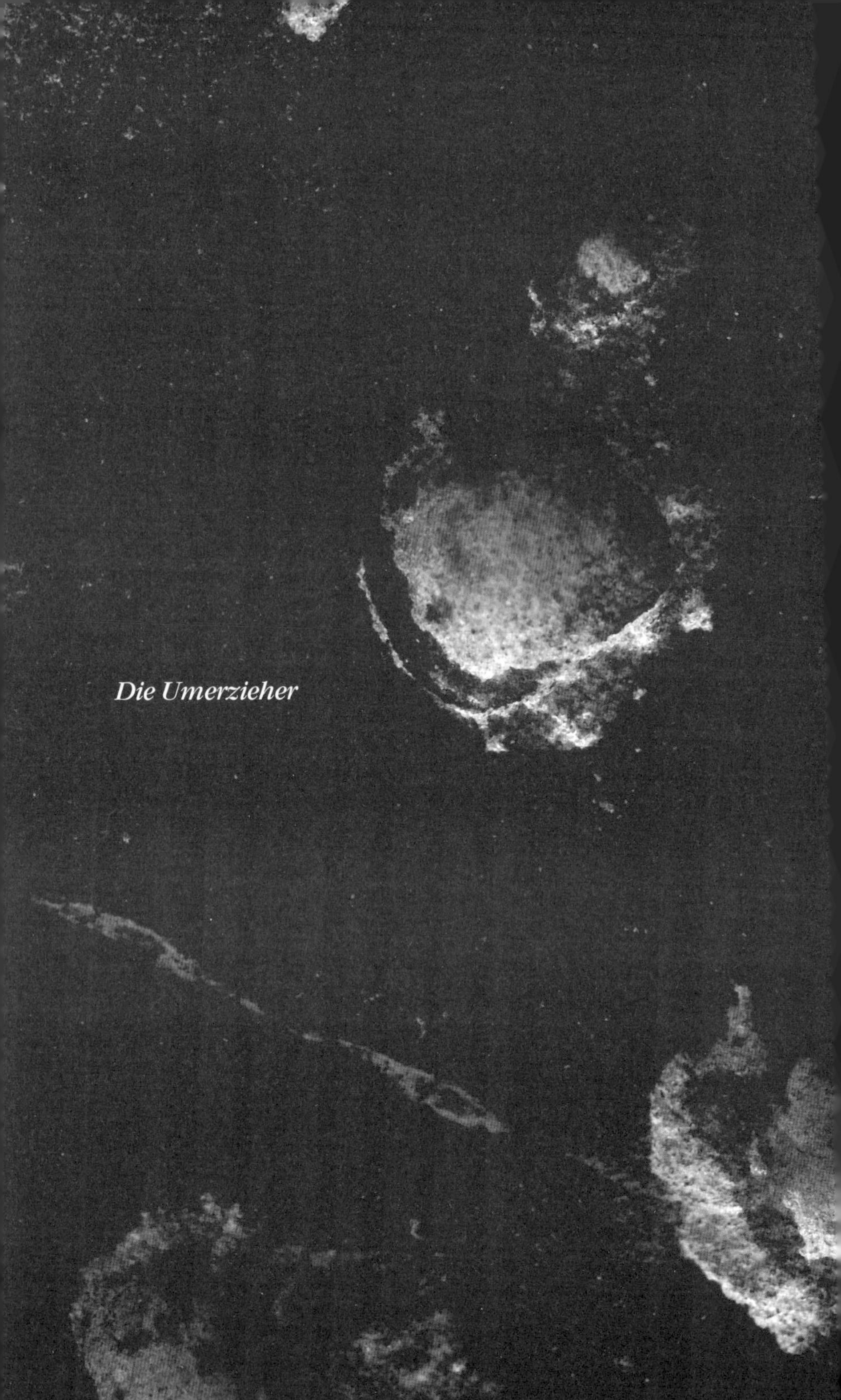
Die Umerzieher

연합국의 독일 정신 개조

연합군은 독일제국의 국경을 넘는 순간 이미 정복지 관리를 위한 정교한 계획을 주머니 속에 갖고 있었다. 게다가 포로로 잡힌 병사나 민간인들을 다룰 준비도 끝났고, 물리적 승리 이후 가장 큰 과제인 독일의 정신을 점령할 광범한 구상도 갖고 있었다. 어떻게 하면 독일인들에게서 오만함을 몰아낼 수 있을까? 어떻게 하면 지난 12년 동안 그들에게 주입되었고, 그토록 무자비한 융단폭격에도 굴하지 않을 만큼 그들의 정신을 강하게 사로잡은 인종주의를 뇌에서 제거할 수 있을까?

연합군은 심리전의 최전선에서 활동하며 동족들에게 지속적으로 항복하도록 설득한 독일 망명자들과 손잡았다. 소련의 경우에는 '울브리히트 그룹'이 대표적이다. 소련으로 망명한 독일공산당 간부이자 나중에 독일사회주의통일당SED 대표가 된 발터 울브리히트의 이름을 내건 조직이었다. 울브리히트 그룹은 붉은 군대의 정치 행정부 제7국에 속해 있었다. 독일인과 러시아인은 전쟁 시작 때부터 이 선전국에서 긴밀히 협력했다. 러시아인 중에는 바흐와 베토벤, 횔덜린, 실러에 열광하고, 기나긴 역사의 독러 관계를 중시하는 사람이 많았다. 독일인들 가운데에는 언론인과 작가들이 예전의 창작 열정을 이제 전단과 라디오 연설문 작성에 쏟아부었다. 에리히 바이네르트Erich Weinert(유명한 독일 군가 〈녹색은 내 무기 색Grün ist meine Waffenfarbe〉의 작곡가), 빌리 브레델Willi Bredel, 알프레트 쿠렐라Alfred Kurella, 프리드리히 볼프Friedrich Wolf 같은 사람들이다.

열 명으로 이루어진 울브리히트 그룹은 1945년 4월 30일 비행기로 모스크바에서 민스크를 지나 폴란드의 메제리츠로 갔고, 거기서부터는 군용 트럭으로 갈아타고 망가진 전차와 부풀어 오른 동물 사체를 지나 여전히 격렬한 교전이 벌어지는 베를린 동쪽의 브루흐뮐레로 향했다. 울브리히트 그룹은 일단 새 행정부 구성에 필요한, 정치적으로 신뢰할 수 있는 독일인들을 찾아 나섰고, 주민들에게 소련군의 선의를 믿도록 설득하면서 나치에 적극 부역했던 자들을 신고해달라고 당부했다.

그런 다음에는 반파시즘 노선을 분명히 표방하는 민주적 언론의 즉각적인 구축에 힘썼다. 열 명의 그룹 멤버 가운데 다섯 명은 모스크바의 독일국민방송에서 언론인으로 활동한 경험이 있었는데, 그 중에는 구스타프 군델라흐Gustav Gundelach, 볼프강 레온하르트Wolfgang Leonhard, 그리고 나중에 일간지《노이에스 도이칠란트Neues Deutschland》의 부편집장이 된 카를 마론Karl Maron이 있었다. 일간지《베를리너 타게블라트Berliner Tageblatt》의 필진이었던 루돌프 헤른슈타트Rudolf Herrnstadt는 일주일 뒤, 5월 21일까지 베를린에 일간지를 창간하라는 임무를 받고 모스크바에서 뒤늦게 합류했다. 동료들은 원래 그를 모스크바에 두고 오려고 했다. 유대인인 그가 막상 베를린에 도착하면 끓어오르는 적개심을 이기지 못해 자칫 대의에 방해가 될 수도 있다고 생각했기 때문이다. 그러나 헤른슈타트는 5월 8일에 이미 베를린의 언론사 거리에서 아직도 누워 있는 시체들 사이를 돌아다니며 쓸 만한 인쇄기와 타자기를 찾고 있었다. 또한 작가 프리츠 에르펜벡Fritz Erpenbeck(단편 〈큰 전쟁 속의 어린 소녀Kleines Mädel im großen Krieg〉의 저자)와 함께 믿을 만한 옛 동료들을 수소문했다. 하지만 무너진 도시에서 그들을 찾기는 힘들었다. 결국 그는 인원 보강을 위해 붉은 군대에 《독일 전쟁 포로 신문Deutschen Zeitung für Kriegsgefangene》에서 일하는 경륜 있는 편집자들을 보내달라고 요청했다.

그 뒤 예전의 동료들이 잇따라 연락을 취해왔고, 크로이츠베르크의 오토 모이젤 인쇄소와 함께 신문을 발행할 적당한 장소까지 찾게 되면서 5월 22일 마침내 임무가 완수되었다. 《베를리너 차이퉁Berliner Zeitung》 창간호가 10만 부 발행된 것이다. '베를린이 되살아나다!'라는 그 유명한 머리기사를 달고서 말이다.

미군 내에도 심리전을 위해 모인 일군의 독일 전사들이 있었다. 젊은 유대인이 포함된 독일 망명자 그룹을 비롯해 독일어를 사용하는 이민자 후손들이 반히틀러 전선에 자원했다. 그들 대부분은 군사 정보국의 요원 훈련소인 메릴랜드의 리치 캠프에서 교육을 받았다. 블루리지산맥 기슭의 목가적인 호숫가에 위치한 이 캠프는 겉으론 골프 클럽과 비슷하게 생겼지만, 이 훈련소를 졸업한 한스 하베의 보고[1]에 따르면 내부는 기괴한 바보들의 배와 비슷했다. 이곳에서 열다섯 개 언어권 출신의 이민자들은 유럽에서 펼칠 심리전 훈련을 받았다. 그들은 심문 기술, 적진 후방에서의 염탐, 허위 정보 또는 진실 유포를 통해 적의 사기를 무너뜨리는 법을 배웠다. 흔히 '리치 보이스Ritchie Boys'라고 불린 이들은 나치에 대한 증오와 독일 문화에 대한 존중으로 똘똘 뭉친, 고도로 훈련된 부대였다. 그들 중에는 독일 문학을 공부해서 독일어에 능통한 미국인도 있었다. 독일인 리치 보이스 중에는 작가 클라우스 만, 한스 하베, 슈테판 하임, 하누시 부르거Hanuś Burger, 훗날의 카바레 예술가 게오르크 크라이슬러Georg Kreisler가 포함되어 있었다.

그 가운데 가장 빛나는 인물은 단연 한스 하베였다. 1911년 야노스 베케시라는 이름으로 부다페스트에서 태어난 이 언론인은 스무 살에 오스트리아 석간《외스터라이히셰 아벤트차이퉁Österreichischen Abendzeitung》편집장이 되었다. 그전에는 히틀러의 고향 도시 브라우나우에서 주간지《비너 존-운트 몬탁스포스트Wiener Sonn-und Montagspost》에서 일하면서, 히틀러의 아버지가 원래 성을 바꾸지 않았다면 히틀러의 이름은 '아돌프 시클그루버'가 되었을 거라는 상당히 부정확한 기사를 내보기도 했다. 그는 나중에 유명한 프라하 일간지《프라거 타크블라트Prager Tagblatt》에서 제네바 국제연맹 특파원으로 일했다.

자부심이 대단한 사람이었다. 자신에 대해 "놀랍도록 잘생기고 인품도 그에 모자라지 않다"라고 말하면서 말년에는 자신이 세상에서 가장 부유한 세 여인과 결혼했다는 사실을 자랑스럽게 밝히기도 했다. 그는 총 여섯 번 결혼했다. 마르기트 블로흐와의 짧은 결혼 생활 이후 빈의 전구 제조업체 사장의 딸 에리카 레비와 결혼했다. 그러나 에리카도 그의 곁에 오래 머물지 않았다. 1938년 오스트리아가 나치 독일에 '병합'되자 기독교로 개종한 유대인의 아들 하베는 즉시 시민권을 박탈당했기 때문이다. 그는 프랑스로 가서 프랑스 의용군에 입대했다. 그러고는 소설보다 더 흥미진진한 삶을 만들겠다는 포부를 안고 공수부대에 지원했다. 독일군에 포로가 된 그는 훗날 에리히 마리아 레마르크Erich Maria Remarque의 소설《리스본의 밤》에서 실제 소재로 사용될 만큼 모험적인 탈출에 성공했다. 이어 리스본에서 미국으로 건너가자마자 또 다른 부유한 여성을 만났다. 미래의 유나이티드 푸드 상속녀인 엘리너 클로스였다. 그런 다음 나치 독일과 싸우기 위해 이번에는 미군에 입대했다.

이렇게 해서 한스 하베는 리치 캠프에 들어갔다. 훈련을 마친 뒤에는 제5군과 함께 이탈리아 남부의 살레르노에 상륙했다. 자기 몸에 딱 맞게 주문 제작한 군복을 입고서 말이다. 이는 장군들만 누릴 수 있는 특권이었는데, 그만큼 그는 세련됨을 추구하는 멋쟁이였고, 용기와 세련됨의 조합으로 상관들에게 깊은 인상을 남겼다. 북진하는 중에는 심리전 부대의 언론국장에 임명되었다. 1944년 9월 서방 연합군이 룩셈부르크를 점령하자 그는 기술력이 뛰어난 룩셈부르크 라디오 방송국을 손에 넣고는 적을 향해 고도의 심리전을 펼쳤다. 10월 말에는 독일의 아헨이 점령되었다. 독일 내에서 점령된 첫 대도시였다. 그때부터 하베는 정복된 큰 도시들마다 즉시 신문을 창간했는데, 주민들을 미국 편으로 끌어들이기 위한 여론전이었다.

그의 가장 중요한 파트너는《베를리너 차이퉁 암 미타크B.Z. am Mittag》전직 편집장의 아들이자 같은 리치 보이스 출신인 한스 발렌베르크Hans Wallenberg였다. 각 도시에 휴전이 선포되자마자《쾰니셰 쿠리어Kölnischen Kurier》를 시작으로 열여섯 개의 새로운 신문이 발간되었다. 신문 제작과 배포는 정교한 병참 시스템을 통해 이루어졌다. 열여섯 개의 신문은 하베가 이끄는 중앙 편집국을 공동으로 사용했는데, 바트 나우하임에 있는 브리스톨 호텔을 몰수해서 거기에 중앙 편집국을 꾸렸다. 이곳에서 작성된 원고는 비행기나 지프차로 매일 지역 편집국에 운송되었고, 거기서 지역 소식과 지역 군정 당국의 공고문을 추가해서 배포되었다. 이는 오늘날 일반적인 전국 기사를 공유하면서 지역 소식을 내보내는 독일 지역 신문사들의 현행 구조를 선취한 셈이다.

이 효과적인 방법은 자기 진영 내에서 위험한 시기꾼들을 만들어냈다. 연합국 군정은 하베의 신문 창간과 거의 동시에 나치 체제에 연루된 흔적이 없는 독일 출판사와 신문 설립자들에게도 신문사 허가를 내주었다. 이렇게 해서 창간된 신문이《프랑크푸르터 룬트샤우Frankfurter Rundschau》《라인 네카르 차이퉁》《쥐트도이체 차이퉁》을 비롯해 많은 소규모 지역 신문이었다. 이 신문들은 검열을 받아야 했지만, 서방 점령 지구에서는 이미 1945년 말부터 사후 검열로 전환되었다. 나중에는《디 차이트》와《슈테른Stern》 같은 주간지도 창간 대열에 합류했다. 미국 담당자들이 이른바 언론사 허가와 관련해서 행사한 통제는 어머니 같은 책임감과 군정 내의 치열한 경쟁으로 이어졌다. 허가팀은 정부의 재정 지원을 받는 잘 구축된 하베의 신문들이 자기들이 허가한 독일 신문들과 부당 경쟁을 벌이고 있다고 보았다. 가장 큰 갈등 요소 가운데 하나는 부족한 종이 공급을 둘러싼 지속적인 싸움이었다.

머나먼 베를린에 있는 루돌프 헤른슈타트의 언론 제국 역시 많은 어려움 속에서도 확장되었다. 그는《베를리너 차이퉁》 외에 곧 뛰어난 사진가와 일러스트레이터를 확보해 매력적인 화보 잡지《노이에 베를리너 일루스트리어르테Neue Berliner Illustrierte》를 창간했다. 이어 여성 잡지《오늘의 여성Die Frau von heute》과 청소년 잡지《출발Start》《민주 재건Demokratische Aufbau》을 잇따라 만들었다. 1947년 베를린 출판사에서 일한 직원 수만 해도 이미 1700명에 이르렀다.

하베든 헤른슈타트든 눈앞의 과제는 똑같았다. 어떻게 하면 독일인들에게 점령국의 신문을 믿게 할 수 있을까? 처음엔 다들 신문을 주의 깊게 읽었다. 이 사회가 앞으로 어떤 방향으로 나아갈지 한 치 앞도 알 수 없는 상황이라 아주 작은 단서라도 귀했기 때문이다. 이런 상황에서는 신문의 판매 부수를 올리는 것이 어렵지 않았다. 하지만 신문을 그저 통행금지나 식량 배급 정보만 알리는 단순한 기관지를 넘어 어느 정도 인간적 온기가 돌도록 만들려면 어떻게 해야 할까? 이런 물음에서 독일인들의 마음을 얻으려는 연합군 간의 이상한 경쟁이 펼쳐졌다. 이건 단순히 언론만의 문제가 아니었다. 연합국들이 합의한 탈나치화와 재교육 정책은 처벌과 신뢰 구축 사이의 균형에 기반을 두고 있었다. 그러니까 국내에 남은 진짜 나치 반대자들의 도움을 받아 나치 잔당을 배제하고 단순 부역자는 순화 교육을 시키자는 것이다. 승자의 선의에 대한 기본 신뢰 없이는 지속적인 평화를 장담할 수 없었다.

이 일에서 소련은 이론적으로 비교적 쉬웠다. 역사는 '필연적으로' 계급 없는 사회로 나아간다는 그들의 세계관적 확신을 보면서 독일인들도 그들의 선의를 믿을 수 있었다. 소련의 역사 인식에서 독일인들이 자신을 공격했다는 사실은 프롤레타리아의 객관적 이익에 부합하지 않았다. 헤른슈타트는《베를리너 차이퉁》제2호에서 스탈린 동지의 인용문을 강조의 의미로 박스 처리까지 해가며 내보냈다.

> 역사 경험이 우리에게 가르쳐준 것은 분명합니다. 세상의 모든 히틀러들은 왔다 가지만 독일 민족은, 독일 국가는 계속 남는다는 사실입니다.

소련은 파시즘을 노동자 계급에 대한 극악한 독재로 해석하면서 신속한 용서로 나아가는 이데올로기적 길을 제시했다. 그들은 독일 국민이 파시즘에 충분히 저항하지 않았기 때문에 죄가 있다고 보았을 뿐, 많은 미국인이 의심하는 것처럼 독일인들 속에 근본적인 악이 존재한다고는 보지 않았다.

현실에서 소련은 미국이나 영국보다 독일 국민에게 훨씬 더 큰 공포를 안겨주었지만, 선전 영역에선 한결 더 진심으로 다가갔다. 그들은 첫날부터 독일인들에게 화해의 비전을 제시했다. 그사이 '수석 부시장직'에 오른 울브리히트 그룹의 카를 마론은 1945년 5월 23일《베를리너 차이퉁》에 이렇게 썼다.

> 세계는 지금껏 독일 남자들이 상상할 수 없을 만큼 잔인하게 방화와 파괴를 저지르는 것을 보았다면 이제는 우리가 평화롭게 재건에 나서고 합당하게 배상하는 것을 보게 될 것입니다. 그래야 우리는 다시 고개를 들고 세계로 나아가고, 독일은 다시 평화로운 국제 사회의 일원이 될 수 있습니다.

그와 달리 미국인들은 종전 직후 바로 독일인들에게 재사회화의 기회를 줄 생각이 없었다. 그들에게는 독일인들을 히틀러의 희생자로 여기는 공산주의 역사 이론이 없었다. 반대로 평범한 독일인조차 군국주의적이고 권위주의적인 냉혈한의 성정을 지니고 있을 거라고 추측했고, 그런 성정에 가장 적합한 정부 형태가 총통 국가였다고 생각했다. 어쨌든 독일인들은 아직 민주주의에 준비가 되어 있지 않았고, 그때까지는 세계 평화에 엄청난 위험으로 남을 거라고 보았다. 따라서 모든 독일인은 원칙적으로 적으로 간주되었다.

이런 입장의 실제적인 결과가, 바로 승리가 눈앞에 보일 즈음 서방 연합군이 내린 친교 금지 조치였다. 그들은 자국 병사들에게 엄격하게 규정된 꼭 필요한 접촉 외에 민간인과의 모든 접촉을 금지시켰다. 1944년 9월 9일 발행된 미군의 이른바 G-3 핸드북에는 이렇게 적혀 있었다.

> 공식적이건 비공식적이건, 개별 접촉이건 집단 접촉이건 독일인을 대할 때는 친절함과 친밀감, 호의를 절대 보여서는 안 된다.[2]

〈주독 미군 행동 지침서〉에도 비슷한 내용이 담겨 있었다.

> 미군은 복수심과 증오를 공공연히 드러낼 필요는 없지만, 냉담한 적대감과 혐오감을 분명히 표시해야 한다. (…) 독일인들에게는 그들이 제2차 세계대전을 일으켰고, 침략한 다른 민족을 잔인하게 학대한 행위는 결코 용서받지 못할 거라는 사실을 분명히 각인시켜주어야 한다. (…) 그들은 자신들의 무도한 침략 행위로 이렇게 두 번째 벌을 받고 있고, 그로 인해 자신들이 원

래 호의를 얻고 싶어 했던 사람들에게서 경멸과 공포만 받고 있다는 사실을 알아야 한다.[3]

이렇게 해서 악수와 초콜릿 선물, 함께 식사하거나 파티를 즐기는 행위는 금지되었다. 거기엔 당연히 성관계 금지도 포함되어 있었다.

미군 병사들이 이 규정을 그리 오래 지키지 않았다는 사실은 잘 알려져 있다. 그들은 대다수 독일인이 〈주독 미군 행동 지침서〉에 나오는 적의 이미지와 거의 일치하지 않는다는 사실에 깜짝 놀랐다. 물론 곳곳에서 마주치는, 그들의 몸에 밴 노예근성에 짜증이 날 때도 많았지만 말이다. 아무튼 그럼에도 접촉 금지는 초기 몇 개월 동안에는 어느 정도 유효했다. 미군 당국은 플래카드와 팸플릿, 영화 광고를 통해 병사들에게 끊임없이 그런 지침을 상기시켰기 때문이다.

점령 후 소련 병사들의 태도는 미군과 완전히 달랐다. 그들의 행동은 지극히 모순적이었다. 그들 가운데 상당수는 늘 잔인했다. 특히 술에 취하면 더더욱 그랬다. 하지만 다른 한편으론 당혹스러울 만큼 따뜻했다. 예를 들어 자기들끼리 승리를 자축하거나 즉석 파티를 열 때 지나가는 독일인들이 있으면 스스럼없이 초대해서 함께 즐기곤 했다. 그들의 충동적인 따뜻함은 언제 어느 때 터질지 모르는 폭력성만큼이나 전설적이었다. 소련군은 댄스 음악과 클래식 연주회, 연극과 곡예를 좋아했고, 무기를 내려놓자마자 미친 듯이 축제를 열기 시작했다. 전쟁 중에 문을 닫은 수많은 극장과 콘서트홀, 버라이어티 극장이 다시 문을 열었다. 전쟁이 끝난 지 2주밖에 안 된 1945년 5월 26일에 벌써 베를린 필하모니의 첫 콘서트가 개최되었다. 오케스트라 단원들이 맨손으로 잔해를 치운 티타니아 궁전에서 말이다. 콘서트가 열린 것은 사실 기적에 가까웠다. 단원 35명이 죽거나 실종되었고, 대부분의 악기는 다른 데로 옮겨져 있었으며, 그나마 남은 악기는 러시아 군악대에 모조리 압수된 상태였기 때문이다. 지휘대에는 검은 연미복을 입은 레오 보르하르트가 서 있었다. 불과 몇 주 전에 루트 안드레아스-프리드리히와 함께 뒤뜰에서 무딘 칼로 흰 소의 살점을 발라내던 바로 그 보르하르트다.

소련 당국의 지시에 따라 6월 중순에 벌써 45개 버라이어티 극장과 카바레, 127개 영화관이 문을 열었고, 매일 8만에서 10만 명이 방문했다.[4] 모든 예술인은 러시아인들의 유흥 욕구를 채워주기에 바빴다. 독일인들에게 즐거움을 주려는 것은 아니었다. 그저 러시아인들 스스로 전선에서의 힘든 시기를 서구의 유흥 문화로 보상받고자 했다. 그럼에도 "그들은 독일 국민을 이런 기쁨에 동참시켰고 관객들과 허물없이 어울렸다. 승자로서 그들은 패자와의 접촉에 일말의 거리낌도 없었다. 어쩌면 패자들에게 사랑받고 싶었는지도 모른다". 문화학자 이나 메르켈Ina Merkel의 말이다.[5]

러시아인들은 독일의 고급 문화에도 스스럼없이 빠졌다. 미국인들은 독일 고전주의에 대해 집요한 불신을 갖고 있었고, 고상한 척하는 문화적 위선이 겉보기보다 훨씬 더 독일의 야만성과 관련되어 있을지도 모른다고 생각한 반면에 러시아인들은 독일의 문화유산에 거리낌 없는 존중을 보냈다. 게다가 운 좋게도 고전주의 문화의 아성인 바이마르는 다행히 그들의 점령지 내에 있었다. 소련 군인들은 1945년 7월에 벌써 많은 기자를 참석시킨 가운데 나치 관구장 프리츠 자우켈Fritz Sauckel이 전쟁 중에 폭격 피해를 막으려고 바이마르의 괴테-실러 기념비 주위에 설치한 외벽을 제거했다. 한 달 뒤에는 제8근위군 사령관이자 튀링겐 군정 수장인 바실리 추이코프Wassili Tschuikow가 대규모 수행원을 이끌고 두 바이마르 거장의 기념비와 무덤을 방문했다. 장군의 긴 연설이 끝나자 베스트셀러 작가 니콜라이 비르타Nikolai Virta가 등장해서 이렇게 설명했다.

> 히틀러주의자들은 괴테와 실러를 속박하려 했고, 빛으로 가득한 두 작가의 아름다운 이상을 감추려 했습니다. (…) 오늘 우리가 괴테와 실러의 무덤을 여는 것은 인간의 행복, 민족 간의 우정, 정의에 대한 두 사람의 사상을 가둔 감옥을 해방시키는 것입니다.

비르타는 국가사회주의야말로 독일적인 것과 정반대되는 이념처럼 말했고, 이 주장은 패배자들에 의해 기꺼이 받아들여졌을 뿐 아니라 열광적인 박수갈채를 받았다.

미국에서 독일의 고급 문화를 이해하고 예찬하는 사람은 기껏해야 소수의 독문학 전공자나 이민자밖에 없었다. 대다수 미국인은 독일의 문화 전통에 회의적인 눈초리를 보냈고, 다른 사람도 아니고 그렇게 많이 배웠다는 독일 교수들이 왜 하필 최악의 나치에 동조했는지 의문을 품었다. 그러다 보니 새로 재건되는 언론에 독일의 전직 언론인들이 대거 참여하는 것에도 회의적일 수밖에 없었다. 소련은 최소한 1945년 말까지는 자국 군인과 패배자들 사이의 밀착 접촉에 별로 반대하지 않은 상태에서 독일공산당 동지들에게 전적으로 재교육을 일임한 반면에 미국인들은 리치 보이스 외에 다른 독일인들이 재교육에서 주도적 역할을 하는 것을 원치 않았다.

그런데 한스 하베는 친교 금지의 확고한 반대자였다. 그는 연합군이 독일인들 사이로 섞여 들어가야 옥석을 가려낼 수 있고, 그래야 탈나치화에 성공할 수 있다고 믿었다. 게다가 우호적인 접촉 없이는 제대로 돌아가는 신문사 편집실을 상상할 수 없었다. 그 때문에라도 함께 일하는 독일과 미국 동료들은 긴밀히 협력해야 했다. 하베의 걸작은 1945년 10월 17일 뮌헨에서 탄생했다. 그가 책임편집을 맡고 미군정의 정보관리부에 의해 출간된 전국지 《노이에 차이퉁》이었다. 신문은 제목•처럼 '독일 국민을 위한 미국 신문'이었지만, 적어도 절반 정도는 독일 지식인들의 의견 발표장이기도 했다.

테오도르 아도르노에서 카를 추커마이어에 이르기까지 뭔가 중요하게 할 말이 있는 거의 모든 지식인이 여기에 글을 썼다. 막스 프리시(극작가이자 소설가), 알렉산더 미철리히(정신분석학자), 헤르만 헤세(작가), 알프레트 되블린(작가), 토마스 만(작가), 하인리히 만(작가), 알프레트 케어(비평가), 페터 주르캄프(출판인), 오다 섀퍼(시인이자 언론인), 일제 아이힝거(시인이자 극작가), 루이제 린저(작가), 프리드리히 루프트(연극 평론가), 라인하르트 레타우(작가), 헤르만 케스텐(작가), 발터 옌스(비평가), 볼프강 보르헤르트(극작가), 루트 안드레아스-프리드리히(언론인), 우어줄라 폰 카르도르프(저널리스트), 귄터 바이젠보른(작가) 등, 이 소수의 대표적인 명사만 보아도 필진의 스펙트럼이 얼마나 넓었는지 짐작할 수 있다. 하베는 작가 에리히 캐스트너를

• 《노이에 차이퉁》은 '새로운 신문'이라는 뜻이다.

문화부장으로, 작가 알프레트 안더슈를 문화부 차장으로 영입했다. 편집부에는 미국계 독일 작가 슈테판 하임처럼 미국 직원도 있었지만, 카바레 예술가 베르너 핑크, 나중에 퀴즈 방송 진행을 맡은 로베르트 렘프케, 그리고 훗날 자유민주당FDP 정치인이자 외무장관으로 신생 공화국의 성공한 정치인이 될 힐데가르트 함-브뤼허 Hildegard Hamm-Brücher 같은 독일인도 있었다. 학술부 소속의 젊은 편집자 힐데가르트 함브뤼허에게 《노이에 차이퉁》에서의 경험은 민주주의를 배우는 과정이기도 했다.

> 그곳은 생각의 학교였고, 거기서는 매일 새로운 경험이 차곡차곡 쌓였습니다. (…) 우리끼리의 교류도 민주적이고 개방적이었죠. 나는 거기서 겪은 3년간의 경험을 통해 아직도 관료주의적이고 권위적인 사고의 틀에서 벗어나지 못하고 있던 다른 사람들을 20년 넘게 앞서게 되었습니다.[6]

《노이에 차이퉁》은 인상적인 신문이었다. 판형이 크고 디자인이 우아했을 뿐 아니라 지적이고 도발적인 글이 자주 실렸다. 여기서는 실제로 논쟁이 붙을 때가 많았다. 이는 1933년 이후 독일 독자층에게는 참신한 일이었다. 초창기의 한 호에서 철학자 카를 야스퍼스는 〈시그리드 운세트에게 보내는 답변〉에서 독일인들의 집단 책임을 부인했다.[7] 노르웨이 여성 작가 시그리드 운세트는 그전에 독일인들의 행위가 역사적 상수로서 오만함과 편견, 공격성으로 정의되는 "독일적 사고방식에 의해 저질러졌기" 때문에 독일인에게는 재교육의 가능성이 없다고 주장했다.[8] 그들에게 재교육이란 자식이 부모와의 연을 완전히 끊는 것을 의미하기에 불가능하다는 것이다. 야스퍼스는 이 노벨상 수상자의 기고문에 이렇게 답했다.

> 한 민족 전체나 그 민족의 모든 구성원에게 책임을 묻는 것은 인간 실존의 요구에 반하는 것으로 보인다.

그는 심지어 독일인들의 '독자적인 자기 교육'도 가능하다고 여겼다. 물론 그러려면 자행된 수백만 건의 학살을 인정하고, 방관과 순응으로 나치 정권에 동조한 것이 아닌지 자신의 연대 책임을 가차 없이 반성하고, 과거와 관련해서 치열한 공개 토론을 벌여야 한다고 했다.

> 중요한 것은 진실의 조건 아래서 독일적인 삶을 획득하는 것이다. 우리는 서로 대화하는 법을 배워야 한다.

이는 대화로까지 깊숙이 확장된 성격 변화를 의미했다.

> 독단적인 주장, 마음에 들지 않는다고 고함부터 지르는 행태, 도발적인 분개, 틈날 때마다 상대의 말을 끊는 수치스러운 행동은 더 이상 있어서는 안 된다.[9]

《노이에 차이퉁》은 독립적인 정신의 광장이자, 점령군의 예상을 완전히 벗어날 만큼 다원주의적인 신문이었다. 다른 어디서 테오도르 아도르노와 루트비히 에르하르트의 글을 읽을 수 있단 말인가?

특히 에리히 캐스트너가 이끄는 문예란은 《노이에 차이퉁》을 더욱 빛나게 했다. 심지어 지면도 신문 전체에서 3분의 1을 차지했다. 모든 호에 논평과 다른 많은 기고문을 쓰고, 편집부를 단호하지만 동료 의식으로 이끈 한스 하베는 무려 250만 부에 달하는 발행 부수를 기록했다. 때로는 300만 부의 추가 주문이 들어왔지만 종이 부족으로 주문을 메우지 못하기도 했다.

하베는 독일과 미국 편집자들 사이에 우호적인 교류가 없었다면 《노이에 차이퉁》 같은 신문은 만들어질 수 없었을 거라고 확신했다. 편집부라는 작은 공간에서 적용된 것은 탈나치화라는 방대한 일에도 그대로 적용되었다. 물론 하베는 탈나치화에 훨씬 더 강경했지만, '무고한 독일인들'에 대해서는 한결 열린 자세로 대하고자 했다. 언제나 마장마술 기수처럼 꼼꼼하게 다림질한 맞춤 군복을 입었던 하베만 제외하고 매일 구겨지고 헐렁한 제복 차림으로 출근하는 스무 명 남짓의 미국인 편집부 직원들은 독일 동료들과 아주 잘 지냈다. 하지만 이런 자유롭고 개방적인 분위기를 미 당국은 의심의 눈초리로 주시하고 있었다. 이렇게 해서 하베는 곧 사상적으로 별 믿음이 안 가고, 말만 번드르르하게 늘어놓는 독일인 동족한테 완전히 속아 넘어간 헛똑똑이로 여겨졌다.

독일인들 역시 다른 이유로 그를 곱게 보지 않았다. 자기들은 탈나치화로 고통받고 있는데, 하베처럼 미국 여권을 소지한 동족이 자신들에게 그런 고통을 가하는 것이 못마땅했기 때문이다. 그가 원래 유대계 헝가리인이었다는 사실을 아는 사람은 많지 않았다. 그걸 아는 게 문제를 더 쉽게 했을지, 아니면 더 꼬이게 했을지는 정확히 예측할 수 없다. 어쨌든 하베 자신은 독일인들이 외국인보다 동족에게 받는 재교육을 훨씬 더 선호하리라고 확신했다. 외국인의 입장에서 재교육은 그저 점령 절차의 일부에 지나지 않았기 때문이다.

돌아보면 대부분의 탈나치화 조치는 상당히 순박하다고 할 만큼 가혹하지 않았음에도 패배자들은 그것을 굴욕으로 받아들였다. 특히 교사, 교수, 작가, 언론인 같은 제3제국 지식인들은 자신에게 향하는 지극히 당연한 의심조차 온당치 않다고 느꼈다. 가령 미국 점령지에서는 모든 성인에게 131개 항목의 질문지를 나눠 주고 작성하게 했다. 공직 해고의 근거를 마련하려고 만든 이 질문지는 숱한 놀림을 받은 행정 절차에 불과했다. 질문조차 적절하지 않을 때가 많았고, 어떤 것은 일부 나치 동조 단체들에 대한 무지를 드러내기도 했다. 그뿐이 아니었다. 단순히 경험적인 사실만 전적으로 신뢰하는 미국인들의 태도는 독일인들에게 오만하면서도 순진하게 비쳤다. 예를 들면 이런 식이었다.

> 당신은 나치당에 가입했습니까? 나치당에서 당신이 맡은 직책은 다음 중 어느 것입니까? 제국 지도자? 관구장? 지구장? 마을 위원장? 당신은 교회를 탈회했습니까? 당신은 히틀러유겐트에 가입했습니까? 당신의 아내는 유대인 혹은 혼혈이었습니까? 당신의 아내는 나치당에 가입한 적이 있습니까?

독일인 중에는 자신이 이런 단순한 외적 사실만으로 판단될 수 있다는 생각에 불안해하는 사람이 많았다. 작가 에른스트 폰 잘로몬Ernst von Salomon은 한 인간의 삶을 단편적인 질문으로만 짜 맞추려는 이 부당한 시도에 맞서는 소설을 썼고, 1951년《질문지Der Fragebogen》라는 제목으로 출간된 이 작품은 전후 독일에서 가장 많이 팔린 책 가운데 하나가 되었다. 이 책은 질문지를 뼈대로 이루어진, 600페이지가 넘는 일종의 자서전인데, 한 보수 민족주의적 독일 지식인의 복잡한 삶은 그런 어리석은 질문지로는 절대 밝혀질 수 없음을 증명하고자 했다.

고향을 찾은 낯선 손님들

종전 이후 모든 독일인이 당연히 연합군의 의심을 받았다. 남의 눈에 신경 쓰지 않는 독선적인 사람조차 그것을 느꼈다. 그건 전쟁의 논리였다. 반면에 나치 공동체의 논리도 있었다. 망명에서 돌아온 독일인들은 자신들을 심판할 권리가 없다는 것이다. 조국이 싫어서 도망친 자들에게 어떻게 그럴 자격이 있겠는가? 따라서 돌아온 망명객들이 국내 독일인들을 심판대에 세우거나 교육하려는 태도를 보이는 것은 심각한 월권행위로 여겨졌다. 하베는 가까운 독일인 그룹에선 좋은 평가를 받았을지 몰라도 안전한 편집국만 벗어나면 가슴을 답답하게 짓누르는 혐오감을 느꼈다.

독일인들은 망명에서 돌아온 자들의 오만함에 맞서 단단한 밀집대형을 갖추었다. 그건 결코 은밀하게 이루어지지 않았고, 나쁜 의도를 가진 나치 잔당들의 단순한 불평불만에 그치지도 않았다. 이제는 숨어서 투덜거릴 필요가 없었다. 왜냐하면 전후의 서쪽 지구에서는 토론 문화가 활발하게 발전하면서 서방 연합군의 비호를 받던 망명객들을 공개적으로 공격할 장이 활짝 열렸기 때문이다. 가장 유명한 토론 가운데 하나가 토마스 만을 둘러싼 논쟁이었다. 1929년에 노벨문학상을 받은 그는 1940년부터 캘리포니아에 거주하면서 정기적으로 라디오 연설문을 작성했고, 그것은 BBC를 통해 독일 동포들에게 전달되었다. 대략 8분 길이의 총 55개 연설에서 그는 청취자들에게 나치 정권의 범죄를 알렸고, '광기에 빠진 도덕'에 대해 말했으며, 독일이 어떻게 인도주의를 지향하는 국가들의 공동체에서 배제되었는지를 외부자의 시선으로 설명했다.

종전 직후 많은 독일인이 유명 작가의 귀환으로 독일이 도덕적으로 고양되길 기대했다. 프로이센예술아카데미의 문학회 회장을 지냈고 스스로를 독일 문화의 대표자로 여기던 발터 폰 몰로Walter von Molo는 1945년 8월 4일《헤시셰 포스트Hessischen Post》와《뮌헤너 차이퉁Münchener Zeitung》두 신문에 세계적인 문학가 토마스 만에게 보내는 공개편지를 발표했다. 독일은 이제 만이 생각하는 것처럼 가해자의 나라가 아닌 피해자의 나라라고 하면서 어서 돌아오라고 요청했다.

> 빠른 시기에 돌아와서 상심으로 주름 잡힌 얼굴을 보시고, 수많은 사람의 눈에 어린 이루 말할 수 없는 고통을 보십시오. 우리의 어두운 면을 찬양하는 일에 동참하지 않았고, 그러면서도 집 말고는 다른 갈 곳이 없어 고향을 떠날 수 없었던 사람이 지금 여기 수백만 명 있습니다. 점점 거대한 강제수용소로 변해 가고, 곧 여러 등급의 감시자와 감시받는 사람만 존재하게 될 이 나라에 말입니다.[10]

토마스 만은 자신을 독일에 절실한 사람이라고 지칭하면서 하루 빨리 독일로 돌아와 달라는 아부성의 이 부탁을 지극히 나쁜 의도로 해석했다. 나치의 단순 부역자들이 눈물을 흘리며 스스로를 희생자로 여기고, 그들 모두가 대규모 강제수용소에 갇힌 것처럼 구는 독일로는 돌아가고 싶지 않았다. 그래서 그는 〈내가 독일로 돌아가지 않는 이유〉라는 제목의 글을 써서 뉴욕 잡지 《재건Aufbau》에 발표했고, 이어 미 전시정보국이 원고를 넘겨받아 독일의 여러 신문에 게재했다. 이 기고문은 《아우크스부르거 안차이거Augsburger Anzeiger》를 중심으로 들불처럼 퍼져나갔다. 만은 자신이 독일로 돌아가지 않는 이유를, 비정치적 문학으로 도피함으로써 자신들은 나치 체제에 아무런 책임이 없다고 치부하는 "내부 망명 문학 작가들"에 대한 공격과 연결시켰다.

> 1933년부터 1945년까지 독일에서 인쇄된 책들은 내가 보기엔 살 필요가 전혀 없는 쓰레기나 다름없다. 거기엔 피와 치욕의 냄새가 묻어 있다. 그런 것들은 모조리 파기되어야 한다.

그건 상대의 명치를 때린 강타였다. 독일에 남은 작가들은 이 집단적 유죄 판결의 펀치를 맞고 비틀거렸다. 그들로서는 억울한 일이었다. 미국의 망명 작가라는 사람이 위선자든 올곧은 사람이든, 선동자든 낙담한 사람이든 할 것 없이 독일 민족 전체를 싸잡아 쓰레기통으로 내동댕이쳤기 때문이다. 대다수 재교육자들도 충격을 받기는 마찬가지였다. 만의 기고문은 교육학적으로 별 가치가 없었기 때문이다. 게다가 사실관계도 정확하지 않았다. 만의 책은 그가

1936년 시민권을 박탈당하기 전까지도 독일에서 출간되었는데, 그렇다면 그의 책도 파기되어야 할까?

독일에 남은 사람들은 전력을 다해 반격에 나섰다. 프랑크 티스Frank Thiess(《쓰시마. 해전 소설Tsushima. Roman eines Seekrieges》의 작가)는 1945년 8월 18일 《뮌헤너 차이퉁》에 〈내부 망명〉이라는 제목의 글을 써서, 자신은 책임감 때문에 떠나지 않았다고 말했다. 외국으로 도망치는 것이야 마음만 먹으면 언제든 가능했지만, 자신은 문학을 하면서 나치 정권을 꿋꿋이 견뎠다는 것이다. 그는 "이 끔찍한 시대"를 버텨낸다면, "내가 외국의 특별 관람석에 앉아 독일의 비극을 구경하는 것보다 나의 정신적·인간적 발달에 훨씬 더 큰 도움이 될 풍부한 지식과 경험을 얻게 되리라는 사실"[11]을 처음부터 알고 있었다고 했다.

티스 쪽 참전자들은 상대에 대한 공격에 인정을 두지 않았다. 사실 망명자들을 가리켜, 혼자 살겠다고 동족을 진창 속에 남겨두고 떠나 외국에서 독일 비극을 편안하게 즐긴 관람객 정도로 치부한 것은 정말 악조건 속에서 떠나야 했고, 자발적으로는 결코 고향을 떠나지 않았을 테고, 게다가 전 재산까지 포기하면서 망명길을 택한 사람들에 대한 파렴치한 공격이었다. 물론 성공한 작가로서 토마스 만의 경우에는 망명 생활이 실제로 꽤 편했겠지만, 대부분의 망명객은 그렇지 않았다. 그러다 보니 티스의 말은 상황을 더욱 악화시킨, 질투 어린 빈정거림으로밖에 들리지 않았다.

드디어 독일에서 본격적인 공개 토론이 벌어졌다. 신문을 통해 진행된 이 설왕설래는 1946년 여름 소책자로 묶여 출간되었다. 참가자 전원이 독자를 휘어잡는 표현을 쓸 줄 아는 고도의 숙련된 글쟁이들이었기에 이 공방전은 대중에게 상당한 지적 기쁨을 제공했다. 그들은 현란한 문체로 어떻게든 정의의 은총을 받고, 상대를 깎아내리고, 상처받은 허영심을 공작새처럼 도도하게 숨기는 방법을 잘 알고 있었다. 이런 점에서 전후 시기는 납처럼 무겁고 답답한 시기만은 아니었다. 독일이 겪은 불행은 세련된 정신적 논쟁의 자양분이 되어주었다. 물론 이 논쟁이 특히 내부 망명자들에 의해 시대에 뒤떨어진 속물근성으로 미사여구만 늘어놓는, 광적인 자존심 경쟁의 장으로 변질된 측면도 있었지만 말이다.

카를 야스퍼스의 요구처럼, 당대 토론에 참여하는 것도《노이에 차이퉁》의 중요한 관심사였다. 한스 하베는 한때 정권에 비판적이었고 종전과 함께 스스로 해방되었다고 느껴야 할 많은 독일인이 갑자기 점령국과 거리를 두면서 옛 나치와 손을 잡는 상황을 우려스럽게 지켜보았다. 결국 1945년 11월 〈잘못된 연대〉라는 제목의 글과 함께, 많은 신실한 독일인이 상처받은 자존감 때문에 패전 이후 국가사회주의자들에게 손을 내미는 현상을 분석했다.

> 독일인들에게는 위대한 제스처, 그러니까 중세의 소화되지 않은 기사도만큼 유혹적인 것은 없다.[12]

그러나 하베는 독일인들이 나치 범죄의 청산을 오직 외국 승자들에게만 맡기면서 전쟁 책임에서 슬금슬금 빠져나오고 있다고 확신했다.

강인한 성정의 하베조차 지식인층에서 가끔 마주치는 적대감의 벽으로 힘들어했다면 북서쪽으로 300킬로미터 떨어진 곳에서는 그보다 훨씬 더 답답한 드라마가 펼쳐지고 있었다. 그곳 바덴바덴에서는 소설《베를린 알렉산더 광장》의 유명 작가이자, 유대인 출신으로 하베와 헤른슈타트처럼 어쩔 수 없이 망명을 떠났다가 다시 돌아온 알프레트 되블린이 1945년 가을 프랑스 군정의 요청으로 재교육 사무소에 출근했다. 장소는 몰수된 그랜드 호텔 슈테파니였다. 68세의 되블린은 매일 아침 깔끔한 프랑스 군복 차림으로 책상에 앉아, 파리 정보부를 대신해서 독일의 정신세계를 민주적으로 재구성하는 일에 착수했다. 거기엔 그가《황금문Goldenen Tor》이라고 이름 붙인 문학 잡지의 창간도 포함되어 있었다. 표지에는 샌프란시스코의 골든게이트 브리지가 그려져 있었는데, 프랑스의 재정 지원을 받는 문학지로서는 퍽 이례적인 일이었다. 되블린은 열정적으로 일에 매달렸다. 예전의 연락처를 복원하고, 편지를 쓰고, '쥐트베스트풍크' 라디오 방송국에 기고문을 보내고, 인쇄에 들어갈 독일 작가들의 원고를 검토했다. 그런데 이 마지막 일이 문제였다. 그가 검열을 한 것이다. 옛 동료들은 분노하고 굴욕감을 느꼈다. 되블린이《황금문》편집진 구성을 위해 프라이부르크로 초대한 몇몇 작가 앞에서 이 자리의 취지를 설명할 때였다. 그가 맞닥뜨린 것은 처음엔 완고한 거부감이었고, 나중엔 노골적으로 표출된 증오였다.

> 나는 어려운 시도라고 느꼈다. 그들은 실망한 상태였고, 한때 오만했던 독일인이기 때문이다. 예전의 좋은 관계를 복원해야 했지만, 열 명쯤 되는 이 작은 그룹은 내 이야기를 차가운 표정으로 묵묵히 듣기만 했다. 그들 앞에서 내 혀는 얼어붙었다. 여기서 열정의 불꽃을 피워 올리기는 힘들었다. 사람들이 입을

> 열지 않자 나는 한 사람 한 사람에게 의견을 말해달라고 부탁했다. 그들의 대답이 'No'일 거라고는 어느 정도 예상하고 있었지만, 이제야 분명히 밝혀졌다. 그들은 프랑스인들과의 협력을 원치 않았고, 예전의 암울한 민족주의의 길을 계속 가고자 했다. 때로 매우 격앙된 말이 튀어나왔다. 그들은 분노를 토해냈다.[13]

되블린은 무척 당혹스러웠다. 수백만 명의 목숨을 앗아간 전쟁이 끝난 지금, 점령국이 일정 기간 검열을 하는 게 무슨 잘못이란 말인가? 그들은 되블린이 오만하다고 생각했다. 자신들보다 나은 인간인 것처럼 굴고 있다고 생각했다. 어쩌면 그도 사실 그렇게 생각하지 않았을까?

1947년 되블린은 자신이 사랑하는 베를린으로 짧은 여행을 떠났다. 샤를로텐부르크 궁전에서 옛 친구와 독자들을 상대로 강연이 예정되어 있었기 때문이다. 그는 이때도 프랑스 군복을 벗지 않고, 반항적으로 계속 입고 다녔다. 프랑스 군복을 사랑했기 때문이다. 되블린이 강연장에 들어서자 처음엔 청중들이 열광적으로 박수를 치기 시작했다. 가장 유명한 '베를린 소설'의 작가가 돌아온 것에 대한 환영 인사였다.

"그런데 그다음부터 조용해졌다." 작가 귄터 바이젠보른의 말이다.

> 저기 문가에 나타난 남자는 얼굴만 되블린일 뿐 실상은 제복을 입은 프랑스 소령이었다. 박수를 치던 손들이 당황해서 슬그머니 내려갔다. 이후엔 손님을 대하는 일상적인 정중함만 좌중에 퍼졌고 (…) 아무도 베를린 작가를 환영하는 인사말을 하지 않

았다. 프랑스 장교들을 싫어해서가 아니었다. 우리는 프랑스 장교를 많이 알고 있었지만, 이게 정말 우리의 되블린일까? 물론 미국과 러시아, 영국과 프랑스 군 행정청에서 일하는 독일인들도 있었다. 하지만 그들은 대개 군복을 벗고 다니거나 드물게만 입었다. 이유야 어떻든 되블린이 우리에게 낯선 손님처럼 느껴진 것은 분명한 사실이었다. 그는 곧 다시 떠났다.[14]

이로써 베를린을 '자기 정신의 고향'이라고 불렀던 남자는 영원히 고향을 잃어버렸다.

되블린 부부가 미국으로 도주할 때 프랑스에 남겨둘 수밖에 없었던 25세 아들 볼프강이 그런 프랑스 군복을 입고 자살했다는 사실을 아는 사람은 청중 중에 거의 없었다. 천재 수학자 볼프강 되블린은 프랑스 본진과 차단된 채 보주산맥의 한 마을 인근 헛간에 홀로 숨어 있다가 독일군에 잡히기 직전 권총으로 스스로 목숨을 끊었다.

되블린의 강연 장소에서 불과 20킬로미터밖에 떨어져 있지 않지만, 소련 군정 치하의 완전히 다른 세계에 있던 루돌프 헤른슈타트 역시 어려움에 처했다.《베를리너 차이퉁》을 성공적으로 창간한 인물이었다. 그도 불쾌감을 유발했고, 옛 고향에서 낯을 가렸으며, 적절한 순간에 적절한 말을 하지 못했다. 문제는 러시아인이나 독자가 아니라 바로 자신의 당 동지들이었다. 언론인인 헤른슈타트는 형식주의적 언어, 관료적 독일어, 현실과 동떨어진 당의 삭막하고 상투적인 표현들에 짜증이 났다. 특히 그를 괴롭혔던 것은 점령지 내에서 소련에 대한 좋지 않은 평판이었다. 헤른슈타트는 러시아인들을 사랑했다. 그래서 그들을 위해 나치 독일에서 스파이 노릇을 했고, 정체가 발각된 뒤에는 러시아인들의 보호를 받았다. 아내 발렌티나를 만난 것도 러시아였다. 그는 밀고가 난무하는 스탈린주의식 폭정하에서도 무사히 살아남았다. 그런데 앞에서는 굴신하면서도 뒤에서는 은밀하게 러시아인들을 음흉한 톤으로 욕하는 독일 동지들의 태도를 결코 용납할 수 없었다.

헤른슈타트는 공개 토론을 통해서만 독러 관계를 개선할 수 있고, 끊임없이 스피커에서 흘러나오는 '민족 간의 친선 관계'로 천천히 나아갈 수 있다고 확신했다. 따라서 1948년 11월 《베를리너 차이퉁》이 아닌 독일사회주의통일당의 기관지인 《노이에스 도이칠란트》에 〈러시아인들과 우리〉라는 제목의 긴 에세이를 한 면 통으로 게재했다. 이 글은 큰 반향을 일으켰다. 전후 초기 붉은 군대가 승리에 도취해서 독일 땅에서 저지른 온갖 만행이 이 글을 통해 소련 점령지에서 처음으로 기술되었기 때문이다. 헤른슈타트는 강간을 직접 언급하지는 않았지만, 독일 땅에 들어온 소련군의 모습에 대해서는 이렇게 묘사했다. 붉은 군대는 "역사의 오물이 달라붙은, 통나무 모양의 긴 군화를 신은 채 단호하고, 분노에 차고, 경계하고, 때로는 아주 난폭한 상태로 들어왔다. 그렇다, 그들은 난폭했다. 전쟁이 사람을 그렇게 만들었기 때문이다. 누가 탓할 수 있을까? 혹시 수십 년 동안 전쟁을 막으려고 정말 온갖 노력을 다한 러시아인들 자신이라면 몰라도 말이다".[15] 그와 함께 많은 피해 사실이 언급되었다. 구체적으로는 누군가 자전거를 타고 가다가 소련 군인들에게 강탈당하는 장면이 전후의 메타포처럼 묘사되었다.

《노이에스 도이칠란트》는 쇄도하는 독자 편지로 어쩔 줄 몰랐다.

나중에 헤른슈타트의 딸 이리나 리프만Irina Liebmann의 전언에 따르면, 독자들의 편지로 가득한 세탁 바구니가 복도 전체를 채울 지경이었다고 한다. 헤른슈타트가 자신의 생각을 솔직하게 털어놓을 수 있었던 것은 소련에 대한 열렬한 지지를 명확한 언어로 표현해낼 수 있었기 때문이다. 형식적이고 모호한 말만 난무하던 상황에서는 빛나는 언어적 성취였다. 그러나 거기엔 위험도 도사리고 있었다. 왜냐하면 헤른슈타트가 서두에서, "노동자 계급의 선봉"에 서야 할 SED 내에서조차 소련에 대한 태도가 "소심하고, 통일성이 없고, 적의 영향에서 자유롭지 않다"는 인상을 줄 만큼 충분치 않다고 유감을 표했기 때문이다. 반면에 헤른슈타트는 확고하게 소련 편에 섰다. 심지어 러시아인들을 위해 SED 정치국을 속속들이 염탐하고 있다는 의심을 울브리히트에게 받을 정도였다. 헤른슈타트는 동독 내에서 공산주의 권력 기구보다 자유와 자아실현을 목표로 하는 계급 없는 사회의 역사적 소명에 매진한 몇 안 되는 골수 공산주의자였다. 그랬기에 인류 구원의 한 형태로서 공산주의 역사관과 동지들의 하찮은 형식주의 사이의 깊은 간극을 견디기 어려워했다. 그의 딸은 아버지가 산책하다가 갑자기 멈춰 서더니 다음과 같이 말했다고 한다.

> 세계사에서 모든 것을 새로 다시 만들 경우, 그런 걸 배운 적도 경험한 적도 없기에 일단은 모든 게 잘못 만들어질 거라고 생각하지 않니?[16]

헤른슈타트는 노동자들과 직접 손을 잡고 정면 돌파를 시도했다.

그는《베를리너 차이퉁》의 많은 지면을 할애해 '스탈린 가로수길'의 건설 진행 상황을 상세히 보도했다. 또한 이 시범 사업에 전국적으로 성금을 보낸 인민들의 건설 의지와 노동자들의 열정에 찬사를 보냈다. 헤른슈타트는 저렴하고 기능적이고 목적에 맞으면서도 무엇보다 웅장하게, 그러니까 자신이 생각하는 노동자 계급의 품위에 맞게 아름답고 고풍스러운 궁전풍으로 이 거리를 완성하려는 계획으로 가슴이 뜨겁게 불타올랐다. 그의 미적 감각은 독일 동지들의 기능주의보다 러시아인들의 보수적 미학에 가까웠다. SED가 지시한 프로이센 건축물의 폭파 시도를 여러 차례 가로막은 것도 그것들을 귀중한 문화유산으로 여기는 소련이었다. 헤른슈타트는 관료기구를 공격했고, 그들의 "진지하지 못한 행동을 비롯해 노동자의 이익을 무시하고, 노동자의 선의를 악용하는" 행태를 비난했다. 또한 "책상머리에 앉아 명령만 내리는 지도부의 안일한 태도"에 반기를 들었고, 더 나은 조건과 더 공정한 임금을 바라는 건설 노동자들의 요구를 발표했다.

> 진취적 행동은 장려되고 정의는 반드시 보상받는다는 확신을 토대로 우리 모두 기쁘게 함께 나아가자는 분위기와 열린 태도가 지금 우리에게 있을까? 그건 우리에게 아직 없다. 그건 당이든 국가든 마찬가지다.

헤른슈타트가《베를리너 차이퉁》에서 그렇게 찬양했던 스탈린 가로수길 건설 노동자들이 1953년 6월 16일에 시위를 조직하고, 마침내 다음 날 17일에 그 유명한 봉기를 일으켰을 때 그의 운명도 결정되었다. 당 내부에서 몇 가지 은밀한 책략이 더해지고 난 뒤 처음에는 정치국에서, 나중에는《노이에스 도이칠란트》전원 회의에서 헤른슈타트에 대한 비공식 재판이 열렸다. 그의 딸이 쓴 글을 보자.

> 그는 다시 한번 자신의 편집국에 들어갈 수 있었지만, 이번에는 가까운 사람들에게서 굴욕을 당하는 일밖에 남아 있지 않았다. 거기엔 그와 함께 일하는 모든 직원이 앉아 있었다. 이 모든 일의 핵심 공모자인 프레트 욀스너가 일어나 세 시간 동안 적대적 활동에 대해 보고하더니 그에 대해 각자의 의견을 물었다. (…) 당신들이 편집국장에게서 보고 느낀 점을 당당하게 이야기하라! 편집국장이 평소 부르주아적이었다거나 당에 적대적이었다거나 하는 말도 좋고, 아니면 그냥 오만불손하고 부당하고 비열하다고 느꼈던 순간을 얘기해도 된다. 그들은 모두 그렇게 했다. 그로써 그들이 헤른슈타트 주변에 쌓아주었던 거대한 보호벽을 이제 그들 스스로 허물어버렸다. 나중에 몇몇이는 부끄러워하는 것 같았다. 내가 나중에 물어본 사람 중에는 그날 그 자리에 있었다고 대답한 사람이 하나도 없었기 때문이다. 아무튼 그날의 '공개 토론'은 새벽 3시까지 이어졌다.[17]

그날 SED는 자신의 가장 위대한 이상주의자 가운데 한 명을 잃었다.

뮌헨의 상황도 악화되었다. 한스 하베의 상관들은 그의 독단적인 규정 처리가 마음에 들지 않았다. 특히 그중에서도 독일인과의 자유분방한 교류가 거슬렸다. 미국인 상관들은 자신들이 규정한 2 대 1 원칙, 즉 미국 작가 3분의 2 대 독일 작가 3분의 1의 비율이 제대로 준수되고 있는지 꼼꼼히 점검했다. 실제로《노이에 차이퉁》에서의 비율은 1 대 1로 나타났다. 그런데 담당 장군이 작가 리스트에서 독일 이름처럼 들리는 미국인 존 스타인벡과 칼 샌드버그를 독일 작가로 잘못 알았던 단순 실수를 하베가 민첩하게 이용하면서 최악의 결과는 일어나지 않았다. 물론 이 일은 나중에 더 큰 복수로 돌아온다.

하베는 논쟁의 가치를 높이 평가했다. 마음 같아서는 매일의 사설을 포기해서라도 독자들의 목소리를 더 많이 싣고 싶었다. 이런 분위기다 보니, '자유 의견'이라는 제목의 독자 게시판에서는 아이를 치고 그냥 모른 척 도망쳐버린 미군에 대한 고발도 이루어질 수 있었다. 그런데 하베의 친구이자 부편집국장인 발렌베르크Wallenberg가 한 사설에서 소련 점령지의 자유롭지 못한 상황을 설명하며 러시아인들을 공격하자 미 당국의 인내심도 바닥을 쳤다. 1946년에는 아직 냉전이 공공연히 드러나지 않은 시점이라 네 연합국에 대한 공개적인 비판은 금기시되었다. 그런데 하베가 인쇄 30분 전 윈스턴 처칠의 긴 연설을 1면 전체에 싣는 것을 거부하면서 관계는 완전히 파탄 나버렸다. 하베가 독일인들에게 오염되었다는 것이다. "당신은 현지인이 되었습니다." 이것이 미군의 공식 판단이었다. 하베는 1946년 말 책상을 비우고 군을 떠났다. 그간의 공로로 청동무공훈장만 하나 달랑 받고서.

이후 그 유명한 사랑의 막장 드라마가 펼쳐졌다. 미국으로 돌아간 하베의 이른바 사랑 전쟁이었다. 그는 엘리너 클로스와 이혼하고, 몇 년 전부터 알고 지내던 여배우 알리 기토와 결혼했다. 그런데 결혼식 직후 기토의 동료 여배우 엘로이스 하트를 만나 다시 미친 듯이 사랑에 빠졌다. 그러고 2년 뒤인 1948년, 멕시코에서 네 번째 아내 기토와 이혼하고 엘로이스 하트와 결혼했다. 그러나 기토는 이혼을 인정하지 않고 복수를 계획했다. 결과는 성공이었다. 1950년부터 다시 독일에 체류하면서 《독일과의 연애Our Love Affair with Germany》를 비롯해 동시에 여러 권의 책을 쓰던 하베는 지금까지의 경험을 훌쩍 뛰어넘는 격렬한 공개 공격에 직면했다. 1952년 6월 1일, 신생 연방공화국에서 가장 성공한 화보 잡지 《슈테른》에 〈독일에서 악당을 몰아내자!〉라는 제목의 기사가 실렸는데, 여기서 그 악당이 바로 하베였다. 이 기사에서 편집장 헨리 나넨Henri Nannen은 기토가 제공한 온갖 가십을 독일 전반의 정치적·문화적 청산에 적극 활용했다.

기토는 원래 전남편을 중혼 혐의로 고소하려 했지만, 그전에 관련 서류를 들고 나넨부터 불쑥 찾아갔다. 나넨은 즉시 타오르는 전의를 느꼈다. 그사이 다른 화보 잡지 《뮌히너 일루스트리어르테Münchner Illustrierte》에서 마치 불꽃놀이를 하듯 매일 화려한 쇼를 펼치는 이 경쟁자에게 한 방 먹일 기회가 왔다고 본 것이다. 나넨은 득의만만하게 자판을 두드렸다. 예를 들면 이런 식이다.

> 독일의 전후 정계에서 가장 영롱하게 빛나던 비눗방울이 드디어 터져버렸다.

이후로도 같은 문체로 독설이 이어졌다.

> '한스 하베, 일명 야노스 베케시', '갈리시아 이주민'이자 '미군 공보 소령'은 수년 동안 헛바람만 들었다가 한순간에 바람이 쑥 빠져버렸다.

독일에는 다행스럽게도 "그 주둥이에서 떨어진 것이 불쾌한 침방울"에 지나지 않았다고 했다. 또한 그는 하베가 끊임없이 "제3제국 치하에서 한때 경비원직이나 맡았던 사람들의 전력을 비방하는" 데만 열심이었다고도 썼다. 간단히 말해서 하베는 "정치적으로 독일의 잠재적 위험 분자"라는 것이다.[18]

'불쾌한 침방울', 못된 주둥이, 숨겨진 출신지, 그리고 유대인 출신임을 암시하는 '갈리시아 이주민'이자 '미군 공보 소령', 거기다 제목에서 알 수 있듯 독일 사회로부터의 축출, 이 모든 말이 정말 곧 독일에서 가장 명망 있는 시사평론가로 꼽힐 언론인의 입에서 나왔다는 사실은 쉽게 믿기지 않는다.[19] 이는 열띤 논쟁이 자주 벌어지던 1950년대에도 이례적인 탈선이었다.

나넨과 하베의 과거는 거울처럼 일치했다. 대학에서 예술사를 전공한 뒤 한때 잡지《제3제국의 예술Die Kunst im Dritten Reich》에서 일했던 나넨도 전쟁 중에 군 선전국에서 활동했다. 물론 미군 반대편의 쿠르트 에거스 SS-연대 산하 쥐트슈테른 부대의 종군기자였다. 이 부대는 이탈리아에서 미군을 상대로 심리전을 이끌었는데, 하베가 1944년에 싸웠던 바로 그곳이었다.

나넨의 기사는 이해가 안 될 정도로 파렴치했다. 증오에 길들여진 극우나 반유대주의자도 아닌 사람이, 그것도 서독에서 자유주의 저널리즘의 선구자라는 사람이 어떻게 그렇게 악의적으로 말할 수 있을까? 나넨은 열여덟 살 때 독일 북서부의 엠덴에서 같은 나이의 유대인 칠리 빈트뮐러와 동거했다. 그가 나중에 거듭 주장했듯이 그의 '크나큰 사랑'인 여인이었다. 빈트뮐러의 부모는 강제수용소에서 사망했고, 나넨은 그 전에 칠리 빈트뮐러가 팔레스타인으로 이주하는 데 필요한 복잡한 절차를 도와주었다고 한다. 나중에 나넨은 이스라엘을 여러 차례 방문했다. 옛사랑을 다시 보기 위해서이기도 했지만 빈트뮐러의 딸에게 푹 빠졌기 때문이기도 했다.

아무튼 그런 사람이 왜 이런 악의적인 글을 썼을까? 독일 언론이라는 작은 관상어 어항은 허영기 많은 사람이 동시에 여럿이서 평화롭게 살아가기엔 너무 좁은 게 분명했다. 자칭 '독일인들의 가장 성공적인 재교육자'였던 하베는 도덕성 면에서 우위에 있었고, 거기다 몰락한 오스트리아-헝가리제국의 국제적 매너와 할리우드 배우의 향기까지 물씬 풍겼다. 이건 동부 프리슬란트 출신의 땅딸막한 나넨에게는 열등감을 자극할 만한 일이었다. 게다가 그의 행동에는 집단적 감성의 조악함까지 더해졌다. 불끈하는 기자 근성과 진부한 반유대주의적 집단 편견이 손을 맞잡은 것이다. 전후 시대에 사람들은 마치 홀로코스트가 없었던 것처럼 필요할 때면 언제든 아무 생각 없이 반유대주의를 꺼내 들곤 했다.

그런데 이 갈등은 하베와 나넨 두 사람 모두와 친분이 있던 힐데가르트 크네프에게 상처를 주었다.

당신한테 어울리지 않는 짓을 했어요.

크네프가 《슈테른》의 편집국장 나넨에게 한 말이다.[20] 이후 크네프는 두 사람 모르도록 같은 시각에 함부르크 애틀랜틱 호텔 내 자신의 숙소로 둘을 초대했다. 나넨이 먼저 왔다. 하베가 뒤이어 오자 크네프는 방을 나가 방문을 잠그고는 둘이 할 말을 다 끝내기 전에는 문을 열어주지 않겠다고 선포했다. 크네프의 계획은 효과가 있었다. 자존심 강한 두 수사슴은 〈약식 대서양 조약〉이라는 평화 협정을 체결했고, 이 문서는 《뮌헤너 아벤트차이퉁》에 실렸다.[21] 그 뒤 하베는 《슈테른》에도 여러 번 원고를 실었다. 물론 나넨이 자기 잡지에 실으려고 애썼던 하베의 소설들은 《크비크》와 《노이에 일루스트리어르테》에 연재되었다.

그런데 하베에게는 《슈피겔》도 증오의 폭발로부터 안전지대가 아니었다. 1954년 남자의 전형적인 허세를 풍기는 그의 자서전 《나는 자수한다Ich stelle mich》가 출간되자 이 잡지는 타이틀 기사까지 헌정하며 관심을 보였다. 하지만 이 기사의 필자는 작가의 허영기 넘치는 장난들을 조롱하듯이 인용했고, 심지어 유명한 전장과 무도회장, 결혼 사무소에서 있었던 온갖 모험적인 사건들을 재현하는 데 무렵 아홉 페이지나 할애했다. 이어 다시 진부한 반유대적인 표현들이 대거 등장했다. 예를 들어 하베의 '가짜 지참금'은 유대인 베케시일 때 받은 상속 재산이라는 것이다. 게다가 이 글의 성격을 가장 잘 보여주는 것은 바로 제목이었다. 〈잘못 태어난 인물〉.[22]

빈에서도 그에 대한 비판은 거리낌이 없었다. 예를 들어 일간지 《빌트 텔레그라프Bild-Telegraph》는 하베의 자서전을 '슈테틀 독일어'• 풍으로 패러디해서 꼬집었다.

• 유대인 공동체에서 쓰던 유대인 특유의 독일어.

나는 자랑하려고 온 게 아니라 회개하러 왔다.[23]

하베가 이 신문의 발행인에게 보낸 항의 편지에서 지적한 이 '유대인 흉내 말투'는 하베의 숙적들조차 그의 세련된 문체를 인정할 수밖에 없었다는 점을 감안하면 잘못되어도 한참 잘못되었다. 물론 그 문체가 화근이 될 때도 많았지만.

하베는 상처받았다. 하지만 여전히 성공의 왕좌에 앉아 있었다. 상류 사회 이야기를 자극적으로 풀어낸 그의 소설들은 거의 모두 베스트셀러가 되었다. 제목부터 이미 많은 걸 시사한다. 《타르노브스카Die Tarnowska》《일로나Ilona》《일로나의 딸Die Tochter der Ilona》《카타린, 또는 잃어버린 봄Kathrin oder der verlorene Frühling》《9월의 먼지Staub im September》《남들이 집에 가면Wenn die anderen nach Hause gehen》《본의 조끼는 희다In Bonn sind alle Westen weiß》《열일곱, 카린 벤트와 선생님의 일기Siebzehn–Die Tagebücher der Karin Wendt und ihres Lehrers》. 여기서 마지막 세 권은 가명으로 출간되었다. 총 합치면 20권이 훌쩍 넘고, 각각 질적으로 큰 차이를 보인다. 그런데 선명한 전형화와 세련된 풍자 사이를 넘나들고, 미국풍으로 스케일이 크고, 인간 이해가 깊으면서도 계산적인 능력이 돋보이는 그의 최고 작품들조차 비평계에 의해 저평가되었고, 오늘날에는 완전히 잊혔다. 그럼에도 출간 당시 사람들의 입에 오르내릴 수 있었던 것은 '중도 극단주의자들'[24]의 강력한 정치적 개입 때문이었다. 그러나 하베는 나중에 공화국의 좌경화 경향을 끈질기게 문제 삼고, 《슈피겔》의 창간인 루돌프 아우크슈타인과 작가 하인리히 뵐을 악의적인 어투로 적군파RAF 테러의 위험을 경시하는 순진한 사람들이라고 비난함으로써 주류에서 완전히 밀려났다. 그러나 주변부가 오히려 편했다. 하베는 티치노의 마조레 호숫가에서 비코-토리아니풍으로 말년을 즐겼다. 이따금 변덕스러운 불평꾼이긴 했지만 전반적으로 우아한 신사였다. 이웃에 살았던 작가 로베르트 노이만Robert Neumann은 그에 대해 이런 시를 지었다.

물에서는 악취가 나지만 공기는 깨끗해.
한스 하베가 죽은 게 분명해.[25]

망명에서 돌아와 독일의 정신적 재교육자로 활동했던 알프레트 되블린의 실험은 한층 더 슬픈 결말로 끝났다. 수년간의 연합국 군정 체제 이후 '문화 사령관'으로서 그의 결산표는 객관적으로 결코 나쁘지 않았다. 《황금문》은 다른 유사 잡지들보다 훨씬 오래 존속했다. 되블린은 마인츠 과학·문학 아카데미를 성공적으로 설립했고, 프랑스 점령지에서 문학을 장려했으며, 독일에 프랑스 문화를 전파하기 위해 많은 일을 했다. 1948년 일흔에 가까운 나이로 군무에서 물러났을 때 프랑스 정부는 700만 프랑의 후한 퇴직금을 지급했다. 대략 21만 마르크에 해당하는 큰돈이었다.[26] 프랑스인들의 이런 인정이 그에게 분명 자부심과 고마움을 안겨주었을 테지만, 독일에서 다시 한번 고향처럼 편하게 살 수 있으리라는 믿음을 갖게 해주지는 못했다. 되블린은 스스로 실패한 사람이라고, 완전히 오해받은 사람이라고 여겼다. 독일인들에게 그는 샤를로텐부르크 궁전에서 강연할 때처럼 여전히 '낯선 손님'이었다. 문학적 성취도 미미했다. 되블린 특유의 그로테스크한 유머와 이례적으로 높은 어조 사이를 오가는 라디오 시사 촌평은 방송국에서 인기가 없었다. 1949년에 출간된 그의 자서전《운명의 여행Schicksalsreise》도 어찌나 팔리지 않았던지, 출판업자가 다음과 같은 말로 위로해야 할 정도였다.

> 예전에 당신의 책을 읽은 독자들이 더는 당신을 이해하지 못하는 건 아마 시대 탓일 겁니다.[27]

하지만 문제는 그의 관점이었다. 망명지에서 12년을 보낸 노작가는 자기 민족을 외부자의 시선으로 바라보았고, 그런 그의 눈에 독일인은 잠시도 가만있지 못하고 부산을 떠는 기이한 집단으로 보였다. 망명 시절 충분히 사색과 슬픔의 시간을 가졌던 되블린은 동족을 이렇게 묘사했다.

> 여기 사람들은 무너진 더미에서 부지런히 뛰어다니는 개미 같다. 늘 흥분해 있고, 일에 미쳐 있다. 그들에게 진심 어린 걱정이란 재료 부족과 지침 부족으로 즉시 일을 하지 못한다는 사실뿐이다. (…) 그들에게는, 자신들이 과거에 어떤 일을 겪었고, 어떻게 그런 일이 가능했는지를 깨닫게 해주는 것보다 도시 재건이 한결 쉬워 보인다.[28]

'깨닫게 해'준다는 표현 속에는 교육자로서의 관점이 여실히 드러난다. 그러나 많은 사람이 그뿐 아니라 같은 독일인에게서는 교육받기를 원치 않았다. 설령 프랑스 여권이 있는 독일인이라고 하더라도 말이다. 쥐트베스트풍크 방송국에서도 그는 차츰 뒷전으로 밀려났다. 그가 맡아서 하던 〈시대 비평Kritik der Zeit〉 프로그램이 하필이면 프리드리히 지부르크Friedrich Sieburg에게 넘어간 것이다. 이는 되블린에게 재앙의 징후였다. 나중에 《프랑크푸르터 알게마이네 차이퉁FAZ》의 문화부를 이끌게 될 지부르크는 박학다식한 라틴어문학자이자 세련된 보수 사상가였지만, 파리 대사관 공사로서 나치의 선전 업무를 맡았고, 이 일로 인해 전쟁이 끝나자 프랑스 군정에 의해서 1948년까지 출판 금지 조치를 받은 인물이었다. 1940년 독일 국방군이 파리에 입성하자, 이 도시에서 새로운 고향을 찾았던 되블린은 처음엔 뉴욕으로, 다음엔 로스앤젤레스로 계속 도피해야 했다. 그런 그가 이제 나치에 부역한 지부르크에게 밀려난 것이다!

되블린은 망명에서 돌아온 다른 사람들에게서도 지지를 받지 못했다. 다들 그와 거리를 두었다. 유대인인 그가 망명지에서 가톨릭 신앙에 푹 빠지는 바람에 다른 유대인 망명자들의 눈에는 배신자로 비쳤기 때문이다. 이렇듯 되블린은 늘 이데올로기적으로 믿지 못할 사람이었고, 영웅적인 발언과는 거리가 먼 타고난 조롱가였으며, 거대 집단들의 맷돌 사이에 낀 아슬아슬한 존재였다. 1953년 철학자 루트비히 마르쿠제Ludwig Marcuse는 뉴욕에서 발행된 잡지 《재건》에서 이렇게 썼다.

> 많은 깃발 아래 서 있던 그는 시대의 가장 유명한 탈영병이었다. 과거에는 유대인, 베를린 시민, 거의 공산주의자였던 사람이 지금은 가톨릭 신자다. 그는 특히 많은 나라의 군복을 입었다. 그 긴 세월 동안 가장 정착하지 못한 독일인이었기

때문이다.[29]

이어 마르쿠제는 작가 되블린을 노벨상 후보로 제안했다. 그러나 되블린은 이미 5개월 전부터 더는 독일에 살지 않았다. 1953년 4월 28일 그는 연방 대통령 테오도르 호이스Theodor Heuss에게 공식적으로 퇴거 신고를 하고는 두 번째로 망명길에 올랐다. 대통령에게 보낸 편지에는 이렇게 적혀 있었다.

> 많은 깨달음을 얻은 방문이었지만, 나와 내 부모가 태어난 이 땅에 나는 더 이상 필요한 존재가 아닌 것 같습니다.[30]

그 무렵 75세 작가는 이미 너무 노쇠한 터라 들것에 실려 승강장으로 이동해야 했고, 아내와 함께 흔들리는 의자에 앉아 기차가 들어오기를 기다렸다. 그로부터 2년 반 뒤 세상을 떠나 보주산맥의 한 마을에 묻혔다. 독일 국방군에 잡히기 직전 권총으로 자살한 아들 옆이었다. 이렇듯 독일이 배출한 가장 위대한 작가 가운데 한 명은 독일 땅에 묻히는 것조차 원치 않았다. 3개월 뒤에는 되블린의 아내 에르나도 죽은 자식 곁에 묻혔다. 파리의 집에서 가스 밸브를 열어놓고 잠그지 않은 것이다.

9. 예술 냉전과 민주주의 설계

Der Kalte Krieg der Kunst und das Design der Demokratie

문화에 대한 갈망

사람은 빵으로만 살지 못한다. 심지어 빵이 없으면 문화에 대한 갈망은 더 커진다. 1945년 5월 이후의 독일 상황이 그랬다. 문화에 대한 굶주림은 전후 시대의 또 다른 핵심 개념으로 떠올랐다. 이 굶주림은 육체적 허기보다 더 쉽게 채워졌다. 수요만큼이나 빠르게 공급이 이루어졌기 때문이다. 종전 후 문화 활동이 재개된 속도는 동시대인들에게 감동을 주었고, 새 출발에 대한 많은 격정적인 말을 쏟아내는 계기를 제공했다. 전후 처음 열린 각종 연주회에서 청중들이 눈물을 흘렸다는 보도는 끊임없이 이어졌다.[1] 실제로 가슴 벅찬 일이었을 것이다. 지옥에서 막 살아남은 사람들이 파괴된 홀에서 베토벤을 다시 듣고, 완벽하게 조화를 이룬 오케스트라를 다시 보고, 카리스마 넘치는 지휘자의 연출을 지켜보는 순간 스스로 여전히 문화 민족이라는 자부심을 느끼지 않았을까! 그럼에도 의문이 든다. 이게 기적일까? 구린내 나는 트릭일까? 뻔뻔함일까, 아니면 잘못된 추론일까?

괴벨스는 1944년 9월 1일 모든 극장을 폐쇄했다. 문화 종사자도 전쟁에 투입하기 위해서였다. "탱고 청년"[2]도 동원해야 할 만큼 심각해진 상황을 알리는 최후 결전의 신호였다. 물론 그마저도 소용이 없었다. 아무튼 이제는 모든 것이 잿더미가 된 상태에서도 극장 방문이 다시 가능해졌다. 오래전부터 구입할 물건이 없고, 돈이 있어도 쓸 데가 거의 없다 보니 각 가정에 쌓인 라이히스마르크는 극장이나 영화관으로 흘러들었다. 그로써 문화에 지출하는 돈의 비율이 과도하게 높아졌다. 현실적 굶주림이 낳은 문화적 향유의 통속적 측면이었다. 1945년과 1948년 사이 모든 극장은 좌석 점유율이 80퍼센트가 넘었다. 환상적인 수치였다.[3] 그러다 화폐 개혁이 단행되자 서독인들은 다시 문화 없이 지냈다. 기름진 음식이 시중에 나오면서 문화에 대한 갈망이 자연스럽게 줄어든 것이다. 게다가 이제는 공급이 부족한 도이치마르크를 절약하는 것이 무엇보다 중요했다. 물질적 풍요와 함께 절약이 시작된 것은 경제사의 역설이었다. 연극과 영화관의 티켓 판매 수는 빠르게 절반으로 떨어졌고, 극장들은 1948년에 전후 첫 위기에 빠졌다.

종전 직후에는 서방 점령지에서만 시립 극장 60곳이 다시 문을 열었다. 그중 절반은 가설극장이었다. 처음에는 지금껏 관객에게 사랑받아온 고전 작품이 공연되었지만, 나중에는 점령지 당국의 출신에 따라 손턴 와일더, 유진 오닐, 장 폴 사르트르, 막심 고리키 같은 현대 작가들의 작품이 무대에 올랐다.

소도시와 마을도 문화 혜택에서 배제되지 않았다. 많은 유랑 극단이 전국을 떠돌았다. 그들은 목탄 가스 엔진을 단 낡은 트럭을 타고 이 마을 저 마을 돌아다니며 술집이나 음식점에 무대를 마련한 뒤 셰익스피어와 스트린드베리의 작품을 비롯해 브랜던 토머스의 〈찰리의 아주머니Charleys Tante〉를 공연했다. 그에 비해 도시에서는 방과 지하실을 개조한 소극장의 시대가 열렸다. 무대 배경 없이 약간의 소품만 꾸며놓은 작은 극장은 실존주의 연극의 이상적인 무대였다.

술집들에는 '사면된 사람들', '남겨진 사람들' 같은 이름의 카바레 무대가 설치되었다. 연주회장에서는 베토벤이 꾸준히 울려 퍼졌다. 하지만 곧 새로 연습한 이고르 스트라빈스키, 벨러 버르토크, 파울 힌데미트의 음악이 연주되었고, 이어 아르놀트 쇤베르크의 음악도 머뭇거리듯이 뒤따랐다. 폭격으로 파괴된 거리를 지나 극장으로 가는 길이 아무리 험난해도 독일인들은 대규모 오페라를 놓치고 싶어 하지 않았다. 베를린의 독일 오페라 극장은 1945년 9월 2일 〈피델리오〉를 첫 무대에 올렸고, 일주일 뒤에는 국립 오페라단이 아트미랄슈팔라스트 궁전에서 글루크의 〈오르페우스와 에우리디케〉를 공연하면서 재개를 알렸다.

그런데 베를린 필하모니는 전쟁 직후 다시 지휘자를 찾아 나서야 했다. 5월부터 필하모니 지휘를 맡았던 레오 보르하르트는 1945년 8월 23일 연주회가 끝난 뒤 애인 루트 안드레아스-프리드리히와 함께 어떤 영국 대령의 집에 저녁 식사 초대를 받았다. 굶주린 루트가 나중에 일기에 썼듯, "상상할 수 없을 만큼 많은 고기와 상상할 수 없을 만큼 하얀 빵"이 차려진 멋진 식사 자리였다.[4] 그들은 위스키를 몇 잔 마셨고, 바흐와 헨델, 브람스에 대해 이야기하면서 수다를 떨었다. 그러다 11시 15분 전쯤 두 사람의 머릿속에 통행금지가 떠올랐다. "괜찮아요. 내가 데려다줄게요." 영국인은 그들을 안심시키고는 관용차로 손님들을 태워 도시를 달렸다. 전날 밤 미군 병사와 러시아 병사들이 술 취한 상태에서 총격전을 벌이는 바람에 베를린의 밤은 약간의 긴장감이 감돌고 있었다. 물론 영국인의 리무진 안은 그렇지 않았고, 유쾌한 대화가 계속 이어졌다. 두 독일인은 점령자의 다정한 말에 감사했고, 영국인은 여전히 연주회의 감동으로 들떠 있었다. 그 때문인지 영국인은 영국군과 미군의 경계선인 베를린 빌머스도르프의 분데스플라츠에서 미군 경비병이 손전등으로 보낸 정지 신호를 보지 못했다. 몇 초 뒤 몇 발의 총성이 울렸고, 보르하르트는 차 안에서 즉사했다. 이로써 그가 안드레아스-프리드리히와 함께 저항 그룹 '에밀 아저씨'에서 활동하면서 그렇게 간절히 원했던 평화가 그에게 허락한 시간은 겨우 108일이었다.

연합군은 재빨리 사건을 덮었다. 영국 운전자에게는 아무 일도 일어나지 않았고, 미국인들은 평소의 그들답게 실용적인 방식으로 보르하르트의 후임을 신속하게 찾아 나섰다. 미 군악대 장교 존 비터는 나흘 뒤에 벌써 베를린 필하모닉의 새 지휘자로 세르주 첼리비다케Sergiu Celibidache를 소개했다. 새 지휘자는 다음 날 저녁, 그러니까 1945년 8월 28일 저녁에 자신의 오케스트라와 함께 첫 합동 연주회를 열었다. 또다시 우레와 같은 박수가 쏟아진 성공적인 공연이었다. 어차피 시체들이 널린 마당에 시체 하나 더 있든 말든 중요하지 않았다.

대다수 독일인이 문화에 대한 갈증을 해소하기 위해 찾은 곳은 여전히 영화관이었다. 그들은 전쟁 전부터 독일 우파Ufa 영화사가 할리우드와 경쟁할 욕심으로 제작한 훌륭한 영화들에 익숙한 까다롭고 세련된 관객이었다. 전쟁이 끝날 무렵 이 영화사는 제작을 잠시 중단했지만, 곧 재개했다. 연합군은 최악의 나치 선전 작품을 선별해서 금지시켰고, 다른 상당수 비정치적인 영화는 상영을 허락했다. 거기다 미국·러시아·프랑스에서 만든 영화들이 추가되었다. 특히 선풍적인 인기를 끈 영화는 〈바람과 함께 사라지다〉였다. 독일 배우 카를 라다츠와 하네롤레 슈로트는 우아한 기품 면에서 비비안 리와 클라크 게이블을 따라갈 수 없었다.

그러나 독일 관객이 가장 좋아한 배우는 찰리 채플린이었다. 그는 1931년 독일을 방문했을 때 이미 슈퍼스타로 큰 환호를 받았다. 12년 동안 강제적으로 주어진 문화적 금욕기가 끝난 당시, 1925년에 만든 그의 영화 〈골드 러시〉는 수많은 사람을 영화관으로 불러들였다. 관객들은 굶주리고 추위에 떨고 얻어터지는 한 불행한 사내 속에서 자신의 모습을 보았다. 그들은 채플린이 헌 신발을 마치 송어인 양 포크와 나이프로 섬세하게 잘라 먹는 능청스러운 모습에서 굶주림이 일상인 때에도 여유와 태연함을 유지하는 게 중요하다는 사실을 웃으면서 깨달았다. 에리히 캐스트너는 영화을 본 뒤 《노이에 차이퉁》에 이렇게 썼다.

> 오늘 영화를 처음 본 젊은 관객들은 〈골드 러시〉가 처음 나왔을 때만큼이나 즐거워하며 웃음을 터뜨린다. 채플린을 아는 백발의 우리로선 진심으로 기쁜 일이다. 우리는 국가사회주의가 우리 아이들의 미적 취향을 망쳐놓지 않았을까 걱정했는데, 그런 일이 일어나지 않아 참으로 감사하다.[5]

그런데 독일 관객들은 〈위대한 독재자〉에서 보여준 채플린의 천재적인 히틀러 패러디를 보기까지는 12년을 더 기다려야 했다.

1946년 베를린에서 이 영화의 시사회를 두 차례 개최한 미군 정훈 장교들은 독일인들이 아직 히틀러를 비웃을 준비가 되어 있지 않다고 판단했다. 《뉴욕 타임스》는 이 시사회에 대해 이렇게 보도했다.

> 오랫동안 히틀러를 경탄해온 독일인들은 지금도 자신들이 한 미치광이 광대 뒤를 졸졸 따라가며 함께 미친 듯이 날뛰었다는 사실을 별로 알고 싶어 하지 않는다.[6]

시사회에 참석한 연극 평론가 프리드리히 루프트 역시 자신이 아직 채플린의 히틀러를 아무렇지도 않게 볼 마음의 준비가 되어 있지 않다고 생각했다.

> 우리에게는 그 독창적인 농담이 너무 사치스럽게 느껴져 그 풍자를 유쾌한 눈으로 즐기는 건 불가능해 보인다. 그 때문에 지금은 이 영화를 보여주지 말아야 한다. 나중에, 어쩌면 훨씬 나중이라면 몰라도.[7]

몇몇 도시에서는 지역 군정이 강제수용소에 관한 다큐멘터리 영화를 독일인들에게 강제로 보게 했다. 선의에서 출발한 조치였지만 교육적 효과 면에서는 의문스러웠다. 많은 관객이 그냥 시선을 돌리거나 영화 내내 바닥만 응시했기 때문이다. 게다가 일부 관객은 영상에서 산더미 같은 시체가 나오는 순간 구토를 하거나 울음을 터뜨리며 밖으로 뛰쳐나갔다.

리치 보이스 가운데 한 명인 영화감독 하누시 부르거는 다양한 강제수용소 다큐멘터리 필름을 모아 한 편의 영화를 만들어 〈죽음의 방앗간Todesmuhlen〉이라는 제목으로 개봉하려고 했다. 그런데 미 전시정보국은 이 80분짜리 영화가 수용소 시스템의 구조를 너무 세세하고 장황하게 다룬다는 이유로 상영을 꺼렸고, 1933년 독일에서 이주한 할리우드 최고의 천재 코미디언 가운데 한 명인 빌리 와일더Billy Wilder에게 수정을 부탁했다. 강제수용소에서 많은 친척을 잃은 그는 〈죽음의 방앗간〉을 보고 부르거에게 이렇게 평했다.

> 정말 잡다한 것까지 상세히 찍은 당신의 열의에 경의를 표하지만, 이런 영화에는 아무도 관심을 보이지 않을 겁니다. 나만 해도 수용소와 관련된 것을 보면 10분 후에 거부감을 느낍니다. 그런 것에 웬만큼 단련된 사람인데도 말입니다. 예를 들어 난 〈잃어버린 주말Das verlorene Wochenende〉을 찍으려고 알코올 중독자 치료소에서 지낸 적도 있으니까요. 당신 영화는 사람들에게 상처를 줄 겁니다. 게다가 객관적으로 보면, 독일인들이 우리에게 아무리 호감을 갖지 않더라도 워싱턴 사람들의 말을 옮기자면 그들은 우리의 미래 동맹자들입니다. 그런 사람들의 마음을 상하게 할 수는 없습니다.[8]

빌리 와일더의 편집으로 22분 분량으로 단축된 이 영화는 많은 곳에서 일주일 동안 독점적으로 상영되었다. 이렇게 해서 베를린 내 미 점령지의 51개 영화관에서는 1946년 4월 첫 주 동안 오직 〈죽음의 방앗간〉만 볼 수 있었다. 좌석의 74퍼센트가 비어 있었으나, 베를린에서만 16만 명 가까이 영화를 관람했다. 영화가 그들의 머릿속에 어떤 생각을 불러일으켰는지는 미지수다.[9] 어쨌든 재교육 당국은 영화의 교육적 효과에 의구심을 품었다. 영화가 독일인들을 너무 집단적 죄인으로만 다루는 바람에 그들이 이 문제를 단순한 선전으로 받아들일 가능성이 크다는 것이다. 다시 말해, 집단 책임만 강조함으로써 독일인들 사이에 간헐적으로 존재했던 저항의 예들은 깡그리 무시되고, 그로 인해 나치와 반나치가 연합군에 맞서 공동 전선을 구축하도록 유혹할 수도 있다는 것이다. 그로써 〈죽음의 방앗간〉은 어차피 현실적으로 진지하게 채택된 적이 없던 집단 책임의 테제와 함께 1946년 말 심리전위원회의 재교육 프로그램에서 삭제되었다.

미국인들은 문화적 자원을 매우 전략적으로 투입했다. 예를 들어 종전 직후에 상영된 영화의 절반 이상이 코미디였다. 그들은 20년 뒤에야 독일에서 숭배 대상이 될 험프리 보가트의 무거운 영화보다 프레드 애스테어의 가벼운 영화에서 더 큰 교육적 효과를 기대했다. 게다가 초기엔 전쟁 영화를 상영 목록에서 완전히 배제했다. 반면에 소련 점령지에서는 나치 무장친위대의 만행을 감동적인 스토리 속에 끼워 넣어 적나라하게 보여준 두 편의 영화 〈콩Soja〉과 〈무지개Regenbogen〉가 상영되었다.[10] 그런데 러시아인들이 〈유쾌한 사내놈들Lustige Burschen〉이라는, 정신없는 다다이즘풍의 코미디 영화를 상영한 것은 퍽 놀라운 일이었다. 평소에는 소련의 '문화적 성취'를 부각시키고 그와 함께 러시아 문화를 '밀도 높은 정신의 엄숙한 일인 통치자'로 제시하려는 것이 그들의 제일 관심사였기 때문이다.

전후 독일에서 가장 큰 반향을 일으킨 것은 미술이었다. 첫 전시회가 열리자마자 예술적 양식 문제는 정치적 노선의 시험대가 되었다. 그림에서 '뭔가를 인식'할 수 있어야 하는지, 아니면 그럴 필요가 없는지 하는 문제는 일반 사람들뿐 아니라 정치 진영과 국가들까지 갈라놓았다. 그림 위의 한 밝은 점은 그냥 절대적으로 존재하는 것으로서 그 자체로 즐겨야 하는가, 아니면 그림 외부의 어떤 실제적인 것을 암시해야 하는가 하는 추상미술의 결정적 쟁점은 세계를 둘로 나누었다. 이건 단순한 수사가 아니라 실제로 그랬다. 예술이 냉전의 전쟁터가 되면서 추상미술은 서방의 창조적 횃불이 되었고, 사실주의는 사회주의의 미학적 계명이 되었기 때문이다. 물론 그렇게 되기까지는 숱한 눈물과 좌절, 갈등이 있었고, 심지어 비밀요원들까지 동원되었다.

추상미술과 사회적 시장경제

미술에 대한 정치적 개입은 역사적 선례가 있었다. 요제프 괴벨스의 주도로 1937년 뮌헨에서 처음 열린 '퇴폐 미술' 전시회에서 관람객들은 코스를 따라 이른바 혐오스러운 것들로 안내되었다. 그전에 독일 미술관들에 압수된 에밀 놀데, 파울 클레, 에른스트 루트비히 키르히너Ernst-Ludwig Kirchner, 프란츠 마르크, 아우구스트 마케, 빌리 바우마이스터Willi Baumeister 같은 화가들의 작품이었다. 전시회 개최 이유는 분명했다. 총통이 마지막 순간에 운명의 조종키를 돌리기 전까지 전 독일인이 고통스럽게 견뎌야 했던 '문화적 타락의 마지막 끔찍한 모습이 어땠는지'를 보여주기 위해서였다. 그러니까 이 전시회는 바이마르공화국의 병든 사회가 추악한 것들을 얼마나 추앙했고, 비정상적인 것들을 얼마나 장려했는지를 똑똑히 확인시키는 장이었다. 관람객들의 분위기는 상당히 엇갈렸다. 명령을 받은 것처럼 그림을 조롱하는 몰상식한 사람도 있었지만, 갑자기 비방의 대상으로 전락한 그림들을 마지막으로 볼 기회로 삼으려는 미술 애호가도 있었다. 전시 공간을 찍은 사진을 보면 생각에 잠긴 관람객들이 놀랄 정도로 많다. 그림들에 실제로 불안감을 느끼는 것 같으면서도 이런 전시회를 굳이 여는 이유를 깊이 고민하는 사람들이다.

그로부터 8년 뒤, 금지된 예술가들의 작품은 아우크스부르크의 셰츨러궁 미술관, 슈투트가르트의 '금진 회화전', 첼레의 '해방된 미술전', 베를린 로젠 갤러리, 그리고 베를린의 '12년 후' 전시회에서 다시 관객들을 만날 수 있었다. 대개 다양한 양식의 작품이 다채롭게 섞여 있었다. 예를 들면 후기 표현주의, 카를 호퍼 양식의 구상적 멜랑콜리, 마크 치머만의 초현실적인 꿈의 세계, 에른스트 빌헬름 나이의 추상적 회화 교향곡 등의 생동감 넘치는 혼합이었다. 아직은 모든 것이 열려 있었다. 특히 종전 직후의 아슬아슬한 상황에서 베를린의 쿠르퓌르스텐담에서 문을 연 로젠 갤러리에는 전후 활력이 넘치는 이질적인 창의적 예술가들이 모여들었다. 베르너 헬트 Werner Heldt, 유로 쿠비체크Juro Kubicek, 잔 마멘Jeanne Mammen, 하인츠 트뢰케스를 비롯해서 스타일은 각자 다르지만 좋은 예술을 만든다는 일념으로 똘똘 뭉친 화가들이었다. 원칙은 하나였다. 양식이야 어떻든지 간에 일류 작품을 만들어야 한다는 것이다. 하인츠 트뢰케스는 1946년 로젠 갤러리에서 열린 전시회 개막식에서 올바른 사조를 두고 벌어질 미래의 싸움에 대해 이렇게 말했다.

> 하나의 편협함에서 또 다른 편협함으로 빠지지 맙시다. 우리는 이제 예전과 달리 은밀한 내면을 속이지 않고 마음껏 그릴 수 있습니다. 물론 그러려면 지극히 맑은 머리가 필요합니다. 전쟁은 감상적인 것을 모두 쓸어갔습니다. 그렇다면 이제 어떻게 그려야 할까요? 어떤 그림을 그리고 싶은 걸까요? 나는 우리 예술가들을 위해 어떤 강령도 만들어낼 생각이 없습니다. 그건 사기입니다. 자, 이제 우리 일을 시작합시다.[11]

전시 기획자든 화랑 대표든 일단은 파시스트 정권에서 금지되었지만 여전히 은밀하게 계속 그려졌던 작품들을 보여주고자 했다. 그런 의도로 개최된 가장 큰 전시회는 1946년 처참하게 파괴된 드레스덴에서 열린 '독일 일반 미술전'이었다. 이렇게 해서 드레스덴 노르트플라츠 광장의 옛 군사박물관에서는 예술가 250명의 작품 597점이 관객을 만났다. 여기서는 선전적인 나치 자연주의를 빼고는 거의 모든 예술 경향이 전시되었다. 훗날 현대 추상미술의 대변자로 부상할 빌 그로만Will Grohmann의 주도로 열린 이 전시회의 목표는 분명했다. 국가에 의해 조롱받은 예술의 명예를 복권시키고, 새로운 시대에 시각적 언어로 말을 거는 다양한 경향을 조망하자는 것이다. 중요한 건 무엇보다 새 시대에 맞는 새로운 그림이었다.

시각 예술은 다른 어떤 예술 장르보다 더 또렷하게 미래를 내다보는 망원경으로 여겨졌다. 회화가 '시대의 여러 실제적 힘'을 반영하고, '미래로 가는 길'을 가리키거나 현재라는 플랫폼에서 출발할 미래의 '궤도'를 표현해낸다는 것은 예전부터 꾸준히 회자되던 이야기였다. 그런 점에서 미술은 독일 사회의 다가올 운명을 읽어낼 일종의 바로미터였다.

이런 전시회를 찾은 관람객들은 곳곳에 비치된 설문지에 자신의 의견을 제출할 수 있었다. 이는 그사이 억눌렸던 분노의 배출구 역할을 하는 동시에 독재 이후 시민들의 예술적 취향을 평가하는 데 도움이 되었다. 그런데 결과를 받아든 주최 측은 우려를 금치 못했다. 현대 작품이 너무 많이 전시되었다는 이유로 드레스덴 미술전을 비판하는 방문객이 65퍼센트를 넘은 것이다. 전통적인 작품일수록 반응이 좋았다. 그런데 외국인 방문객은 정반대였다. 현대 미술에 대한 그들의 호감도는 82퍼센트에 달했다.[12] 반면에 독일 관람객들은 현대 작품에 거부감과 비웃음을 보였다. 특히 젊은이들은 시큰둥하게 반응하거나 심지어 격분하기까지 했다. 일각에서는 이런 작품을 다시 근절시키거나 강제수용소로 보내야 한다는 주장까지 나왔다. 아우크스부르크 '급진 회화전'에서는 에리히 캐스트너가 "길들여진 젊은 야만인들"의 "예술적 문맹" 상태를 우려하는 글을 쓰면서 앞으로 효과적인 예술 교육을 실시해야 한다고 촉구할 정도로 욕설이 난무했다.[13]

예술 교육은 상당 부분 언론이 맡았다. 혼란스러워하는 관객을 위해 많은 신문에 동시대의 예술 경향에 대한 설명이 잇따라 실렸다. 거부 반응만 있었던 것은 아니었다. 자신들이 12년 동안 국제 문화와 단절되었다고 느끼면서 이제 새로운 연결점을 찾으려는 독일인도 많았다. 당시 독일 사회에는 현대미술에 대한 못마땅한 거부감 외에 새로운 것을 알고자 하는 욕구와 문화에 대한 진지한 관심도 팽배했다. 마음에 들지 않더라도 어깨를 으쓱하며 무엇이든 허용하는 오늘날의 시각에서 보면 낯선 분위기다. 1947년 화보 잡지《여성》은 이런 질문을 던졌다. "예술 작품은 자연스러워야 할까?" 잡지는 피카소의 입체파 여성 초상화 가운데 한 점을 보여주며 다음과 같이 설명했다.

> 한 여자의 두 얼굴에 대해 말하는 것은 지극히 자연스럽다. 이런 표현은 누구나 비유적으로 받아들인다. 그런데 화가가 그런 비유를 그림으로 표현하면 문외한들은 깜짝 놀란다.[14]

미술사가 오토 슈텔처Otto Stelzer도 1946년 세련된 라이프 스타일을 표방하는 잡지《관점Der Standpunkt》에서 표현주의 예술에 대해 이렇게 설명했다. 표현주의가 우리를 행복하게 해줄 유일한 예술 방식이라고 여겨서도 안 되지만, 국가사회주의의 주장처럼 타락한 예술이 아니라는 점도 분명하다.

> 실제로 타락한 건 전혀 다른 것, 즉 예술을 바라보는 대중의 태도다.[15]

슈텔처는 비난과 오만함의 태도가 아니라 비통함과 우려스러움의 감정으로 이 글을 쓴다고 했다.

당시 문화계에서는 대중의 미적 성향이 이래도 좋고 저래도 좋은 일이 아니었다. 대중의 폭넓은 예술 이해에 대한 문화 종사자들의 경고는 국가사회주의가 대중의 미적 판단에 부여한 중요성과 관련이 있었다. '동의 독재'•[16]의 중요한 기둥은 대중의 미적 취향이 제3제국의 미적 영역을 결정한다는 감정을 대중에게 주는 데 있었다. 대중과 엘리트가 문화적으로 대등하다는, 나치 언론들이 조장한 이 사상은 민족국가 구축에 필수적인 요소였다.

대중이 예술의 방향을 결정한다는, 이 교묘하게 연출된 논리는 전쟁 뒤에도 문화계에 아직 뚜렷이 남아 있었다. 회화는 투자자들을 위한 사치스러운 놀이터가 아니라 사회적·정치적 갈등과 목표 설정을 위해 반드시 필요한 경연장이어야 했다. 전시회 주최자들은 설문지를 통해 대중이 지금 어떤 미적 취향을 갖고 있는지, 그리고 전시장에서 욕설과 난동으로 '정신병적 쓰레기'에 마음껏 혐오감을 표출한 사람들이 실제로 대중을 얼마나 대표하는지를 신중히 탐색해야 했다. 그렇다면 이 난동 사태는 다수 독일인이 여전히 몰락한 나치 체제에 깊은 호감을 품고 있다는 사실을 증명하는 것일까?

미군 소령 한스 하베는 1945년《노이에 차이퉁》에 난동을 부린 사람들이 결코 골수 나치가 아니라고 썼다. 그들이 소동을 피운 건 단순히 "소동을 피울 수 있었기 때문이다. 그들은 자신의 기쁨과 불만을 서슴없이 표출할 수 있는 것이 민주주의라고 생각한다. 하지만 민주주의의 본질은 거기에 있지 않다. 오히려 타인의 성취나 취향을 존중하고, 타인의 마음을 건드린 것이 무엇인지 이해하려고 노력하는 데 그 본질이 있다. (…) 그들은 우선 민주주의에선 나쁜 것이 자연스러운 탈락 과정을 통해 사라진다는 사실을 배워야 한다. 관의 지시 없이도, 야유의 휘파람 없이도".[17]

• 이 말은 사실 모순적이다. 독재는 대중의 동의가 아니라 강요에서 생겨나기 때문이다. 다만 당시 독일 대중은 히틀러가 자신들에게 도움이 되는 일을 하고 있다고 믿었기에 독재를 용인하고 받아들였다. 그런 점에서 히틀러 독재는 국민의 동의에 기반한 독재라고 할 수 있다.

문화 논쟁에서 이런 느긋한 태도는 일단 밖에서부터 이식되어야 했다. 왜냐하면 현대미술을 옹호하는 사람들도 비방하는 사람들만큼이나 바락바락 악을 썼기 때문이다. 가령 1945년 8월 9일 베를린 게르트 로젠 갤러리 개막식에서 미술사가 에트빈 레츨로프Edwin Redslob는 이렇게 단언했다. 현대 회화를 통해서만 "우리 민족이 나아갈 길에 빛"[18]이 비칠 것이다!

그러나 다행히도 독일 민족은 무척 상이한 방향으로 나아갔다. 대다수는 여전히 몰취미한 소파 위에 사슴뿔을 걸었다. 알렌스바흐 연구소의 설문 조사에 따르면 1956년까지도 독일인의 3분의 2가 '풍경을 그린 진짜 유화'를 선호했고, 그다음이 종교적 모티브를 다룬 회화였다. 그러다 서서히 슬픈 어릿광대 그림이 거실에 등장했고, 뒤이어 현대미술의 고전이라고 할 수 있는 표현주의 청기사파의 그림도 복제본 형태로 망설이듯이 거실에 걸렸다. 응답자 중에서 추상미술에 호감을 느끼는 사람은 3퍼센트뿐이었다.[19]

하지만 서쪽의 전후 시대 미술은 당시 화가들이 캔버스에 경쾌한 추상화 말고 다른 건 전혀 그리지 않는 것 같은 느낌이 들 만큼 곧 하인츠 트뢰케스, 빌리 바우마이스터, 프리츠 빈터Fritz Winter, 에밀 슈마허Emil Schumacher 같은 화가들의 작품으로 뒤덮였다. 이로써 추상미술은 많은 반대자들이 새로운 '국가 미술'이라고 비난할 정도로 서독의 주도적인 문화가 되었다. 심지어 구상 화가 카를 호퍼는 대중 매체를 휘어잡은 추상미술의 부상을 보며 깊은 실망감을 느꼈다. 우울하고 비영웅적인 사실주의 화풍 때문에 추상화가들과 마찬가지로 나치 정권에서 배척당한 인물이었다. 그는 씁쓰레한 심정으로 베를린 일간지 《타게스슈피겔》에 이렇게 썼다.

막무가내로 그림을 쏟아내는 작가들 때문에 균형이 망가지고 있다. 관구장과 친위대가 활개 치던 나치 국가를 닮아가는 이런 상황이 퍽 우려스럽다.

표현주의자 오스카르 코코슈카Oskar Kokoschka도 자신이 변방으로 밀려나고 있다고 느꼈고, 전시회 주최자 베르너 하프트만Werner Haftmann과 예술 평론가 빌 그로만을 추상미술 성공의 막후 조종자로 지목하면서 울분을 토했다.

비구상파는 가까운 미래에 괴벨스 대신 헤르만 하프트만이나 그로만이 이끄는 제국 문화부를 창설할 계획을 세우고 있다.[20]

구상 화가들은 경쟁자들의 빈번한 언론 노출에 질투심을 느꼈을 게 분명했다. 특히 사진을 잘 받는 사람은 빌리 바우마이스터였다. 그는 1947년 《슈피겔》 표지에 등장했다. 뷔르템베르크 국립극장의 발레 공연을 위해 그가 직접 그린 거대한 무대 세트에서 주머니에 손을 넣은 채 다리를 벌리고 선 모습을 위에서 찍은 사진이었다. 세련된 상형문자, 동굴 벽화에서 방금 튀어나온 것 같은 존재들, 빠른 터치로 그린 그림문자, 날개 모양의 캘리그래피가 그의 발아래에 떠 있는 듯했다. 이 화가는 자신을 기호의 대가로 소개했고, 비평가들에게 자신은 창조물을 그리는 것이 아니라 자신이 곧 창조주라고 자신 있게 대답하곤 했다.

표지에 실리는 영예를 안은 지 2년 후 바우마이스터는 60번째 생일에 《슈피겔》에서 한 면 전체를 할애받아 자신의 예술을 설명했다. 그것도 바우마이스터 스타일이라고 할, 소문자로만 이루어진 글로 말이다. 그는 심지어 마침표를 찍고 새 문장을 쓸 때도 소문자로 시작했다. 그럼에도《슈피겔》은 독서 흐름을 방해하는 이 글쓰기 방식을 군말 없이 받아들였을 뿐 아니라 텍스트를 특별한 장식의 박스에 싣기까지 했다. 콘라트 아데나워 총리도 꿈꾸지 못할 대접이었다.

바우마이스터는 외가 쪽으로 5대에 걸쳐 장식 화가로 활동한 집안 출신으로 자신도 대학에서 미술을 전공하기 전에 장식 쪽 교육을 받았다. 1933년 히틀러가 집권한 직후에는 슈투트가르트 미대 교수직에서 해고되어 작품 전시까지 금지당했으며, 이어 다른 전위 작가들처럼 부퍼탈의 예술 애호가이자 기업가인 쿠르트 헤르베르트의 페인트 공장에서 일했다. 공식적으로는 새로운 군사용 위장 페인트를 개발하고 기술 안내서를 쓰고 벽장식 일을 했지만, 그런 가운데에도 여러 아틀리에를 전전하며 부단히 그림을 그렸다. 그림을 봐줄 사람이 있는 것도 아닌데 말이다. 그는 대담한 색채와 급진적 형태들의 균형 속에서 1945년 이후 그를 유명하게 만들 요소가 모두 담긴 비구상적 회화에 매진했다. 거기다 기호 같은 상형문자 스타일의 형식 언어로 실험에 실험을 거듭했고,《미지의 예술Das Unbekannte in der Kunst》이라는 책을 통해 그런 형식 언어의 이론적 토대를 세웠다. 1944년에 완성된 원고는 1947년에 출간되었다.

완전히 고립된 상태에서의 중단 없는 창작 덕분에 바우마이스터는 전쟁 직후 많은 작품을 곧바로 시장에 선보일 수 있었다. 그가 곧 신생 공화국의 시각적 자아상으로 정의될 예술, 즉 서정적 추상미술, 타시즘• 또는 앵포르멜Informel이라고 불린 예술 운동의 선두에 서게 된 것도 그 덕이었다. 이 예술은 다른 서방 국가에서 비슷한 생각을 가진 사람들이 만든 거칠고 당혹스러운 창작물보다 더 조화롭고 편안했다. 또한 독일 추상미술은 여기저기서 불러일으킨 온갖 떠들썩한 비방에도 불구하고 아름다움, 심지어 장식에 대한 확고한 의지가 돋보였다. 모두가 이 미술을 좋아한 것은 아니지만, 장식품으로서의 잠재력은 충분했다. 미술사를 용감한 영웅과 비겁한 변절자 사이의 전진하는 싸움으로 보기 좋아하는 비평가들은 나중에 독일 전후 모더니즘의 안일한 안주를 질책했다. 그들은 장식적인 특성에 반대하면서 독일 추상미술을 '길들여진 아방가르드', '값비싼 공예품', 정치적 성격을 상실한 조화 중독이라고 표현했다.[21] 그러나 전후 예술이 처음엔 무척 회의적인 반응을 보였던 관객을 사로잡을 수 있었던 것은 그런 장식적 잠재력 때문이었다.

전후 미술에서 가장 많이 복제된 작품 가운데 하나가 바우마이스터의 '몬투리Monturi' 연작이다. 이 그림들을 지배하는 건 대개 부유하는 검은 표면과 캔버스 위에서 기이한 무중력 상태를 고수하는 것 같은 한 거대한 무기질 얼룩이다. 그런데 이 얼룩은 아무리 기괴해 보여도 그 자체로 뭔가 미완성의 성격을 품고 있다. 마치 둥근 형태가 될지 모난 형태가 될지 결정할 수 없다는 듯 말이다. 얼룩은 여기저기 가장자리 올이 조금씩 풀리고, 다른 유색 구성물들과 함

• Tachism, '얼룩', '자국'이라는 뜻의 프랑스어 '타슈(tache)'에서 유래한 말로 기하학적 추상을 거부하고 미술가의 즉흥적 행위와 격정적 표현을 중시한 전후 유럽의 추상미술.

께 마치 위성처럼 검은 얼룩을 둘러싸고 있는 분리된 요소들을 서서히 상실한다. 종종 '형태의 장신구'라 불리는 이 구성물들도 마찬가지로 둥둥 떠 있는 듯하다. 모든 것이 부드럽게 잡아당기고 밀쳐내면서, 언제든 깨질 수 있는 명랑한 미적 균형을 이룬다.

바우마이스터의 그림은 혼돈과 화해한다. 거기서는 뿌리를 잃은 대상들이 서로 깜짝 놀랄 만큼 조화롭게 어우러지는 상태로 가는 길을 찾는다. 새로운 곳에서 고향을 찾은 실향민들에 대한 비유다. 따라서 누군가는 그림 속에서 신생 공화국의 활력을 느끼고, 누군가는 자신도 곧 그 안에서 자그마한 자리를 찾을 수 있을 거라고 확신한다. 1975년부터 1997년까지 베를린 국립미술관 관장을 지낸 디터 호니시Dieter Honisch는 나중에 '몬투리' 연작을 마치 루트비히 에르하르트의 사회적 시장경제처럼 설명했다.

> 그림을 구성하는 각 부분의 끊임없는 주고받음을 통해 형식적으로건 내용적으로건 하나의 연대 공동체가 생겨난다. 각자가 타인의 비용으로 살아가면서도 타인을 위해 일하는 공동체다.[22]

이는 소수의 그림 언어였지만, 이제 그 소수가 미술계의 분위기를 주도했다. 언론에 나오는 고위급 인사의 사무실치고 벽에 추상화가 걸려 있지 않은 경우가 없었다. 그건 세련된 사람들을 위한 세련된 예술이었다. 카셀에서 개최된 국제 현대미술전인 '도쿠멘타Documenta'에서는 자신이 관람한 그림과 똑같은 무늬의 옷을 입은 여성 방문객들을 볼 수 있었다. 미술계는 이제 누가 어떤 미술품을 구입하는지 좀 더 정확히 알고 싶어 했다. 그래서 신생 알렌스바흐 연구소에 설문 조사를 의뢰했다. 결과는 선명했다. 바우마이스터를 비롯해 타시즘적 아방가르드 화가의 작품은 기업가, 전기 기술자, 경영자처럼 미래 지향적인 계층이 주로 구입했고, 반면에 은행장, 교수, 변호사처럼 고전적인 교양층은 온건한 모더니즘, 즉 표현주의와 인상주의 작품을 구입했다.[23] 얼마 지나지 않아 폭넓은 대중과 엘리트층이 미적 취향 면에서 각자 다른 길을 간 것은 신생 공화국의 자아상에도 맞는 일이었다. 예술은 대중의 동의에서 해방되었고, 반대로 대중 역시 공화국의 외형적 특징에서 자기 모습을 재확인해야 한다는 심리적 강요에서 벗어났다.

동독 미술은 완전히 다른 양상으로 전개되었다. 1946년 드레스덴 미술전에서 나타난 인상적인 양식적 다원주의는 곧 막을 내렸다. 동독 예술가들에게는 '모더니즘'과 '데카당스', '형식주의' 스타일에서 벗어나라는 압력이 점점 거세졌다. 인간다운 사회를 만드는 거대 프로젝트에 동참하려는 예술가는 대중에게 좀 더 쉽게 다가가고 더 쉽게 이해되는 형식을 사용해야 한다는 것이다. 소련 군정의 문화국장 알렉산더 리보비치 딤시츠Alexander Lwowitsch Dymschitz는 11월 19일, 서독의 《노이에 차이퉁》에 상응하는 동독의 《태글리헤 룬트샤우Tägliche Rundschau》에 사회주의 리얼리즘의 주요 원칙을 발표했다. 이 글은 '독일 회화의 형식주의적 방향'에 관한 에세이였다. 문예학자이자 예술가면서 붉은 군대의 정훈 장교이기도 했던 딤시츠는 현대미술의 정신적 공허함을 비판했다. 현대미술은 "고통의 속물적인 미화"와 "혐오스럽고 불쾌한 것의 퇴폐적 미학화"에 지나지 않는다. 그건 불쌍한 피카소가 어떻게 변했는지만 봐도 알 수 있다.

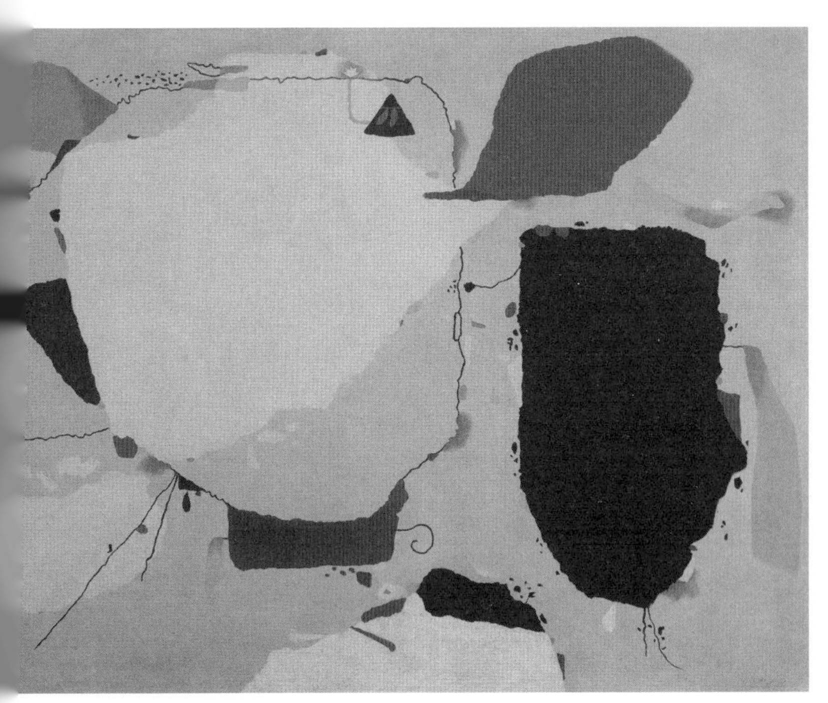

빌리 바우마이스터의 〈빨강과 파랑이 있는 몬투리〉(1953). 누군가는 이 그림을 보면서 신생 공화국의 활력을 느낄 수 있었다. 뿌리를 잃은 대상들이 서로 깜짝 놀랄 만큼 조화롭게 어우러진 길을 찾고 있다.

한때 인민의 편에 서서 당파적으로 싸웠던, 그렇게 전도유망한 예술가가 불행을 우상화하는, 병들고 부자연스러운 회화로 잘못 빠져들었다는 것이다.

대신 딤시츠가 제시한 것은 막심 고리키의 이상에 기초한 회화였다. 그러니까 "고통의 극복에서, 그리고 삶과 죽음의 두려움을 이겨낸 인간에서" 목표를 찾는 회화가 나와야 한다는 것이다.[24] 추상미술의 자기 참조적 실험들에 대한 그의 비판은 퍽 매혹적으로 표현되었다. 왜냐하면 완결되지 않은 휴머니즘 프로젝트에 동참함으로써 역사와 인민, 당으로부터 감사 인사를 받을 수 있는 가능성을 예술가들에게 제공했기 때문이다. 딤시츠의 에세이는 전체 독일 미술계에 대한 해박한 지식을 드러냈다는 점에서 퍽 인상적이었다. 이 글은 곧 전 소련 점령지의 재교육 과정에 편성되었고, 그 뒤 사회주의 리얼리즘 원칙으로 서서히 굳어졌다.

이로써 예술 영역에서도 냉전의 전선이 형성되었다. 동쪽과 서쪽의 독일인들이 점점 더 멀어질수록 추상미술은 서독에서 주도권을 잡기가 한결 쉬워졌다. 동독의 구상미술 원칙이 분명해질수록 추상미술 역시 정치 체제의 미학적 대안으로 스스로를 자리매김하고, 서독의 대표적 예술 양식으로 올라서는 것이 한층 수월해졌다는 말이다. 자유의 예술로 이해되는 추상미술은 신앙고백과 같은 카리스마를 얻었고, 이 카리스마는 정치와 분명히 선을 그을 때 더욱 설득력 있게 발산되었다. 추상미술은 존재의 유희적 축제를 묘사했고, 커다란 캔버스 위에 자유롭게 분출된 순수 생명 에너지를 구현했다. 또한 물감을 주걱으로 펴서 바르거나, 방울방울 떨어뜨리거나, 표면에 두꺼운 덧칠을 함으로써 재료를 과도하게 사용하는 사치의 구현이기도 했다. 사치는 더 높은 형태의 풍요를 부르짖는 동시에 오랫동안 전후 시대의 내적 강박으로 남아 있던 근검절약의 속박에서 벗어나게 해주는 갈망이었다.

미국의 심리전 전략가들은 예술이 민주주의 촉진에 매우 유익할 수 있다는 사실을 빠르게 인식했고, 러시아인들과 마찬가지로 회화가 전후 국가 건설에 얼마나 중요한지 깨달았다. 하지만 소련에 비하면 예술을 적절한 방향으로 유도하는 데 큰 어려움을 겪었다. 미국인들은 추상미술이 상상력의 탈나치화에 좋은 미적 프로그램일 뿐 아니라 소련에 대항하고 서독에 독자적인 미적 정체성을 확립하는 데 더더욱 적합한 수단이라고 생각했다. 미국 정보 요원 도널드 제임슨Donald Jameson은 이렇게 말했다. 미국인들은 추상미술의 도움으로 "사회주의 리얼리즘을 실제보다 훨씬 더 양식화되고 경직되고 편협한 것으로 비치게 하는 데 성공했다."[25] 따라서 그들은 추상미술을 힘껏 장려했다. 예를 들어 젊은 화가들에게 보조금을 지급하고 전시회 자금을 지원하고 그들의 작품을 다량으로 구매했다. 이 과정에서 민간단체와 정부 후원 기관이 손을 잡았다. 또한 많은 고위급 장교들이 미술품을 구입하고, 예술가들을 다양한 후원 단체와 연결시켜 주었다. 모든 예술가에게 가장 큰 축복은 예를 들면 뉴욕 구겐하임 재단의 독일계 미국인 힐라 폰 리베이Hilla von Rebay 이사장과의 친분이었다. 그는 독일 미술계를 훤히 알고 있을 뿐 아니라 예술가와 화랑 주인들에게 각종 지원을 아끼지 않았다.

미국인들이 독일에서 처음으로 품에 넣고 양성한 화가는 게르트 로젠 갤러리를 중심으로 활동한, 베를린 몽상가 그룹의 유로 쿠비체크였다. 1906년 독일과 헝가리, 체코계가 뒤섞인 가정에서 태어난 쿠비체크는 베르트하임에서 쇼윈도 장식가로 시작해서 1942년 동부전선으로 차출되기 전까지 광고 전문가와 전시 기획자로 일했다. 그러다 전쟁이 끝나자 게르트 로젠 갤러리에서 프랑스 화가 아메데 오장팡Amédée Ozenfant의 순수주의에 강한 영향을 받은 평면 추상의 풍경화를 전시했다. 1947년 12월에는 미 전쟁부와 국무부의 지원으로 켄터키주 루이빌대학에서 1년 반 동안 머물며 일반 교양 과목으로 학생들에게 미술을 가르쳤다. 그런데 그가 대학에 머문

본래 의도는 스스로에 대한 교육이었고, 이는 성공을 거두었다. 그 뒤 쿠비체크는 루이빌의 청교도적 여성 클럽이 자신의 유화 〈거대한 검정Die große Schwarze〉에 격렬한 반감을 드러내자 미국식 관용의 한계를 느끼고 1949년 여름 베를린으로 돌아갔다. 물론 여전히 확고한 미국 신봉자인 것은 바뀌지 않았다. 이때부터 그에게는 뉴욕에서 알게 된 액션 페인팅의 선구자 잭슨 폴록의 영향이 뚜렷이 나타났다.

미국에서 쿠비체크의 회화는 구상적 모델에서 완전히 벗어났다. 이제는 나체와 풍경, 나무를 경쾌한 추상의 형태로 계속 해체하면서 실제 세계의 기준점을 완전히 포기했다. 그는 끝없이 뚝뚝 떨어지는 물감 선으로 당시 추상미술이 무엇보다 기대했던 은하계 같은 질감을 만들어냈다. 그로써 모든 것이 둥둥 떠 있는 느낌이었다. 점과 선이 인쇄된 표면은 그 안에서 그림 공간으로 미끄러지는 섬세하고 투명한 몸체를 만들어냈다. 폴록의 영향은 무시할 수 없었지만 압도적이지는 않았다. 이로써 폴록에게서 영향을 받으면 결국엔 폴록과 똑같이 그리게 된다는 테제에서 벗어나는 데 성공했다.[26] 서독의 앵포르멜 양식과 마찬가지로 쿠비체크도 장식적 편안함에 계속 관심을 가졌다. 폴록의 색상이 캔버스에 내동댕이쳐진 것 같은 느낌을 발산하고, 보는 사람의 망막을 거칠게 자극하면서 기존의 선량한 미적 취향을 도발하는 반면에 쿠비체크의 조화롭게 소용돌이치는 선은 낯설고 이해하기는 어렵지만 결국엔 잘 정돈된 세계를 보여주고 있다는 감정을 자아냈다.

빌리 바우마이스터나 하인츠 트뢰케스의 상징적 이미지처럼 쿠비체크의 그림도 자신감 넘치는 균형 잡힌 분위기를 연출했다. 미국인들의 입장에서 이 화가에 대한 투자는 꽤 보람찼다. 쿠비체크는 자신의 예술 신념을 확대 재생산하는 데 적극적이었기 때문이다. 고국으로 돌아온 그는 새로 설립된 '베를린 아메리카 하우스' 내에서 응용 미술 스튜디오를 운영했고, 여기서 미술과 상업 그래픽, 섬유 디자인, 가구 디자인, 보석 디자인을 무료로 가르쳤다. 바우하우스를 모델로 삼은, 예술과 공예의 이 결합은 상당히 성공적이었다. 심지어 쿠비체크의 학생들은 그사이 급성장한 장식 산업계에 일부 디자인을 판매하기도 했다. 아메리카 하우스 측은 최근 디자인 경향을 구현한 응용 미술 스튜디오의 최신작을 거리에서도 보이도록 유리 케이스에 넣어 진열했다. 이런 식으로 쿠비체크는 우연히 지나가는 사람들의 미적 취향을 높이는 수업도 진행했다.

쿠비체크의 활동은 미국 재교육 전략의 모범 사례였다. 폴록의 천재성에서부터 아메리카 하우스에서 자유롭게 그림을 그리는 베를린의 아이들로 이어지는 교육적 효과가 뚜렷이 나타났다. 그런데 여기서 하필 폴록이 축복 넘치는 지도자 역할을 맡은 것은 단순한 우연 이상의 의미를 담고 있었다. '잭 더 드리퍼Jack the Dripper'라고도 불리는 폴록은 물감을 뚝뚝 떨어뜨리는 방식으로 제작한 거대하고 인상적인 그림들로 미국의 가장 좋은 측면을 구현하는 인물로 비쳤다. 곧 탄생할 그에 관한 신화가 보여주듯 폴록은 와이오밍에서 자란 진정한 카우보이이자, 동부 해안의 지적인 유럽인의 후손이 아닌 야성의 개척자 정신을 지닌 미국의 오리지널 자식이었다. 그의 드립 페인팅은 거대한 화산 폭발의 잔해처럼 보였고, 그 여파는 베네치아와 뮌헨, 카셀의 전시실에서도 유럽인들에게 미국의 쓰러지지 않는 생명력을 인상적으로 전달하는 듯했다. 아무튼 미국의 영향력 있는 몇몇 외무 담당 정치인은 그런 뚜렷한 목표 의식을 갖고 국제 전시회에 적극 개입했다.

미국 미술은 폴록으로 대변되는 추상 표현주의와 함께 파리의 거대한 그림자에서 벗어나 국제 미술 시장에서 자기만의 독특한 입지를 다졌다. 폴록, 로버트 머더웰, 마크 로스코, 바넷 뉴먼이 유럽에서 일으킨 큰 반향과 함께 미국은 문화가 없는 나라라는 기존의 고정관념에 강력히 맞설 수 있었다. 이런 분위기에서 미 당국도 방관만 하지 않고 미술 영역에서 선도적인 역할을 맡으려고 적극 나섰다. 이렇게 해서 역설적인 상황이 벌어졌다.

이게 예술이라면 나는 미개인입니다.

이건 1947년 트루먼 대통령이 뉴욕 현대미술관에서 했던 말인데, 당시 관객들은 우레와 같은 박수갈채로 호응했다. 그러나 냉전 전략가들의 시선은 달랐다. 그들은 세계 무대에서 미국을 효과적으로 선전하는 최선의 수단으로 다름 아닌 미술을 지목했다. 의회가 이 미술품들을 수출하는 데 필요한 자금을 승인하지 않을 게 확실했기 때문에 미 CIA는 추상 표현주의를 통한 선전 전략을 비밀 작전으로 수행했다. 이렇게 해서 미 의회에서 신을 모독하는 엉터리 화가로 조롱받은 예술가들이 미 대외 정책의 심리전 담당자들에 의해 미학적 전선에 투입되는 결과가 생겨났다. 로스코, 폴록, 머더웰은 비록 스스로는 고향이 없는 급진주의자와 고독한 개인주의자로 이해했을지 몰라도 해외에서는 의도된 전시 전략을 통해 미국의 이상적인 대표자가 되어야 했다.

CIA는 역설적인 이 임무를 흔쾌히 받아들였다. 원래 역설적인 상황을 좋아하는 것이 정보기관의 속성이기 때문이다. 아무튼 '국제 조직부'라는 아무 의미 없는 이름 아래 예술과 문화로 냉전을 수행하는 비밀 부서를 이끈 사람은 정보부 요원 토머스 브레이든Thomas Braden이었다. 그는 "양지에서 개방을 촉진하려면 우리는 음지에서 움직여야 한다"[27]라는 슬로건하에 두 강대국이 나머지 세계의 호의를 얻기 위한 싸움에 예술적 아방가르드를 투입하는 일을 착수했다. CIA 요원들은 미술품 판매상으로 위장해 미국 표현주의의 최고 작품들을 각종 전시회 투어와 비엔날레, 임대 전시회에 보냈다. 이 작전은 가끔 뉴욕 현대미술관이 텅텅 빌 정도로 큰 성공을 거두었다.

이 과정에서 토머스 브레이든과 마이클 조셀슨, 그리고 다른 많은 CIA 문화 요원[28]은 민간단체와 국가기관의 긴밀한 네트워크 속에서 일했다. 그러다 보니 나중에는 비밀 작전이 어디서 끝났고, 외교부의 통상적 문화 정책은 어디서부터 시작되었는지 명확히 구분하기가 어려워졌다. 문화 분야에서 CIA의 가장 효과적인 위장 조직은 '문화적 자유를 위한 회의'(줄여서 '문화자유회의')였다. 언론인이자 반공산주의자인 멜빈 래스키Melvin J. Lasky와 소설가 아서 쾨슬러Arthur Koestler의 주도로 모든 종류의 전체주의에 반대하는 선언문을 선포하기 위해 전 세계 지식인들이 1950년 6월 26에서 30일까지 베를린 티타니아궁에 모였다. 지금까지는 소련이 '평화'의 개념을 선점한 상태였다. 흰 비둘기의 상징 아래 전 세계 '평화의 게릴라들'이 소련의 주도로 모여, 당시 미국만 보유하고 있던 핵무기 금지를 부르짖은 것이다. 소련의 이런 성공적인 선전전에 맞서 문화 자유를 위한 이 국제회의는 새로 연출된 '자유'의 개념을 제시할 예정이었다.

이 국제회의는 스탈린주의를 포기한 전 공산주의자들이 주도했는데, 그중에는 제임스 버넘, 아서 쾨슬러, 이냐치오 실로네, 리하르트 뢰벤탈, 마네스 슈페르버, 프란츠 보르케나우Franz Borkenau가 있었다. 그 밖에 휴 트레버-로퍼(《히틀러의 마지막 날들Hitlers letzte Tage》 저자) 같은 영악한 역사가나 미 정보부가 운영하는 '방송국 1212'에 있다가 나중에 한스 하베와 함께 바트 나우하임에서 미국의 언론 설립 작업에 동참한 골로 만(토마스 만의 아들)도 포함되어 있었다.

문화자유회의의 많은 활동가 중에는 유명한 러시아 작가 블라디미르 나보코프의 사촌인 작곡가 니콜라스 나보코프Nicolas Nabokov도 있었다. 그는 1933년 해외로 이주할 때까지 베를린에 살았고, 나중에 미군 심리전단 일원으로 독일에 돌아왔다. 심문 전문가였던 그는 지휘자 빌헬름 푸르트뱅글러의 비교적 빠른 석방에 큰 역할을 하기도 했다. 이후 1964년부터 1967년까지는 '베를린 페스티벌'을 이끌었다. 이 페스티벌은 1950년에 이미 폴록, 머더웰, 로스코 등 미국 화가들의 전시회를 개최했다. 그렇다면 문화자유회의의 그래픽 디자인 책임자는 누구였을까? 바로 유로 쿠비체크였다.[29] 전후 CIA의 문화적 개입은 음모론자들에겐 먹잇감이 끝없이 쏟아져 나오는 마법의 식탁이었다. 누구보다 이 문제를 깊이 파고든 저널리스트 프랜시스 스토너 손더스Frances Stonor Saunders는 심지어 이렇게까지 주장했다.

> 전후 유럽에서 어떤 식으로건 이 비밀 프로젝트에 연결되지 않은 작가와 시인, 예술가, 역사가, 자연과학자, 비평가는 별로 없었다.

CIA는 문화자유회의를 네트워크를 갖춘 영구 기관으로 만들기로 결정했다. 파리에 본부를 두고 많은 나라에 지부를 설치한 이 조직 내의 하부 기관들은 유럽 내 자본주의 비판 세력이 러시아의 영향하에 들어가지 않도록 힘썼다. 특히 스탈린주의에 단호하게 반대하는 좌파 지식인들에게는 집중 지원이 이루어졌다. 하지만 이들이 자발적으로는 CIA의 돈을 받지 않을 것이기 때문에 지원금은 출판사나 재단 같은 위장 단체들을 통해 우회적으로 제공되었다. 게다가 그들이 설령 돈을 받는다고 해도 그런 식의 공개 지원은 예술가와 지식인의 공신력을 떨어뜨려 정보기관의 원래 목적에 맞지 않는 존재로 만들어버릴 것이다. 이렇게 해서 많은 사람이 자신도 모르게 CIA의 혜택을 받았다. 가령 하인리히 뵐도 그중 한 명인데, 그의 비밀 접촉자는 '키펜호이어 앤드 비치' 출판사의 '요제프 카스파르 비치Joseph Caspar Witsch'라는 인물이었다. 문화자유회의의 쾰른 지부장이었다.[30]

CIA는 문화자유회의를 통해 상당수의 일류 지성 잡지를 지원했다. 그중 하나가 1948년 멜빈 래스키가 창간한 《데어 모나트Der Monat》인데, 이 잡지에는 테오도르 아도르노, 한나 아렌트, 솔 벨로, 아서 쾨슬러, 토마스 만 같은 유명인들의 글이 실렸다. 정보기관은 이냐치오 실로네가 창간한 월간지 《템포 프레센테Tempo presente》와 프랑수아 봉디가 이끈 월간 평론지 《프뢰브Preuves》에도 자금을 지원했다. 또한 조지 오웰의 《동물 농장》 번역비를 대신 지불하고 이 소설의 영화 제작도 후원했다. 그 밖에 수많은 전시회를 통해 독일에 추상미술의 확산을 장려했는데, 그 바람에 1959년 카셀에서 열린 '도쿠멘타Ⅱ' 미술 전시회장에는 거의 비구상적인 미술 작품만 가득했다.

키드니 테이블이 바꾼 생각들

전후 추상미술의 승리를 설명하려면 마지막 요소, 아니 어쩌면 가장 중요한 요소를 빼먹어선 안 된다. 전위 미술이 산업 디자인과 그때처럼 밀착했던 적은 일찍이 없었다. 많은 사람이 액자에 담긴 추상 미술에 반감을 표출했음에도 그게 커튼 천 같은 일상적 소품을 통해 그들의 집에 발을 들여놓은 지는 이미 오래되었다. 서정적 추상화는 뒷문을 통해 거실과 심지어 옷장 안까지 침투했다. 장식용 천과 벽지는 얼마 안 가 시대의 한 단면을 보여주는 듯했다. 빌리 바우마이스터와 유로 쿠비체크는 파우자 직물회사의 커튼을 디자인했고, 프리츠 빈터는 괴핑거 플라스틱 회사의 테이블보를, 하인츠 트뢰케스는 카펫을, 한 트리어Hann Trier와 한스 하르퉁은 장식용 천을 디자인했다.

몇 가지 디자인은 제작하기가 어려웠다. 화가들이 천 제작 기술에 대해 아는 것이 별로 없었기 때문이다. 그러다 보니 천과 디자인의 섬세한 관계를 고려하지 않고 제한된 천에 제대로 인쇄할 수 없는 무한 반복 패턴이나 연속된 이미지가 만들어지기도 했다. 그런 면에서는 추상미술의 형식 언어를 직물 도안에 적용한 마르그레트 힐데브란트Margret Hildebrand나 테아 에른스트Thea Ernst 같은 진짜 섬유 디자이너들이 더 성공적이었다. 아무튼 이런 무늬가 일반 거실에 항상 잘 어울리는 것은 아니었다. 강렬한 색상의 큰 무늬들이 효과를 발휘하려면 서로 일정한 거리가 필요하고 차분한 평면으로 둘러싸여 있어야 하는데, 그만큼의 공간을 가진 거실은 현대식 빌라의 큰 방들 말고는 별로 없었기 때문이다. 그럼에도 수많은 사람이 자신들의 작은 집에 어지러운 무늬가 들어간 벽지를 붙였고, 이는 밀실공포증 같은 혼돈스러운 분위기를 자아냈다.

전반적으로 사람들이 집을 새로운 스타일로 완전히 바꿀 경제적 여유가 없었다는 것이 그나마 다행이었다. 그런 까닭에 전위 미술 디자인은 일단 작은 물건의 형태로 집에 들어왔다. 새롭게 집을 꾸미려는 열정은 꽃병과 화분대, 그릇, 거실 테이블에서 가장 강렬하게 분출되었고, 집 안의 소도구는 눈에 띄는 소형 조각품이 되었다. 대칭을 이루는 것 말고는 모든 것이 가능했다. 곳곳에 둥글고, 불룩하고, 구부러지고, 비스듬한 것들이 놓였고, 형태도 곡선형, 사발형, 달걀형, 격자형 등 다양했다. "공간에 긴장감을 주는 속박된 운동에너지"[31]가 표출되어야 했다. 또한 생물형태주의의 진군도 눈에 띄었다. 꽃병은 자루가 길고, 꽃 모양이고, 백조의 목과 비슷하고, 유기적이었다. 이 시기의 상징은 키드니 테이블이었다. 물론 다음 세대에는 바로 혐오의 대상이 되었지만.[32]

콩팥 모양의 낮은 키드니 테이블은 탈나치화된 삶의 장식적 상징이었다. 삼각형으로 다리를 넓게 벌린 채 비대칭적이고 허약하고 경박한 형태로 가냘프게 서 있는 모습은 육중하고 단단한 나치 총리실 스타일의 정반대를 구현하고 있었다. 게다가 여린 청동 신발을 신고, 금빛 테두리 띠를 두르고, 가끔은 지중해식 모자이크 무늬까지 들어간 이 테이블은 튼튼한 전통 테이블의 패러디처럼 보였다.

견고함의 시대는 끝났다. 이제는 모든 것이 신속하게 옮겨지고 치워져야 했다. 심지어 원뿔 모양의 갓을 씌운 램프까지도 유연성의 원칙을 따랐다. 움직일 수 있는 금속 팔 세 개로 조명 위치를 수시로 바꿀 수 있었던 것이다. 이러한 새로운 가벼움의 전형이 등장한 것은 부분적으론 가난 때문이었다. 비좁은 임시 숙소에서는 가구나 물건을 재배치하거나 바짝 붙여놓아야 하는 일이 많았다. 더 이상 거대한 물건이 들어설 자리는 없었고, 이제는 접고 쌓을 수 있는 것들이 인기였다. 그래야 방 세 개에 네 명이 묵을 수 있었고, 침실에 사무실 공간까지 마련할 수 있었다.

> 소파 겸용 침대 옆에 책상이 있었다. 커튼으로 차단된 벽에는 서류 보관용 선반이 있었다. 안주인은 벽에 부착된 접이식 침대에서 잠을 자는데, 그 위에는 세면도구용 선반을 설치해놓았다. 이 접이식 침대는 커튼으로 나머지 공간과 분리할 수 있어서 집주인은 여기서 손님을 맞을 수도 있었다.[33]

독일인들은 몇 가지 편리한 것들을 강제로 배웠다. 미군은 몰수한 집에서 지내면서 발을 좀 더 편안히 올리려고 테이블의 다리를 짧게 잘라버렸다. 몇 개월 뒤 집으로 돌아온 집주인들은 처음엔 경악을 금치 못했지만, 곧 그게 얼마나 편리한지 깨달았다. 이렇게 해서 짧은 다리의 테이블이 거실에 자리 잡았다. 새로운 주거 모델은 임시 숙소 시설의 궁핍함에서 비롯되었다. 사람들은 과일과 맥주 박스로 찬장을 만들었고, 벽돌 위에 매트리스 받침대를 놓았으며, 훼손된 가구를 잿물로 박박 문질러 거친 형태로 변형시켰다. 나중에 유행한 섀비 시크• 양식의 초기 형태다. 많은 신문이 이 스타일에 유용한 팁을 제공했다.

• Shabby Chic. 낡은 느낌으로 세련된 멋을 추구하는 스타일.

회전식 상판이 달린 키드니 테이블. 상판 아래쪽은 전축과 라디오다. 넓게 벌린 얇은 다리는 참나무로 만든 육중한 '제국 총리실 양식'과 확연한 대비를 이룬다.

> 3단 매트리스도 얼마든지 장식이 가능하다. 폭격 피해를 받지 않은 이모는 집에 남은 것 중에 쓸 만한 게 있으면 갖고 가라고 했다. 3단으로 나뉜 매트리스에 각각 다른 천을 씌우는 것도 꽤 재미있을 듯하다. 쓸 만한 천이 부족하면 맨 밑 칸에는 임시변통으로 아주 끔찍한 걸 씌워도 될 듯하다. 어차피 보는 사람도 없으니까.[34]

집을 되도록 가볍게 꾸미는 것은 부자나 빈자나 마찬가지였다. 미국 가구 회사 '놀 인터내셔널Knoll International'의 가냘픈 선반은 측면 지지대를 포기함으로써 무중력 상태로 떠 있는 것처럼 보였다. 책상도 얇은 강철 다리를 부착함으로써 서랍이 공중에 떠 있는 것 같았다. 이제 플러시 천과 육중한 참나무 가구는 사라졌고, 대신 호리호리한 난간, 대담한 곡선의 콘크리트, 깨지기 쉬운 유리, 굴곡이 있는 벽 같은 가벼움의 미학이 부상했다. 파스텔 톤의 색채, 섬세한 선, 가볍게 터치한 듯한 데생, 유동적인 무늬 같은 것들이 그 핵심이었다. 사람들은 이 섬세한 세계를 브러셜 크리퍼스를 신고 돌아다녔다. 영국 군인들에 의해 소개돼 1950년대에 급속도로 유행한, 두꺼운 고무창이 달린 신발이었다.

1948년 건축가 세르기우스 뤼겐베르크Sergius Ruegenberg는 '베를린 동물원 주변'이라는 제목의 도시 계획 공모전에 출품하려고 베를린 동물원 기차역 인근에 미니 공항을 설계했다. 공항 대기실은 우산을 타고 하늘을 나는 로베르트가 비행을 위해 지은 미래주의풍의 영접관 같았다. 이 엉뚱하고도 우아한 공항은 실제로 지어지지는 않았지만, 1948년 로베르트 A. 슈템레 감독이 연출한 영화 〈베를린 발라드〉의 모델로 사용되었다. 100년 뒤 베를린의 관점에서 전후의 비참함을 돌아보는 유명한 폐허 영화였다.

무게감이 느껴지지 않는 이런 가상의 디자인은 나중에 기괴한 대중가요 〈카프리 어부들Capri-Fischern〉, 저속한 스낵 그릇, 우스꽝스러운 선글라스와 하나로 묶여 그저 별난 취향 정도로 취급되었지만, 사실 그렇게만 볼 것은 아니었다. 건축가 베라 마이어-발데크Wera Meyer-Waldeck가 1949년 쾰른에서 열린 '새로운 주거' 전시회를 보고 다소 거창하게 표현했듯이, 디자이너들에게 중요한 것은 세계관의 변화였다. 즉, "오늘의 독일에서 실존의 의미와 형태를 인식하고 만들어나가야" 한다는 것이다.[35] 그 때문에 1950년대의 전형적인 디자인에는 사회 전체의 모습뿐 아니라 여전히 우위를 차지하고 있는 육중한 참나무 취향과 상반된 시대정신이 담겨 있었다. 사람들은 이 시대정신으로 조금씩 꿈꿔나갔다. 새로운 디자인의 선두주자였던 키드니 테이블은 현실에선 집 안의 나머지 공간을 차지하는 칙칙하고 거대한 가구들과의 경쟁에서 이기는 것이 어렵다고 해도, 상상 속에서만큼은 언젠가 밝고 넓고 환기가 잘되는 거실을 꿈꿀 수 있었다. 이 테이블은 미래에 대한 강령이자 약속이었고, 사람들이 곧 누리게 될 더 나은 삶의 초석이었다.

1950년대의 세련된 스타일은 20년 뒤의 사람들에겐 자기 기만적이고 번지수를 잘못 찾은 것처럼 보였다. 그러나 삐딱한 가구는 당시 독일인들의 정신 치유에 꼭 필요한 요소였다. 누군가는 실내장식을 통해 과거를 극복했다. 물론 이성만을 탈나치화의 유효한 수단으로 보는 사람은 그것을 불가능한 일로 여길지 모른다. 그러나 인간은 주변 환경을 바꾸는 것만으로도 얼마든지 조금은 바뀔

수 있다. 디자인이 의식을 결정한다는 말은 단순한 언어유희 이상이다. 독일인들이 남의 도움 없이 스스로 자신을 교육해나가는 데 시각과 촉각이 일정 정도 기여한 건 사실이다. 어쨌든 당시 디자인이 1950년대의 가장 유명한 유물로 오늘날까지 생생하게 기억될 정도로 그들은 장식 분야에서 급진적인 혁신을 일구어냈다.

아무리 규모가 작은 밀크바Milchbar라도 파스텔 톤의 낙천적인 외관은 건축적으로 베를린에 있는 콩그레스할레Kongresshalle에서 가장 두드러지게 표현된 라이프 스타일과 연결되어 있었다. 1956년 국제 건축 전시회의 일환으로 지어진 이 대회의장은 수직과 수평으로 이루어진 기존의 견고한 건축 양식과 확연하게 대비되는 조개 모양의 비대칭 지붕을 갖고 있었는데, 1950년대에 정치적으로 가장 선전 효과가 높았던 상징적인 건축물이었다. 콩그레스할레는 새로운 형태의 시민 사회를 웅변적으로 보여준다.[36] 여기서는 많은 사람이 널찍한 규모에도 불구하고 편안함을 주는 방에 모여 앉아 의견을 주고받았다. 아치형 지붕 아래의 개방적인 구조는 모든 방문객에게 존재감을 안겨주었는데, 개인을 의도적으로 위축시킨 나치의 건축물과는 정반대였다. 이 건물은 자유로운 의견 표현을 장려하는 자유분방한 분위기를 전달한다. 광장공포증이 있는 사람이라면 이 낙천적인 구조물에서부터 시작해도 괜찮을 듯하다.

미국 건축가 휴 스터빈스Hugh Stubbins가 설계한 콩그레스할레는 미 국무부 베를린 책임자 엘리너 덜레스Eleanor Dulles의 주도 아래 의도적으로 베를린 장벽 바로 근처에 세워졌다. 굳이 이곳을 선택한 것은 여기가 냉전의 첨단 지역일 뿐 아니라 나치 독재의 참담한 결과를 여실히 보여주는 도심의 거대한 황무지였기 때문이다. 이 황량한 곳에서 콩그레스할레는 마치 다른 은하계에서 방금 착륙한 우주선처럼 보였다.

엘리너 덜레스는 미 국무장관 존 포스터 덜레스의 누이이자, 전쟁 중 스위스에서 나치 반대자들의 네트워크를 구축한 CIA 국장 앨런 덜레스의 누이이기도 했다. 앨런 덜레스는 독일인들의 저항을 지원했고, 첩보 활동을 총괄했다. 독일 내 미국의 문화 정책에서 앨런 덜레스의 영향력은 엄청나게 컸다. 이 정책의 첫 번째 관심사는 무엇보다 냉전과 국가사회주의에 대한 투쟁이었다.

지금까지 언급한 것을 고려하면, 콩그레스할레 개장 이후 처음 개최된 행사가 문화자유회의에서 주최한 행사였다는 사실은 퍽 자연스러워 보인다. 멜빈 래스키가 마련한 '음악과 미술'에 관한 대토론회에서 테오도르 래도르노, 빌 그로만, 보리스 블라허 같은 사람들이 추상미술과 무조無調 음악을 두고 난상 토론을 벌였다. 이는 미국인들이 배후에서 독일인들의 운명을 오랫동안 동행하거나 조종한 수많은 활동 가운데 하나였다. 사실 그런 점에선 국경 너머의 소련도 마찬가지였고, 제한적이긴 하지만 프랑스와 영국도 매한가지였다. 이처럼 미국과 독일의 미학적 품 안에서 보호받고 인도되고, 또한 연합국의 지칠 줄 모르는 정신적 개입에 자극받은 독일인들은 차츰 새로운 삶의 방식으로 빠져들었다. 훗날, 최소한 서독에서는 이렇게 친절한 사람들이 왜 12년 동안이나 나치를 내버려두어 자신들의 어깨에 그토록 무거운 짐을 지웠는지 도저히 이해하지 못할 정도로.

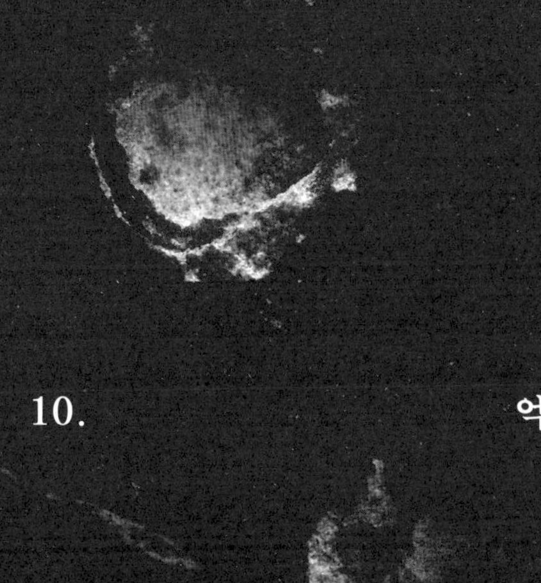

10. 억압의 소리

Der Klang der Verdrängung

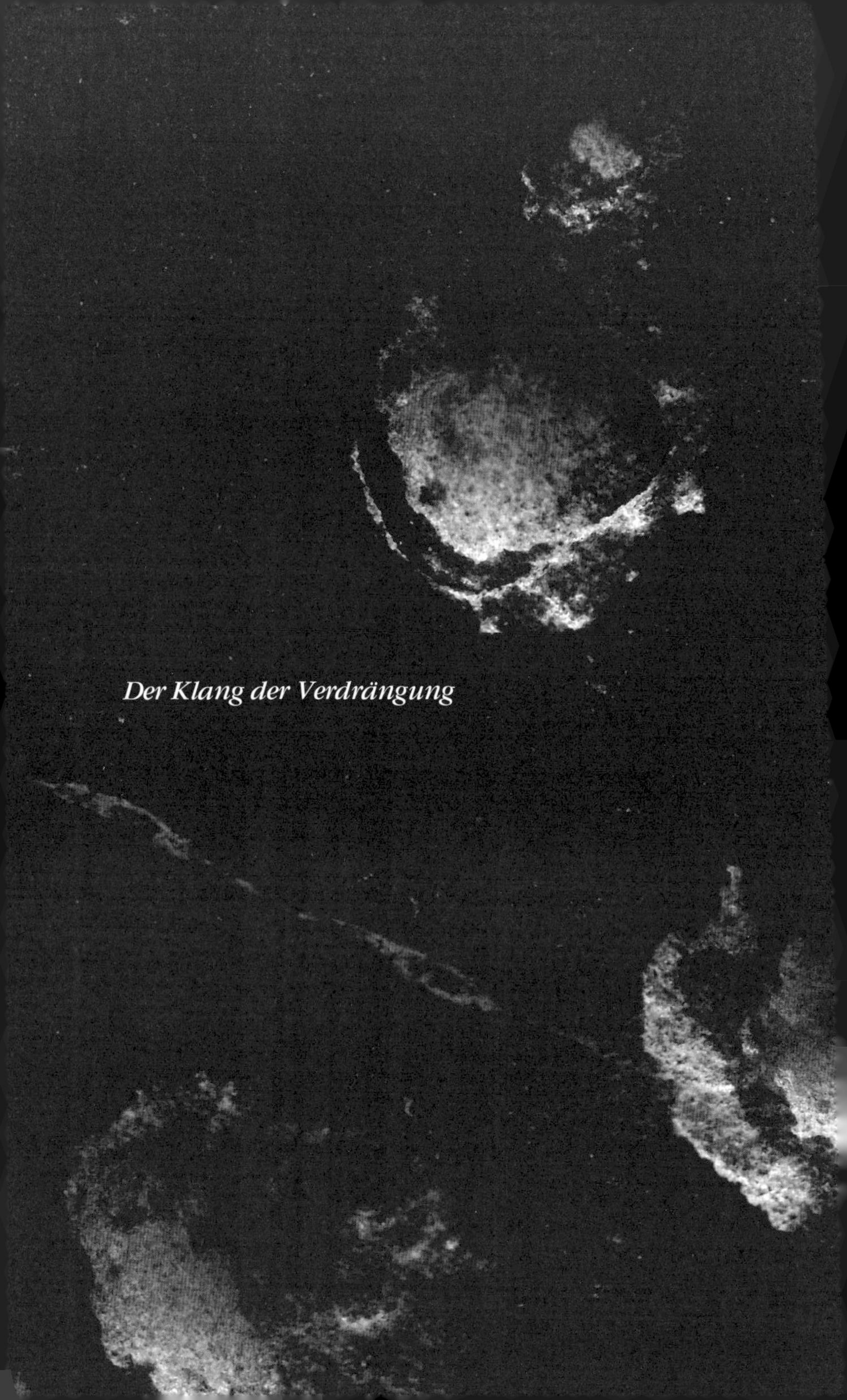

공기처럼 사라진 파시즘

독일은 조금씩 함락되었다. 서쪽에서 최초로 함락된 도시는 아헨이었고, 때는 1944년 10월이었다. 미군이 라인강을 건너 마그데부르크와 라이프치히까지 진격하는 데는 6개월이 걸렸다. 동쪽의 붉은 군대는 1945년 1월 말 오데르-나이세선을 넘어 베를린에 도착하기까지 3개월이 걸렸다. 오데르강 변의 제로버 고지에서는 12만 명이 넘은 독일군이 소련군을 가로막고 치열하게 저항했다. 물론 소용없는 짓이었다.

놀라운 것은 전투가 끝났을 때 더 이상 어디서도 총성이 들리지 않았다는 사실이다. 연합군이 진격하는 곳마다 갑자기 평화가 흘렀다. 진격하는 군인들은 이해가 되지 않았다. 전세가 이미 오래전에 절망적으로 보였을 때도 맹목적으로 불같이 싸우던 독일인들이 항복하자마자 갑자기 순한 양이 되어버린 것이다. 광신주의의 피부가 그들에게서 벗겨져 나간 듯했다. 저항도 매복도 자살 명령도 없었다. 전선 바로 뒤의 매복처에 숨어 있다가 진입하는 부대에 총을 쏘는 저격수가 더러 있었지만, 예외적인 일이었다. 연합군으로선 예상하지 못한 상황이었다. 독일인들에게 무슨 일이 일어났을까? 수년간의 폭격에도 사기가 꺾이지 않았고, 심지어 전쟁 막바지 몇 주 동안에는 퇴각하기 전 수십만 명의 강제 노역자와 포로를 무자비하게 살해한 인간들이었다. 그렇다면 항복 뒤에도 약간의 틈만 보이면 예전과 똑같이 미친 듯이 날뛰며 저항하리라는 예상은 지극히 당연했다. 특히 청소년들은 권총과 쇠막대를 겨눈 상태로만 접근할 수 있고, 장시간 길들여야만 비로소 어느 정도 유순해지는 버려진 맹수 새끼들일 거라고 상상했다.[1]

연합군에 독일의 그런 거친 야수들을 대비하도록 만든 건 사실 나치 자신이었다. 1944년 10월 '친위대 제국지도자' 하인리히 힘러는 게릴라 작전과 유사한 '베어볼프(늑대인간) 작전'을 선포했고, 종전 두 달 전 괴벨스는 자멸의 순간까지 싸우는 것이 모든 독일인의 사명이라고 부르짖었다. 베어볼프 대원들에게는 "독일 땅에 있는 모든 볼셰비키와 모든 영국인, 모든 미국인이 야수다. 그들을 죽일 기회가 오면 우리의 목숨 같은 건 개의치 않고 즐겁게 그들을 죽일 것이다. 증오는 우리의 계명이고, 복수는 우리의 함성이다. 베어볼프는 스스로 삶과 죽음을 결정하는 심판자다"라고 말했다.

그런데 아무 일도 일어나지 않았다. 베어볼프 작전은 정규 국방군과 친위대에 의해서만 간간이 수행되었다. 그것도 주로 전쟁에 지친 반동적 독일인들을 상대로 말이다. 가장 잔인했던 작전은 1945년 4월 28일 작가이자 문화청장이자 나치 돌격대 여단장인 한스 죄벌라인Hans Zöberlein이 이끄는 '오버바이에른 베어볼프'가 펜츠베르크에서 남녀 16명을 살해한 사건이었다. 그들이 나치 시장을 몰아내고 아무 저항 없이 마을을 미국인들에게 넘겨주려고 했다는 이유에서였다.

1945년 3월 25일의 아헨 시장 프란츠 오펜호프Franz Oppenhoff 암살도 자국민에 의한 테러였다. 낙하산을 타고 후방으로 침투한 한 친위대 특공대원이 미군에 의해 임명된 아헨 시장을 살해한 것이다. 그러나 항복 이후 그런 복수나 암살 행위는 거의 완전히 중단되었고, 게릴라 작전에 대한 언급도 더 이상 나오지 않았다.

독일인들의 마음속 깊이 박혀 있던 파시즘이 마치 공기처럼 사라진 듯했다. 사나운 야수 대신 손을 흔드는 사람들이 연도에 서서 점령군이 던져주는 초콜릿을 받아먹었다. 그게 어떻게 가능했을까? 최후의 결전에 심지어 초등학생까지 투입했던 그 분노와 증오는 어디로 갔을까? 그게 그저 덧없는 망령일 리는 없었다.

심리전 부서에서 활동한 미군 병사이자 독일 작가인 슈테판 하임은 1945년 11월 미 군복 차림으로 축구장을 찾았다. 어떤 일이 생길지 모르는 위험한 행동이었다. 그런데 놀랍게도 아무 일도 일어나지 않았다. 뮌헨과 뉘른베르크 팀이 맞붙은 전후 첫 공식 경기였다. 미국인은 축구장에 그들 셋뿐이었다. 그것도 맨 앞줄에 앉아 있었다. 쉽게 눈에 띄고, 언제든 공격받을 수 있는 위치였다. 하임 병장은 이렇게 자문했다.

> 만일 독일 점령군 병사 셋이 유고슬라비아나 벨기에, 러시아인이 2만 명 모인 축구장에 들어갔다면 무사할 수 있었을까?[2]

어떤 형태의 외세 통치도 굴욕적으로 견디기보다 차라리 죽겠다고 소리치던 그 당당한 인간들은 다 어디로 갔을까? 이건 점령자뿐 아니라 독일인들 스스로가 던진 질문이기도 했다. 대다수 독일인은 총통에 대한 충성심을 단번에 버렸고, 강철 같던 신념도 한순간에 식어버렸다. 그와 함께 전체 과거도 지워졌다. 그렇지 않고서야 전쟁이 끝난 지 2년도 채 지나지 않은 상황에서, 이 세상 사람들은 왜 그리도 독일인을 미워하느냐고 말도 안 되는 질문을 던질 수 있었을까? 실제로 1947년 1월 잡지《관점》은 마치 전쟁이 전혀 없었던 것처럼 이렇게 물었다. "독일인들은 왜 세상 사람들에게 그렇게 인기가 없을까?" 저자 스스로 "가혹한 대답"이라고 하면서 이렇게 답했다.

> 독일은 유럽의 문제아이자, 세계의 속죄양이다. 국제사회에도 일반 가정과 마찬가지로, 사랑받는 아이가 있으면 미움받는 아이도 있다. 스위스가 귀염둥이 역할을 한다면 독일은 끔찍한 아이 역할이다. 이게 우연일까, 운명일까? 민족적 본성과 역사, 국가 발전으로는 설명이 되지 않는다.[3]

납득이 되지 않기는 우리도 마찬가지다. 6000여 만 명이 희생된 침략 전쟁 직후 그 가해자를 대수롭지 않게 '문제아' 정도로 치부하거나 심지어 불쌍한 '속죄양'으로 여기는 사람의 내면은 대체 어떤 구조로 되어 있을까? 가히 인간 심리의 놀라운 수작이라고밖에 할 말이 없다. 저자는 악의적이지 않았고, 분명 단순하지도 않았다. 심지어 글을 쓰던 중에 자연스럽게 히틀러를 언급할 지점에 이르면 토마스 만의 연설 〈독일과 독일 국민에게 고함〉과 막스 피카르트 Max Picard의 저서《우리 속의 히틀러Hitler in uns selbst》를 인용하기도 했다. 저자는 선의였지만, 오늘날의 우리가 보기엔 입에 담을 수조차 없는 말을 꺼낼 정도로 혼란스러운 상태였다. 내면의 충격이 깊은 만큼 겉으로는 더더욱 명랑하게 저돌적으로 뱉어냈다.

직접 체험한 과거를 이렇게 다루는 심리적 방식을 두고 훗날 '억압'이라는 용어가 자주 등장했다. 정확한 것은 아니지만 무척 간단명료한 해석이다. 심지어 《관점》의 글에서는 계몽의 시도와 일치하는 역설적 억압 과정이 목격된다. 왜냐하면 저자는 독일의 불행을 똑똑히 직면하고 싶었기 때문이다. 그러나 저자는 그 불행의 이유를 곰곰이 생각하면서, 오늘날 우리가 '문명의 파괴'라고 부르는 세계대전을 가정불화 수준으로 축소시킨다.

우리는 이 저자를, 다른 민족들이 자기 민족을 어떻게 생각하는지에 대해 사색적인 글을 쓰는 자부심에 찬 젊은 여성으로 상상해 볼 수 있다. 이건 전쟁 직후의 흥미로운 주제였다. 아마 그는 그 전날 식량 배급표로 빵과 버터를 사려고 긴 줄을 서야 했을 것이다. 또한 다른 이들처럼 암시장에 갔을 테고, 거기서 웃돈을 주고 필요한 물건을 구입했을 것이다. 아마 저널리스트 동료인 루트 안드레아스-프리드리히처럼 수도관이 얼어붙어 아침이면 요강을 어디다 비워야 할지 몰라 골머리를 앓았을지 모른다. 그러다 고민 끝에 당시 사람들이 '찌꺼기'라 부르던 오물을 맞은편 폐허에 버리기로 마음먹는다. 그는 손에 요강을 들고 폐허 위로 올라간다. 추워서 몸이 덜덜 떨린다. 그럼에도 말끔하게 일을 해결하고 나자 기분이 좋아져 글을 쓰기 시작한다. 아직 할 일이 있다는 게 다행스럽게 느껴진다. 그는 모든 것이 곧 다시 좋아질 거라는 믿음으로 활기차게 일을 시작한다.

도시 재건에 쏟은 열정만큼이나 해석 작업도 부지런히 이루어졌다. 인간은 억압을 소리 없는 과정으로 상상하기 좋아한다. 그런 면에서 당시엔 전후의 정적, 무기와 언어의 침묵에 대한 글이 많이 나왔다. 심지어 전후 독일인들은 옛 시절을 회고할 때 스스로를 그동안 겪은 일을 일단 말없이 견뎌내야 했던 위대한 침묵자로 떠올리곤 한다. 그러나 실제로는 그렇지 않았다.

말을 삼가는 분위기는 여기저기 있었을지 모르지만, 대체로 말이 없지는 않았다. 아니, 현실은 그 반대였다. 특히 많은 독일인이 자기 문제에서는 그야말로 장황하게 말을 늘어놓았다. 예를 들어 승마 협회 기념식이나 학교 재개교식처럼 조금이라도 말할 기회가 주어지면 독일 국민은 '다른 어떤 민족'보다 더 치열하게 말의 '향연'에 빠져들었다. 교사의 특별한 소명을 다룬 한 에세이는 이렇게 시작한다.

> 권력을 잡은 하등 인간들의 거짓된 광기와 야만적인 테러로 독일 민족이 비틀거리며 빨려 들어간 무분별 상태에 이어 필연적인 붕괴가 찾아왔고, 다른 어떤 민족도 겪지 않았을 끔찍한 육체적·정신적 위기가 뒤따랐다. 어떤 민족의 영혼도 독일 민족의 영혼만큼 운명에 의해 그렇게 자주, 그렇게 깊이 갈아엎어져 새로운 정신의 씨앗이 싹틀 토양을 마련하지는 못할 것이다.[4]

독일인들의 고통을 다른 민족의 어떤 고통도 따라오지 못할 만큼 최상급으로 표현한 글은 언론과 소책자, 논문에 넘쳐난다. 이 대목에서 말 그대로 억압을 이야기할 수 있다. 그런 글의 저자들은 진정한 희생자들에 대한 일말의 고려도 없이 오직 자신들의 고통에만 빠져 허우적거린다.

어떤 이는 당시에 이미 패자의 신분으로 세계정신의 꼭대기에 오르기라도 한 듯 자신들의 극심한 치욕을 정신 영역의 리더십에 대한 요구로 바꾸었다. 1947년 유럽 청년들의 공통 가치를 장려하는 한 글에서 저자는 이렇게 썼다.

> 아마도 우리 독일인은 이 시대의 진지함을 다른 어떤 민족보다 더 날카롭게 인식할지 모른다. 왜냐하면 우리는 무無에 더 가까이 서 있었고 지금도 서 있기에 가혹한 진실에서 눈을 돌리게 만드는 방해 요소가 훨씬 적기 때문이다.[5]

훗날 이 시기를 침묵의 시대로 보이게 하는 데 한몫한 것은 전후의 심리 상태를 상징적으로 보여준 벌채 문학이었다. 이념적 문구의 장식을 믿지 않고 꼭 필요한 것만 간략하게 표현한 그들의 언어는 후대에 전후 시기 전체가 그처럼 과묵했으리라는 인상을 주었다. 하지만 사실 벌채 문학은 이미 오래전에 다시 우위를 점한 수다스러운 문학의 미학적 대립으로 계속 유지되어왔다.

독일인들이 깊은 충격에 빠진 건 틀림없는 사실이었다. 그들은 땔감을 찾았을 뿐 아니라 의미도 찾았다. 강도와 석탄 도둑들 말고도 그들이 겪는 불행에 적당한 이름을 붙이기 위해서 많은 시대 진단자들이 폐허를 돌아다녔다. 1946년 2월 요제프 뮐러 마라인Josef Müller-Marein으로 추정되는 익명의 칼럼니스트는《디 차이트》문예란에 이렇게 썼다. 독일인들이 겪고 있는 것은 "붕괴가 아닌 파열이다". 필자는 동독의 침수 지역을 예로 들면서 완전히 무너지지 않고 기반만 약화된 땅에서는 얼마든지 다시 일어설 수 있음을 시사했다.

> 우리는 오데르브루흐(오데르강 늪지), 네체브루흐(네체강 늪지), 바르테브루흐(바르테강 늪지) 지역을 안다. 우리 선조들은 이곳에 건물을 짓고, 농사의 문을 열었다. 그리고 보라, 침수의 위험이 가장 컸던 곳들이 끈기와 집념으로 옥토로 바뀌었다. 파우스트적 행위에서 한층 아름다운 미래가 생겨난 것이다.[6]

용기를 주는 것이라면 아무리 거친 생각이라도 괜찮았다. 건축가 한스 슈비페르트Hans Schwippert는 1944년 11월 연합군에 점령된 아헨시 재건 책임을 맡았을 때 몇 가지 원칙을 세웠다. 일단 그는 "이론과 실제를 잘못 분리하는 독일인들의 유전적 결함"을 "가장 위험한 정신적 병폐"로 꼽았다.[7] "창조적 구성 행위의 왜곡"에서 "노동 행위의 변질"이 일어났다는 것이다. 그는 "도저히 어디서 시작해야 할지 모를 만큼 더럽고 절망적인 도시의 청소" 문제에서부터 자신이 해야 할 과제로 "노동의 존엄성" 회복을 들었다. 그래야 "추방되었던 노동이 집으로" 돌아오고, 인간의 성취는 다시 고향과 품위를 얻게 되리라는 것이다.

슈비페르트의 동료 오토 바르트닝은 항복 후 독일인들에게 아직 남아 있는 마지막 핵심 능력으로 "고요한 장인다움의 이상"을 꼽았다. 이건 "수백 년 전부터 발전해왔고 다른 민족들이 기꺼이 인정하는 재능"이라는 것이다.[8] 고요한 장인다움은 "원자재가 풍부하고 소비에 굶주린 큰 민족들 사이에서 우리가 가진 유일한 강점이다. 우리에게 정련 산업을 발달시킬 능력을 선사한 강점이다".

야만적인 국가 질서의 붕괴는 많은 독일인 사이에서 정신세계의 활성화에 기폭제가 되어주었다. 빵은 부족했지만 자유롭게 떠다니는 구원의 개념은 부족하지 않았다. 사람들은 정신적 질서를 다시 세워줄 말들을 미친 듯이 찾았다. 어디서건 대화에 빠진 사람들을 볼 수 있었다. 1949년 망명에서 돌아와 독일의 활기찬 정신적 삶을 당혹스러운 심정으로 경험한 테오도르 아도르노의 눈에도 그렇게 비쳤다. 머나먼 타국 땅에서 그는 나치 정권이 독일에 남긴 유산이라고는 야만성뿐일 거라고 확신했고, "둔감함, 무지, 그리고 모든 정신적인 것에 대한 냉소적 불신"[9] 말고는 아무것도 기대하지 않았다. 그런데 그가 마주한 것은 바이마르공화국 시절에도 없던 "지적 열정"이었다. "심지어 이미 오래전에 사라졌다고 생각한, 지칠 줄 모르는 탐구적 대화 같은 정신적 형태도 되살아나고" 있었다. 아도르노는 이 "열광적인 지적 분위기"가 결코 대학의 청년들에게만 국한되지 않고 놀랍도록 넓게 퍼져 있었다고 주장했다.

> 사적인 모임에서 새로운 문학 현상에 대해 논의하는 진지함은 20년 전에는 상상도 할 수 없는 일이었다.

그러나 철학자이자 사회학자인 그에게 정신의 이런 목가적 분위기는 의심을 불러일으켰다. 오락산업이 판치는 미국에서 막 돌아온 아도르노는 독일의 이런 정신적 몰두 속에서 감상에 빠진 자기애적 안주를 인식했고, 그로 인해 온갖 애정에도 불구하고 그것에 실체가 없음을 느꼈다. "자기 자신을 향유하는 정신"의 만족은 그에게

"고대 도시의 미로에서 느끼는 행복"과 "시골의 아늑함 속에 숨은 위험하고 중의적인 위안"을 떠올리게 했다.

> 종종 나는 그들의 흥분과 생기 속에서 무언가 어두운 느낌을 떨쳐버릴 수가 없다. 자기 자신과의 정신적 유희, 정신적 불임의 위험 같은 것들이다.[10]

침묵, 말, 그리고 내키지 않는 밀착

독일과 세계에 대한 말은 쉴 새 없이 쏟아졌지만, 유독 한 가지 문제, 그것도 정말 핵심적인 주제만 끈질기게 배제되었다. 바로 유럽 내 유대인 학살 문제였다. 전쟁 야수들과 붕괴에 대한 목소리는 끝없이 나왔지만, 그 속에 홀로코스트에 대한 말은 거의 들리지 않았다. 유대인 문제는 다들 침묵했다.

아도르노와 마찬가지로 1949년 미국에서 돌아온 한 여성 망명자는 비록 6개월의 짧은 방문이었지만 유대인 박해를 말하지 못하는 독일인들의 무능을 자기 실존의 처절한 부정으로 느꼈다. 유대인으로서 1933년 독일을 떠나야 했던 철학자 한나 아렌트는 '유대문화재건위원회'[11] 위원장으로 활동하면서 미국의 여러 기관에 '나치 통치의 후유증'에 대해 보고했다.[12] 그는 "히틀러를 여전히 증오하고"[13], 자유사상이 넘치고, 승전국에 대한 원한을 거의 느낄 수 없는 베를린을 제외하면 나머지 독일 사람들의 심리 상태에 경악했다. 그의 눈에 비친 만연한 무관심과 전반적인 감정 결핍, 공공연한 냉혹함은 "실제 있었던 일을 직면하고 받아들이지 못하는, 뿌리 깊고 완강하고 때로는 야만적이기까지 한 자기 부정의 가장 뚜렷한 외적 증상"일 뿐이었다. 전 유럽에 깊은 애도의 그림자가 드리워져 있는데 독일만 그렇지 않았다. 대신 독일에는 광기에 가까운 부지런함이 현실 부정에 이용되었다. 아렌트는 사회심리학자 알렉산더 미철리히와 마르가레테 미철리히가 나중에 이름 붙인 이런 '애도의 무능' 때문에 독일인들이 "말과 논증, 그리고 인간의 진실한 슬픈 시선에도 더는 반응하지 않는 살아 있는 유령"이 되어버렸다고 했다.

판단의 영역으로 봐야 하는 아렌트의 이 인상은 말 그대로 파괴적이었다. 전후 독일인들을 책임 능력이 있는 국제사회에서 축출해 좀비의 영역으로 내몰았기 때문이다. 아렌트가 독일, 특히 '활발한 재건의 수도'라고 할 수 있는 뮌헨의 부지런히 움직이는 시체들 사이에서 혼자 있는 것 같다고 느꼈던 그 공포는 충분히 짐작이 간다.[14]

아렌트는 독일인들의 대화에 낄 자리가 없었다. 그는 자신이 유대인이라는 사실을 밝혔을 때 떠들썩하던 대화가 갑자기 뚝 멈추던 순간을 인상적으로 설명했다. 그러면 "보통 어색한 침묵이 잠시 이어졌다. 그런 다음에는 독일을 떠나 어디로 갔느냐고 개인적인 질문을 던지든지, 아니면 가족은 어떻게 되었느냐고 조심스럽게 물을 법도 한데, 독일인들은 그저 자신들이 얼마나 고통을 겪었는지에 관한 이야기만 봇물처럼 쏟아냈다".[15]

여기서도 침묵은 활발한 말 속에, '이야기의 홍수' 속에 묻혀버린다. 아렌트가 유대인의 운명에 관심을 보이지 않는 대화 상대방의 무능을 알아차렸을 때의 씁쓰레한 감정은 충분히 공감할 수 있다. 그 정도는 인간의 일반적인 기준에서 기대할 수 있는 최소한의 예의니까 말이다. 하지만 어쩌면 그를 상심케 한 독일 지인들의 완고함 뒤에는 비정함 대신 부끄러움이 감춰져 있었을지 모른다. 오랫동안 유대인과 독일인 사이에서 정상적으로 이루어진 대화를 방해하는 부끄러움 말이다.

아렌트와 대화한 독일인들도 아마 유대인들에게 자행된 범죄가 근본적으로 도저히 말로 표현할 수 없는 만행이었음을 알고 있었을 것이다. 그렇다면 독일인들이 유대인에게 저지른 약탈과 학살에 대해서도 자신들의 고통을 이야기할 때만큼 열정적으로 말했더라면 그들의 심리 상태에 대한 더 희망적인 신호가 되었을까? 아무튼 이 문제에서만큼 그들의 입은 열리지 않았고, 정말 긴 침묵이 지배했다. 자신에게는 난감하고, 상대에게는 상처를 주는 침묵이었다.

너희의 시를 불태우고, 너희가 해야 할 말을 숨김없이 하라.

시인 볼프디트리히 슈누레Wolfdietrich Schnurre가 한 말이다. 아도르노의 말처럼 아우슈비츠 이후에는 시를 쓰는 것이 불가능했다면 말하는 것은 어땠을까? 해야 할 말을 숨김없이 하는 사람은 거의 없었다. 다들 다른 말을 지껄이거나 침묵했다. 적확한 말을 찾은 사람도 거의 없었다. 상황에 딱 맞는 말을 찾는 것은 불가능했다.

유대인 학살은 그걸 생각하자마자 모든 독일인의 지속적인 삶을 뒤흔들고, 그들을 형언할 수 없는 깊은 죄책감의 구렁텅이에 빠뜨릴 최악의 범죄였다. 그런 측면에서 다수의 독일인이 처음엔 그 책임을 직시하지 않은 것도 이해가 간다거나 심지어 불가피하다고 여기는 사람도 있을 수 있다. 아무튼 그들은 잔뜩 고개를 움츠리고 그 일에 대해서만큼은 혀를 묶어놓은 채 마치 아무 일도 없었다는 듯이 다른 이야기만 광적으로 떠들어댔다. 1949년 말 아도르노는 프랑크푸르트에서 토마스 만에게 이렇게 썼다.

> 나는 눈물겹도록 감동적인 몇몇 구닥다리 꼭두각시 말고는 나치를 보지 못했습니다. 이건 단순히 누구도 자기가 나치였다고 자인하지 않는 분위기를 비꼬아서 하는 말이 아니라 훨씬 더 나쁜 의미로 그렇습니다. 그들은 실제로 스스로 나치였던 적이 없다고 믿거나 아니면 그런 과거를 의식에서 완전히 지워버리려고 합니다. 아니, 어쩌면 가끔 쉽게 추정하듯이, 인간을 소외시키는 파시스트 독재 괴물이 이질적이면서도 동시에 너그럽게 용인되고, 식별할 수 있는 것 저편의 나쁜 가능성과 희망으로 남아 있는 한 그들이 실제로 나치가 아니었을 수도 있다는 점에서 그렇습니다. 그로 인해 악한 것이 자리했던 바로 그곳에서 오늘날 양심의 가책을 느끼지 않는 것은 한결 수월해지겠지요.[16]

1945년 10월 19일에 있었던 개신교의 죄악 고백문에서도 그전에 개별 목회자들이 집요하게 요구했음에도 유대인 살해는 명시적으로 언급되지 않았다. 1945년 8월 풀다에서 있었던 가톨릭 주교회의의 죄악 고백도 마찬가지였다. 여기서도 유대인은 물론이고 집시와 동성애자들은 언급되지 않았다. 그들은 그저 '자유와 존엄을 해친 범죄'라는 애매한 고백 속에 막연하게 묻혀버렸다.

> 우리는 깊이 한탄합니다. 우리 내부의 성직자를 포함해 많은 독일인이 국가사회주의의 잘못된 교리에 현혹되었고, 인간의 자유와 존엄을 해친 범죄에 무관심했습니다. 또한 많은 이가 직접적인 행동으로 범죄를 방조했고, 많은 이가 스스로 범죄자가 되었습니다.

여기서 '우리 내부의 성직자'라는 표현을 회개문에 삽입하는 데도 일부 주교들의 끈질긴 노력이 필요했다.

책임 문제에서 부끄러움의 감정은 편안함을 원하는 감정과 경쟁을 벌였고, 대개 안일함이 승리를 거두었다. 과거를 논할 때 책임을 회피할 수 있는 도주로는 많았다. 가장 널리 퍼진 것 중 하나가 희생양 논리였다. 독일인들 자신은 사람을 마비시키는 독과 같은 국가사회주의에 희생되었을 뿐이라는 것이다. 전후의 그들에게 나치즘은 사람을 순종적인 도구로 길들이는 마약으로 여겨졌다. 히틀러가 '독일인의 열광 능력을 악용했다'는 것이 널리 퍼진 표현 가운데 하나였고, 이는 과거에 열렬히 히틀러를 숭배했던 사람들까지 스스로를 죄인이 아닌 기만당한 사람으로 느끼게 했다. 이 마약에는 몇몇 이름이 붙여졌다. 가장 일반적으로 사용된 이름은 '악'이었다. 혹은 "이전에는 알려지지 않았고 짐작조차 못 한 규모로 우리 시대에 파고든 한층 강화된 악"이었다.[17] 이처럼 '문명의 광택'을 벗겨내고 '파괴의 힘'을 부추긴 악마의 힘이 곳곳에서 신화적 열정으로 불러내졌다.

이런 신화적 해석은 독일 국민의 양심적 가책을 덜어준 운명의 불가피성을 강조했다. 가만히 생각해보면 악이라는 것은 독일뿐 아니라 어디서건 발생할 수 있지 않은가! 하지만 다른 한편으로, 악마의 힘까지 들먹인 것을 보면 독일인들이 얼마나 엄청나고 잔인한 범죄를 저질렀는지 역으로 짐작케 한다.

우리의 신들은 악마가 되었다.

당시 사람들의 일기에 자주 나오는 내용이다. 이 또한 현실 경험에 기초하고, 히틀러의 희생자라는 주장에 주관적 확신을 주는 인식이었다. 실제로 전쟁 막바지에 나치 친위대와 게슈타포는 점점 싸우기 싫어하는 독일인들에게 공포 정치를 실시했다. 청소년과 노인들은 당국의 협박에 못 이겨 국민돌격대에 입대했다. 야만적인 즉결 재판에서 자칭 판사들은 입대를 거부한 사람들을 탈영병으로 몰아 사형을 선고했다. 이 시점부터 나치 통치는 모든 소중한 것을 함께 파멸로 쓸어가기로 결심한 중무장 미치광이들의 무의미한 발악이나 다름없었고, 오늘날까지도 그 인상은 사람들의 뇌리에 강하게 남아 있다. 그러나 나치 정권의 오랜 통치 기간을 감안하면 게슈타포식 공포 정치만 강조하는 것은 국가사회주의의 대중적 성격을 은폐하는 왜곡된 이미지를 만들어낸다. 사실 히틀러는 대부분의 통치 기간에 내부적으로 강압 수단이 거의 필요 없었다. 대중의 폭넓은 지지를 받았기 때문이다. 실제로 나치 통치는 막바지 국면에서나 자국민에게 심각한 테러를 가했고, 충성심도 소수 열성적인 핵심 분자로 제한되었다. 예를 들어 악명 높은 골수 나치인 해골부대는 국민 다수를 적으로 돌려 탄압했고, 그 바람에 독일 대중 역시 이 광적인 잔존 세력을 착취자와 악마로 인식했다. 전쟁 마지막 몇 달 동안 자행된 나치 엘리트들의 이런 폭압적 통치로 인해 과거에 당원이었던 다수의 독일인까지도 스스로를 히틀러의 희생자로 여길 수 있게 되었다.

스스로를 희생자로 치부하면서 책임을 회피하는 또 다른 방법은 전쟁 자체에 일반적인 책임을 묻는 논리였다. 전쟁의 불가피한 범죄적 논리가 모든 이의 도덕성을 파멸의 구렁텅이로 몰아넣었다는 것이다. 그런데 전쟁이라는 야수가 '이쪽이건 저쪽이건 보통 사람들'을 덮쳤다는 논리는 누가 전쟁을 일으켰는지에 대한 물음을 사소하고 주관적인 문제로 만들어버렸다. 이 평범한 군인 논리는 무척 인기가 높았다. 군사적 승리자에게 화해의 손길을 내밀 가능성을 제공했기 때문이다. 처음엔 미군의 감독하에 미국 수용소 내 독일군 포로들이 집필했고 나중에는 47그룹의 핵심 멤버들이 참여한 잡지 《외침》에서 알프레트 안더슈는 비록 적이었음에도 함께 "곤경을 헤쳐 나온" 사람들의 미래 동맹을 꿈꾸었다. 문제의 핵심을 이보다 더 대담하게 비켜가는 글은 없어 보이니 함께 들어보자.

> 정처 없이 떠도는 수백만 명의 사람들 가운데 벌써 소규모 공동체가 새로운 작업을 위해 유럽의 파괴된 개미굴 언덕에 모이고 있다. 온갖 비관적 예측에도 새로운 힘과 의지의 본부가 만들어지고, 새로운 생각이 유럽 전역으로 퍼지고 있다. (…) 우리는 소수가 저지른 온갖 범죄에도 불구하고 연합군 병사들과 유

럽 저항 세력, 독일 전선의 병사들, 강제수용소의 정치범들, 그리고 이전의 히틀러 아이들(물론 더는 그런 아이들이 아니다) 사이에 다리를 놓는 것이 전적으로 가능한 일이라고 생각한다.[18]

이는 많은 점에서[19] 수상쩍은 글이다. 특히 필자가 자신의 정신적 동맹 계획에 진정한 희생자들이 아닌 군사적 적만 포함시켰고, '인종적으로' 박해받은 사람들이 아닌 강제수용소에 수감된 '정치범들'만 명시적으로 언급했기 때문이다. 그러나 안더슈의 글이 결국 옳았다는 것은 역사의 아이러니다. 전쟁이 끝나고 5년 뒤 '다리를 놓는' 작업이 실제로 이루어졌다. 독일연방공화국은 벨기에·프랑스·이탈리아·룩셈부르크·네덜란드와 '유럽 석탄 및 철강 공동체'를 설립했고, 그로부터 5년 뒤에는 NATO에 가입해 그 조약의 틀 안에서 재무장에 성공했다.

그러나 안더슈가 말한 "그 사람들의 가차 없는 헌신"을 자랑스러워하지 않고 끊임없이 양심의 가책을 느끼며 자신의 내면에서부터 민주화 과정을 이루어낸 많은 사람을 빼고는 전후 시대의 그림이 완성되지 않는다. 예를 들어 작가 볼프디트리히 슈누레는 책임을 자신의 주요 주제로 삼았다. 그는 자신이 군인으로서 부당한 명령에 거역하지 않고 아무 생각 없이 순종했기에 죄가 있다고 느꼈다. 게다가 전쟁이 끝나고 3년이 지나서도 자기 안에서, 훗날 권위주의적 속성이라고 부르게 될 비굴한 "졸병 근성"을 느꼈다.

나는 남들과 얘기할 때면 내 안의 졸병이 얼마나 굽실거리고, 언제든 벽에 찰싹 달라붙을 준비를 하는지 알아차린다. 내 안의 졸병 근성으로 인해 난 늘 열등감에 시달린다. 예를 들면 나 자신을 남들과 동등하게 생각할 줄 모르는 것도 그중 하나다. 내 앞에 있는 사람은 누구나 나보다 더 많이 아는 사람이고, 내 위의 상관처럼 느껴진다. 하사, 상사, 장교 같은 존재로 말이다. 그들 앞에 서면 내 안의 영원한 졸병은 엉덩이에 힘을 꽉 주고 차려 자세를 취한다.[20]

종전 후 독일인들 사이에 묵시적으로 체결된 침묵의 카르텔도 후대가 상상하는 것만큼이나 빈틈이 없지는 않았다. 게다가 68세대가 전쟁 범죄 때문에 부모와 조부모를 공격한 첫 세대라는 말도 맞지 않다. 전쟁 중에 대공포 보조병으로 일하면서 히틀러에 열광했던 청소년 세대도 전쟁이 끝나자 부모 세대를 비난했다. 자신의 부모들이 히틀러의 권력 쟁취를 돕고 자신들을 전쟁에서 부려 먹었다는 것이다. 따라서 스스로를 히틀러뿐 아니라 부모 세대의 희생자로 보는 사람이 많았다. 함부르크의 기독교민주연합 창당 멤버인 29세의 아힘 폰 보이스트Achim von Beust는 1947년 잡지 《베냐민Benjamin》이 주최한 토론회 '우리의 부모는 죄가 없는가?'에서 다음과 같이 설명했다.

다수의 우리 부모는 민주주의자가 아니었고 지금도 아닙니다. 화근은 바로 여기에 있다고 생각합니다. 히틀러는 인간 사회에서 독일인이 가장 뛰어난 종족이라고 그 간사한 혀로 설득할 줄 알았습니다. 우리 부모의 일부는 부주의해서, 일부는 귀가 얇아서, 또 일부는 원래 양심이 없어서 이 광기에 동조했습니다. 그건 그 자식들인 우리에게도 당연히 영향을 미쳤고, 그런 점에서 우리 부모들은 큰 죄를 지었습니다.[21]

그런데 부모 세대에 대한 비판은 전투적이 아니라 우울함의 특성을 지니고 있었다. 그들을 불행으로 몰아넣은 것이 악마든 광기든 자본이든, 혹은 그들 자신의 탐욕이든 독일인 다수는 이제 그 문제를 잊자고 하면서 어깨를 으쓱하고는 비판의 대오를 해산했다. '나는 내 문제만으로도 벅차.' '이제부터는 나와 내 가족만 생각할 거야.' 독일인들이 서로에게서 확인한 것은 기본적으로 회의적인 태도였다. '이제 나만 생각하며 살겠다는 것'은 그전의 민족 공동체가 요구한 '대동단결'에 대한 역사적 대답이었다. 이제 독일인들 사이에서는 불신과 피로감이 넘치고, 꼭 필요한 것으로만 축소된 결속이 만연했으며, 그 속에 자신들의 엄청난 모순을 숨겼다. 사람들은 암시장에서의 일상적인 속임수에서, 그리고 거처와 빵, 석탄을 얻으려는 치열한 싸움에서 이미 자신들의 진면목을 충분히 깨닫고 있었다. 이런 싸움에서는 당원이든 나치 반대자든 별 차이가 없었다. 다만 전반적인 도덕적 붕괴 속에서도 웬만큼 예의 바르게 행동했는지, 혹은 아무리 절실한 생존경쟁 속에서도 어느 정도 금도는 지켰는지가 도덕적 평가의 기준이 되었다.

전후 독일인들이 과거의 민족주의적 열정에 아무리 지치고 염증이 나고, 또 거기에서 치유되었다고 하더라도 그들의 결속은 여전히 굳건히 유지되었다. 나치 범죄가 용서될 수 있다는 측면에서 말이다. 연합군을 두 번째로 당혹스럽게 한 것은 독일인들 사이에서 사적 보복 행위가 일어나지 않은 현상이었다. 스스로 나치 희생자라고 생각하는 사람들은 왜 자기들을 괴롭힌 자들에게 앙갚음을 하지 않을까? 처음에 연합군은 내부 충돌을 예상했다. 나치 저항자들이 가해자들을 똑같은 폭력으로 응징하리라고 생각한 것이다. 사실 많은 저항운동가가 그에 대비하기도 했다. 그러나 그런 움직임의 동력을 앗아간 것은 체제 붕괴 이후의 생존 투쟁이었다. 루트 안드레아스-프리드리히는 1945년 10월의 어느 날 일기장에 이렇게 기록했다.

> 우리를 괴롭힌 반장들, 우리를 학대한 강제수용소 간수들, 우리를 게슈타포에 밀고한 배신자들, 이들에 대한 우리의 사적 복수는 운명의 조화에 가로막혔다. 그렇다, 2월이나 3월, 혹은 밀고자들이 기승을 부리고, 진짜 우둔한 인간들조차 나치즘에 속았음을 알아차릴 수 있었던 최후의 전투 몇 주 동안은 충분히 앙갚음할 기회가 있었다. 체제 붕괴와 연합군 점령 사이의 사흘 동안에는, 나치즘에 핍박받고 상처받은 수천수만 명의 독일인이 원수에게 복수의 칼을 휘두를 수 있었을 것이다. 각자가 압제자들에 대한 개인 심판관의 자격으로 말이다. 당시 사람들은 '눈에는 눈'을 맹세했고, "체제 붕괴 이후의 첫 시간은 심판의 날이 될 거"라고 칼을 갈았다. 그러나 운명은 다른 것을 원했다. (…) 성 바르톨로메오 축일의 대학살이 무르익기도 전에 어제의 흡혈귀가 오늘은 고난의 동반자가 되어버렸다. 공동의 불행에 맞서는 동지가.[22]

한나 아렌트도 독일 방문 보고서에서 독일이 놓친 봉기에 대한

뉘른베르크 전범 재판에서 세계 최초로 동시통역사들이 등장했다. 400명이 넘는 번역가가 뉘른베르크에서 활동했지만, 동시통역이 가능한 사람은 소수였다.

생각을 피력했다.

탈나치화 프로그램의 대안으로 유일하게 생각할 수 있는 것은 혁명, 즉 나치 정권을 대표하는 모든 자에 대한 독일 국민의 자발적인 처단이었을 것이다. 아무리 혼란스럽고 아무리 피비린내가 풍긴다고 하더라도 그런 혁명이 서류로만 진행되는 무미건조한 재판보다 분명 한결 공정했을지 모른다. 그러나 혁명은 일어나지 않았다. 4개국 연합군의 통치 아래서 혁명을 조직하기가 어려웠기 때문만이 아니다. 그건 아마 연합군이든 독일군이든 진짜 죄인들을 보호하고 나서야 할 만큼 전 국민적인 분노나 처단 의지가 없었기 때문일 가능성이 높다. 그런 분노는 지금도 없고, 과거에도 없었다.[23]

이렇게 해서 '사적 보복'은 일어나지 않았다. 그렇다고 국가를 통한 대리 보복이 만족스럽게 이루어진 것도 아니었다. 1945년 11월부터 1946년 10월까지 국제 군사재판소에서는 헤르만 괴링, 알프레트 요들, 루돌프 호이스Rudolf Heß, 로베르트 라이, 요아힘 폰 리벤트로프, 할마르 샤흐트, 한스 프랑크, 발두르 폰 시라흐 등 '주요 전범' 24명에 대한 재판이 진행되었다. 연합군은 피고인들의 혐의를 증명하는 자료를 준비하기 위해 각각 전담팀을 꾸렸다. 미국팀만 600명의 직원으로 이루어져 있었다. 소송 기록도 두꺼운 서류철 43권에 달했다. 재판의 국제법적 의의는 막대했다. '반인도주의적 범죄'와 '반평화적 범죄' 같은 형벌 규정이 인류 역사상 처음으로 적용된 것이다. 함부르크 사회연구소 설립자 얀 필립 림츠마Jan Philipp Reemtsma는 나중에 이런 총평을 내렸다.

모든 범죄가 정치적이라는 이유로 면책될 수 없다는 사실이 이 재판에서 처음으로 받아들여졌고, 그게 뉘른베르크 재판의 성취다. 이런 이유에서 이 재판은 문명적 개입이라 불러도 무방하다.[24]

따라서 세계 여론도 관심이 높았다. 20개국에서 취재 기자들이 왔고, 법정에는 취재진을 위해 자리가 240개나 마련되었다. 그들

중에는 존 더스 패서스, 어니스트 헤밍웨이, 존 스타인벡, 루이 아라공, 일리야 에렌부르크, 콘스탄틴 페딘 같은 유명 작가도 있었다. 배우 마를레네 디트리히Marlene Dietrich도 방청석에 앉아 있었다. 빌리 브란트는 노르웨이 신문에, 토마스 만의 딸 에리카 만은 런던의《이브닝 스탠더드》에 이 재판과 관련한 기사를 실었다. 그들의 보고서는 비록 그것을 읽음으로써 독일인들을 더 잘 이해할 수 있으리라는 기대를 충분히 채워주지 못했음에도 독자들의 큰 관심을 받았다. 재판이 진행된 독일에서만 무관심한 반응이 지배적이었다.《쥐트도이체 차이퉁》 기자로 나중에 편집국장이 된 빌헬름 에마누엘 쥐스킨트Wilhelm Emanuel Süskind는 다음과 같이 한탄했다.

> 재판을 참관한 외국 관찰자들이 뉘른베르크 재판을 대하는 일반 독일인들의 태도가 무관심 아니면 기껏해야 회의주의적 태도라고 말해도 우리는 할 말이 없다. 안타깝게도 그건 사실이니까. (…) 미국과 영국의 관찰자들이 자주 하는 두 번째 비판도 우리는 반박하기 쉽지 않았다. 그들은 말한다. 독일인들은 연합군이 차라리 뉘른베르크에서 즉결 심판으로 범죄자들을 바로 처단했으면, 노골적으로 말해 20명을 그냥 교수대에 매달았으면 좋아했을 거라고 말한다. 사실 우리는 히틀러 시대부터 그에 익숙해져 있었다. 어떻게 보면 즉결 군사재판이나 인민재판소의 정신이 우리에게 아직도 우세하다는 것을 보여주는 슬픈 지점이다.[25]

단순 부역자들의 계산은 분명했다. 주동자들을 속전속결로 처단함으로써 이 일이 모두를 위해 고통 없이 신속하게 끝나기를 바랐고, 그와 함께 이미 충분히 힘든 일상의 과제에 전념할 수 있었으면 좋겠다는 것이다. 뉘른베르크 재판에 회부된 주요 전범들도 재판 시작과 함께 이 전략을 따랐다. 자살을 통해 실질적인 책임을 면한 히틀러, 힘러, 괴벨스에게 모든 죄를 덮어씌우면서 자신들은 그들의 유혹에 넘어간 희생자인 척한 것이다.

알프레트 되블린도 이 재판이 대부분의 독일인에게 카타르시스적 효과를 주길 기대했다. 물론 독일인들이 진정 어린 관심과 책임감으로 이 재판에 동참한다는 전제하에서 말이다. 그는 독일인들의 관심을 유도하려고 한스 피델러라는 가명으로 소책자 《뉘른베르크 교육 재판Der Nürnberger Lehrprozess》을 20만 부 출간했다. 여기서는 교육적 이유로 자신과 달리 지난 12년을 망명지에서 보내지 않은 한 독일인의 관점을 택했다. 그는 이 재판의 의의를 이렇게 밝혔다. 여러 기자들이 사용한 바 있는 이 "세계 극장"은 "세계 양심의 첫 번째 성명"이자, "우리도 속한 인류의 인간성 회복"을 위한 공간이 되어야 한다.[26] 그러나 나중에 그에겐 씁쓰레한 감정만 남았다. 독자들이 그저 피고인들의 사진이나 얻으려고 소책자를 산 것 같은 기분이 들었기 때문이다.[27]

전쟁 주범 22명(2명은 그사이 사망했다) 가운데 세 명은 석방되었고, 일곱 명은 수년의 징역형과 종신형을 선고받았다. 사형 선고를 받은 사람은 12명뿐이었다. 1946년 10월 15일 처형되기 몇 시간 전에 독 캡슐을 삼킨 괴링만 제외하고는 모두 교수형에 처해졌다. 유죄 판결을 받은 자들이 처형장을 치우는 동안 시신은 뮌헨으로 옮겨졌고, 재는 비밀 장소에 뿌려졌다. 오늘날 알려진 바로는 오스트

프리트호프 화장터 인근에 콘벤츠바흐 개천이 이자르강과 합류하는 곳이었다고 한다.

이 재판이 끝나고도 과거사 '청산'은 오랫동안 질질 끌기만 했다. 이번에는 또 다른 나치 엘리트 185명에 대한 재판이 열렸다. 주로 강제수용소 의사, 법률가, 주요 경제계 인사들이었는데, 규모로 보면 주범들 가운데 극히 일부였다. 일반 나치당원은 또 다른 군사 재판과 연합군의 관리하에 독일 일반인들로 채워진 특별 민간 재판소에 배정되었다. 545개에 달하는 이 민간 재판소는 90만 명 이상을 재판한 뒤 다양한 등급으로 분류했다. 주요 범죄자, 적극 가담자, 소극 가담자, 단순 가담자, 무혐의자로 이루어진 다섯 개 등급이었다. 그런데 마지막까지 가서 유죄 판결을 받은 국가사회주의자는 대략 2만 5000명에 그쳤고, 그중 1667명만 '주요 범죄자'로 분류되었다.

최종 결과는 한참 빈약해 보이지만, 당사자들은 재판 결과를 예상할 수 없어 상당한 압박을 느꼈다. 어쨌든 미국 점령지에선 1937년 이전 나치당에 가입한 모든 공무원은 일단 책상을 빼야 했다. 비록 세 명 가운데 한 명이 1950년에 다시 원래 자리로 돌아왔고, 더 많은 사람이 뒤이을 예정이었지만, 아무튼 초기에는 이런 식으로 약간의 처벌만 이루어졌다. 전체적으로 보면 총 370만 명이 심사 대상에 올랐다. 물론 실제로 소송까지 이어진 경우는 전체의 4분의 1에 불과했다. 그럼에도 300만 명 이상이 자신의 사건이 어떻게 처리될지 몰라 얼마간은 불안과 공포에 떨어야 했다.[28]

이 시기 독일인들 간의 이 기이한 유대를 이해하려면 특별 민간 재판소의 한 가지 특성을 고려할 필요가 있다. 입증 책임이 뒤바뀐 것이다. 다시 말해 고소한 쪽이 피고인의 죄를 증명하는 것이 아니라 피고인이 자신의 결백을 입증하는 것이다. 증거 불충분으로 인한 무죄는 이론적으로 존재하지 않았다. 그에 대한 논리적 근거는 꽤 인상적이었다. 나치당원은 범죄 조직에 가입했다는 사실만으로도 이미 유죄이기에 이제 면책 사유를 스스로 제시하라고 했다.

특별 민간 재판소에서 대량으로 진행된 자기 소명 절차는 사람들을 유착시켰다. 피의자들은 백방으로 뛰어다니며 죄 없는 지인이나 신망 높은 비나치주의자, 심지어 공인된 나치 피해자들에게서 이른바 결백 증명서를 받아내려고 애썼다. 비록 누구누구가 나치당에 가입은 했지만, 가령 어려움에 처한 유대인 노파를 도와주었다거나 나치 정권을 조롱하는 농담을 했다는 등의 이유를 들어 실은 그가 옳은 편에 섰음을 확인해주는 증언이었다. 과거 히틀러 암살 음모에 가담했다가 나중에 연방의회 의원이 된 오이겐 게르스텐마이어Eugen Gerstenmaier는 자신이 무척 인기 좋은 결백 증명서 발부자였다고 말했다.

> 어떤 사람이 교도소에서 막 나왔다거나, 혹은 7월 20일엔 같이 있었다거나 하는 단순한 증언조차 미국인과 그들의 독일 대리인에게는 꽤 깊은 인상을 주었기 때문에 혐의를 받는 사람들은 어떻게든 결백 증명서를 받아내려고 기를 썼다.[29]

이 증명서들은 나중에 기만적 과거 세탁으로 해석되었다. 이는 전후 독일인들의 부정직성을 보여주는 전형이자, 교묘한 무력화를 통해 전반적으로 실패하고 만 탈나치화의 상징으로 여겨졌다. 그러나 결백 증명서 문제를 그리 간단하게만 볼 수는 없다. 만일 나치 시절의 한 구역 반장이 평판 좋은 사람이나 심지어 핍박받은 사람을 찾아가 결백 증명서를 부탁해야 한다면 심리적 동요가 없을 리 없었다. 부탁하는 사람은 착잡한 마음을 금치 못했을 테고, 부탁받는 사람은 묘한 쾌감을 느꼈을 것이다. 게다가 그들이 아무리 증언을 해줄 준비가 되어 있다고 해도 효력 면에서는 분명 한계가 있었다.[30]

탈나치화와 민주주의

대다수 독일인이 스스로를 히틀러의 희생자로 여기는 이런 집단적 자기 합리화는 학살당한 수백만 명에 대한 견디기 힘든 모독이다. 역사 정의의 높은 망루에서 내려다보면 이런 식의 변명과 무책임함은 가해자에 대한 솜방망이 처벌만큼이나 분노를 자아낸다. 하지만 다른 한편으로 보면, 이는 서독의 민주주의 확립을 위해 받아들여야 하는, 어쩌면 불가피한 전제 조건이었을지도 모른다. 그로써 새로운 시작을 위한 심리적 토대가 만들어졌기 때문이다. 자신이 히틀러의 희생자라는 확신은 스스로를 불명예스럽고 비겁하고 기회주의적인 존재로 느끼지 않으면서 몰락한 정권에 대한 충성심을 버릴 수 있는 선행 조건이었다. 이는 동독이든 서독이든 앞으로도 상당 시간 과거 적들의 보호 속에서 살아야 하는 상황에서는 더욱 필요한 일이었다. 동쪽의 독일-러시아 관계든 서쪽의 독일-서방 관계든 양쪽의 친선 관계는 독일인들 스스로 1945년에 나치 체제에서 해방되었다는 주장에 정점을 찍은 이 희생자 논리 덕분에 가능했다.

스스로 기만당하고 착취당했다는 확신과 함께 나치의 이념적 불씨는 외견상 완전히 꺼져버렸고, 독일인들은 마치 자신과의 혹독한 정신적 대결을 통해 내적 탈나치화의 기적을 이루어내기라도 한 듯 아무런 가책 없이 온 마음으로 민주주의에 집중할 수 있었다. 자기들끼리 다정한 말로 다독인 이 희생자 논리 덕분에 대다수 독일인은 나치의 이름으로 저질러진 범죄와 대면해야 할 심리적 부담을 내려놓을 수 있었다.

철학자 헤르만 뤼베Hermann Lübbe가 1983년에 적절한 역설로 표현한 이 "침묵의 의사소통"을 통해 독일은 여전히 1000만 명이 넘는 골수 나치를 기본법과 자기 성찰을 통해 반파시즘의 길로 합의한 민주 사회에 동참시킬 수 있었다. 침묵을 "전후 독일인들을 연방공화국의 시민으로 전환하는 데 필요한 사회심리학적 정치적 수단"[31]으로 본 뤼베의 냉철한 해석은 전쟁 범죄에 대한 독일인들의 심리적 억압을 정당화하는 것으로 간주되면서 격렬한 비판을 받았다. 그러나 그사이 나치 범죄와 그것을 부정하는 정책을 상세히 연구해온 역사가들조차 이제는 "정치적 사면과 단순 가담자 무리의 사회적 재통합은 필연적이면서도 불가피했다"[32]는 테제에 동의하고 있다.

콘라트 아데나워 총리는 연방의회 첫 연설에서 "전쟁과 전후 시대의 혼란"이 낳은 "가혹한 시험과 유혹"의 결과였던 "일부 과오와 경범죄"의 사면 문제를 언급했다.

연방 정부는 많은 사람이 스스로 볼 때 심각하지 않은 죄에 대해 속죄했다는 확신 속에서 지나간 것은 지나간 대로 묻어두기로 결정했습니다. 하지만 다른 한편으론 우리 국가의 존립을 뒤흔든 자들에 대해서는 반드시 과거의 교훈으로 삼기로 결심했습니다.[33]

제3제국 치하에서 반복적으로 핍박받고 구금되면서도 용감하게 반나치 활동을 펼쳤던 아데나워는 법률가 한스 글로프케Hans Globke를 총리실 비서실장에 임명함으로써 자신이 사면을 어떻게 이해하는지를 직접 보여주었다. 글로프케는 뉘른베르크 인종법의 공동 초안자 가운데 한 명으로 유대인 박해와 배척에 상당히 관여한 인물이었다. 그런 사람이 1950년 연방공화국 행정부 요직을 꿰차자 의회에서 격렬한 논쟁이 일었지만, 결국은 나치 범죄에 대한 단죄를 무력화시키고 사법 정의를 방해하는 수치스러운 국가적 조치로 이어졌다. 아데나워는 글로프케의 비서실장 임명에 대한 격렬한 분노에 다음과 같이 답했다.

깨끗한 물이 없는 동안에는 더러운 물을 버리지 않습니다.

아데나워가 글로프케를 고수한 것은 신생 공화국의 도덕성에 심각한 의문을 불러일으켰고, 많은 민주주의자를 분노와 절망에 빠뜨렸다. 게다가 이런 사례들은 동독에 좋은 먹잇감을 제공했다. '본Bonn 정권이 결국 본질적으로' 나치 정권과 다르지 않다는 것이다. 당시 서베를린 미 점령지에서 RIAS 방송국 기자로 일하던 에곤 바르Egon Bahr(나중에 빌리 브란트와 함께 동서 긴장 완화에 중요한 역할을 한다)는 많은 나치 거물의 부활을 알리는 신호탄으로서 이 글로프케 사례에 경악을 금치 못했다. 특히 사법부와 치안 당국, 의료계, 대학에는 과거 정권의 충성파들이 가득했고, 이들은 국가 조직 내에서 이전의 위치를 되찾고는 활기차게 출셋길에 올랐다. 그런데 훗날 바르는 아데나워에 대한 당시의 판단을 대폭 수정했다.

> 수십 년이 지나, 당시 엄청난 도전 앞에 서 있던 늙은 아데나워를 생각해보면 내 판단은 상당히 완화될 수밖에 없다. 그는 600만 나치당원과 나치 비율이 그에 못지않은 실향민들이 함께 존재하는 국가를 떠맡았기에 언제 터질지 모르는 화약고가 폭발하지 않도록 늘 주시해야 했다. 그것이 바로 정치술이다.[34]

바르는 다른 글에서 계속 이어간다.

> 그런 상황에도 불구하고 이 국가를 하나로 통합한 것이 아데나워의 가장 큰 업적이라고 생각한다. 글로프케는 그 일을 위한 도구이거나, 신호 또는 상징이었다.[35]

글로프케 논쟁이 보여주듯 나치 범죄에 대한 침묵은 1950년대의 답답한 일반적 이미지와 달리 그리 견고하지 않았다. 그 때문에 최근의 역사가들은 뤼베가 말한 '침묵의 의사소통'에 구체적인 형태를 부여한다는 의미에서 억압의 개념을 기억과 망각 사이의 넓은 영역을 조절하는, '말없이 말하는 규칙'이라는 개념으로 대체했다.[36]

그렇다면 우리는 심층심리학적 측면에서의 억압에 대해 말할 수 없다. 그건 우익들이 계속 새로운 문제들로 평화를 해치고, 그로써 나치즘이 결코 전반적으로 사라지지 않았음을 뚜렷이 보여주었기 때문에라도 그렇다. 극우주의자들은 그들 방식대로 범죄에 대한 기억을 생생히 간직하고 있었다. 옛 나치의 집결지였던 극우 정당 '독일당'의 볼프강 헤들러Wolfgang Hedler 연방하원의원은 1949년 11월 25일 이렇게 말했다. 사람들은 "유대 민족에 대한 히틀러의 만행을 두고 너무 야단법석을 떱니다. 유대인들을 가스로 죽인 방법이 적절했는지에 대해선 의견이 갈릴 수 있습니다. 그들을 제거할 다른 방법도 있었을 테니까요". 이 발언은 당시에도 엄청난 공분을 일으켰다. 결국 헤들러는 기소되었다. 하지만 전 나치당원이던 판사 세 명에 의해 증거 불충분으로 무죄가 선고되었다. 그사이 의원직이 박탈된 헤들러는 연방의회에 들어가려다가 정의 실현을 위해 나선 사회민주당 의원들에게 구타당했고, 자신의 소속 정당에서도 쫓겨났다. 어쨌든 독일당은 기독교민주연합, 기독교사회연합, 자유민주당과 함께 서독의 첫 연립정부 멤버였다.

이런 사건들은 국가사회주의가 독일 사회에 아직도 얼마나 많은 영향을 미치고 있는지에 대한 불안감을 국내외에 계속 불러일으켰다. 세계인들에게 독일인은 여전히 납득하기 어려운 이상한 민족이었다. 물론 당시 연방공화국의 규범적 반나치즘은 오늘날보다 더 약해 보이지 않았다. 공개적으로 이 규범을 어긴 사람은 즉각 사회에서 배척당했다. 집단적 틱 장애처럼 되풀이되는 반유대주의적 발작은 정화된 다수에 의해 효과적으로 진화되었다. '교화되지 않은' 나치에게는 분명 아무 기회가 없었다. 그럼에도 독일인 다수는 이

나치당의 체계를 공개한 미군정 소책자. 1945년 여름 베를린 주둔 미군은 나치당원 명부를 손에 넣었다. 1인당 한 장씩 총 1070만 장의 색인 카드였다. 이 소식에 많은 독일인이 잠을 이루지 못했다.

제 과거사에 망각의 망토를 씌우고 싶어 했다. 과거 문제에 마침표를 찍으려는 의지는 너무 광범하게 퍼져 있어서 연방의회 역시 첫 개원 직후 연합군의 정치적 숙청을 무효화하는 조치를 차례로 발의했다. 예를 들어 1949년의 '연방 사면', 1950년의 탈나치화 종결 권고, 1951년의 해고된 공무원 원대 복귀 법률, 1954년의 제2차 사면법 같은 것들이었다.

가장 중요한 것은 1954년의 제2차 사면법이었다. 이것은 무엇보다 이른바 전쟁 최종 국면에서 탈주병과 병역 거부자, 강제 노역자에게 저질러진 잔혹한 범죄와 관련이 있었기 때문이다. 비록 살인죄는 면책 대상에 포함되지 않았음에도 법적으로 과거를 종결하려는 법의 취지는 명확했다. 이 사면법은 가해자들에게, 명령에 따른 불가피한 행동이었다는 핑계로 법망을 빠져나갈 도피처를 제공했다. 약 40만 명이 이 법의 혜택을 받았는데, 그중 상당수가 사기와 강도, 절도 혐의로 기소된 사람들이었다. 물론 그렇다고 나치 가해자 다수의 책임을 면해준다는 법의 상징적 의미가 약해지지는 않았다.

오늘날의 관점에서 보면, 그러니까 우리 모두 홀로코스트의 진실을 알고 나치 범죄에 대한 기억이 독일 문화의 본질을 이루는 지금의 관점에서 보면, 당시 정치계와 여론이 정말 심각한 전범들까지 옹호한 그 당연함이 당혹스럽고 놀랍다.[37]

심지어 당시 사람들은 '탈나치화의 희생자에 대한 배상'을 운운하거나 투옥된 전범을 '전쟁 기결수'라 바꿔 부르는 것도 주저하지 않았다. 1949년 테오도르 호이스 연방 대통령이 말한 "집단적 수치심"은 딱 거기까지였다. 늦어도 연금 청구권 문제에 이르면 수치심은 완전히 사라졌다. 전직 나치 관리들은 나치 정권하에서 자신들이 근무했던 경력이 연금에 삭감되지 않고 반영되기를 원했고, 실제로 그렇게 되었다. 심지어 중범죄를 저지른 나치 친위대원들까지 근무 기간을 인정받아 연금 등급에서 불이익을 받지 않았다.

연합군이 처음에 이들의 연금 청구권을 거부한 것은 전직 나치 엘리트들에겐 심각한 모욕이었다. 그러나 신생 연방공화국은 이른바 승자의 정의에 수정을 가함으로써 그들의 충성심을 샀다. 이처럼 나치 범죄자들을 단순히 받아들이는 것을 넘어 그들에 대한 '보상'까지 거론하는 열정과 그 정책이 누린 폭넓은 지지를 생각하면 당시 독일인들에게 과연 민주주의에 대한 능력이 있었는지 의구심을 갖기에 충분해 보인다. 그러나 그들의 정치적 대표자들은 그런 반박을 일축했다. 사면 요청은 나치즘의 연장이 아니라 새 출발을 위한 단호한 의지고, 당대의 시대정신이 요구하는 것은 어디서 왔느냐가 아니라 어디로 가고자 하느냐는 것이다.[38] 하지만 어디서 왔는지를 모른다면 어디로 가는지 어떻게 알 수 있을까? 비록 법적인 대결이라고 해도 과거와의 직접적인 대결 없이 이루어진 새로운 시작은 모두 실패하지 않았던가?

이런 분위기와 관련해서 가장 호의적인 해석이라면, 다수 독일인이 나치 범죄자들에 대한 사면을 그렇게 큰 목소리로 외쳐댄 것은 나치 범죄에 대한 그들 자신의 공동 책임을 숨기고 싶었거나, 아니면 감옥에 갇힌 전범들이 자기들을 대표해서 갇혀 있다고 생각해서라는 것이다. 해고된 나치 공무원의 복직을 규정한 기본법 131조의 의결이 결코 나치 사상의 승리로 간주되지 않았다는 점도 그런 공동 책임에 대한 사람들의 잠재의식을 보여준다. 오히려 '기소된 자들'에 대한 통합 정책은 그들의 개인적 나치즘이 다수 사회의 나치즘과 마찬가지로 철저히 사라졌을 거라는 암묵적 가정하에서 시행되었다. 물론 개개인에 대해 검증은 이루어지지 않았다. 어쩌면 필요 없는 일이었을지도 모른다. 사회 전반의 대세 순응주의와 경제 호황 덕분에 옛 나치 엘리트들의 완고한 사상도 안전하게 억제될 수 있었기 때문이다.

어쨌든 사면은 사회민주당도 대부분의 경우 실용적으로 방임할 수밖에 없을 정도로 다수의 강력한 요구였다. 탈나치화와 민주화는 적대적 형제 같았다. 둘 다 서로 없이는 생각할 수 없으면서도 서로를 배척하고 싶어 했다. 국민 다수의 뜻에 따르자면 실질적인 탈나치화는 이루어져서는 안 되지만, 탈나치화 없이는 국민의 뜻이 적절한 방식으로 관철되는 안정적인 민주주의는 상상할 수 없었다. 심리적 억압 없이는 빠져나올 길이 거의 보이지 않는 진퇴양난의 상황이었다.

맺음말 삶은 계속된다

전후 독일 사회가 진실과 마주하는 면에서 아무리 무능했다고 비난하더라도 그들의 억압 능력 덕분에 후손들이 막대한 이익을 본 것은 부인할 수 없다. 과거 직시에 대한 광범한 거부에도 불구하고, 그리고 나치 엘리트들의 대대적인 귀환에도 불구하고 동서독 양국에 나치즘에서 정화된 사회가 굳건히 자리를 잡았다는 사실은 경제 기적보다 훨씬 더 큰 기적이었다. 독일이 전 세계의 악몽이 되었던 것만큼이나 걱정스러웠던 것은 예전의 우직함을 되찾은 몽유병자 같은 확신이었다. 기적은 그렇게 떠들썩하지 않게 이루어지지 않았기에 더더욱 기적적이었다. 알프레트 되블린은 "소박하고 우직한 민간 사회"를 꿈꾸었다. 그런 사회야말로 오만하고 반시민적인 나치 폭정의 대척점으로 보았기 때문이다.[1] 그는 자신의 꿈이 서독의 중산층 사회와 동독 특유의 목가적 삶을 바탕으로, 종종 희화화되는 현실이나 조롱받는 평범함의 낙원으로 변모하리라고는 예상하지 못했다.

이 책이 규명하고자 한 부분은 명확하다. 다수 독일인이 개인적 책임을 거부했음에도 어떻게 나치 정권을 가능케 한 심리 상태에서 벗어날 수 있었을까? 여기서 이전의 과대망상만큼이나 핵심적인 역할을 한 것은 미몽에서 화들짝 깨어난 듯한 급격한 현실 자각이었다. 게다가 연합국에 딸려 들어온 느긋한 생활 방식의 매력, 암시장을 통한 쓰디쓴 사회화 과정, 실향민에 대한 사회적 통합 노력, 추상미술을 둘러싼 떠들썩한 논쟁, 새로운 디자인에 대한 즐거움도 중요한 역할을 했다. 이 모든 것이 심리 상태의 변화를 촉진했고, 그 토대 위에서 민주주의에 대한 정치적 담론은 서서히 결실을 맺을 수 있었다.

전후 시대를 아름답게 마무리하는 데 결정적인 역할을 한 것은 경제 성장의 힘이었다. 그 힘이 있었기에 실향민 1200만 명, 동원해제 군인 1000만 명, 또 그만큼의 폭격 피해자들을 미래의 고향이라 부를 만한 임시 숙소에 수용할 수 있었다. '경제 기적'이 없었더라면 서독이 전설적인 정치적 안정을 이룰 수 있었을지, 게다가 "더 이상 실험은 없다!"라는 구호 아래 아이들을 조심스럽게 키우고 그 아이들이 1960년대에 배은망덕하게도 자기들만의 '문화 혁명'을 일으킬 수 있었을지는 다행히 추측으로만 남는다.

그러나 사실 독일인들은 이 행운을 받을 자격이 없었다. 동서독이 오래지 않아 각 정치 진영에서 경제적인 선두 자리에 오른 것은 역사적 정의와 아무 상관이 없었다. 수십 년 동안 수백만 명의 학살에 대한 폭넓은 사회적 논쟁은 존재하지 않았다. 그것은 1963년부터 1968년까지 아우슈비츠 재판이 진행되면서야 비로소 시작되었다.

> '삶은 계속된다'라는 낙관적인 말은 사실 천형天刑이나 다름없다. 그런 상황에서 삶이 계속된다는 건 양심이 멈춰야 가능하기 때문이다.

한스 하베가 1955년 소설《출입 금지》에서 쓴 대목이다. 미군에 복무하며 독일인들의 재교육을 담당했던 그는 생존 의지가 일상에 요구하는 우선권을 냉철하게 간파하고 있었다. 그는 계속 이렇게 썼다.

> 출생과 죽음, 임신과 질병, 빈곤과 노동, 주거, 난방, 성교, 이것들은 인류의 가장 행복한 순간에도 계속 이어지는 삶의 상징이다. 그 상징들에서 희망이 솟고 분노는 잠든다.[2]

그러나 분노는 잠들지 않았다. 그저 잠시 잠든 것처럼 보였다. 사실 억압은 항상 시간만 지연시킬 뿐이다. '과거 청산'은 훗날 후손들이 떠맡았다. 그들은 과거 청산을 부모 세대에 대한 역사적 승리로 여겼다. 가장 거친 국면에서는 마치 내전처럼 보이기도 했던 부모와의 싸움에서 말이다. 1968년의 세계적인 저항 물결이 서독에서만큼 부모 세대에 대한 가차 없는 개인적 청산과 결합된 곳은 없었다. 자신의 자식들에게 거의 광적으로 지탄받은 것은 1945년 이후 독일인들이 스스로에게 가했던 억압의 후유증이었다.

전쟁 세대는 이런 식으로 1960년대 후반에 다시 한번 집단 책임의 비난을 자기 자식들에게 받았다. "나치 세대에 불복종 운동을 펼칩시다." 1967년, 한 전단에 적힌 글이다.

> 나치의 인종 차별 선동자, 유대인 살인자, 슬라브족 살해자, 사회주의자 학살자, 그리고 나치의 오물이 우리 세대에까지 악취를 풍기는 것을 끝냅시다. 1945년에 놓친 일을 우리가 뒤늦게

라도 만회합시다. 나치 페스트를 도시에서 몰아냅시다. 마침내 제대로 된 탈나치화를 이루어냅시다. (…) 그로써 이 썩은 사회의 전 기관을 마비시킵시다.[3]

그러나 이러한 분노에서 이어진 실제적인 결과는 별로 없었다. '68세대'조차 부모 세대의 나치 연루 혐의를 구체적으로 밝히는 데는 거의 관심이 없었다. 대신 자본주의를 독재의 전 단계로 낙인찍고 그들이 겪은 사회적 탄압을 파시스트적인 것으로 규정하는 새로운 파시즘 이론을 만들어냈다. 과거 암시장 소년이었던 한스 마그누스 엔첸스베르거도 서독의 상태를 기괴하게 과장하고 그로써 국가사회주의를 대수롭지 않은 것으로 치부하는 새로운 이데올로기를 사용했다. 그가 1968년에 쓴 글을 보자.

새로운 파시즘은 경제 기적으로 먹고산다. (…) 더는 대중을 동원할 수 없지만, 그들을 손아귀에 넣고 은밀하게 통제하려 든다. 새로운 파시즘이 믿는 것은 중산층, 사회에 편입된 자들, 절망적으로 매달리는 사람들이다. 이 새로운 파시즘은 위협이 아니라 이미 오래전에 현실이 되었다. 일상적이고, 자기 충족적이고, 내면화되고, 제도화되고, 가면을 쓴 파시즘이다.[4]

약 20여 년 전부터야 '아주 평범한 독일인들'이 국가사회주의를 굉장히 폭넓게 추종한 사실이 밝혀졌다. 특히 괴츠 알리Götz Aly는 《히틀러의 민족국가Hitlers Volksstaat》에서 철저한 계몽 정신으로 이 정권의 대중적 성격을 세밀하게 증명하고, 개인의 죄악을 세분화해서 책임을 묻는 데 성공했다.

같은 시기, 후손들 사이에서는 곤혹스러울 수밖에 없는 과거사를 또렷이 기억하고자 하는 문화가 확산되었다. 연방 정치교육센터의 한 웹사이트에는 이런 내용이 적혀 있다.

> 통일 독일은 늦어도 2005년에는 제2차 세계대전을 기억하는 면에서 승전국의 지위에 올랐다. 'D-Day' 및 히틀러의 제3제국에 대한 승전 60주년 기념식에서 독일의 게르하르트 슈뢰더 총리와 독일 대표단은 더 이상 뒤로 숨을 필요가 없었다. 독일의 성공적인 민주주의는 정치적으로 과거 연합국의 대열에 당당하게 합류하게 됨으로써 더욱 품위가 높아졌다.[5]

이에는 독일 정치 대표자들의 수많은 발언 속에도 성공적인 과거 청산에 대한 무언의 자부심이 담겨 있다. 그것도 역사의 어두운 면을 다루기 꺼리는 다른 나라들에 대한 도덕적 우월감까지 슬쩍 내비치면서 말이다. 독일은 "과거 청산 부문에서 세계 최고의 수출국"[6]임을 자부한다. 물론 종종 홀로코스트에 대한 형식적이고 상투적인 연설과 가끔 남들의 부정확한 지적에 신경질적인 반응을 보이는 것이 여전히 주체성과 내적 확신의 부족을 드러내고, 극우주의자들에게는 지배적 신념 독재에 대한 그들 자신의 편집증적 사고의 증거로 쓰이기는 하지만 말이다.

독일 민주주의가 실제로 얼마나 안정적이고 담론 능력이 있는지는 진정한 실존적 위기 상황에서 검증된 적이 아직 없다. 철학자 카를 야스퍼스는 1946년 독일인들의 책임 문제에 대한 강연집 서문에서 일종의 담론 규칙을 제시했다. 그는 독일인들을 가장 효과적으로 정화하려면 토론 태도에서 근본적인 변화가 있어야 한다고 확신했다.

> 우리가 소통 과정에서 서로를 발견할 수 있어야만 독일은 자기 본연의 모습을 찾을 수 있다.[7]

그에 대한 전제 조건은 아낌없는 솔직함이었다. 그는 사람들이 너무 과도한 합리적 상대화를 통해 모든 책임을 회피한다는 사실을 간파하면서 독일인에게 가장 시급한 것으로서 다음을 요구했다.

> 서로 대화하는 법을 배우자. 그러니까 자신의 의견만 되풀이하지 말고 타인의 생각도 듣자. 자기주장만 해서는 안 된다. 늘 관련성 속에서 숙고하고, 남들이 왜 그런 생각을 하는지 이유를 듣고, 항상 들을 준비를 하고, 새로운 통찰력에 마음을 열자. 입장을 바꿔 생각하는 연습도 해야 한다. 그로써 우리 생각에 문제가 있는 것을 찾아내고 남의 생각을 이해해보자. 서로 모순되는 것에서 공통적인 요소를 찾아내는 것이 중요하다. 그것이 성급하게 배타적 입장을 고수함으로써 대화를 아무 가망 없이 끝내는 것보다 훨씬 낫다.[8]

요즘 사회적 분열에 관한 이야기가 많이 나온다. 갈등을 보다 현명하게 다룰 줄 아는 나라를 위한 야스퍼스의 가르침을 우리 모두 곱씹어볼 때인 듯하다.

주

1. 제로 시간?

1. Friedrich Luft: Berlin vor einem Jahr. Die Neue Zeitung, 10. 5. 1946.
2. 5월 8일 23시 01분을 공식 종전 시간으로 정하자는 타협안도 의견 일치를 보지 못했다. 그래서 미국은 5월 8일에, 러시아는 5월 9일에 승전 기념식을 연다. 동독에서도 5월 9일을 해방일로 정해 학교가 쉰다. 다른 나라들도 자기만의 날짜가 있었다. 예를 들어 네덜란드는 5월 5일을, 덴마크는 5월 4일을 해방일로 정해두고 있다.
3. 에곤 야메존(Egon Jameson)은 1949년 7월 14일 자 《노이에 차이퉁》에 〈게슈타포의 마지막 희생자들을 석방하라!〉는 제목으로 발터 아일링 사건을 보도했다.
4. 예를 들면 우타 게르하르트는 자신의 방대한 연구서에서 연합군에 주권을 완전히 넘김으로써 이루어낸, 총통 독재에서 의회민주주의로의 급격한 체제 변화는 단순히 비유적 의미를 넘어 실질적으로 제로 시간이라는 이름을 붙여도 충분하다고 보았다. "어떤 정책 프로그램의 시간 역학에는 제로 국면이 포함되어 있다. 따라서 제로 시간은 단순히 은유가 아니라 전 사회 영역에 대한 정치 모델이다." Uta Gerhardt: Soziologie der Stunde Null. Zur Gesellschaftskonzeption des amerikanischen Besatzungsregimes in Deutschland 1944–1945/46. Frankfurt am Main 2005, S. 18.
5. Ruth Andreas-Friedrich: Der Schattenmann. Tagebuchauf zeichnungen 1938–1948. Berlin 2000, S. 303.
6. Anonyma: Eine Frau in Berlin. Tagebuchaufzeichnungen vom 20. April bis 22. Juni 1945. Frankfurt am Main 2003, S. 158.
7. Andreas-Friedrich, S. 366.
8. Keith Lowe: Der wilde Kontinent. Europa in den Jahren der Anarchie 1943–1950. Stuttgart 2014, S. 33. 이전 수치는 물론이고, 함부르크와 전 유럽의 피해자 비율도 이 책에서 따왔다.
9. Wolfgang Borchert: Das Gesamtwerk. Hamburg 1959, S. 59.

10. 셸스키는 다음과 같이 썼다. "이 세대는 사회적 의식과 자신감 면에서 이전의 어떤 젊은이보다 더 비판적이고 회의적이고, 의심이 많고, 믿음이 부족하고, 환상이 없다. 자신과 타인의 약점을 상정하고 받아들이는 능력을 관용이라고 할 수 있다면 그들도 관용적이다. 그들은 격정과 계획, 구호가 없다. 대신 이런 정신적인 냉정함 덕분에 일반적인 청춘에게는 드문 생활력을 갖추고 있다. 이 세대는 사적 관계 및 사회적 관계에서 이전의 어떤 세대보다 더 적응을 잘하고, 현실적이고, 수완이 뛰어나고, 성공에 대한 확신이 강하다. 그들은 통속적 삶의 대가로서 그것을 자랑스러워한다." Helmut Schelsky: Die skeptische Generation. Eine Soziologie der deutschen Jugend. Düsseldorf, Köln 1957, S. 488.
11. Anonyma, S. 193.

2. 폐허 속에서

1. Klaus-Jörg Ruhl(Hg.): Deutschland 1945. Alltag zwischen Krieg und Frieden. Neuwied 1984, S. 166.
2. Leonie Treber: Mythos Trümmerfrauen. Von der Trümmerbeseitigung in der Kriegs- und Nachkriegszeit und der Entstehung eines deutschen Erinnerungsortes. Essen 2014, S. 84.
3. 참조. Jürgen Manthey: Hans Fallada. Reinbek bei Hamburg 1963, S. 145.
4. Treber, S. 82.
5. 레오니 트레버는 프라이부르크, 뉘른베르크, 킬을 예로 들어 독일 전쟁 포로들이 잔해 처리 작업에 동원되었음을 증명한다. 같은 책, S. 97.
6. Barbara Felsmann, Annett Gröschner, Grischa Meyer(Hg.): Backfisch im Bombenkrieg. Notizen in Steno. Berlin 2013, S. 286.
7. 그러나 서쪽에도 뮌헨의 유명한 청소 운동 '라마 다마(Rama Dama)'처럼, 여성들이 참여한 시민 청소 캠페인이 있었다. 이에 대한 정확한 수치는 레오니 트레버의 박사 논문 참조.
8. 참조. Marita Krauss: Trümmerfrauen. Visuelles Konstrukt und Realität. In: Gerhard Paul(Hg.): Das Jahrhundert der Bilder. 1900-1949. Göttingen 2009.

9. Treber, S. 218.

10. 에리히 캐스트너는 1946년 9월에 처음으로 고향 도시 드레스덴을 다시 방문했는데, 이곳 도심도 다른 도시들만큼 깨끗이 치워져 있었다. "마치 꿈속에서 소돔과 고모라를 지나가는 듯하다. 이따금 전차 지나가는 소리가 꿈속처럼 들린다. 이 돌사막에는 아무것도 없다. 그저 지나칠 뿐이다. 삶의 이쪽 강가에서 저쪽 강가로. (…) 이 거대한 돌사막 가장자리에 이르러서야 삶의 호흡을 약간 느낄 수 있는 도시의 폐허가 다시 시작되는데, 파괴된 다른 도시들의 모습과 비슷하다." Erich Kästner: … 그 후 나는 드레스덴으로 갔다. Die Neue Zeitung, 30. 9. 1946.

11. 참조. Roland Ander: "Ich war auch eine Trümmerfrau." Enttrümmerung und Abrisswahn in Dresden 1945 – 1989. Dresden 2010, S. 179.

12. 프랑크푸르트 폐허 제거 전략은 다음의 책 참조. Werner Bendix: Die Hauptstadt des Wirtschaftswunders. Frankfurt am Main 1945 – 1956. Studien zur Frankfurter Wirtschaftsgeschichte, Bd. 49. Frankfurt am Main 2002, S. 208ff.

13. Treber, S. 160.

14. 옛날에는 주기도문을 외울 때 '악'이 아니라 '불행'에서 구원해달라고 기도했는데, 공식적으로 이 표현이 '악'으로 대체된 것은 1971년이었다. 이 영화에서는 독일인들을 죄책감에서 눈을 돌리게 하지 않으려고 일부러 '불행'이라는 모호한 표현을 쓰지 않았다.

15. Kurt Worig: Und über uns der Himmel. Filmpost Nr. 157, 1947

16. Otto Bartning: Mensch ohne Raum. Baukunst und Werkform, 1948. Zitiert nach: Ulrich Conrads(Hg.): Die Städte himmeloffen. Reden über den Wiederaufbau des Untergegangenen und die Wiederkehr des Neuen Bauens 1948/49. Basel 2002, S. 23.

17. Sylvia Ziegner: Der Bildband "Dresden – eine Kamera klagt an" von Richard Peter senior. Teil der Erinnerungskultur Dresdens, Marburg 2010 (http://archiv. ub.uni-marburg.de/diss/z2012/0083/pdf/dsz.pdf. 이 사이트에 보니타스의 조각품에 대한 정보도 나온다.)

18. Hessische/Niedersächsische Allgemeine, 19. 1. 2011.

19. Franz A. Hoyer in: Hermann Claasen. Gesang im Feuerofen. Überreste einer alten deutschen Stadt. Düsseldorf 1947, 2.Auflage 1949, S. 10.

20. 같은 곳.

21. Eberhard Hempel: Ruinenschönheit. In: Zeitschrift für Kunst. 1 Jg., 1948, Heft 2, S. 76.

22. Wolfgang Kil: Mondlandschaften, Baugrundstücke. In: So weit kein Auge reicht. Berliner Panoramafotografien aus den Jahren 1949–1952. Aufgenommen vom Fotografen Tiedemann, rekonstruiert und interpretiert von Arwed Messmer. Ausstellungskatalog der Berlinischen Galerie. Berlin 2008, S. 116.

23. 60 Jahre Kriegsende. Wiederaufbaupläne der Städte. Bundeszentrale für politische Bildung. http://www.bpb.de/geschichte/deutsche-geschichte/wiederaufbau-der-staedte, zuletzt aufgerufen am 27. 2. 2018).

24. Lucius Grisebach(Hg.): Werner Heldt. Ausstellungskatalog der Berlinischen Galerie. Berlin 1989, S. 33.

25. 프랑스에서의 군 복무도 헬트의 삶에서 우울증이 자취를 감춘 몇 안 되는 시기에 속한다. 나치에는 조금도 호감을 갖고 있지 않았던 이 예민한 화가는 1941년 여름 프랑스에서 이렇게 썼다. "우리는 영국군에게 열심히 총을 쏜다. 이 비생산적인 상황에 대한 유일한 위로다."

26. Grisebach, S. 49.

27. 아니면 브레머 화랑이었을 것이다. 그의 개인전은 두 곳의 화랑에서 열렸기 때문에 둘 중 어느 것인지 정확히 밝히기는 어렵다.

28. Grisebach, S. 54.

3. 대이동

1. Ulrich Herbert, Geschichte Deutschlands im 20Jahrhundert, S. 551ff. und Hans-Ulrich Wehler: Deutsche Gesellschaftsgeschi chte. Vom Beginn des Ersten Weltkriegs bis zur Gründung der beiden deutschen Staaten 1914–1949. München 2003, S. 942ff.

2. Ursula von Kardorff: Berliner Aufzeichnungen 1942–1945. München

1992, S. 351.

3. 참조. Friedrich Prinz, Marita Krauss(Hg.): Trümmerleben. Texte, Dokumente, Bilder aus den Münchner Nachkriegsjahren. München 1985, S. 55.

4. 〈쾨첸브로다 특급열차〉는 맥 고든(Mack Gordon)과 해리 워런(Harry Warren)의 스윙 음악을 독일 전후 상황에 맞추어 기발하게 옮긴 제목이다. 〈채터누가 추추〉는 뉴욕에서 테네시주의 채터누가까지 기차로 가는 여행을 다루고 있는데, 1941년 글렌 밀러가 불러 미국 차트에서 몇 주 동안 1위를 차지했다. "실례지만, 저게 채터누가행 열차인가요?"라는 가사가 불리 불란에서는 "실례지만, 선생님, 이 기차가 쾨첸브로다로 가나요?"로 바뀌었다. 쾨첸브로다는 전후 드레스덴 인근에서 유일하게 제 기능을 하는 기차역이었다. 불리 불란의 커버곡보다 더 유명한 곡은 우도 린덴베르크(Udo Lindenbergs)가 부른 〈팡코행 특급열차〉뿐이었다. "실례지만, 저게 팡코행 특급열차인가요?"

5. Hans Habe: Off Limits. Roman von der Besatzung Deutschlands. München 1955, zitiert nach der Ausgabe im Heyne Verlag, München 1985, S. 24.

6. 강제 징용자(DP) 개념과 관련해서 오늘날에도 널리 인정받는 볼프강 야콥마이어의 정의에 따르면, 그들은 "제2차 세계대전 당시 나치의 인구 및 노동 정책이 남긴 유산으로 대부분 동유럽에서 끌려온 강제 노역자들이었다." Wolfgang Jacobmeyer: Vom Zwangsarbeiter zum Heimatlosen Ausländer. Die Displaced Persons in Westdeutschland 1945 – 1951. Göttingen 1985, S. 15.

7. "독일 전역에서 3월과 4월, 외국인에 대한 학살이 진행되었다. 도시 외곽, 숲, 폐허 더미에서 게슈타포와 경찰은 연합군의 입성을 학수고대하던 외국인 징용자들을 집단 총살했다. 그들로선 제복을 벗기 전 마지막 공무집행이었다." Ulrich Herbert: Geschichte Deutschlands im 20Jahrhundert. München 2014, S. 540.

8. 같은 곳, S. 541.

9. "전후 범죄의 특징은 무엇보다 무장한 무리에 의한 살인이었다. 이러한 범행은 1945년과 1946년에 규칙적으로 발생했다. 특히 외딴 농장이나, 가령 제분소처럼 마을에서 떨어진 곳들이 습격을 받았다. (…) 가해자는 주로 강도와 강탈을 목적으로 모인 외국인들로 보인다." 나치 반대자로 프랑스 군정에 의해 프라이부르크 검사장에 임명된 법률가 카를 S. 바더의 말이다. 그의 사건 기록에는 인종차별적

요소는 드러나지 않는다. 오히려 범인 중에 강제 징용자가 많다는 사실에 안도한다. 곧 강제 징용자들의 본국 송환으로 이 문제가 저절로 해결되리라고 기대했기 때문이다. 바더가 훨씬 더 우려했던 것은 독일인들이 저지르는 전형적인 전후 범죄였다. Karl S. Bader: Soziologie der deutschen Nachkriegskriminalität. Tübingen 1949, S. 28.

10. Jacobmeyer, S. 47: "강제 징용자들이 강제 노동을 하면서 스스로 겪은 심각한 사회화 장애는 해방 이후 모든 살인을 금지한 정상적인 사회로 자연스럽게 복귀하지 못한 데서 나타났다."

11. 같은 책, S. 262.

12. 같은 책, S. 39.

13. William Forrest: "You will standfast and not move". In: London News Chronicle, 11.4.1945, zitiert nach Jakobmeyer, S. 37.

14. Jacobmeyer, S. 29.

15. 수용소 생활이 수감자들에게 끼친 비인간적이고 야만적인 영향에 대해서는 프랑스 작가이자 교사인 조르주 이베르노가 잘 설명해놓았다. 그는 5년 동안 독일에서 포로 생활을 하면서 러시아 전쟁 포로들이 프랑스인들보다 훨씬 더 열악한 대우를 받는 것을 관찰했다. 1949년에 출간된 그의 저서 《피부와 뼈》에는 이렇게 적혀 있다. "러시아인 수용소는 우리 수용소에서 300미터 떨어져 있었다. 그해 여름 우리의 소일거리는 러시아인들의 매장 장면을 구경하는 것이었다. 몹시 단조로운 작업이었다. 시체가 가득한 수레가 다가온다. 사람들이 수레에서 시체를 내려 구덩이에 던진다. 앞에서부터. 하루 종일. 그러면 온종일 죽음의 냄새가 진동한다. 태양과 모래로 이루어진 이 광야에서. 하루 종일 덜거덕거리는 수레가 수용소와 구덩이 사이를 오간다. 그 일을 하는 산사람도 죽은 이들보다 생기 있어 보이지 않는다. 그저 조금 걷고, 조금 밀고, 조금 끄는 데 필요한 생기밖에 없다. 눈에 초점이 없고 전혀 무게가 느껴지지 않는 남자들이다. 넋이 빠진 남자들이다. 그리고 죽음의 파수꾼으로서 호각을 부는 보초 둘. 아무것에도 관심 없는 표정이다. (…) 그들은 때로 악을 쓰고 위협적인 소리를 지른다. 중간 중간 개머리판이 날아다닌다. 악의가 있어서가 아니라 그게 그들의 일이기 때문이다. 또 그래야 살 수 있기 때문이다. 덧붙이자면 구타와 욕설은 러시아인들에게 먹히지 않는다. 원래 그런 사람들이다. 그들에게는 뭐가 먹힐지 사실 궁금하다. 그들은 한 발을 다른 발 앞에 놓는다. 그들만의 요령이 있다. 하지만 더는 이쪽 세상에 있

는 사람들 같지 않다." Georges Hyvernaud: Haut und Knochen. Berlin 2010, S. 95.

16. 다음 사이트 참조: https://www.eisenhower.archives.gov/research/online_documents/holocaust/Report_Harrison.pdf (Übersetzung: Harald Jähner)
17. 같은 곳.
18. Juliane Wetzel:《Mir szeinen doh》. München und Umgebung als Zuflucht von Überlebenden des Holocaust 1945-1948. In: Martin Broszat, Klaus-Dietmar Henke und Hans Woller(Hg.): Von Stalingrad zur Währungsreform. Zur Sozialgeschichte des Umbruchs in Deutschland. München 1988, S. 341.
19. Tamar Lewinsky: Jüdische Displaced Persons im Nachkriegs münchen. In: Münchner Beiträge zur jüdischen Geschichte und Kultur, Heft 1, 2010, S. 19. 바르샤바의 날레브키 거리는 많은 유대인의 집단적 기억 속에 향수 어린 장소로 남아 있다. 그곳의 몇몇 지붕에서 바르샤바 게토 봉기의 총성이 처음 발사되었기 때문만은 아니다. 날레브키 거리는 유대인들의 일상에서 문화와 경제의 중심지였다. "모셰 존스자인(Moshe Zonszajn), 아브라함 타이텔바움(Abraham Teitelbaum), 베른하르트 징어(Bernhard Singer) 같은 작가들 말고도 많은 사람이 날레브키 거리의 일상을 또렷이 기억한다. 소음과 혼잡, 소매치기와 자잘한 범죄, 등교, '교과서에는 없는 자체 규칙들로 움직이는' 교환과 거래 같은 것들이다." Katrin Steffen, in: Enzyklopädie jüdischer Geschichte und Kultur. Hrsg. von Dan Diner, Band 4. Stuttgart 2013, S. 307.
20. 호헨헴스 유대인 박물관 전시회 카탈로그에서 인용: Displaced Persons. Jüdische Flüchtlinge nach 1945 in Hohenems und Bregenz. Hrsg. von Esther Haber. Innsbruck 1998, S. 66.
21. Lewinsky, S. 20.
22. 같은 책, S. 21.
23. 같은 책, S. 335.
24. 단 디너는 "유대인 소속을 두고 벌어진 극한 대립"의 이면에는 학살된 사람의 상속인 없는 재산에 대한 청구권 갈등도 놓여 있다고 말한다. "이로써 독일에 남으려는 유대인들에 대한 파문과도 비슷한 배척과 함께 살해당한 사람들의 법적 후

계자로서 '유대 민족'의 자격에 대한 갈등이 대두했다. 그들 자신이 그 일원이었고, 어떤 환경에서도 일원이고자 했던 유대 민족의 자격에 대한 갈등이." Dan Diner: Skizze zu einer jüdischen Geschichte der Juden in Deutschland nach '45. In: Münchner Beiträge zur jüdischen Geschichte und Kultur, Heft 1, 2010, S. 13.

25. Angelika Königseder und Juliane Wetzel. Lebensmut im Wartesaal. Die jüdischen DPs im Nachkriegsdeutschland. Frankfurt 1994, S. 101.

26. 같은 책, S. 127.

27. 이 일과 관련해서는, 할레에서 공부하고 리투아니아에서 직업학교를 운영한 교육학자 야콥 올라이스키(Jacob Oleiski)가 중요한 역할을 했다. 그는 다하우 강제수용소에서 해방된 후 미국 점령지 내 모든 유대인 징용자 수용소에서 직업학교 시스템을 구축했다. 수용소 생활로 인한 육체적 후유증에서 어느 정도 회복된 생존자는 즉시 창조적 일을 통해 자기 속에서 다시 삶의 의미를 찾아야 하기 때문이었다. 올라이스키는 "우리의 고통받은 동지들이 심리적 무기력 상태에 다시 빠지지 않으려면 곳곳에서 활동의 맥박이 힘차게 뛰어야" 한다고 확신했다. 그러나 재건 의지는 오직 미래의 팔레스타인으로 향해 있었다. 그는 푀렌발트의 한 연설에서 이렇게 말했다. "우리는 앞으로 거대한 건설 작업을 수행해야 합니다. 이스라엘은 목적이 있고 창조적인 작업에 근력을 사용할 줄 아는 신체적으로나 정신적으로 건강한 사람들을 기다리고 있습니다." Königseder, Wetzel, S. 115.

28. 같은 책, S. 167.

29. George Vida: From Doom to Dawn. A Jewish Chaplain's Story of Displaced Persons. New York 1967, zitiert nach Königseder, Wetzel, S. 167.

30. Jacobmeyer, S. 122.

31. 당시에는 거의 연구되지 않았던 강제 징용자들의 운명에 대해 1985년에 최초로 정평 있는 저서를 선보인 볼프강 야콥마이어는 징용자들의 행동에서 그들이 오랫동안 길들여져 온 타율성의 연속을 보았다. "독일에 남은 강제 징용자들은 결국 무감각증이라는 개념으로만 설명이 가능한 방식으로 수용소의 삶에 동의했다." Jacobmeyer, S. 255.

32. 미군 신문 《스타스 앤드 스트라이프스(Stars and Stripes)》에서 인용, Jacobmeyer, S. 134.

33. Andreas-Friedrich, S. 349.

34. 같은 책, S. 350.

35. 그는 울리히 클라인의 책에서 자신의 이야기를 들려준다. "누구에게도 동정을 기대할 수는 없었어요." Ulrich Völklein: Das Schicksal der deutschen Vertriebenen. München 2005, S. 79ff. 이 책에는 동시대 증인 14명의 삶이 대화 형태로 실려 있다.

36. 같은 책, S. 91.

37. Andreas Kossert: Kalte Heimat. Die Geschichte der deutschen Vertriebenen nach 1945. München 2008, S. 63.

38. 많은 실향민이 '난민'이라는 표현을 거부했다. 이 개념에는 고향을 자발적으로 떠났다는 뜻이 내포되어 있어서, 귀향이나 배상에 대한 권리를 잃을 수 있다는 불안 때문이었다. 그러나 최근에는 '난민'이라는 개념에도 '강제로 쫓겨났다'는 의미가 포함되어 있다.

39. Walter Kolbenhoff: Ein kleines oberbayrisches Dorf. In: Die Neue Zeitung, 20. 12. 1946.

40. Kossert, S. 73. 저자는 플렌스부르크 군수(郡守) 요하네스 티드예(Johannes Tiedje)의 말도 인용한다. "우리 저지 독일인과 슐레스비히-홀슈타인 사람들은 동프로이센인들이 민족 혼합 정책으로 추진한 혼혈 번식에 어떤 형태로도 영향받지 않은 고유한 삶을 영위하고 있습니다." 같은 책, 같은 곳.

41. Kossert, S. 75.

42. 그러나 현지인들의 냉혹한 태도는 현실의 한 측면이었을 뿐이다. 동쪽에서 온 실향민들을 두 팔 벌려 환영하면서 힘껏 도와준 사람들도 분명 있었다. 포어포메른과 마르크 브란덴부르크처럼 피난민이 지나가는 경로 주변에 살았던 일부 주민들은 줄지어 가는 사람들에게 큰 냄비로 수프를 끓여 나눠 주었다. 그것도 자기들 식량이 다 떨어질 때까지. 실향민들의 거듭된 보고에 따르면, 부자들은 문과 주머니를 열지 않은 반면에 얼마 안 되는 것을 나눠 준 사람들은 모두 가난한 이들이었다고 한다. 이게 부자에 대한 상투적 편견이 만들어낸 과장인지, 아니면 실제로 부자들이 그렇게 행동했는지는 말하기 어렵다.

43. Paul Erker: Landbevölkerung und Flüchtlingszustrom. In: Broszat u. a., S. 398.

44. Kossert, S. 82.

45. Der Spiegel 16/1947.

46. Kossert, S. 82.

47. Klaus R. Scherpe(Hg.): In Deutschland unterwegs. 1945–1948. Reportagen, Skizzen, Berichte. Stuttgart 1982, S. 287.

48. Der Spiegel 15/1977, S. 41.

49. 일부 실향민은 이전의 강제 징용자 수용소를 자신들의 작은 도시로 확장해 신속하게 번창시켰다. 이전의 육군 탄약고 부지에 있던 오스트베스트팔렌의 에스펠캄프나 바이에른의 노이가블론츠가 그 예다. 종전 후 체코의 가블론츠에서는 독일인 1만 8000명이 추방되었다. 그중 많은 사람이 다이너마이트 노벨 주식회사 공장이 있던 카우프보이렌 인근에 정착했다. 이 도시의 핵심 경제는 옛 고향 가블론츠에서부터 이름을 떨친 보석 생산이었다. 수많은 가내공업을 중심으로 이루어진 가블론츠 보석류는 지금까지도 이 지역의 경제에 무척 중요하고, 옛 가블론츠 장신구의 브랜드 전통을 놓고 체코 원산지와 경쟁하고 있다. 다만 그들의 가장 성공한 후손은 오스트리아에 정착해서 스와로브스키 보석 회사를 일군 사람들이다.

50. 마우마우는 1950년대 영국의 케냐 식민 통치에 맞선 저항운동 이름이다. 이 운동은 채 10년을 못 채웠지만, 케냐는 계속된 소요를 통해 결국 1963년에 독립을 쟁취했다.

51. Prinz, Krauss, p. 13. 프린츠는 계속 말한다. "'사회 계약'이 유지되고 국가가 산산조각 나지 않은 것은 기적이라 부를 만하다. 그게 전권을 쥔 점령군의 존재 때문이었는지는 정확히 알 수 없지만, 어쨌든 우리는 내전을 겪지 않았다." 같은 책, S. 13.

52. Habe, S. 42.

53. Wolfgang Borchert: Stadt, Stadt: Mutter zwischen Himmel und Erde. In: ders.: Das Gesamtwerk. Hamburg 1949, S. 72.

54. 같은 책, S. 97.

55. Heinz Ludwig Arnold(Hg.): Die deutsche Literatur 1945–1960, Bd. 1. München 1995, S. 39.

56. 같은 책, S. 94.

57. https://www.youtube.com/watch?v=4Vq3HTLyo4Y, zuletzt aufgerufen am 4. 3.2018.

58. Jörg Andrees Elten. Zwischen Bahnhof und Messe. Hannover. Zitiert nach Scherpe, S. 84
59. Prinz, Krauss, S. 51.
60. Von Kardorff, S. 351.
61. Neue Illustrierte, Juli 1947.

4. 댄스 열풍

1. Prinz, Krauss, S. 56.
2. Felsmann, Gröschner, Meyer, S. 280–311. Dort auch die folgenden Zitate.
3. Prinz, Krauss, S. 56f. Dort auch das folgende Zitat.
4. Borchert, S. 309.
5. Herbert und Elke Schwedt: Leben in Trümmern. Alltag, Bräuche, Feste – Zur Volkskultur. In: Franz-Josef Heyen und Anton M. Keim(Hg.): Auf der Suche nach neuer Identität. Kultur in Rheinland-Pfalz im Nachkriegsjahrzehnt. Mainz 1996, S. 23.
6. Anton M. Keim: 11mal politischer Karneval. Weltgeschichte aus der Bütt. Geschichte der demokratischen Narrentradition vom Rhein. Mainz 1981, S. 216.
7. 같은 책.
8. Schwedt, S. 24.
9. Keim, S. 218.
10. Armin Heinen: Narrenschau. Karneval als Zeitzeuge. In: Edwin Dillmann und Richard van Dülmen(Hg.): Lebenserfahrungen an der Saar. Studien zur Alltagskultur 1945–1955. St.Ingbert 1996, S. 303.
11. Zeitungsbericht zitiert nach Michael Euler-Schmidt,Marcus Leifeld(Hg.): Die Prinzen-Garde Köln. Eine Geschichte mit Rang und Namen 1906–2006. Köln 2005, S. 121.
12. Schwedt, S. 26.《슈피겔》은 쾰른의 축제 행렬을 다음과 같이 보도했다. "'쾰른

의 붉은 불꽃 호위대'는 폐허가 된 거리를 지나 시장의 관저 앞으로 행진했고, 익살스럽게 변장한 수천 명과 빌리암 서커스의 코끼리들이 그 뒤를 따랐다. 행진에 맞춰 〈충실한 경기병〉과 〈하인츠맨헨〉이 연주되었다. 창설 125주년을 맞아 붉은색과 흰색이 섞인 제복을 입은 붉은 불꽃 호위대는 이 퍼레이드에서 전통 춤을 추었다. 군정은 행렬의 호전적인 장식뿐 아니라 프리드리히 2세 시절의 뾰족 모자, 나무총, 신병 서약 행사에도 반대하지 않았다." Der Spiegel 7/1948.

13. 리셈의 나치 전력은 나중에 '바보들의 봉기'(전국의 카니발을 획일화하려는 나치 정책에 반대해서 지역적 전통을 지키려는 항의 운동)에 대한 언급과 함께 일정 정도 완화되었다. 1934년 나치 조직 '즐거움을 통한 힘'의 카니발위원회 접수를 저지한 사람이 바로 그였기 때문이다. 하지만 내용적으로 보면, 카니발의 이 형식적 독립성은 전혀 도움이 되지 않았다. 아니, 그 반대였다. 전쟁 발발 후 퍼레이드가 중단될 때까지 카니발의 반유대주의적 색채는 점점 강해졌다. 사람들은 〈유대인이 떠나네〉 같은 냉소적인 노래를 즐겨 불렀다. 물론 이런 주장에 대해 쾰른 사람들은 훗날, 자신들은 당시 반유대주의적 로젠몬탁 마차에 차가운 침묵으로 대응했다며 항변하기도 했다. 그러나 나치는 사실 리셈의 재임 기간 당국에 비판적인 카니발 전통을 제거하고, '입을 다물고 함께하라'는 모토 아래 카니발을 반유대주의적 민속 축제로 만드는 데 성공했다.

14. 일은 술술 진행되었다. 《슈피겔》은 1947년 쾰른의 카니발 시즌에 이렇게 보도했다. "쾰른의 카니발위원회가 다시 조직되었다. 시의회 의원들이 12월 28일 카니발 행사를 허용하지 않는 데 만장일치로 결정했고, 14일 뒤 상임위원회가 굶주리고 추위에 떠는 주민들의 상황을 고려해달라고 언급했음에도 열 군데의 카니발협회는 1월 15일부터 2월 17일(로젠몬탁)까지 폐쇄적이지만 큰 규모의 행사 개최를 신고했다. 세계적으로 유명한 쾰른의 축제 열기를 모두 담아낼 수 있을 만큼 거대한 홀이 쾰른에 아직 남아 있는지는 당연히 의문스럽다. 모든 회의의 절반은 바이젠하우스 거리의 '아틀란틱'에서 열리고, 다른 회의는 임시변통으로 급조한 공간들에서 열린다." Der Spiegel 5/1947.

15. 왕자 근위대의 제복에 달린 계급장과 장식 줄을 보면 그 사람이 어디까지 진급했고, 이 축제에 얼마나 돈을 냈는지 알 수 있다. "누구나 로젠몬탁 행렬에 그냥 동참해서 광대 짓을 해도 되는 건가요?" 축제의 자발성과 독립성을 묻는 한 비평가의 말에 리셈은 이렇게 대답한다. "아뇨, 규율과 질서가 있어야 합니다. 카니발에서도요. 아니, 카니발에서는 더더욱요." Euler-Schmidt,Leifeld, S. 139.

16. 같은 책, S. 125. 만연한 궁핍과 대조적으로 카니발에 지출된 금액은 어마어마했다.《슈피겔》은 1948년의 카니발 리포트에서 뮌헨의 카니발에 대해 이렇게 보도했다. "열흘 동안 약 1200곳의 호텔과 레스토랑, 클럽에서 오전 8시에서 오후 8시까지 광란의 댄스파티가 열렸다. 심지어 개인 집에서도 자잘한 무도회가 수없이 개최되었다. (…) 슈바빙의 아틀리에 축제에서는 최대 500마르크를 내면, 누드화와 치직거리는 축음기, 유혹하는 소파 사이에서 때로는 200여 명이 함께 축제를 즐겼다. 500마르크를 내면 저녁 내내 원하는 대로 먹고 마실 수 있었다. Der Spiegel 7/1948.

17. 콘라트 아데나워 재단 인터넷 사이트에서 인용: https://www.konradadenauer.de/dokumente/pressekonferenzen/1950-04-19-pressekonferenz-berlin

18. 아데나워가 1950년 베를린 티타니아궁에서의 연설을 끝낸 뒤 관중에게 나중에 국가(國歌)로 제정될 노래를 부르게 했을 때(그는 만약의 경우에 대비해 좌석에 미리 가사를 걸어놓게 했는데, 이건 아데나워의 전형적인 수법이다) 사회민주당은 이를 기습 공격이라 불렀다. 좀 더 시간을 갖고 신생 공화국의 국가를 정하길 원했고, 개인적으로는 헤르만 로이터(Hermann Reutter)의 노래 〈믿음의 땅, 독일 땅, 아버지들과 상속자들의 땅〉을 더 좋아했던 연방 대통령 테오도르 호이스는 1952년에야 아데나워의 독촉에 굴복했다. 국가 〈통일과 정의와 자유〉는 기본법에 명시되지는 않았지만, 정부 공보실은 아데나워와 결국 생각을 바꾼 호이스 사이의 편지 교환을 발표함으로써 국가가 이미 결정되었음을 선포했다. 이처럼 신생 국가는 자신을 정비하는 과정부터 상당히 비관습적인 길을 택했다.

19. Arnold, S. 79.

20. Klausner, S. 311.

21. Der Spiegel 8/1947.

22. Schoeller, S. 333 f.

23. 헬트는 '바데바네' 무대를 위해 〈라 팔로마〉의 멜로디에 독백조의 가사를 붙였다. 한 여배우가 무대로 나와 〈성스러운 렌헨(Das heilige Lenchen)〉이라는 노래를 부른다. "난 성스러운 렌헨 / 난 창녀가 아냐 / 그냥 공짜로 하는 거야 / 그게 내게 기쁨을 주거든 / 나는 사랑으로 너희와 싸워 / 너희가 내게 허용하지 않는 사랑으로 / 너희는 너무 비겁해서 붙잡지 못하는 사랑으로."

24. Prinz, Krauss, S. 9.

5. 파괴된 도시의 사랑

1. '귀향 드라마'라는 독자적인 장르를 개척한 볼프강 보르헤르트의 가장 유명한 연극 〈문밖에서〉에서 주인공 베크만은 귀향자의 전형이다. 이 작품의 프롤로그엔 이렇게 적혀 있다. 이건 "독일로 온 한 남자, 그들 중의 한 남자, 집으로 돌아왔지만 더 이상 집이 없어 집에 가지 못하는 자들 가운데 한 남자에 관한 이야기다."
2. Sibylle Meyer, Eva Schulze: Von Liebe sprach damals keiner. Familienalltag in der Nachkriegszeit. München 1985, S. 128.
3. 참조. 같은 책, S. 161–206. 이어지는 부분도 여기서 인용했다.
4. Der Spiegel 41/1953.
5. Meyer, Schulze, S. 204.
6. Anonyma, S. 51.
7. Winfried E. Schoeller: Diese merkwürdige Zeit. Lebennach der Stunde Null. Ein Textbuch aus der "Neuen Zeitung". Frankfurt am Main 2005, S. 52.
8. 이 인용은 다음 구절을 축약한 것이다. "월급 180마르크는 사실 생활에 전혀 도움이 되지 않는 돈이다. 예전이라면 뭘러 씨는 월급을 갖다주고 아내에게 무언가를 '요구'할 수 있었을 것이고 실제로도 그랬다. 그러나 이제는 쥐 죽은 듯이 입을 다물고 있어야 한다. 남편과 아내는 3년 전부터 혹독한 물질적 궁핍과 싸우고 있다. 이런 상황에서 남편이 내미는 돈이라고는 180마르크가 전부다. 아내가 더 강력한 무기로 이 고난에 대처하지 않았다면 모두 굶어 죽었을 것이다. 그 무기는 누구도 반박할 수 없는 여자의 위대한 천성이자, 실용적인 것과 가장 시급한 것에 대한 동물적 감각이자, 집안 살림을 규모 있게 꾸려가는 요령이자, 수백 년에 걸친 연습을 통해 일상의 문제를 극복하는 정교한 기술이다. 썩지 않고 무너지지 않는 여자의 힘이 붕괴한 남자의 자리를 대신 꿰찼다. 이건 더 건강한 성을 보여주는 징표다. 의학적 검사에 따르면 갖가지 짐을 떠맡은 여성의 몸이 육신의 급속한 붕괴(예를 들어 저체중!)에 처한 남성의 몸보다 더 훌륭하게 유지된다." Constanze – die Zeitschrift für die Frau und für jedermann, Jg. 1, Nr. 2, 1948.
9. Annette Kuhn(Hg.): Frauen in der deutschen Nachkriegszeit, Bd. 2. Düsseldorf 1986, S. 158.
10. Nori Möding: Die Stunde der Frauen? In: Broszat, S. 623ff.

11. 그러나 독일연방공화국 민법에는 평등 원칙과 모순되는 규정이 많았다. 가령 제 1354조에는 이렇게 쓰여 있다. "공동의 결혼 생활과 관련한 모든 문제에서 결정권은 남편에게 있다." 이 규정은 1958년에야 삭제되었다. 동독에서는 여성의 법적 지위가 처음부터 동등했다. 하지만 최고위직 여성 정치인의 비율은 서독과 비슷하게 미미했다.

12. Tamara Domentat: Hallo Fräulein. Deutsche Frauen und amerikanische Soldaten. Berlin 1998, S. 162.

13. 이건 영화 비평가 프레트 겔러의 평이다. 그는 이 영화가 "독일 전후 영화의 가장 아름다운 영화적 계시 중 하나"라고 썼다. 페터 페바스는 계몽 영화를 찍으라는 주문을 교묘하게 비켜 갔다. 대신 "무력감과 속수무책에 빠진 전후 젊은 세대의 모습을 실감 나게 보여준다. 그들은 삶에 굶주리고 사랑에 목말라 있다. 영화의 극적 구성은 놀라울 정도로 개방적이다. 이야기와 인물들은 나타났다가 다시 사라진다. 한마디로 영혼의 풍경으로 떠나는 사냥이다." Fred Gehler: Straβ enbekanntschaft. In: Film und Fernsehen, Berlin, Nr. 5, 1991, S. 15.

14. Wolfgang Weyrauch(Hg.): Tausend Gramm. Ein deutsches Bekenntnis in dreiβ ig Geschichten aus dem Jahr 1949. Reinbek bei Hamburg 1989, S. 86. 여기서 인용은 약간 축약되었다.

15. 역사학자 알렉산더 폰 플라토는 〈독일의 기억〉이라는 제목의 다큐멘터리 제작을 위해 러시아 포로 생활에서 돌아온 한 남자를 인터뷰했다. 집에는 아내와 그사이 홀아비가 된 장인 말고도 폭격으로 집을 잃은 한 가족이 함께 살고 있었다. 어머니와 아들 내외로 이루어진 가족이었다. 귀향자는 이제 역사학자에게 그 복잡한 관계를 설명한다. "거긴 다락방이었어요. 당연히 넓지 않았죠. 그래서 그 집 남편, 그러니까 폭격당한 아주머니의 아들이 제 아내가 있는 1층으로 옮겼어요. 그럼 어떻게 됐겠어요? 남자가 제 아내와 저녁만 같이 먹었겠어요? 게다가 장인은 밤이면 다락방으로 올라갔어요. 그 집 며느리는 자기 남편보다 다섯 살이나 많았거든요. 무슨 말인지 아시겠어요? 그러니까 장인은 밤이면 그 여자한테 가고, 그 여자의 남편은 제 아내와 잠을 잔 거예요. 그렇지 않습니까?" Alexander von Plato, Almut Leh: "Ein unglaublicher Frühling". Erfahrene Geschichte im Nachkriegsdeutschland 1945–1948. Bonn 1997, S. 240.

16. Constanze, Jg. 1, Nr. 11, 1948.

17. Hans-Ulrich Wehler: Deutsche Gesellschaftsgeschichte. Bd. 4. Vom

Beginn des Ersten Weltkrieges bis zur Gründung der beiden deutschen Staaten 1914–1949. München 2003, S. 945ff.

18. 로베르트 슈템레의 영화는 '카바레 영화'라고도 불린 풍자 음악 영화로서, 빈약한 장비로 작업했지만 많은 양식적 파괴와 실험 때문에 당대 가장 흥미로운 작품 중 하나로 꼽힌다. 초현실적인 꿈의 장면을 담은 이 영화는 2048년 베를린의 관점에서 전후 시대를 바라보며 이야기한다. 슈템레는 미래 베를린의 모습을 구현하기 위해 1948년의 건축 공모전에 출품된 작품들을 사용했다.

19. "신문엔 이렇게 적혀 있었어. / 여자가 바닷가의 모래알처럼 많다고. / 언제든 사랑할 준비가 된 빔보는 / 그게 무척 기뻤어. / 통계로 보면 자신에게 / 두 명이 떨어져야 마땅했어. / 그러나 이론은 늘 속여. / 실제로는 한 명도 떨어지지 않았거든. / 누구도 그에게 키스하려 하지 않았어. / 기쁨을 잃은 빔보는 / 여자가 아무리 넘쳐나도 / 자기 역시 남아도는 존재라고 느꼈어. / 통계는 옳지 않아. / 그는 고통으로 신음하면서 / 숫자를 믿지 않기로 해. / 숫자에는 마음이 담겨 있지 않거든!" Constanze, Jg. 2, Nr. 8, 1949.

20. Karin Böke, Frank Liedtke, Martin Wengeler: Politische Leitvokabeln in der Adenauer-Ära. Berlin 1996, S. 214.

21. Christina Thürmer-Rohr in: Helga Hirsch: Endlich wieder leben. Die fünfziger Jahre im Rückblick von Frauen. Berlin 2012, S. 14.

22. Vgl. Barbara Willenbacher: Die Nachkriegsfamilie. In: Broszat u. a., S. 599.

23. 같은 책, S. 604.

24. 참조. Norman M. Naimark: Die Russen in Deutschland. Die sowjetische Besatzungszone 1945–1949. Berlin 1997; Ilko-Sascha Kowalczuk, Stefan Wolle: Roter Stern über Deutschland. Sowjetische Truppen in der DDR. Berlin 2010; Ingeborg Jacobs: Freiwild. Das Schicksal deutscher Frauen 1945. Berlin 2008.

25. Boveri, S. 116.

26. 《쥐트도이체 차이퉁》의 편집자 옌스 비스키(Jens Bisky)는 일기의 재출간 이후 한스 마그누스 엔첸스베르거의 '디 안더레 비블리오테크'에서 저자의 신원을 밝혀냈다(2003년 9월 24일 자 SZ). 이 점을 비롯해 역사적 기록으로서 일기의 가치에 대한 비스키의 비판을 두고 일부 격한 논쟁이 벌어졌다. 비스키는 저널리스

트로서 저자의 활동이 일기의 가치에 중요한 역할을 한다고 지적하면서도 원본 텍스트가 저자의 가까운 친구이자 동료이자 발행자인 쿠르트 마레크(Kurt Marek)에 의해 수정되었음을 증명해냈다. 문헌학적 관점에서 볼 때, 러시아인들에 대한 일반적 평가와 전쟁 책임의 문제, 나치 정권과의 뒤늦은 거리 두기 등과 관련해서 비스키의 이의 제기는 타당하다. 그러나 그게 강간 자체에 대한 서술과 묘사 방법을 의심할 이유는 되지 않는다. 따라서 이 책에서는 출처에 대한 비판적 유보에도 불구하고 일기 내용을 그대로 싣기로 했다.

27. 1941년 3월 30일 총리실 대강당에서 국방군 장성 200명을 앞에 두고 했던 연설.

28. Lowe, S. 104.

29. Sibylle Meyer, Eva Schulze: Wie wir das alles geschafft haben. Alleinstehende Frauen berichten über ihr Leben nach 1945. München 1984, S. 51.

30. Andreas-Friedrich, S. 332.

31. 《야. 젊은 세대 저널》 1947년 6월 호에는 강간 물결 이후 부부 문제를 다룬 시 형식의 글이 실렸다. 시민학교 교사이자 작가인 디트리히 바르네지우스(Dietrich Warnesius)가 쓴 이 짧은 시의 제목은 〈귀향(Heimkehr)〉이었다. 그는 몇 년 만에 만나는 남편과 아내를 조금은 꾸민 듯한 미니멀리즘으로 묘사한다. 일단 아내가 남편에게 당근 세 개를 요리해준다. "밤이다. / 아무도 자지 않는다. / '마리아, 나한테 아무 말할 필요 없어….' / 누군가 긴 한숨을 내쉰다. / '네,' 아내가 말한다. / 정적. / 이젠 숨소리도 들리지 않는다. / 세월이 흐른다. / '마리아… 우리… 다시 할까?' / 누군가 긴 한숨을 내쉰다. / '네', 아내가 말한다."

32. 1959년 12월 6일 자 일기. Matthias Sträßner: "Erzähl mir vom Krieg!" Ruth Andreas-Friedrich, Ursula von Kardorff, Margret Boveri und Anonyma: Wie vier Journalistinnen 1945 ihre Berliner Tagebücher schreiben. Würzburg 2014. S. 181.

33. 니트하머는 이 문제를 '열렬한 노동 분업'과 각각 다른 맹목성으로 참회 의식을 거친 두 독일 국가의 과거 정책과 연결시켰다. "미덕과 강간으로 수척해진 딸인 동독은 이전의 헌신적이고 자신감에 찬 도덕에 의지했고, 점점 의미가 없어진 제식들 속에서 과거의 기억도 점점 옅어졌다. 반면에 수많은 거래로 이루어진 활기찬 난봉꾼인 서독은 처음엔 어쩔 수 없이 자백하는 경우를 빼고는 모두 부인했지만, 중년의 위기에서는 억압된 것을 아쉬워하고, 자기 속으로 들어가고, 부끄러운

과거를 다시 묻고, 점점 더 완고하게 모든 기원들 가운데 최악의 기원을 주장하기 시작했다." Lutz Niethammer: Schwierigkeiten beim Schreiben einer deutschen Nationalgeschichte. In: ders.: Deutschland danach. Postfaschistische Gesellschaft und nationales Gedächtnis. Bonn 1999, S. 441.

34. Winfried Weiss: A Nazi Childhood. Santa Barbara 1983, S. 173.
35. 같은 책, S. 171.
36. 참조. Thomas Faltin: Drei furchtbare Tage im April. Das Ende des Zweiten Weltkriegs in Stuttgart. Stuttgarter Zeitung, 18.4.2015. 역사학자 노르만 나이마르크는 이렇게 썼다. "형편없는 군기와 약탈욕 면에서는 서쪽의 프랑스-모로코 군대만 동쪽의 소련 병사들과 어깨를 겨눈다. 특히 점령 초기, 바덴과 뷔르템베르크 지역의 여성들은 동쪽과 비슷한 방식으로 점령군 병사들에게 무자비한 폭력을 당했다. 이런 점에도 불구하고 소련 점령지에서의 강간이 서쪽과는 비교가 안 될 규모로 자행되었다는 사실은 확실해 보인다." Naimark, S. 137.
37. 참조. Andreas Förschler: Stuttgart 1945. Kriegsende und Neubeginn. Gudensberg-Gleichen 2004, S. 8ff.
38. 역사학자 미리암 게프하르트는 자신의 저서 《군인들이 왔을 때》에서 그런 동일시를 시도했다. 그는 철저한 연구로 서방 연합군의 성범죄를 밝혀냈지만, 안타깝게도 서방 연합군과 붉은 군대의 행동을 동일시함으로써 세간의 관심을 끌려는 유혹에 굴복당하고 말았다. 그의 주장은 독일 여성과 미국 남성의 수많은 애정 관계를 "초콜릿으로 홀린 강간"으로 폄하하거나, "미군-아가씨들"에 대한 상반된 페미니즘적 연구 결과를 완전히 무시할 때만 가능하다. 심지어 클라우스-디트마르 헨케(Klaus-Dietmar Henke)는 《프랑크푸르터 알게마이네 차이퉁》에 이 책의 리뷰를 쓰면서, 게프하르트의 주장을 듣고 있노라면 예전에 괴벨스가 "아이젠하워 군대를 유대인의 돈으로 움직이는 포악한 집단"으로 매도하면서 "아시아 대초원의 볼셰비키 무리"와 동일시한 일이 떠오른다고 말했다. Miriam Gebhardt: Als die Soldaten kamen. Die Vergewaltigung deutscher Frauen am Ende des Zweiten Weltkriegs. München 2015.
39. Ruhl, S. 92ff.
40. "저게 진짜 군인일까?" 여학생 막시로레 E가 일기에 쓴 내용이다. 그의 눈에 미군은 모든 점에서 "너무 군기가 빠져 있고 느슨해" 보였다. 그는 이 유약한 무리를

보고 있으면 항상 "우리의 군인이 떠올랐다"고 했다. 미군은 "진짜 군인이 아냐. 우리 군인의 부동자세 같은 건 전혀 몰라." Benjamin Möckel: Erfahrungsbruch und Generationsbehauptung. Die Kriegsjugendgeneration in den beiden deutschen Nachkriegsgesellschaften. Göttingen 2014, S. 197.

41. 1945년 7월, 영국과 미국은 1945년 2월의 얄타회담에서 각자의 점령지로 정한 지역으로 들어갔다. 프랑스는 뒤늦게 점령 지구를 배당받았다. 그 전에 영국과 미국, 소련은 독일을 점령 지구별로 나누고, 제국 수도인 베를린만 예외로 취급해 공동 관리하기로 합의했다. 이렇게 해서 프랑스가 승전국 대열에 끼게 되었을 때 베를린은 네 개 지구로 분할되었다.

42. 《슈피겔》은 1947년 2월 15일에 관련 내용을 보도했다. 기사를 쓴 사람은 현장을 방문한 게 틀림없다. "온갖 계층의 사람이 다 모였다. 빨갛게 칠한 매니큐어부터 유창한 영어까지 특히 미국화된 몇몇 여자는 자신이 미국인과 약혼한 사실을 강조함으로써 '금지된 일을 하지 않으면서 춤을 추기 위해' 패스를 받으려는 다른 여자들과 거리를 두었다. 대부분의 아가씨들은 이 패스를 받아 남자친구들과 편안한 환경에서 즐길 수 있기를 기대했다. 일부는 지금까지 미국인과 미국 상품과의 짧은 접촉을 클럽 방문으로 좀 더 강화하기를 원했다. 몇몇은 사무실에서 함께 일하는 미국 여성의 소개로 오기도 했다. 베를린의 미 점령 지구는 사교 패스의 도입으로 몇 달 전에 이미 독일인과 미국인의 사교 모임을 조직화한 독일의 다른 도시들과 보조를 맞추었다. (…) 지금까지 600명의 베를린 여성이 신청서를 냈다. 최소 연령은 18세고, '최고령 아가씨'는 47세다. 사교 패스 지원자의 평균 나이는 19~20세다. 기혼 여성은 신청할 수 없다." Der Spiegel 7/1947, S. 6.

43. Annette Brauerhoch: "Fräuleins" und GIs. Geschichte und Filmgeschichte. Frankfurt am Main und Basel 2006.

44. 영어 원서 102쪽을 필자가 직접 번역했다. 1957년 파울 리스트 출판사에서 출간된 독일어 번역본은 원서보다 다소 온건하게 표현되었다.

45. Tamara Domentat: "Hallo Fräulein". Deutsche Frauen und amerikanische Soldaten. Berlin 1998, S. 73.

46. 같은 책, S. 77.

47. 같은 책, S. 190.

48. 68세대는 미군 신부들의 반권위주의적인 성격에 전혀 주목하지 않았다. 아마 그들의 아버지 세대가 느꼈던 수치심이 20년 뒤에도 계속 이어졌던 것으로 보인

다. 게다가 베트남전쟁에 대한 반감도 서독 주둔 군인들에게로 전이되었다. 68세대는 샌프란시스코에서 온 히피와는 즐겁게 어울릴 수 있었지만, 1970년대에 미군과 사귀는 젊은 아가씨들에 대해서는 유독 편견을 버리지 못했다. 그 때문에 전후 시대를 다룬 학술 연구들도 모호한 정치적 이유로 미군 신부들에게 반감을 드러냈다.

49. 이 영화로 일부 폭력 사태가 발생했다. 영화를 통과시킨 자율규제위원회의 한 위원은 심사 통과에 대한 항의 표시로 사임했고, 교회 목회자들은 시위를 촉구했으며, 지지자들과 함께 영화 상영을 방해했고, 영화관 주인들의 고소로 법정에 섰다. 《슈피겔》은 영화 대본 몇 페이지를 통째로 실었고, 비평가들은 "예술과 미학적 거만함의 불쾌한 위장"에 대해 흥분하면서 "신종 매춘"을 입에 올렸다. 그러나 그럴수록 영화관 매표소 앞의 줄은 길어지기만 했다.

6. 약탈, 배급, 암거래: 시장경제를 위한 수업

1. Erzählt in Rainer Gries: Die Rationengesellschaft. Versorgungs kampf und Vergleichsmentalität: Leipzig, München und Köln nach dem Kriege. Münster 1991, S. 148.
2. Felsmann, Gröschner, Meyer, S. 268f.
3. Süddeutsche Zeitung vom 30.4. 1946.
4. Wolfgang Leonhard: Die Revolution entlässt ihre Kinder, zitiert nach: Hermann Glaser: 1945. Beginn einer Zukunft. Bericht und Dokumentation. Frankfurt am Main 2005, S. 194.
5. Ruhl, S. 161.
6. 같은 책, S. 178.
7. Jörg Roesler: Momente deutsch-deutscher Wirtschafts-und Sozialgeschichte 1945 – 1990. Leipzig 2006, S. 41.
8. Rheinische Zeitung vom 18. 12. 1946.
9. Gries, S. 290.
10. Annette Kuhn(Hg.): Frauen in der deutschen Nachkriegszeit, Bd.2: Frauenpolitik 1945 – 1949. Quellen und Materialien. Düsseldorf 1989, S.

198.

11. Ruhl, S. 138.

12. 상황이 얼마나 심각했는지는 당시 노르트라인베스트팔렌 주의회의 기독교민주연합 원내대표였던 아데나워가 정치적 상황을 알리는 이 편지에서 사적으로 소포를 부탁한 데서도 짐작할 수 있다. "당신이 우리에게 소포를 다시 보내주실 수 있을지 모르겠습니다만, 혹시 그게 가능하다면 내 아내와 게오르크를 위한 영양제와 내가 마실 커피, 특히 '네스카페'를 보내주시면 고맙겠습니다. 나는 어디를 여행하든 항상 그 커피를 가지고 다닙니다. 커피는 내가 주재하는 많은 모임과 회의에서 내게 힘을 주는 활력제입니다. 그것으로 당신은 당신과 목표가 비슷한 기독교민주연합도 간접적으로 지원하는 셈입니다!" (콘라트 아데나워 재단 인터넷 사이트: www.konrad-adenauer.de/dokumente/briefe/1946-12-10-brief-silverberg)

13. Günter J.Trittel: Hunger und Politik. Die Ernährungskrise in der Bizone 1945–1949. Frankfurt, New York 1990, S. 47.

14. Trittel, S. 285.

15. Gries, S. 305.

16. Boveri, S. 93.

17. 같은 책, S. 124.

18. Werner Schäfke: Kölns schwarzer Markt 1939 bis 1949. Ein Jahrzehnt asoziale Marktwirtschaft. Köln 2014, S. 65 f.

19. Ander, S. 182.

20. 참조. Stefan Mörchen: Schwarzer Markt. Kriminalität, Ordnung und Moral in Bremen 1939–1949. Frankfurt am Main 2011. 이 책에는 그와 관련한 많은 진술이 수록되어 있는데, 특히 포케 박물관 민속학 자료실에 보관되어 있는 회고록《1945–49년의 삶(Leben in den Jahren 1945–49)》에서 발췌한 내용이 많다.

21. 《야, 젊은 세대 잡지》는 1947년부터 1948년까지 베를린에서 2주 간격으로 간행되었다.

22. Heinrich Böll: Heimat und keine. Schriften und Reden 1964–1968. München 1985, S. 112. 뵐의 말을 계속 이어가보자. "벌거벗은 삶에서 사람들은 석탄과 땔감, 책, 건축 자재 등 닥치는 대로 손에 넣었다. (…) 파괴된 대도시

에서 얼어 죽지 않은 사람은 땔감이나 석탄을 훔쳤을 테고, 굶어 죽지 않은 사람은 어떤 식으로건 불법적으로 먹을 것을 구했거나 구해오도록 시켰을 것이다."

23. Karl Kromer(Hg.): Schwarzmarkt, Tausch- und Schleichhandel. In Frage und Antwort mit 500 Beispielen (Recht für jeden 1). Hamburg 1947.
24. Hans von Hentig: Die Kriminalität des Zusammenbruchs. In: Schweizerische Zeitschrift für Strafrecht 62, 1947, S. 337.
25. Andreas-Friedrich, S. 338.
26. Kuno Kusenberg: Nichts ist selbstverständlich. In: Schoeller, S. 445 f.
27. Von Hentig, S. 340.
28. Andreas-Friedrich, S. 408.
29. Jörg Lau: Hans Magnus Enzensberger. Ein öffentliches Leben. Berlin 1999, S. 20.
30. 엔첸스베르거는 작가로서도 증명한 바 있는 자신의 상업적 수완을 늘 자랑스러워했다. 가령 어떤 행사에 그를 연사로 섭외하려면 강경한 협상 파트너를 각오해야 했다. 《슈피겔》은 2008년 그와의 인터뷰에서 자본주의의 작동 원리를 언제 깨달았는지 물었다.

    "엔첸스베르거: 전쟁 후였죠. 그것도 암시장에서요. 저도 당시 남들처럼 담배와 버터를 비롯해 미국인들이 전리품으로 애호하던 나치-무기를 거래했습니다. 자본 증식 방법을 배운 단기 집중 코스였죠. 하지만 경력으로나 삶의 의미로나 너무 보잘것없이 느껴져 곧 그만두었습니다.

    슈피겔: 요즘으로 치면 은행가들만큼 보너스를 두둑이 챙기셨나요?

    엔첸스베르거: 그랬을 겁니다. 당시 기준으로 한동안 꽤 부유했으니까요. 담배가 1만 개 단위로 선반에 차곡차곡 쌓여 있었는데, 그게 지하실에 네 개가 있었으니까 총 4만 개비였죠. 담배 한 갑은 200라이히스마르크였습니다. 그런 식으로 계속 갔더라면 아마 얼마 안 가 백만장자가 됐을 겁니다. 하지만 삶을 스크루지 영감처럼 살고 싶지는 않았습니다. 돈이라는 게 좋기도 하지만, 한편으론 조금 지루한 측면이 있죠." Der Spiegel, 45/2008.
31. 이 시집 안에는 〈늑대들에 맞서는 양들의 변명(Verteidigung der Lämmer gegen die Wölfe)〉이라는 시가 있다. 시는 집권자들의 범죄를 용인한 책임이 있는 침묵하는 다수와 단순 가담자, 소극적 부역자에게 도발적 공격성을 드러낸다. "배우기 싫어하고 자기 생각을 전적으로 늑대들에게 위임"했음에도 끊임없이 스

스로를 희생자로 느끼는 양들은 모든 측면에서 책임을 피할 수 없다. 마지막 두 연은 다음과 같다. "너희 양들이여, 너희와 비교하면 / 까마귀는 양반이다. / 너희는 서로의 눈을 멀게 한다. / 늑대들 사이에는 형제애가 지배한다. / 그들은 무리 지어 다닌다. / 강도들의 칭찬에 너희는 / 강간의 초대에 응하고 / 순종의 게으른 침대에 몸을 던진다. / 그런데도 여전히 우는소리를 하고 / 거짓말을 한다. / 너희는 찢기기를 바란다고. / 너희는 세상을 바꾸지 않는다." (Hans Magnus Enzensberger: Gedichte 1950–1955. Frankfurt am Main 1996, S. 11.)

32. Lau, S. 20.

33. Schäfke, S. 69.

34. 참조. Malte Zierenberg: Stadt der Schieber. Der Berliner Schwarzmarkt 1939–1950. Göttingen 2008. 저자는 이 연구에서 분배 논리와 교환 방법부터 자세와 복장에 이르기까지 암시장의 실태를 상세히 설명한다.

35. Siegfried Lenz: Lehmanns Erzählungen oder So schön war mein Markt. Hamburg 1964, S. 35.

36. 같은 책, S. 317.

37. 전후 담배꽁초의 신화는 깨지지 않고 계속된다. 최근의 예는 우베 팀의 소설《이카리엔》이다. 여기엔 꽁초에 관한 아릿하면서도 뭉클한 이야기가 나온다. 한 독일 소년이 담배꽁초를 들고 미군 장교를 졸졸 따라간다. 장교가 꽁초를 잃어버린 줄 알았기 때문이다. Uwe Timm: Ikarien. Köln 2017, S. 38.

38. Zierenberg, S. 287: "암시장은 견디기 힘든 무법의 상징이자 체험장이면서 사회적 교류의 공간이었다. 또한 약아빠진 이에겐 상을 주고 약한 이에게는 벌을 내리는 불공정한 재분배자였고, 수개월의 최후 결전 뒤 찾아온 창조적인 발전의 현장이었다."

39. Willi A. Boelcke: Der Schwarzmarkt 1945–1948. Vom Überleben nach dem Kriege. Braunschweig 1986, S. 6.

40. Lenz, S. 35, 59, 67.

7. 경제 기적과 부도덕에 대한 염려

1. 이건 크리스 하울랜드가 TV 다큐멘터리 〈당시의 함부르크(Hamburg damals)〉

(1945 – 1949, 연출: 크리스티안 망겔스, 첫방: NDR, 2009년 4월 25일)에서 이야기한 일화다. 그는 나중에 '미스터 품퍼니켈'이라는 이름으로 초기 연방공화국의 가장 인기 있는 엔터테이너 중 한 명이 되었다. 첫 앨범은 1958년에 나왔는데, 거기에 실린 〈아가씨(Fraulein)〉는 독일 여성과 점령군 병사의 사랑을 노래한 곡이다. "당신은 충실하고 부지런해, / 키스도 잘해 – 난 그걸 알아. / 이자르와 라인강의 귀여운 아가씨." 그가 가장 큰 성공을 거둔 프로그램은 1961년부터 1968년까지 방송된 WDR의 〈스튜디오 B의 음악 방송(Musik aus Studio B)〉이었다.

2. Herbert, S. 596.
3. Schäfke, S. 43.
4. Werner Abelshauser: Deutsche Wirtschaftsgeschichte. Von 1945 bis zur Gegenwart. München 2011, S. 123.
5. Herbert, S. 598.
6. "1948년 6월 20일에 단행된 화폐 개혁만큼 서독 주민들의 뇌리에 강력하게 새겨진 사건은 없었다. 1945년 이후 일어난 다른 모든 사건의 날짜를 분류하는 기준점 역할을 할 정도로. 화폐 개혁은 대화 당사자 모두가 잘 알고 그 의미를 똑같이 해석하는 사건이었다." 이건 루츠 니트하머가 당시 사람들과의 인터뷰를 토대로 쓴 글이다. Niethammer, S. 79.
7. Gries, S. 331.
8. 같은 책, S. 332.
9. 사진 설명문은 이 매력적인 여인을 세상의 만연한 걱정 및 희망과 관련시킨 일종의 통속시다: "이 아름다운 여인, / 성명 불상, / 서쪽 돈이든 동쪽 돈이든 없고, / 예금도 현금도 없고, / 신분증이나 다른 증명서도 없고, / 체류 허가서도 없고, / 탈나치 서약서도 없고, / 임대료 이자 조정도 없고, / 1인당 할당금도 없고, / 구권과 신권도 없다. / 아, 카메라의 착시: / 48년 여름!"
10. 전후 첫 3년은 엄청나게 많은 사건이 있었음에도 제로 시간과 화폐 개혁이라는 두 거대 사건 사이에 끼어 있는 바람에 집단 기억 속으로 파고들기가 어려웠을 것으로 보인다. 이 시기는 경제 기적을 밝게 그릴수록 더 어두워지는 모호한 시간으로 사람들의 기억 속에 남아 있었다.
11. 참조. 한스-울리히 벨러: "그것(화폐 개혁)은 평등주의와 유사한 형태로 모든 임금생활자와 봉급생활자에게 똑같이 60마르크를 지급하고 모든 예금을 10:1로 평가절하했음에도 기업과 유가물 소유주에게는 경제적 혜택을 부여함으로써 경

기 활성화의 문을 활짝 열어젖힌 새 시대의 출발점이었다." Wehler, S. 971.

12. Christoph Stölzl: Die Wolfsburg-Saga. Stuttgart 2008, S. 197.

13. Katalog der Erinnerungsstätte an die Zwangsarbeit auf dem Gelände des Volkswagenwerks, hrsg. von der Historischen Kommunikation der Volkswagen AG, Ausgabe 2014, Wolfsburg 1999, S. 58. 이 자료는 폭스바겐 공장에서 일한 다양한 강제 노동자 집단의 생활 조건을 세분화해서 보여주는데, 1990년대 중반에 폭스바겐 주식회사가 한스 몸젠에게 의뢰한, 자사의 나치 관련 역사에 대한 광범한 연구에 토대를 두고 있다. 참조. Hans Mommsen: Das Volkswagenwerk und seine Arbeiter im Dritten Reich. Düsseldorf 1996.

14. Katalog der Erinnerungsstätte, S. 153. 이 인용은 녹취록에서 발췌한 것인데, 가독성을 위해 필자가 약간 편집했다.

15. Horst Mönnich: Die Autostadt. Abenteuer einer technischen Idee. Zitiert nach der Neufassung, München 1958, S. 245.

16. 같은 곳.

17. 한 미군 중대장은 볼프스부르크 강제 노동자들이 병기고를 부수고 무기를 손에 넣었다고 보고했다. 일부는 해방을 자축하기 위해 술을 잔뜩 마시고는 제방과 지붕에 올라가서 공중으로 총을 쏘다가 미군 병사들에 의해 무장 해제되었다. "그들은 총을 쏘고는 뒤로 자빠졌다." 참조. Lowe, S. 130.

18. 뫼니히가 볼 때, 서방 연합군과 독일인은 자연스러운 동맹군이었다. 신속한 생산 재개라는 공동의 목표를 갖고 있었기 때문이다. 그렇다면 연합군이 피해 배상의 일환으로 공장을 해체하는 것만 막으면 되었다. 뫼니히의 이런 관점을 잘 보여주는 장면이 있다. 임시로 임명된 독일인 공장장이 미군 장성에게, 독일인을 보호하고 강제 노동자를 볼프스부르크 수용소에서 내보내라고 설득하는 장면이다. 수용소가 "공장의 골칫거리"라는 것이다. "수용소가 없어지지 않으면 안정은 물론이고 산업의 평화도 오지 않을 것입니다." Mönnich, S. 246.

19. 이 시카고 일화는 완전히 잘못된 이야기는 아니다. 초창기에 폭스바겐 직원 중 일부는 디트로이트의 포드사에서 일하기도 했다. 그렇다면 그 엔지니어가 칼 샌드버그의 시를 암송하지 못할 이유는 없다. "시카고! 세계를 위한 돼지 도살자, 연장 제작자, 밀 적재업자, 철도 중심지, 국가의 화물 운송자 – 넓은 어깨를 가진, 미친 듯이 움직이고 소리치고 시끄러운 도시!" 이 시가 폭스바겐 공장에 울려퍼

졌다. 같은 책, S. 249.

20. 같은 책, S. 305.

21. Günter Riederer: Die Barackenstadt. Wolfsburg und seine Lager nach 1945. In: Deutschlandarchiv 2013. Bundeszentrale für politische Bildung. Bonn 2013, S. 112.

22. 같은 곳, S. 112.

23. Der Spiegel 22/1950.

24. Der Spiegel 11/1949.

25. Hans Mommsen: Das Volkswagenwerk und die 〈Stunde Null〉: Kontinuität und Diskontinuität. In: Rosmarie Beier(Hg.): Aufbau West–Aufbau Ost. Die Planstädte Wolfsburg und Eisenhüttenstadt in der Nachkriegszeit. Buch zur Ausstellung des Deutschen Historischen Museums. Ostfildern-Ruit 1997, S. 136.

26. Karl W. Böttcher und Rüdiger Proske: Präriestädte in Deutschland, in: Frankfurter Hefte. Zeitschrift für Kultur und Politik, 5Jahrgang 1950, S. 503.

27. Heidrun Edelmann: "König Nordhoff" und die "Wirtschaftswunderzeit". In: Beier, S. 184.

28. Beier, S. 184. 경영진과 노동자협의회 사이의 이런 유착은 훗날 회사가 직원들에게 브라질행 일등석 항공편을 포함해 매춘 비용을 대주는 이상한 관계로까지 발전한다. 게다가 적록 연립정부가 추진한 어젠다 2010의 가장 핵심적인 개혁 조치 중 하나인 하르츠 IV가 폭스바겐 인사 담당 이사 페터 하르츠(Peter Hartz)의 이름을 따서 명명된 사실을 보더라도 국가와 이 기업의 밀착은 지금까지도 명백해 보인다.

29. Ulfert Herlyn, Wulf Tessin, Annette Harth, Gitta Scheller: Faszination Wolfsburg 1938–2012. Wiesbaden 2012, S. 20.

30. Stölzl, S. 104: "볼프스부르크 '통합 기구'의 '복잡하게 뒤섞인 사람들'이 새로운 유형의 산업 시민으로 바뀐 것은 폭스바겐 공장이 사회적 시장경제의 전형으로 자리 잡는 데 필요한 전제 조건이었다. 그들의 지도자 하인리히 노르트호프는 전통적인 오너-기업가의 입장에서 절대 권력을 휘둘렀지만, 그럼에도 공익에 복무하는 사회공학자의 새로운 유형을 구현했다. 그렇다면 그는 자본과 노동의 화해

를 모색하는 신생 연방공화국의 이상적 인물이었다. 독일 전체가 경험한, 사회국가적으로 길들여진 현대 산업주의는 볼프스부르크에서 일찍이 종합예술의 형태로 나타났다."

31. 1962년에 일어난 이탈리아 폭스바겐 노동자들의 거친 파업은 예외다.
32. Der Spiegel 33/1955 커버스토리, 100만 대째 폭스바겐 생산에 관한 보도.
33. 6만 4000라이히스마르크에 해당하는 이 매출은 다음 책에서 인용했다. Uta van Steen: Liebesperlen. Beate Uhse – eine deutsche Karriere. Hamburg 2003, S. 101. 다른 출처들에 따르면 처음엔 발행 부수가 이보다 약간 적었다.
34. 2015년과 2017년의 매출액. 그런데 디지털화는 에로틱 시장에도 시련이었다. 2017년 12월 베아테 우제 주식회사의 지주사는 파산 절차에 돌입했다.
35. Sybille Steinbacher: Wie der Sex nach Deutschland kam. Der Kampf um Sittlichkeit und Anstand in der frühen Bundesrepublik. Berlin 2011, S. 247.
36. Alexander von Plato, Almut Leh: 《Ein unglaublicher Frühling》. Erfahrene Geschichte im Nachkriegsdeutschland 1945 – 1948. Bonn 1997, S. 238.
37. van Steen, S. 129.
38. Steinbacher, S. 259.
39. Mariam Lau: Nachruf auf Beate Uhse. In: Die Welt, 19. 7. 2001.
40. Van Steen, S. 130.
41. 같은 책, S. 260.
42. Steinbacher, S. 255.
43. 만화에 대한 이런저런 악평은 다음 책에 구체적으로 실려 있다. Björn Laser: Heftchenflut und Bildersturm – Die westdeutsche Comic-Debatte in den 50ern. In: Georg Bollenbeck, Gerhard Kaiser: Die janusköpfigen 50er Jahre. Kulturelle Moderne und bildungsbürgerliche Semantik III. Wiesbaden 2000, S. 63ff.
44. 같은 책, S. 78.
45. Hans Seidel: Jugendgefährdung heute. Hamburg 1953, zitiert nach: Julia Ubbelohde: Der Umgang mit jugendlichen Normverstöß en. In: Ulrich Herbert(Hg.): Wandlungsprozesse in Westdeutschland 1945 – 1980. Göttingen 2002, S. 404.

46. 같은 책, S. 404.

47. Helma Engels: Jugendschutz. In: Jugendschutz 1, Heft 7–8, 1956, zitiert nach ebd., S. 404.

48. Alexander Mitscherlich: Aktuelles zum Problem der Verwahrlosung, erstmals veröffentlicht in: Psyche 1, 1947/48, zitiert nach: ders.: Gesammelte Schriften, Bd. 6. Frankfurt 1986, S. 618.

49. Alexander Mitscherlich: Jugend ohne Bilder, erstmals in: Du. Schweizer Monatsschrift, 4/1947, zitiert nach: ders.: Gesammelte Schriften, Bd. 6, S. 609.

50. 참조. Eva Gehltomholt, Sabine Hering: Das verwahrloste Mädchen. Diagnostik und Fürsorge in der Jugendhilfe zwischen Kriegsende und Reform (1945–1965). Opladen 2006.

51. 하지만 소년들도 성적 충동의 악마화에서 벗어나지 못했다. 가령 잡지 《청춘 화보(Bildhefte der Jugend)》는 〈음란 행위는 사람을 망친다〉라는 제목하에 내면의 분노에 짓눌린 고야의 악몽 속 환영처럼, 절망에 빠진 벌거벗은 거인 그림을 보여주었다. 기사 내용은 이랬다. "음행을 저지하고 그만두고 부셔버려라. 그건 모든 기쁨을 앗아간다. 음행을 막는 건 규율과 절제다. 늦기 전에 그것을 떠올려라. 너무 늦기 전에. 음행과 탐욕, 성적 쾌락의 불길 속에서 영혼이 피폐해진 친구들이 보이지 않는가! (…) 마침내 너는 네 안에서도 활동을 시작하는 역병의 병균을 뚜렷이 느낀다. – 그럼 어쩔 생각인가? 영화, 알코올, 성적 충동에 취해 현실에서 도피할 것인가? 어떤 도취든 깨어나면 쓰라린 고통이 따른다는 사실을 명심하라. – 그다음엔? 늑대들과 함께 울부짖을 것인가? 역병과 타협할 것인가? 언젠가 그 병균이 너를 갈기갈기 찢을 것임을 명심하라. 그것은 얼마 안 가 너를 파괴할 것이다." Jörg Bohn, Internet-Sammlung "Wirtschaftswundermuseum.de"

52. Gehltomholt, S. 41.

53. Steinbacher, S. 252.

54. 참조. Dieter Schenk: Auf dem rechten Auge blind. Die braunen Wurzeln des BKA. Köln 2001.

55. Die Zeit, 25.9. 1952.

56. Der Spiegel 42/1952, 특히 '순결법' 도입에 반대하는 움직임을 시작으로 프랑스 정치 상황을 보도한 기사.

57. Steinbacher, S. 110.

58. 같은 책, S. 115.

8. 재교육자들

1. Hans Habe: Im Jahre Null. Ein Beitrag zur Geschichte der deutschen Presse. München 1966, S. 10.
2. 〈독일 항복 이후 서유럽과 노르웨이의 군사적 점령 정책 및 절차〉라는 제목의 이 지침서는 9월 9일 책자 형태로 공포되었다. Uta Gerhardt: Soziologie der Stunde Null. Zur Gesellschaftskonzeption des amerikanischen Besatzungsregimes in Deutschland 1944–1945/46. Frankfurt am Main 2005, S. 150f.
3. 같은 책, S. 150f.
4. Ina Merkel: Kapitulation im Kino: Zur Kultur der Besatzung im Jahr 1945. Berlin 2016, S. 79.
5. 같은 책, S. 79.
6. 2002년 마리타 크라우스가 진행한 힐데가르트 함-브뤼허와의 인터뷰: Marita Krauss: Deutsch-amerikanische Kultur- und Presseoffiziere. In: Arnd Bauerkämper, Konrad H.Jarausch, Marcus M. Payk(Hg.): Demokratiewunder. Transatlantische Mittler und die kulturelle Öffnung Westdeutschlands 1945–1970. Göttingen 2005, S. 149.
7. 전쟁이 끝나자 많은 독일인이 나치 범죄에 대한 집단적 처벌을 두려워했다. 이런 불안을 더욱 키운 것은 무엇보다 독일을 농경 국가 수준으로 끌어내려 다시는 침략 전쟁을 일으키지 못하도록 하겠다는, 미국 재무장관 헨리 모겐소의 계획(1944년 9월)이었다. 그러나 프랭클린 D. 루스벨트 대통령은 이 계획을 명시적으로 거부했다. 실현될 가능성이 없었기 때문이다. 집단적 처벌에 대한 불안은 1945년 여름 미 점령지 곳곳에 붙은 벽보들을 통해서도 증폭되었다. 거기엔 베르겐 벨젠 강제수용소의 충격적인 사진이 담겨 있었다. "이 수치스러운 행위들과 너희의 죄"라는 제목 밑엔 이렇게 적혀 있었다. "너희는 가만히 지켜보고 말없이 묵인했다. 왜 한마디도 항의하지 않았는가? 왜 분노의 외침으로 독일인의 양심을 깨우지 않

았는가? 그것이 너희의 돌이킬 수 없는 죄다. 너희는 이 잔인한 범죄에 공동으로 책임이 있다." (참조. Klaus-Jörg Ruhl: : Die Besatzer und die Deutschen. Amerikanische Zone 1945-48. Bindlach/Düsseldorf 1989.) 여기서는 공동 책임이 명확히 적시되었다. 그러나 연합군은 법률적·국제법적·정치적 차원에서의 집단 책임을 한 번도 진지하게 고려하지 않았다. 전범 재판에서도 오직 개인의 책임만 물었다. 연합군의 집단 책임 테제는 오히려 기소된 많은 독일인이 탈나치화 조치를 '승자의 정의'라 부르며 거부하도록 만들었다.

8. Die Neue Zeitung, 25. 10. 1945.
9. Die Neue Zeitung, 4. 11. 1945. 그러나 야스퍼스의 책임 개념은 짧은 기고문에 서술된 것보다 훨씬 복잡하다. 그는 1월과 2월 '독일의 정치적 책임'이라는 제목으로 강연하면서, 법적으로는 물을 수 없지만 개인이 느끼는 집단 책임에 대해 이야기한다. 이 강의는 1946년 《죄의 문제》라는 제목으로 출간되었는데, 여기서 그는 이렇게 고백한다. "나는 합리적으로는 받아들일 수 없고 심지어 합리적으로는 반박이 가능한 방식으로, 독일인들이 자행한 일들에 공동 책임을 느낀다. 나는 그것을 느끼는 독일인들과 심정적으로 더 가깝고, 이 관련성을 부정하는 사람들과는 더 멀게 느껴진다. 이 가까움이란 무엇보다 지금 독일인과 같은 모습이 아니라 미래의 독일인, 그러니까 민족적 우상의 이야기가 아닌 우리 선조들의 부름에 귀를 기울이는 독일인으로 거듭나야 한다는 활기찬 공통의 과제를 의미한다." Karl Jaspers: Die Schuldfrage, München 2012, S. 60f.
10. Marcus Hajdu: "Du hast einen anderen Geist als wir!" Die "groß e Kontroverse" um Thomas Mann 1945-1949. Dissertation, Gieß en 2002, S. 15.
11. 같은 책, S. 20.
12. Schoeller, S. 50.
13. Alfred Döblin: Ausgewählte Werke in Einzelbänden, Bd. 19. Olten 1980, S. 497.
14. Günther Weisenborn: Döblins Rückkehr. Zitiert nach: Harald Jähner, Krista Tebbe(Hg.): Alfred Döblin zum Beispiel. Stadt und Literatur. Berlin 1987, S. 132.
15. Neues Deutschland, 19. 11. 1949.
16. Irina Liebmann: Wäre es schön? Es wäre schön. Mein Vater Rudolf

Herrnstadt. Berlin 2008, S. 398.

17. 같은 책, S. 320, 322, 358.

18. Der Stern 25/1952, Tim Tolsdorff: Von der Sternschnuppe zum Fixstern: Zwei deutsche Illustrierte und ihre gemeinsame Geschichte vor und nach 1945. Köln 2014. S. 415.

19. 나넨의 기사 제목은 특히 비열해 보인다. 〈독일에서 악당을 몰아내자!〉라는 제목은 카를 크라우스가 한스 하베의 아버지 임레 베케시를 오스트리아에서 쫓아낸 글의 제목 〈빈에서 악당을 축출하자!〉와 거의 판박이다. 빈에서 간행된 일간지 《디 슈팀메(Die Stimme)》의 발행인 베케시는 돈을 받고 누군가를 신문에 소개하거나 누군가를 기사화하지 않았다는 의심을 받았다. '폭로성 기사'를 당사자에게 미리 보여준 뒤 그것을 기사화하지 않는다는 조건으로 돈을 받았다는 것이다. 이후 그의 아들 야노스 베케시는 가족에게 가해진 온갖 모욕과 불명예를 견뎌야 했고, 그러다 결국 가족과 함께 잠시 헝가리로 돌아갔다. 나중에 오스트리아로 돌아왔을 때는 아예 이름을 바꾸었다. 야노스의 독일어 이름인 한스의 'Ha'와 베케시의 'be'를 합쳐서 하베로 바꾼 것이다. 이렇게 해서 한스 하베가 탄생했다. 이는 가족 전통이기도 했다. 아버지 임레 베케시의 이름도 젊을 때 바꾼 것이다. 할아버지의 이름은 원래 마이어 프리트레버였다.

20. 참조. Hermann Schreiber: Henri Nannen. Drei Leben. München 1999.

21. Henning Röhl: "Freundliche Grüß e von Feind zu Feind". Henri Nannen und Hans Habe. Spiegel Online. 18. 12.2013.http://www.spiegel.de/einestages/henri-nannen-und-hans-habe-journalisten-freundschaft-zwischen-feinden-a-951334.html, aufgerufen am 9. 12.2017.

22. Der Spiegel 44/1954.

23. 같은 곳.

24. 참조. Vgl. Marko Martin: Hans Habe–konservativer "Extremist der Mitte", in: Die Welt vom 12.2.2011

25. Marko Martin: "Die einzigen Wellen, auf denen ich reite, sind die des Lago Maggiore". Wer war Hans Habe? Eine Spurensuche. http://www.oeko-net.de/kommune/kommune1-98/KHABE.html, zuletzt aufgerufen am 9. 12.2017.

26. 되블린은 수년간의 소송 끝에 독일 손해 배상청으로부터 '피해 기간'에 대한 보상

금으로 몇 번에 나눠 총 2만 8000마르크를 받았다. 여기서 '피해 기간'이란 강요된 망명 시간을 의미한다. 참조. Schoeller, S. 782.

27. 같은 곳.

28. Alfred Döblin: Schicksalsreise. In: ders.: Autobiographische Schriften und letzte Aufzeichnungen. Olten und Freiburg im Breisgau 1977, S. 376.

29. Ludwig Marcuse: Gebt Döblin den Nobelpreis, in: Aufbau, 4.9. 1953, zitiert nach Jähner, Tebbe, S. 139.

30. Jähner, Tebbe, S. 142.

9. 예술 냉전과 민주주의 설계

1. 한 예를 들어보겠다. "우리는 전후 열린 첫 콘서트에서 흘린 눈물을 부끄러워할 필요가 없다. 춥고 삭막한 홀에서, 혹은 폭격당한 교회에서 빌헬름 슈트로스 4중주단이 연주하는 베토벤이나 모차르트를 다시 듣고, 피셔디스카우의 〈겨울 나그네〉를 들을 때 흘린 눈물을. 지금 우리에게 절실한 것이 새로운 마음으로 사는 것이라는 사실을 그때 얼마나 많은 사람이 감동적으로 깨달았던가?" Gustav Rudolf Sellner. In: Heinz Friedrich(Hg.): Mein Kopfgeld – Rückblicke nach vier Jahrzehnten. München 1988, S. 111.

2. 탱고 청년은 국가사회주의에서 제대로 된 남자가 아닌 모든 것을 대변하는 인기 있는 개념이었다. 헬무트 회플링(Helmut Höfling)의 《삶으로의 도피. 유혹에 빠진 청춘의 소설(ein Tangojüngling unter Frontschweinen)》에서는 다음과 같은 표현들이 나온다. "그는 장난감 병정 같았다." "전방의 병사들 가운데 한 탱고 청년."

3. 참조. Henning Ritschbieter: Bühnenhunger. In: Hermann Glaser, Lutz von Pufendorf, Michael Schöneich(Hg.): So viel Anfang war nie. Deutsche Städte 1945 – 1949. Berlin 1989, S. 226.

4. Andreas-Friedrich, S. 385.

5. Merkel, S. 250.

6. Niels Kadritzke: Führer befiel, wir lachen! In: Süddeutsche Zeitung, 19. 5.

2010.

7. 같은 곳.

8. Thomas Brandlmeier: Von Hitler zu Adenauer. Deutsche Trümmerfilme. In: Deutsches Filmmuseum(Hg.): Zwischen Gestern und Morgen, Westdeutscher Nachkriegsfilm 1946–1962, S. 44.

9. 이 부분과 관련해선, 울리케 베켈이 '질적 역사적 수용 연구'의 형태로 아주 철저히 연구했다. Ulrike Weckel: Zeichen der Scham. Reaktionen auf alliierte atrocity-Filme im Nachkriegsdeutschland. In: Mittelweg 36, Heft 1, 2014, S. 3ff.

10. 참조. Merkel, S. 262ff.

11. Markus Krause: Galerie Gerd Rosen. Die Avantgarde in Berlin 1945–1950. Berlin 1995, S. 42.

12. Kathleen Schröter: Kunst zwischen den Systemen. Die Allgemeine Deutsche Kunstausstellung 1946 in Dresden. In: Nikola Doll, Ruth Heftrig, Olaf Peters und Ulrich Rehm: Kunstgeschichte nach 1945. Kontinuität und Neubeginn in Deutschland. Köln, Weimar, Wien 2006, S. 229.

13. Glaser, von Pufendorf, Schöneich, S. 61.

14. Die Frau – Ihr Kleid, ihre Arbeit, ihre Freude 4/1946.

15. Der Standpunkt – Die Zeitschrift für die Gegenwart, 1946.

16. '동의 독재'는 국가사회주의의 대중적 성격에 관한 괴츠 알리의 광범한 연구에 나오는 핵심 개념이다. 나치 국가는 유대인들에게서 몰수한 재산과 점령지에서 약탈한 부를 독일인들에게 사회적 혜택으로 돌려줌으로써 폭넓은 계층에서 지지를 받았다. Götz Aly: Hitlers Volksstaat. Raub, Rassenkrieg und nationaler Sozialismus. Frankfurt am Main 2005.

17. Hans Habe: Freiheit des Geschmacks, in: Die Neue Zeitung, 17. 12. 1945.

18. Krause, S. 41.

19. Christian Borngräber: Nierentisch und Schrippendale. Hinweise auf Architektur und Design. In: Dieter Bänsch(Hg.): Die fünfziger Jahre. Beiträge zu Politik und Kultur. Tübingen 1985, S. 222.

20. Alfred Nemeczek: Der Ursprung der Abstraktion. Der groß e Bilderstreit. In: art – das Kunstmagazin, 5/2002.

21. 참조. Gerda Breuer: Die Zähmung der Avantgarde. Zur Rezeption der Moderne in den 50er Jahren. Frankfurt 1997.

22. Dieter Honisch: Der Beitrag Willi Baumeisters zur Neubestimmung der Kunst in Deutschland. In: Angela Schneider(Hg.): Willi Baumeister. Katalog zur Ausstellung in der Nationalgalerie Berlin. Staatliche Museen Preuß ischer Kulturbesitz. Berlin 1989, S. 82.

23. Martin Warnke: Von der Gegenständlichkeit und der Ausbreitung der Abstrakten. In: Bänsch, S. 214.

24. Alexander Dymschitz: Über die formalistische Richtung in der deutschen Malerei. Bemerkungen eines Auß enstehenden. In: Tägliche Rundschau, 19. 11. 1948, S. 11. 딤시츠의 글에는 미술계에 대한 정확한 지식과 섬세한 묘사 능력, 나쁜 독단주의가 독특하게 뒤섞여 있는데, 이는 1945년 7월부터 베를린 미술아카데미 원장을 맡았던 카를 호퍼가 1947년부터 서서히 서독의 추상미술 쪽으로 기울면서 빠지기 시작한 예술적 불행을 해석한 대목에서 여실히 드러난다. "사실주의에 대한 거부는 예술적 창작의 한없는 빈곤을 야기한다. 이는 호퍼 교수처럼 누구나 인정하는 거장의 작품에서도 쉽게 확인된다. 형식주의적 입장이 이 탁월한 예술가를 비극적 위기로 이끌었다는 사실은 최근 전시회에서 선보인 그의 그림과 그래픽 작품만 봐도 알 수 있다. 예술의 가장 중요한 대상이자 핵심인 세계와 인간이 그의 작품에서는 믿을 수 없을 정도로 빈약하고, 대신 끊임없이 단조롭게 반복되는 기교만 난무한다. 세계의 다채로운 풍성함은 단순화되고, 인간 성격의 다양성은 다채로운 감정을 가리는 예술가의 가면을 통해 배제된다. 호퍼 교수의 그림에서는 생동적인 삶 대신 일종의 가면 극장과 욕망의 가장 무도회만 드러난다. 하지만 이 시대를 진정으로 함께 살아가는 사람 중에 과연 몇 명이나 호퍼의 이 비극적 가면과 기형적 카니발을 보면서 자신을 알아볼 수 있을까? 이 화가가 고안한 현실 왜곡의 작품들은 그가 삶을 등지고, 모든 주관주의적 환상과 마찬가지로 삶의 시험을 통과하지 못한 판타지의 세계로 스스로 걸어 들어가고 있음을 보여주는 증거다."

25. Frances Stonor Saunders: Wer die Zeche zahlt … Der CIA und die Kultur im Kalten Krieg. Berlin 2001, S. 250.

26. 참조. Niklas Becker: Juro Kubicek. Metamorphosen der Linie. Dissertation an der FU Berlin, Berlin 2007.

27. Frances Stonor Saunders: Wer die Zeche zahlt … Der CIA und die Kultur im Kalten Krieg. Berlin 2001. S. 240.

28. 프랜시스 스토너 손더스의 저서는 CIA의 문화적 개입에 대한 상세한 정보를 제공한다.

29. 쿠비체크가 얼마나 냉전의 최선봉에 서 있었는지는 그가 당시 저명한 독일 화가 그룹에 속하지 않았음에도, 1948년 11월 알렉산더 딤시츠가 독일 미술의 형식주의에 대한 기고에서 카를 호퍼와 피카소 외에 이름을 언급한 유일한 화가였다는 점에서도 분명히 드러난다. 쿠비체크의 갑작스러운 부상에 미국의 개입이 있다는 사실은 소련 쪽도 간파한 게 틀림없고, 그 때문에 딤시츠도 서방을 향해 기습 공격을 가한다. "그(쿠비체크)의 그림 중 대부분은 현실성의 완전한 무시와 환상의 무절제한 임의성, 공허한 형태와 인위적 구성의 유희에 지나지 않는다. 현실 소재에 다가가려고 시도하는 곳에서조차 쿠비체크는 곧바로 삶의 진실을 파괴하고 주관적 관념을 현실로 제시한다. 예를 들어 폭격 이후의 폐허를 묘사한 그림이 그렇다. 여기서 형식주의자 쿠비체크는 현실에 대한 묘사를 추상화하고, 마치 베를린을 공격한 영미 폭격기 조종사들이 아주 꼼꼼한 기하학 교사였던 것처럼 혼돈에 구성적 질서를 부여한다. Alexander Dymschitz: Über die formalistische Richtung in der deutschen Malerei. Bemerkungen eines Auß enstehenden. In: Tägliche Rundschau, 19. 11. 1948.

30. 참조. Frank Möller: Das Buch Witsch. Das schwindelerregende Leben des Verlegers Joseph Caspar Witsch. Köln 2014.

31. Borngräber, S. 241.

32. 크리스티안 데 누이스-헹켈만은 다음과 같이 독설을 날린다. "콩팥과 비슷하게 생긴 이 테이블은 2차원적인 관점으로 환원된 평면성 속에서 순응(불쾌함을 준다)과 역동적 활력(과장된 낙관주의), 표면적 개방성의 종합이다. 형태와 옆으로 뻗은 다리는 보는 사람에게 깨끗한 바닥을 노출시킨다. '우리는 숨길 게 없다'는 것이다." Christian de Nuys-Henkelmann: Im milden Licht der Tütenlampe. In: Hilmar Hoffmann/Heinrich Klotz(Hg.): Die Kultur unseres Jahrhunderts 1945 – 1960. Düsseldorf, Wien, New York 1991, S. 194.

33. Alexander Koch: Die Wohnung für mich. Stuttgart 1952. Zitiert nach

Paul Maenz: Die 50er Jahre. Köln 1984, S. 130.

34. Die Frau – Ihr Kleid, ihre Arbeit, ihre Freude, 1946.

35. Jutta Beder: Zwischen Blümchen und Picasso. Textildesign der fünfziger Jahre in Westdeutschland. Münster 2002, S. 20.

36. 건물 내부에 새겨진 헌사(벤저민 프랭클린의 말)도 이와 일치한다. "주여, 자유에 대한 사랑뿐 아니라 인권에 대한 깊은 자각도 지상의 모든 이에게 스며들어 철학자가 발을 디디는 곳마다 '여기가 내 조국'이라고 말할 수 있게 하소서."

10. 억압의 소리

1. Carl Zuckmayer: Deutschlandbericht für das Kriegsministerium der Vereinigten Staaten. Göttingen 2004, S. 228.

2. Stefan Heym: Nachruf. Berlin 1990, S. 388.

3. Erika Neuhäuß er: Was ist deutsch? Das deutsche Problem und die Welt. In: Der Standpunkt. Die Zeitschrift für die Gegenwart. Heft 1, Jg. 2, 1947.

4. Heinrich Schacht: Vom neuen Geist des Lehramts, in: Der Standpunkt. Die Zeitschrift für die Gegenwart. Heft 2, Jg. 1, 1946.

5. Wolfgang Rothermel: Ist es noch zu früh. In: Der Standpunkt. Die Zeitschrift für die Gegenwart, Heft 6/7, Jg. 2, 1947.

6. Wo stehen wir heute? In: Die Zeit, 28.2. 1946.

7. Hans Schwippert: Theorie und Praxis. In: Die Städte himmeloffen. Reden und Reflexionen über den Wiederaufbau des Untergegangenen und die Wiederkehr des Neuen Bauens. 1948/49. Ausgewählt aus den ersten beiden Heften der Vierteljahreshefte "Baukunst und Werkform" von Ulrich Conrads. Basel 2002, S. 15.

8. 같은 곳, S. 23.

9. Theodor W.Adorno: Auferstehung der Kultur in Deutschland? In: Frankfurter Hefte. Zeitschrift für Kultur und Politik, 5 Jahrgang, Heft 5, Mai 1950, S. 469 – 472.

10. 심지어 아도르노는 자신이 가르치는 학생들의 활기찬 지적 활동을 보며 살해당

한 유대인들까지 떠올렸다. 1949년 12월 말 토마스 만에게 보낸 편지에서 그는 프랑크푸르트대학에서 수업을 하다 보면 때때로 탈무드 학교에 와 있는 것 같은 느낌이 든다고 썼다. "이따금 살해당한 유대인들의 정신이 독일 지식인들 속으로 들어간 것 같은 기분이 듭니다." (Theodor W.Adorno/Thomas Mann: Briefwechsel 1943–1955, Frankfurt am Main 2002, S. 46.) 이런 느낌은 아도르노 자신에게 퍽 오싹했던 모양이다. 그는 레오 뢰벤탈에게도 이렇게 썼다. "나는 살해당한 유대 지식인의 정신이 독일 학생들에게로 들어간 것 같다고 LA로 편지를 보냈습니다. 좀 으스스한 느낌이 듭니다. 하지만 바로 그 때문에, 혹은 진정한 프로이트적 의미에서 그게 굉장히 편하게 느껴지기도 합니다." Ansgar Martins: Adorno und die Kabbala, Potsdam 2016, S. 52.

11. '유대문화재건위원회' 위원장으로서 아렌트의 임무는 파괴된 유대 문화의 잔존물을 확인하는 것이었다. 그는 나치가 강탈한 뒤 도서관과 박물관에 보관해둔 유대인 문화재의 규모를 파악해야 했다. 나중에 국제 유대인 단체들에 양도하는 협상을 시작하려면 필요한 일이었다. 그런데 '반환'을 이야기하기 어려운 경우가 많았다. 이전의 수많은 소유주가 살해당했거나 행방불명 상태였기 때문이다. 전 세계 유대인 다수의 생각과 마찬가지로 아렌트도 독일에 남아 있는 약탈당한 유대인 문화재, 특히 이른바 상속인 없는 재산이 세계유대인회의로 대표되는 유대 민족의 것이라고 확신했다. 반면에 독일에 남아 있는 소규모 유대인 공동체들의 생각은 달랐다. 약탈당한 문화재의 전부 또는 일부가 자기들 소유라고 주장했다. 이로 인해 고통스러운 갈등이 생겨났다. 본질적으로 물질적 자산을 두고 벌어진 갈등이 아니라 유대인의 정체성과 독일에 있는 유대인 공동체의 미래에 관한 갈등이었다. 아렌트는 홀로코스트 이후엔 독일에서 유대인 공동체를 꾸려가는 건 불가능하다고 생각했다. 이건 명예의 문제기도 했는데, 여기엔 나치 치하에서 살아남았고 전쟁 뒤에도 독일에 남기로 결정한 독일 유대인들에 대한 그의 가혹한 판단이 반영되어 있었다. 아렌트는 뉴욕에 있는 남편 하인리히 블뤼허에게, 이전에 친했던 독일인들과 여전히 좋은 관계를 유지하고 있다고 썼다. "그들은 나를 신뢰하고, 나 역시 여전히 그들의 언어로 말해요. 독일 유대인만 끔찍해요. 그들의 공동체는 내적으로 황폐하기 짝이 없고 극도로 비천하고 비열하게 살아가는 강도 공동체나 다름없어요. 도저히 견디지 못하겠다 싶으면 난 미국 유대인 단체들로 도망쳐요." Hannah Arendt, Heinrich Blücher: Briefe 1936–1968, München, Zürich 1996, S. 185.

12. 1950년 미국에서 출간된 아렌트의 에세이《나치 통치의 후유증. 독일에서 온 보고서(Aftermath of the Nazi Rule. Report from Germany)》는 36년이 지나서야《독일 방문(Ein Besuch in Deutschland)》이라는 제목으로 독일에서 출간되었다.

13. Hannah Arendt: Besuch in Deutschland. In: dies.: Zur Zeit. Politische Essays, Berlin 1986. S. 44–52. 이어지는 인용도 여기서 가져왔다.

14. 아렌트의 사유에서 "살아 있는 유령"의 느낌은 강제수용소에 있던 "살아 있는 시체들"의 세계에 대한 반향으로 보인다. 그는 1951년 뉴욕에서 출간된《전체주의의 기원》에서, 육체적으로는 아직 살아 있지만 내적으로는 이미 죽은 사람들을 묘사한다. 나치 통치의 최종 결과는 "영혼 없는 사람들, 즉 심리적으로 도저히 이해가 안 되는 사람들을 만들어냈다는 것이다. 그들을 심리적 또는 다른 방식으로 이해할 수 있는 인간 세계로 복귀시키는 것은 시체를 소생시키는 것만큼이나 어려워 보인다."(1986년 문고판 680쪽) "강제수용소와 절멸 수용소의 정말 끔찍한 점은 운 좋게 살아남은 사람들조차 죽었을 때보다 더 노골적으로 살아 있는 세계로부터 차단시킨다는 사실이다."(682쪽) 다른 대목에서 아렌트는 수감자의 말살에 앞서 벌어진 체계적인 비인간화에 대해 이야기한다. 그건 수백만 명을, 집도 나라도 권리도 없고 경제적으로 불필요하고 사회적으로 바람직하지 않은 인간으로 만든 "시체의 대량 생산"에 앞서 진행된 "살아 있는 시체의 표본 작업"(686쪽)이었다. 그런데 피해자의 비인간화는 가해자의 내면에도 깊은 영향을 미친다. 그들 역시 괴물이 된 것이다.

15. Arendt, Besuch in Deutschland, S. 44.

16. Theodor W. Adorno, Thomas Mann: Briefwechsel 1943–1955, Frankfurt am Main 2002, S. 45. 아도르노는 심지어 자기 자신에게서도 억압의 강한 유혹을 느꼈다. "도저히 상상할 수 없는 일의 발생은 스스로 그것을 인지하지 못하게 하는 역설적 결과를 가져오기도 한다. 솔직히 말해, 나는 전차 옆자리에 앉은 사람이 사형집행인이었을 수도 있다는 생각을 할 때마다 일단 반성이 필요했다."(같은 곳).

17. 다음 책이 한 예다. Erich Müller-Gangloff: Die Erscheinung sformen des Bösen. In: Merkur 3, 1949, S. 1182.

18. 다음 책을 축약 인용했다. Friedrich Kieβ ling: Die undeutschen Deutschen. Eine ideengeschichtliche Archäologie der alten Bundesrepublik.

Paderborn 2012, S. 87. 가독성을 위해 축약된 원문은 다음과 같다. "새로운 생각이 유럽 전역으로 퍼지고 있다. 유럽이 다시 깨어나도록 이끄는 사람은 대부분 젊은 무명인이다. 그들은 연구실에서 온 사람들이 아니다. 그들에게는 그럴 시간이 없다. 그들은 유럽을 위한 무장 투쟁, 즉 행동에서 왔다. 여기서부터 가늘지만 무척 대담한 밧줄이 낭떠러지를 넘어 유럽의 다른 젊은이들에게로 이어진다. 최근 몇 년 사이 마찬가지로 가차 없는 헌신 속에서 자신의 모든 것을 바친 젊은이들이다."

19. 유럽을 "개미굴 언덕"으로 묘사한 것에서부터 연구실에 대한 전사적 경멸, 어제의 적을 오늘의 동지로 만드는 공통의 특징에 대한 확고한 믿음까지 모두 의심스럽다.

20. Wolfdietrich Schnurre: Unterm Fallbeil der Freiheit. In: Neue Zeitung, 9. 1. 1948.

21. Benjamin Möckel: Erfahrungsbruch und Generationsbehaup tung. Die 《Kriegsjugendgeneration》 in den beiden deutschen Nachkriegsgese-llschaften. Göttingen 2014, S. 330.

22. Andreas-Friedrich, S. 399.

23. Arendt, Besuch in Deutschland, S. 60.

24. Jan Philipp Reemtsma: 200 Tage und ein Jahrhundert, zitiert nach: Steffen Radlmaier(Hg.): Der Nürnberger Lernprozess. Von Kriegsverbrechern und Starreportern. Frankfurt am Main 2001.

25. Süddeutsche Zeitung vom 30. 11. 1945, zitiert nach Scherpe, S. 308.

26. Hans Fiedeler (d.i. Alfred Döblin): Der Nürnberger Lehrprozess. Baden-Baden 1946, zitiert nach: Radlmaier, S. 47.

27. Vgl. Alfred Döblin: Journal 1952/53, in: Schriften zu Leben und Werk. Olten und Freiburg im Breisgau 1986, S. 386.

28. 역사가 울리히 헤르베르트는 탈나치화 과정을 수십 년 뒤의 일반적 평가보다 훨씬 더 긍정적으로 평가했다. "전 사회적 차원의 이 방대한 시도를 고려하면 필경 불충분하고 불공정한 결과로 나타날 수밖에 없음에도 탈나치화는 국가사회주의에 대한 책임을 독일 사회와 지도층에 묻고, 적극적 나치와 나치 범죄 동조자들을 지명해서 고립시키고, 최소한 일정 기간은 관직과 대중적 영향력으로부터 떼어놓게 하는 데 성공했다. 이로써 대다수 독일인은 지배 체제로서 국가사회주의를 죄악시까지는 아니더라도 금기시하는 독자적인 경험을 하게 되었다. 물론 그렇다고 나치 독재의 이데올로기적 정치적 유산의 일부가 이 사회에서 완전히 사

라졌다는 뜻은 아니다." Herbert, S. 571.

29. Martin Broszat u.a.(Hg.): Deutschlands Weg in die Diktatur. Internationale Konferenz zur nationalsozialistischen Machtübernahme im Reichstagsgebäude zu Berlin. Referate und Diskussionen. Ein Protokoll. Berlin 1983, S. 351.

30. 참조. 젊은 역사학자 한네 레사우(Hanne Leßau)는 이런 생각을 베를린에서 열린 제5차 국제 홀로코스트 콘퍼런스에서 발표했다. "가령 결백 증명서에서 제가 특히 관심이 많았던 건 그게 어떤 식으로 진행되었을까, 하는 것입니다. 이전에는 아무도 하지 않은 일입니다. 사람들은 어떻게 타인에게 가서 어떻게 물어봤을까? 어떻게 증언을 부탁했을까? 이건 전체적으로 퍽 흥미로운 문제입니다. 우리의 통상적인 선입견만으로는 쉽게 판단할 수 없는 문제기 때문이지요. 그래서 저는 그걸 결백 증명서라고 부르지 않습니다. 그건 사람들에게 한층 복잡한 문제였을 겁니다. 그런 걸 부탁하는 건 유쾌한 일이 아니었겠죠. 게다가 증명할 수 있는 것 자체에도 많은 한계가 있습니다. 그러니까 남을 위해 기꺼이 진술할 수 있는 것에도 절대적인 한계가 있다는 말입니다. 그건 단순히 '증언을 서로 주고받고 매수하고, 거짓말을 했을 거'라는 우리의 일반적 추측과는 쉽게 일치하지 않습니다. 따라서 저는 그것을 세분화해야 한다고 생각합니다." http://www.deutschlandfunk.de/konferenz-umgang-mit-den-ns-verbrechen-inder-nachkriegszeit.1148.de.html?dram:article_id=310158, zuletzt aufgerufen am 10.2.2018.

31. Hermann Lübbe: Der Nationalsozialismus im politischen Bewuβ tsein der Gegenwart. Abschluβ vortrag. In: Broszat, S. 334.

32. Norbert Frei: Vergangenheitspolitik. Die Anfänge der Bundes republik und die NS-Vergangenheit. München 1996, S. 15.

33. Konrad Adenauer im Deutschen Bundestag am 20. September 1949. In: Stenographische Berichte, 1.Wahlperiode, 5. Sitzung, S. 27.

34. Egon Bahr im Interview mit Thomas Schmid und Jacques Schuster, unter dem Titel "Wir hatten ein bisschen was anderes zu tun" erschienen in der Welt vom 29. 10.2010.

35. Klaus Behling: Die Kriminalgeschichte der DDR. Berlin 2017.

36. 이와 관련해서는, 제이 윈터스(Jay Winters)가 주창한 '침묵의 사회적 구성' 개념

에서 출발해 전후의 개인적·집단적 침묵 배후에 있는 사회적 협상 과정을 기술한 베냐민 뫼켈(Benjamin Möckel)을 언급하고 싶다. 관련 연구 현황은 다음 책에 잘 정리되어 있다. Philipp Gassert: Zwischen 'Beschweigen' und 'Bewältigen': Die Auseinandersetzung mit dem Nationalsozialismus der Ära Adenauer. In: Michael Hochgeschwender: Epoche im Wider spruch. Ideelle und kulturelle Umbrüche der Adenauerzeit. Bonn 2011.

37. Frei, S. 16.
38. 헤르만 뤼베도 이 표현을 사용했다.

맺음말: 삶은 계속된다

1. Schoeller, S. 656.
2. Habe, S. 153.
3. 하네스 슈벵거의 자료집에 실려 있는 전단. Ulrich Ott und Friedrich Pfäfflin(Hg.): Protest! Literatur um 1968. Marbacher Kataloge 51, Marbach am Neckar 1998, S. 43.
4. Hans Magnus Enzensberger: Berliner Gemeinplätze II, Kursbuch 13. Frankfurt a.M. 1968, S. 191.
5. Edgar Wolfrum: Geschichte der Erinnerungskultur in der BRD und DDR. In: Dossier Geschichte und Erinnerung der Bundes zentrale für politische Bildung, 2008. Abrufbar unter: https://www.bpb. de/geschichte/zeitgeschichte/geschichte-und-erinnerung /39814/geschichte-der-erinnerungskultur?p=all
6. 같은 곳.
7. Karl Jaspers: Die Schuldfrage. Von der politischen Haftung Deutschlands. München, Berlin 2012, S. 15.
8. 같은 책, S. 8.

참고문헌

- Abelshauser, Werner: Deutsche Wirtschaftsgeschichte. Von 1945 bis zur Gegenwart. München 2011.
- Adorno, Theodor W.: Auferstehung der Kultur in Deutschland?, in: Frankfurter Hefte. Zeitschrift für Kultur und Politik, 5. Jahrgang, Heft 5, Mai 1950.
- Adorno, Theodor W., Thomas Mann: Briefwechsel 1943 – 1955. Frankfurt am Main 2002.
- Aly, Götz: Hitlers Volksstaat. Raub, Rassenkrieg und nationaler Sozialismus. Frankfurt am Main 2005.
- Aly, Götz: Volk ohne Mitte. Die Deutschen zwischen Freiheitsangst und Kollektivismus. Frankfurt am Main 2015.
- Ander, Roland: 《Ich war auch eine Trümmerfrau, darum bin ich verärgert.》 Enttrümmerung und Abrisswahn in Dresden 1945 – 1989. Ein Beitrag zur ostdeutschen Baugeschichte. Dresden 2010.
- Andreas-Friedrich, Ruth: Der Schattenmann. Tagebuchaufzeichnungen 1938 – 1948. Berlin 2000.
- Anonyma: Eine Frau in Berlin. Tagebuchaufzeichnungen vom 20. April bis 22. Juni 1945. Frankfurt am Main 2003.
- Arendt, Hannah: Elemente und Ursprünge totaler Herrschaft. München 1986.
- Arendt, Hannah: Zur Zeit. Politische Essays. Berlin 1986.
- Arendt, Hannah, Heinrich Blücher: Briefe 1936 – 1968. München, Zürich 1996.
- Arnold, Heinz Ludwig (Hg.): Die deutsche Literatur 1945 – 1960, Bd. 1. München 1995.
- Bader, Karl S.: Soziologie der deutschen Nachkriegskriminalität. Tübingen 1949.

• Bänsch, Dieter (Hg.): Die fünfziger Jahre. Beiträge zu Politik und Kultur. Tübingen 1985.
• Bauerkämper, Arnd, Konrad H. Jarausch, Marcus M. Payk (Hg.): Demokratiewunder. Transatlantische Mittler und die kulturelle Öffnung Westdeutschlands 1945 – 1970. Göttingen 2005.
• Baumeister, Willi: Das Unbekannte in der Kunst. Köln 1988.
• Baumeister, Willi: Werke 1945 – 1955. Katalog zur Ausstellung des Kunstvereins Göttingen. Göttingen 2000.
• Becker, Niklas: Juro Kubicek. Metamorphosen der Linie, Dissertation an der FU Berlin. Berlin 2007.
• Beder, Jutta: Zwischen Blümchen und Picasso. Textildesign der fünfziger Jahre in Westdeutschland. Münster 2002.
• Behling, Klaus: Die Kriminalgeschichte der DDR. Berlin 2017.
• Beier, Rosmarie (Hg.): Aufbau West – Aufbau Ost. Die Planstädte Wolfsburg und Eisenhüttenstadt in der Nachkriegszeit. Buch zur Ausstellung des Deutschen Historischen Museums. Ostfildern-Ruit 1997.
• Beil, Ralf (Hg.): Wolfsburg unlimited. Eine Stadt als Weltlabor. Kunstmuseum Wolfsburg. Stuttgart 2016.
• Bendix, Werner: Die Hauptstadt des Wirtschaftswunders. Frankfurt am Main 1945 – 1956 (Studien zur Frankfurter Geschichte 49). Frankfurt am Main 2002.
• Bessen, Ursula: Trümmer und Träume. Nachkriegszeit und fünfziger Jahre auf Zelluloid. Deutsche Spielfilme als Zeugnisse ihrer Zeit. Eine Dokumentation. Bochum 1989.
• Bienert, René, Manfred Grieger, Susanne Urban: Nachkriegswege nach Volkswagen. Jüdische Überlebende zwischen Befreiung und neuer Identität. Schriften zur Unternehmensgeschichte von Volkswagen, Bd. 5. Wolfsburg 2014.
• Boehling, Rebecca, Susanne Urban, René Bienert (Hg.): Freilegungen. Überlebende – Erinnerungen – Transformationen. Göttingen 2013.

- Boelcke, Willi A.: Der Schwarzmarkt 1945 – 1948. Vom Überleben nach dem Kriege. Braunschweig 1986.
- Böke, Karin, Frank Liedtke, Martin Wengeler: Politische Leitvokabeln in der Adenauer-Ära. Berlin 1996.
- Böll, Heinrich: Heimat und keine. Schriften und Reden 1964 – 1968. München 1985.
- Bollenbeck, Georg, Gerhard Kaiser (Hg.): Die janusköpfigen 50er Jahre (Kulturelle Moderne und bildungsbürgerliche Semantik III). Wiesbaden 2000.
- Bommarius, Christian: Das Grundgesetz. Eine Biographie. Berlin 2009.
- Borchert, Wolfgang: Das Gesamtwerk. Hamburg 1959.
- Borngräber, Christian: Stil novo. Design in den 50er Jahren. Phantasie und Phantastik. Frankfurt am Main 1979.
- Boveri, Margret: Tage des Überlebens. Berlin 1945. München, Zürich 1968.
- Brauerhoch, Annette: 《Fräuleins》 und GIs. Geschichte und Filmgeschichte. Frankfurt am Main, Basel 2006.
- Breuer, Gerda: Die Zähmung der Avantgarde. Zur Rezeption der Moderne in den 50er Jahren. Frankfurt am Main 1997.
- Broszat, Martin, u. a. (Hg.): Deutschlands Weg in die Diktatur. Internationale Konferenz zur nationalsozialistischen Machtübernahme im Reichstagsgebäude zu Berlin. Referate und Diskussionen. Ein Protokoll. Berlin 1983.
- Broszat, Martin, Klaus-Dietmar Henke, Hans Woller (Hg.): Von Stalingrad zur Währungsreform. Zur Sozialgeschichte des Umbruchs in Deutschland. München 1988.
- Burk, Henning: Fremde Heimat. Das Schicksal der Vertriebenen nach 1945. Bonn 2011.
- Buruma, Ian: '45. Die Welt am Wendepunkt. München 2015.
- Claasen, Hermann: Gesang im Feuerofen. Überreste einer alten deutschen Stadt. Düsseldorf 1947, 2. Auflage 1949.

- Conrads, Ulrich (Hg.): Die Städte himmeloffen. Reden über den Wiederaufbau des Untergegangenen und die Wiederkehr des Neuen Bauens 1948/49. Basel 2002.
- Dillmann, Claudia, Olaf Möller (Hg.): Geliebt und verdrängt. Das Kino der jungen Bundesrepublik von 1949 bis 1963. Frankfurt am Main 2016.
- Diner, Dan (Hg.): Zivilisationsbruch. Denken nach Auschwitz. Frankfurt am Main 1988.
- Diner, Dan: Skizze zu einer jüdischen Geschichte der Juden in Deutschland nach '45. In: Münchner Beiträge zur jüdischen Geschichte und Kultur, Heft 1, 2010.
- Diner, Dan (Hg.): Enzyklopädie jüdischer Geschichte und Kultur, Bd. 4. Stuttgart 2013.
- Diner, Dan: Rituelle Distanz. Israels deutsche Frage. München 2015.
- Döblin, Alfred: Schicksalsreise, in: ders.: Autobiographische Schriften und letzte Aufzeichnungen. Olten, Freiburg im Breisgau 1977.
- Doll, Nikola u. a.: Kunstgeschichte nach 1945. Kontinuität und Neubeginn in Deutschland. Köln, Weimar, Wien 2006.
- Domentat, Tamara: "Hallo Fräulein". Deutsche Frauen und amerikanische Soldaten. Berlin 1998.
- Ebner, Florian, Ursula Müller (Hg.): So weit kein Auge reicht. Berliner Panoramafotografien aus den Jahren 1949–1952, aufgenommen vom Fotografen Tiedemann, rekonstruiert und interpretiert von Arwed Messmer. Ausstellungskatalog der Berlinischen Galerie. Berlin 2008.
- Enzensberger, Hans Magnus: Berliner Gemeinplätze II. In: Kursbuch 13, 1968.
- Enzensberger, Hans Magnus: Gedichte 1950–1955. Frankfurt am Main 1996.
- Euler-Schmidt, Michael, Marcus Leifeld: Der Kölner Rosenmontagszug, 2 Bde. Köln 2007 und 2009.
- Felsmann, Barbara, Annett Gröschner, Grischa Meyer (Hg.): Backfisch im Bombenkrieg. Notizen in Steno. Berlin 2013.

- Förschler, Andreas: Stuttgart 1945. Kriegsende und Neubeginn. Gudensberg 2004.
- Frei, Norbert: Vergangenheitspolitik. Die Anfänge der Bundesrepublik und die NS-Vergangenheit. München 1996.
- Friedrich, Heinz (Hg.): Mein Kopfgeld – Rückblicke nach vier Jahrzehnten. München 1988.
- Gebhardt, Miriam: Als die Soldaten kamen. Die Vergewaltigung deutscher Frauen am Ende des Zweiten Weltkriegs. München 2015.
- Gehltomholt, Eva, Sabine Hering: Das verwahrloste Mädchen. Diagnostik und Fürsorge in der Jugendhilfe zwischen Kriegsende und Reform (1945–1965). Opladen 2006.
- Gerhardt, Uta: Soziologie der Stunde Null. Zur Gesellschaftskonzeption des amerikanischen Besatzungsregimes in Deutschland 1944–1945/46. Frankfurt am Main 2005.
- Glaser, Hermann: 1945. Beginn einer Zukunft. Bericht und Dokumentation. Frankfurt am Main 2005.
- Glaser, Hermann, Lutz von Pufendorf, Michael Schöneich (Hg.): So viel Anfang war nie. Deutsche Städte 1945–1949. Berlin 1989.
- Greven, Michael Th.: Politisches Denken in Deutschland nach 1945. Erfahrungen und Umgang mit der Kontingenz in der unmittelbaren Nachkriegszeit. Opladen 2007.
- Gries, Rainer: Die Rationengesellschaft. Versorgungskampf und Vergleichsmentalität: Leipzig, München und Köln nach dem Kriege. Münster 1991.
- Grisebach, Lucius (Hg.): Werner Heldt. Ausstellungskatalog der Berlinischen Galerie. Berlin 1989.
- Grohmann, Will: Willi Baumeister. Stuttgart 1952.
- Habe, Hans: Ich stelle mich. Wien, München, Basel 1954.
- Habe, Hans: Off Limits. Roman von der Besatzung Deutschlands. München 1955.
- Habe, Hans: Im Jahre Null. Ein Beitrag zur Geschichte der deutschen

Presse. München 1966.

- Haber, Esther (Hg.): Displaced Persons. Jüdische Flüchtlinge nach 1945 in Hohenems und Bregenz. Innsbruck 1998.
- Hajdu, Marcus: "Du hast einen anderen Geist als wir!" Die "groß e Kontroverse" um Thomas Mann 1945–1949. Dissertation. Gieß en 2002.
- Hein, Verena: Werner Heldt (1904–1954). Leben und Werk. München 2016.
- Henkel, Anne-Katrin, Thomas Rahe: Publizistik in jüdischen Displaced-Persons-Camps im Nachkriegsdeutschland. Charakteristika, Medientypen und bibliothekarische Überlieferung. Frankfurt am Main 2014.
- Hentig, Hans von: Die Kriminalität des Zusammenbruchs. In: Schweizerische Zeitschrift für Strafrecht 62, 1947.
- Herbert, Ulrich: Geschichte Deutschlands im 20. Jahrhundert. München 2014.
- Herbert, Ulrich (Hg.): Wandlungsprozesse in Westdeutschland 1945–1980. Göttingen 2002.
- Herlyn, Ulfert, u. a.: Faszination Wolfsburg 1938–2012. Wiesbaden 2012.
- Hermlin, Stephan: Bestimmungsorte. Fünf Erzählungen. Berlin 1985.
- Heukenkamp, Ursula: Unterm Notdach. Nachkriegsliteratur in Berlin 1945–1949. Berlin 1996.
- Heyen, Franz-Josef, Anton M. Keim (Hg.): Auf der Suche nach neuer Identität. Kultur in Rheinland-Pfalz im Nachkriegsjahrzehnt. Mainz 1996.
- Heym, Stefan: Nachruf. Berlin 1990.
- Hirsch, Helga: Endlich wieder leben. Die fünfziger Jahre im Rückblick von Frauen. Berlin 2012.
- Hobrecht, Jürgen: Beate Uhse. Chronik eines Lebens. Flensburg 2003.
- Hochgeschwender, Michael (Hg.): Epoche im Widerspruch. Ideelle und kulturelle Umbrüche der Adenauerzeit (Rhöndorfer Gespräche 25).

Bonn 2011.
• Höfling, Helmut: Flucht ins Leben. Roman einer verführten Jugend. E-Book Kindle 2014.
• Hyvernaud, Georges: Haut und Knochen. Berlin 2010.
• Jacobmeyer, Wolfgang: Vom Zwangsarbeiter zum Heimatlosen Ausländer. Die Displaced Persons in Westdeutschland 1945–1951. Göttingen 1985.
• Jacobs, Ingeborg: Freiwild. Das Schicksal deutscher Frauen 1945. Berlin 2008.
• Jarausch, Konrad, Hannes Siegrist (Hg.): Amerikanisierung und Sowjetisierung in Deutschland 1945–1970. Frankfurt am Main, New York 1997.
• Jaspers, Karl: Die Schuldfrage. München 2012.
• Judt, Tony: Geschichte Europas von 1945 bis zur Gegenwart. München 2006.
• Kardorff, Ursula von: Berliner Aufzeichnungen 1942–1945. München 1992.
• Kästner, Erich: Notabene 45. Ein Tagebuch. Hamburg 2012.
• Kieß ling, Friedrich: Die undeutschen Deutschen. Eine ideengeschichtliche Archäologie der alten Bundesrepublik. Paderborn 2012.
• Klausner, Helene: Kölner Karneval zwischen Uniform und Lebensform. Münster 2007.
• Knef, Hildegard: Der geschenkte Gaul. Bericht aus einem Leben. Wien, München, Zürich 1970.
• Koeppen, Wolfgang: Tauben im Gras. Frankfurt am Main 1974.
• Königseder, Angelika, Juliane Wetzel. Lebensmut im Wartesaal. Die jüdischen DPs im Nachkriegsdeutschland. Frankfurt am Main 1994.
• Koop, Volker: Tagebuch der Berliner Blockade. Von Schwarzmarkt und Rollkommandos, Bergbau und Bienenzucht. Bonn 1999.
• Koop, Volker: Besetzt. Amerikanische Besatzungspolitik in Deutschland. Berlin 2006.

• Kossert, Andreas: Kalte Heimat. Die Geschichte der deutschen Vertriebenen nach 1945. München 2008.

• Kowalczuk, Ilko-Sascha, Stefan Wolle: Roter Stern über Deutschland. Sowjetische Truppen in der DDR. Berlin 2010.

• Krause, Markus: Galerie Gerd Rosen. Die Avantgarde in Berlin 1945–1950. Berlin 1995.

• Krauss, Marita: Heimkehr in ein fremdes Land. Geschichte der Remigration nach 1945. München 2001.

• Krauss, Marita: Trümmerfrauen. Visuelles Konstrukt und Realität, in: Gerhard Paul (Hg.): Das Jahrhundert der Bilder 1900–1949. Göttingen 2009.

• Kromer, Karl (Hg.): Schwarzmarkt, Tausch- und Schleichhandel. In Frage und Antwort mit 500 Beispielen (Recht für jeden 1). Hamburg 1947.

• Kuhn, Annette (Hg.): Frauen in der deutschen Nachkriegszeit, Bd. 2. Düsseldorf 1986.

• Lau, Jörg: Hans Magnus Enzensberger. Ein öffentliches Leben. Berlin 1999.

• Lenz, Siegfried: Lehmanns Erzählungen oder So schön war mein Markt. Hamburg 1964.

• Lewinsky, Tamar: Jüdische Displaced Persons im Nachkriegsmünchen. In: Münchner Beiträge zur jüdischen Geschichte und Kultur, Heft 1, 2010.

• Liebmann, Irina: Wäre es schön? Es wäre schön. Mein Vater Rudolf Herrnstadt. Berlin 2008.

• Link, Alexander: "Schrottelzeit"–Nachkriegsalltag in Mainz. Ein Beitrag zur subjektorientierten Betrachtung lokaler Vergangenheit(Studien zur Volkskultur in Rheinland-Pfalz 8). Mainz 1990.

• Lowe, Keith: Der wilde Kontinent. Europa in den Jahren der Anarchie 1943–1950. Stuttgart 2014.

• Lübbe, Hermann: Der Nationalsozialismus im politischen Bewusstsein der Gegenwart, in: Martin Broszat u. a. (Hg.): Deutschlands Weg in die Diktatur. Internationale Konferenz zur nationalsozialistischen Machtübernahme. Berlin 1983.

- Lüdtke, Alf, Inge Marβ olek, Adelheid von Saldern: Amerikanisierung. Traum und Albtraum im Deutschland des 20. Jahrhunderts. Stuttgart 1996.
- Maenz, Paul: Die 50er Jahre. Köln 1984.
- Manthey, Jürgen: Hans Fallada. Reinbek bei Hamburg 1963.
- Martin, Marko: "Die einzigen Wellen, auf denen ich reite, sind die des Lago Maggiore". Wer war Hans Habe? Eine Spurensuche, online unter: http://www.oeko-net.de/kommune/kommune1- 98/KHABE.html, zuletzt aufgerufen am 9. 12. 2017.
- Martins, Ansgar: Adorno und die Kabbala. Potsdam 2016.
- McGovern, James: Fräulein. Roman eines deutschen Mädchens. München 1957.
- Merkel, Ina: Kapitulation im Kino: Zur Kultur der Besatzung im Jahr 1945. Berlin 2016.
- Meyer, Sibylle, Eva Schulze: Wie wir das alles geschafft haben. Alleinstehende Frauen berichten über ihr Leben nach 1945. München 1984.
- Meyer, Sibylle, Eva Schulze: Von Liebe sprach damals keiner. Familienalltag in der Nachkriegszeit. München 1985.
- Mitscherlich, Alexander und Margarete: Die Unfähigkeit zu trauern. Grundlagen kollektiven Verhaltens. München 1977.
- Mitscherlich, Alexander: Gesammelte Schriften, Bd. 6. Frankfurt am Main 1986.
- Möckel, Benjamin: Erfahrungsbruch und Generationsbehauptung. Die Kriegsjugendgeneration in den beiden deutschen Nachkriegsgesellschaften. Göttingen 2014.
- Möller, Frank: Das Buch Witsch. Das schwindelerregende Leben des Verlegers Joseph Caspar Witsch. Köln 2014.

- Mommsen, Hans: Das Volkswagenwerk und seine Arbeiter im Dritten Reich. Düsseldorf 1996.
- Mönnich, Horst: Die Autostadt. Abenteuer einer technischen Idee. München 1958.
- Mörchen, Stefan: Schwarzer Markt. Kriminalität, Ordnung und Moral in Bremen 1939–1949. Frankfurt am Main 2011.
- Müller-Enbergs, Helmut: Der Fall Rudolf Herrnstadt. Tauwetterpolitik vor dem 17. Juni. Berlin 1991.
- Naimark, Norman M.: Die Russen in Deutschland. Die sowjetische Besatzungszone 1945–1949. Berlin 1997.
- Nemeczek, Alfred: Der Ursprung der Abstraktion. Der groß e Bilderstreit. In: art–das Kunstmagazin 5, 2002.
- Niethammer, Lutz: "Hinterher merkt man, daß es richtig war, daß es schiefgegangen ist." Nachkriegserfahrungen im Ruhrgebiet. Berlin, Bonn 1983.
- Niethammer, Lutz: Deutschland danach. Postfaschistische Gesellschaft und nationales Gedächtnis, hg. von Ulrich Herbert und Dirk van Laak. Bonn 1999.
- Nuys-Henkelmann, Christian de: Im milden Licht der Tütenlampe, in: Hilmar Hoffmann, Heinrich Klotz (Hg.): Die Kultur unseres Jahrhunderts 1945 – 1960. Düsseldorf, Wien, New York 1991.
- Osses, Dietmar: Zwischen Ungewissheit und Zuversicht. Kultur und Alltag polnischer Displaced Persons in Deutschland 1945–1955. Essen 2016.
- Ott, Ulrich, Friedrich Pfäfflin (Hg.): Protest! Literatur um 1968 (Marbacher Kataloge 51). Marbach am Neckar 1998.
- Plato, Alexander von, Almut Leh: "Ein unglaublicher Frühling". Erfahrene Geschichte im Nachkriegsdeutschland 1945–1948, Bundeszentrale für politische Bildung. Bonn 1997.
- Pletzing, Christian, Marcus Velke (Hg.): Lager–Repatriierung–Integration. Beiträge zur Displaced Persons-Forschung. Leipzig 2016.

- Prinz, Friedrich, Marita Krauss (Hg.): Trümmerleben. Texte, Dokumente, Bilder aus den Münchner Nachkriegsjahren. München 1985.
- Radlmaier, Steffen (Hg.): Der Nürnberger Lernprozess. Von Kriegsverbrechern und Starreportern. Frankfurt am Main 2001.
- Rathke, Christian: Die 50er Jahre. Aspekte und Tendenzen. Kunstund Museumsverein Wuppertal. Wuppertal 1977.
- Reese, Beate (Hg.): Befreite Moderne. Kunst in Deutschland 1945 bis 1949, anlässlich der gleichnamigen Ausstellung im Kunstmuseum Mülheim an der Ruhr. Berlin, München 2015.
- Riederer, Günter: Die Barackenstadt. Wolfsburg und seine Lager nach 1945. In: Deutschland Archiv, Bundeszentrale für politische Bildung. Bonn 2013.
- Roesler, Jörg: Momente deutsch-deutscher Wirtschafts- und Sozialgeschichte 1945–1990. Leipzig 2006.
- Ruhl, Klaus-Jörg (Hg.): Deutschland 1945. Alltag zwischen Krieg und Frieden. Neuwied 1984.
- Ruhl, Klaus-Jörg: Die Besatzer und die Deutschen. Amerikanische Zone 1945–1948. Bindlach, Düsseldorf 1989.
- Schäfke, Werner: Kölns schwarzer Markt 1939 bis 1949. Ein Jahrzehnt asoziale Marktwirtschaft. Köln 2014.
- Schelsky, Helmut: Die skeptische Generation. Eine Soziologie der deutschen Jugend. Düsseldorf, Köln 1957.
- Schelsky, Helmut: Auf der Suche nach Wirklichkeit. Köln 1965.
- Schenk, Dieter: Auf dem rechten Auge blind. Die braunen Wurzeln des BKA. Köln 2001.
- Scherpe, Klaus R. (Hg.): In Deutschland unterwegs 1945–1948. Reportagen, Skizzen, Berichte. Stuttgart 1982.
- Schildt, Axel: Moderne Zeiten. Freizeit, Massenmedien und "Zeitgeist" in der Bundesrepublik der 50er Jahre. Hamburg 1995.
- Schneider, Angela (Hg.): Willi Baumeister. Katalog zur Ausstellung in der Nationalgalerie Berlin, Staatliche Museen Preuß ischer Kulturbesitz.

Berlin 1989.

- Schoeller, Wilfried F. (Hg.): Diese merkwürdige Zeit. Leben nach der Stunde Null. Ein Textbuch aus der "Neuen Zeitung". Frankfurt am Main 2005.
- Schoeller, Wilfried F.: Döblin. Eine Biographie. München 2011.
- Schörken, Rolf: Jugend 1945. Politisches Denken und Lebensgeschichte. Frankfurt am Main 1990.
- Schörken, Rolf: Die Niederlage als Generationserfahrung. Jugendliche nach dem Zusammenbruch der NS-Herrschaft. Weinheim 2004.
- Schreiber, Hermann: Henri Nannen. Drei Leben. München 1999.
- Schulz, Bernhard: Grauzonen Farbwelten – Kunst und Zeitbilder 1945–1955. Berlin 1983.
- Seidl, Claudius: Der deutsche Film der fünfziger Jahre. München 1987.
- Sieburg, Friedrich: Abmarsch in die Barbarei. Stuttgart 1983.
- Steen, Uta van: Liebesperlen. Beate Uhse – eine deutsche Karriere. Hamburg 2003.
- Steinbacher, Sybille: Wie der Sex nach Deutschland kam. Der Kampf um Sittlichkeit und Anstand in der frühen Bundesrepublik. Berlin 2011.
- Stölzl, Christoph (Hg.): Die Wolfsburg-Saga. Stuttgart 2008.
- Stonor Saunders, Frances: Wer die Zeche zahlt … Der CIA und die Kultur im Kalten Krieg. Berlin 2001.
- Sträß ner, Matthias: "Erzähl mir vom Krieg!". Ruth Andreas- Friedrich, Ursula von Kardorff, Margret Boveri und Anonyma: Wie vier Journalistinnen 1945 ihre Berliner Tagebücher schreiben. Würzburg 2014.
- Strelka, Joseph P.: Hans Habe. Autor der Menschlichkeit. Tübingen 2017.
- Tebbe, Krista, Harald Jähner (Hg.): Alfred Döblin zum Beispiel. Stadt und Literatur. Berlin 1987.
- Tewes, Frank: 125 Jahre Groß e Kölner. 125 Jahre Karnevalsgeschichte. Köln 2007.

• Timm, Uwe: Ikarien. Köln 2017.
• Tischler, Carola: Flucht in die Verfolgung. Deutsche Emigranten im sowjetischen Exil 1933 bis 1945. Münster 1996.
• Tolsdorff, Tim: Von der Sternschnuppe zum Fixstern: Zwei deutsche Illustrierte und ihre gemeinsame Geschichte vor und nach 1945. Köln 2014.
• Treber, Leonie: Mythos Trümmerfrauen. Von der Trümmer-beseitigung in der Kriegs- und Nachkriegszeit und der Entstehung eines deutschen Erinnerungsortes. Essen 2014.
• Trittel, Günter J.: Hunger und Politik. Die Ernährungskrise in der Bizone 1945 – 1949. Frankfurt am Main, New York 1990.
• Uhse, Beate (unter Mitarbeit von Ilonka Kunow): Lustvoll in den Markt. Strategien für schwierige Märkte. Planegg 2000.
• Völklein, Ulrich: "Mitleid war von niemandem zu erwarten". Das Schicksal der deutschen Vertriebenen. München 2005.
• Weckel, Ulrike: Zeichen der Scham. Reaktionen auf alliierte atrocity-Filme im Nachkriegsdeutschland. In: Mittelweg 36, Heft 1, 2014.
• Wehler, Hans-Ulrich: Deutsche Gesellschaftsgeschichte. Vom Beginn des Ersten Weltkriegs bis zur Gründung der beiden deutschen Staaten 1914 – 1949. München 2003.
• Weiss, Winfried: A Nazi Childhood. Santa Barbara 1983.
• Weyrauch, Wolfgang (Hg.): Tausend Gramm. Ein deutsches Bekenntnis in dreiß ig Geschichten aus dem Jahr 1949. Reinbek bei Hamburg 1989.
• Wolfrum, Edgar: Geschichte der Erinnerungskultur in der BRD und DDR, in: Dossier Geschichte und Erinnerung der Bundeszentrale für politische Bildung, 26. 8. 2008, online unter: https:// www.bpb.de/ geschichte/zeitgeschichte/geschichte-und-erinnerung/39814/ geschichte-der-erinnerungskultur?p=all, zuletzt aufgerufen am 21. 9. 2018.
• Ziegner, Sylvia: Der Bildband "Dresden – eine Kamera klagt an" von Richard Peter senior. Teil der Erinnerungskultur Dresdens. Marburg 2010.
• Zierenberg, Malte: Stadt der Schieber. Der Berliner Schwarzmarkt

1939 – 1950. Göttingen 2008.
• Zuckmayer, Carl: Deutschlandbericht für das Kriegsministerium der Vereinigten Staaten. Göttingen 2004.

잡지

• Bildhefte der Jugend, 1950.
• Constanze – die Zeitschrift für die Frau und für jedermann, Jg. 48 – 52.
• Der Regenbogen. Zeitschrift für die Frau, Jg. 1946 – 52.
• Der Spiegel, Jg. 1947 – 55.
• Der Standpunkt. Zeitschrift für die Gegenwart, Jg. 1946 – 48.
• Die Frau – Ihr Kleid, ihre Arbeit, ihre Freude, Jg. 1946 – 49.
• Die Wandlung, Jg. 1945 – 49.
• Die Zeit, Jg. 1946 – 55.
• DND – Die Neue Demokratie. Illustrierte Wochenschrift in der französischen Zone, Jg. 1946 – 48.
• Ende und Anfang. Zeitung der jungen Generation, Jg. 1946 – 49.
• Er – Die Zeitschrift für den Herrn, Jg. 1950 – 55.
• Filmpost, Jg. 1947.
• Frankfurter Hefte. Zeitschrift für Kultur und Politik, Jg. 1946 – 50.
• Ja – Zeitung der jungen Generation, Jg. 1947 – 48.
• Lilith – Zeitschrift für junge Mädchen und Frauen, Jg. 1946 – 47.
• Magnum – Die Zeitschrift für das moderne Leben, Jg. 1954 – 59.
• Merkur 3, 1949.
• Neue Berliner Illustrierte, Jg. 1945 – 55.
• Neue Illustrierte, Jg. 1946 – 55.
• Sie, Jg. 1946.
• Zeitschrift für Kunst, Jg. 1948.

그림 출처

- 6쪽: in Reinhard Matz, Wolfgang Vollmer: Köln und der Krieg: Leben, Kultur, Stadt. 1940–1950. Köln 2016.
- 26쪽: Sueddeutsche Zeitung Photo / Alamy Stock Photo.
- 73쪽: ullstein bild via Getty Images / 게티이미지코리아.
- 96쪽: Landsberger Lager Cajtung, 8. Oktober 1945.
- 155쪽: in《Neue Illustrierte》, 3. Jahrgang, Nr. 3 vom 6. Februar 1948.
- 295쪽: DND, 3. Jahrgang, Heft 9, 3./4. 1948/49.
- 308쪽: Archiv Willi Luther.
- 315쪽: Keystone / Hulton Archive / Getty Images / 게티이미지코리아.
- 405쪽: akg-images / Willi Baumeister / VG Bild-Kunst, Bonn 2019 / imagekorea.
- 417쪽: ullstein bild / ullstein bild via Getty Images / 게티이미지코리아.
- 445쪽: National Archives, College Park, MD, USA.
- 456쪽: Office of Military Government for Germany, US (OMGUS) / Haus der Geschichte, Bonn.

인용 출처

- 31쪽: Günter Eich: Inventur, aus: ders., Gesammelte Werke in vier Bänden. Band I: Die Gedichte. Die Maulwürfe. © Suhrkamp Verlag, Frankfurt am Main 1991. Alle Rechte bei und vorbehalten durch Suhrkamp Verlag Berlin.
- 62~63쪽: Elisabeth Langgässer: Kalte Reise in die Fassenacht, in: Merian, Städte und Landschaften, Mainz. 2. Jahrgang 1949, Heft 3.
- 129~130쪽: Erich Kästner: Marschlied 1945, aus: ders., Der tägliche Kram. © Atrium Verlag AG, Zürich 1948, und Thomas Kästner.

찾아보기

ㄹ

ㅁ

ㅈ

ㅊ

ㅋ

도서, 신문, 잡지 등

영화, TV 프로그램, 예술 작품 등

제2차 세계대전 패망 후 10년, 망각의 독일인과 부도덕의 나날들

늑대의 시간

초판 1쇄 발행 2024년 1월 24일
초판 3쇄 발행 2024년 3월 27일

지은이 하랄트 얘너
옮긴이 박종대
펴낸이 이승현

출판2 본부장 박태근
지적인 독자 팀장 송두나
디자인 김태수

펴낸곳 ㈜위즈덤하우스 **출판등록** 2000년 5월 23일 제13-1071호
주소 서울특별시 마포구 양화로 19 합정오피스빌딩 17층
전화 02) 2179-5600 **홈페이지** www.wisdomhouse.co.kr

ISBN 979-11-7171-098-0 03900

· 이 책의 번역은 괴테 인스티튜트의 보조금으로 지원이 되었습니다.

"The translation of this book was supported by a grant from the Goethe-Institut."